会計基準の研究

[新訂版]

斎藤静樹 [著]

中央経済社

新訂版の刊行にあたって

　本書は2009年の初版以来，翌2010年に増補版，2013年に増補改訂版が刊行されてきたが，内外の会計基準改革が重大な論点を残しながらも以前よりは落ち着いているこの時期に3度目の改訂をする運びとなった。研究書としての性格上，もともと初版限りのつもりだったので，細々とではあれ予想外の増補・改訂を重ねた旧版もこれで最後と気楽に考えて増補改訂版と称したが，それに続く改訂版をどう呼んだらよいか，今回はそうした名称にも悩むこととなった。新訂版としたものの，内容が大きく変わるはずもないので，看板に偽りがあることにもなりかねないが，解説書ではないから仕方ないという読者のご理解を期待する次第である。

　上述のとおり，本書は研究書であって会計基準の動向を追いかけるものではないが，検討課題の選択や記述に，基準改変の動きとそれをめぐる論争が影響するのは避けられない。これまでの増補や改訂では個別の会計基準にかかわる章の追加や再編もあったが，今回は「補注」や「付記」の書き替えとか補充を中心にアップデートを図った。また，過去の事実となった制度の動向については，文章の時制を改めるだけでなく必要に応じてそれ以後の経緯を補っている。読み返してわかりにくい点を直したところも少なくない。巻末には2018年の日本会計研究学会大会における著者の講演（井尻記念講演）を，初版から10年を経たこの機会に，いわば跋文として掲載誌の『會計』からそのまま転載した。転載を快諾された森山書店に感謝する。

　他方で第3部では，補章4に「付記」を追加したものの，原則として初版の記述と過去の改訂で加えた「補注」を残している。国際基準への対応で国内の体制も混乱していた執筆当時の状況を，できるだけとどめておきたかったからである。現在の日本では，日本基準の持続的なコンバージェンスを図る一方でIFRSの任意適用を推進し，個々の報告主体の基準選択に対する市場の評価を通じて，弊害の多いトップダウンでなく，誘因両立的なボトムアップの方式で日本の制度の国際化を図る建前になっている。企業会計基準委員会（ASBJ）の2004年「中期運営方針」が掲げた，日欧基準間の市場競争を通じていっそう

の基準統合を図る態勢が，限られた範囲にせよ実現したことになる。

　本書の関心は，会計基準のシステムのいわばインプットである企業の事象や取引と，アウトプットであるコード化された会計情報との関係を分析することを通じて，システムの内的なメカニズムとその通時的な変化とを解明しながら，社会規範としての基準のセットに理論的な説明を与えることにある。分析対象の歴史的・地域的な特性によって得られる結果は必ずしも一様にはならないが，重要なのはそうした結果のいずれかに普遍性を求めることではなく，それぞれが特殊であることを理解したうえで背後の普遍性を洞察しながら，そこからの枝分かれとして個々の特殊性を解明する姿勢である。その目標に向けて本書がどこまで近づけたか，近づき得るかは読者諸賢の評価に俟つほかはない。

　初版の刊行以来，本書をお読みくださり，あるいは学部ゼミや大学院のテキストなどにお使いくださった各位からは，今回の改訂でも有益なアドバイスをいただいた。特に福井義高教授（青山学院大学）からは，日常的な意見交換を通じて多くの貴重な示唆を得ることができた。特記して謝意を表す次第である。最後に初版からこの新訂版まで，一貫してご配慮をいただいた中央経済社と同社の山本継氏に，厚くお礼を申し上げて擱筆する。

2019年3月

斎藤　静樹

は　し　が　き

　企業会計を社会規範のシステムとみてその特性や変化の解明を試みる研究にとって，会計基準はいうまでもなく直接の研究対象である。他方，企業ないし企業集団ごとに観察される会計事象の研究では，直接的に観察しにくい実務を基準で代理させたり，個々の実務の位置関係をとらえる座標軸の役割を基準に期待したりすることがあるが，どのような基準にも時空を超えた普遍性があるわけでなく，実務との相互作用を通じて座標軸そのものが動く以上，いずれにしても会計基準の体系的な秩序とその変化の経路を分析し，将来の方向を展望することが研究の課題になるのは間違いない。本書はその課題を念頭において，現行の会計基準を支える概念の体系とその急速な変革を促す要因を，具体的なルールにまで立ち入って検討したものである。

　その研究が目指すのは，現行の会計基準を所与としてそれを具体的な状況に適用する，いわば法解釈のような実用の論理ではない。基準がどのような経緯で現在のように決まり，それをどう適用するのがその趣旨に合うのかといった問題よりも，それがなぜ市場に受容され定着してきたのかという存在の理屈を解明しながら，その理屈と現在の環境条件とにてらして，基準の機能と変化を分析し展望することに主眼がある。それはまた，俗にいう概念フレームワークをどのように組み立てるかという話でもない。概念フレームワークや，それを支えるノーマティブ・アプローチは，基準作りの枠組みないしは手法であって，基準を分析する理論の枠組みや手法ではない。本書は概念フレームワークまで含めた会計基準の動向を対象にするが，その動向が分析の手法や結果を変えるわけではない。

　もちろん，資本市場のイノベーションとグローバル化が，相乗効果を伴って会計基準を急速に変えつつある昨今の状況では，基準設定をめぐる争点の変化につれて，理論的な分析に使われる概念も，いつの間にか人々の関心を失っていることが少なくない。しかし，基準の動向にあわせて概念を作り替えていたのでは，現実の基準を定点観測してその秩序や動きを理解することは望めない。普遍性のない基準を分析する普遍的な言語の確立こそが，理論に求められ

る役割でもあろう。そのため，本書では，いくつかの伝統的な基本概念をあえて古くからの表現のまま使う一方，新たな状況の分析にも適用できるよう，その内包に修正を加えていることもある。特に「実現」の概念は従来の定義よりも広義に解され，会計基準の体系的な理解とともに，資産の評価と利益の測定が相互のフィードバックを通じて生み出す問題の考察に使われている。

　本書は，会計基準に関するこれまでの拙稿を再編・修正し，研究書としての体系をなすよう，新たに過半を書き下ろしてまとめ上げたものである。旧稿は全面的に書き換えられており，最近の数篇を除くとほとんどが原形をとどめていない。初出を記載しようにも各章との対応関係が入り組んでいるものが多く，一部だけというわけにもいかずに断念せざるをえなかった。このような形での使用を認めていただいた関係各位にお礼を申し上げるにとどめたい。研究書という性格上，章だても特に前半では著者の理論的な着眼点が優先されているが，会計基準の重要なトピックスは，本質的な論点に絞ってひととおりカバーしたつもりである。内外の基準の動向についても，2008年10月までの主な事実にはなるべく言及するよう心がけた。ただし，その解説書ではないので網羅性はなく，むしろ時論に陥らない方針が優先されている。

　もともと本書は数年前に刊行される予定であったが，企業会計基準委員会の発足に伴い，著者が6年にわたって委員長を兼務したため大幅に遅れる結果となった。研究に使う時間を削るしかないという事情に加えて，多すぎる情報が主題に沈潜した抽象化を妨げる面もあった。その間，何度も草稿を書き直してきたが，結局，完成させることはできなかった。ようやく静謐な環境で本来の生活に戻り，ささやかな研鑽の証としてとりあえず本書を世に送る次第である。論文でも同じだが，著書を仕上げた後は「あれだけやってこの程度か」という思いが深い。昨日まで寝食を忘れて推敲を重ねても，明日からはもう見たくもないと思うのだろうか。そのような書物をお引き受けくださった中央経済社の山本時男社長と，直接ご担当いただき，読みやすくするためにいろいろ便宜を図ってくださった山本継専務にお礼を申し上げる。

　　【付記】　本書は初学者向けに書かれたものではないが，自分でもまだ答のない
　　　　　　論点が含まれる第1章（と補章1）を除き，特に専門的な予備知識を必
　　　　　　要とするものでもない。研究書の体系をとっているが，最初から順を追

わなくても，関心のあるところを中心に読んでいただければよい。第1部の総論と第2部の各論も，どちらから先に読んでも適当に組み合わせても理解は可能と思われる。

2008年11月

斎藤　静樹

目　　次

序　章　会計基準研究の視点
1．はじめに………*1*
2．会計研究における規範と実証………*2*
3．会計基準における退化と進化………*5*
4．本書の構成と主題………*8*

第1部／総　論

第1章　企業利益の基礎概念
1．はじめに………*13*
2．企業の利益とのれん価値………*14*
3．のれんの自己創設と有償取得………*18*
4．資産の価格変動と評価差額………*22*
5．資本と利益の区分と実現基準………*25*
6．おわりに………*29*

第2章　利益の測定と資産の評価
1．はじめに………*31*
2．のれん価値の形成と減耗………*32*
3．利益の実現とのれんの減耗………*35*
4．投資のリスクからの解放………*38*
5．資産・負債アプローチと資産評価………*41*
6．純利益と包括利益の情報価値………*44*
7．おわりに………*47*

第3章　資産評価の基本原則
1．はじめに………*49*

2．資産の評価と認識の包括性………50
   3．投資の性質と資産の価値………53
   4．資産の評価と投資の成果………56
   5．会計情報における事実と予測………59
   6．おわりに………62
   補論：事業用資産の時価評価………64

第4章　企業会計における評価と配分
   1．はじめに………67
   2．資本利得と企業の価値………68
   3．評価と配分のパラダイム………73
   4．原価の配分と資産評価………78
   5．おわりに………81

第5章　経済的所得と会計上の利益
   1．はじめに………85
   2．所得の基本概念と近似概念………87
   3．所得とウィンドフォール………91
   4．Variable Income の概念………95
   5．おわりに………99
   補論：ウィンドフォールとリサイクリング………100

第6章　概念フレームワークと利益概念
   1．はじめに………103
   2．投資家の企業評価と利益情報………104
   3．概念の定義と情報の有用性………109
   4．自己創設のれんとバランスシート………113
   5．概念フレームワークの見直し………117
   6．おわりに………121

第7章　会計基準の形成と統合
1．はじめに………*125*
2．情報開示の私的誘因と公的規制………*126*
3．私的情報の品質保証と会計基準………*128*
4．私的契約の不完備性と会計基準………*130*
5．会計基準の形成と基準間競争………*132*
6．会計基準の画一化と企業統治………*135*
7．おわりに………*137*

第8章　企業会計と配当規制
1．はじめに………*139*
2．会計上の利益と配当財源………*141*
3．売買目的有価証券の含み益………*143*
4．含み益の配当と資産代替………*146*
5．配当制限のルールと考え方………*148*
6．おわりに………*151*

第2部／各　論

第9章　金融商品の評価と利益認識
1．はじめに………*157*
2．会計目的と資産の評価………*158*
3．金融資産の評価と利益認識………*160*
4．契約キャッシュフローが目的の金融資産………*165*
5．デリバティブとヘッジ会計………*168*
6．おわりに………*171*

第10章　政策投資株式と満期保有債券
1．はじめに………*173*
2．政策投資株式の評価と利益認識………*174*

3．金利変動と債券投資の成果………*177*
    4．満期保有債券と償却原価法………*180*
    5．金融商品会計における評価と配分………*185*
    6．おわりに………*188*

第11章　公正価値会計とヘッジ会計
    1．はじめに………*191*
    2．価格変動のリスクとヘッジ………*192*
    3．キャッシュフローのリスクとヘッジ………*195*
    4．キャッシュフローのヘッジと投機………*197*
    5．全面公正価値会計とヘッジ会計………*200*
    6．おわりに………*203*
    補論：リスクの開示と公正価値会計………*205*

第12章　キャッシュフロー・ヘッジ
    1．はじめに………*207*
    2．キャッシュフロー・ヘッジの原型………*208*
    3．金利スワップ契約とヘッジ会計の方法………*213*
    4．外貨建てポジションの為替リスク………*216*
    5．おわりに………*219*
    補論：金利スワップとキャッシュフロー・ヘッジ………*220*

第13章　金融負債および非金融負債
    1．はじめに………*225*
    2．金融負債の評価と利益認識………*226*
    3．非金融負債の認識と測定………*229*
    4．おわりに………*232*

第14章　事業投資と収益認識
    1．はじめに………*235*
    2．営業利益と保有利得………*236*

3．工事契約における進行基準………*241*
　　　4．契約資産の概念と収益認識………*244*
　　　5．おわりに………*248*

第15章　減価償却と価値減耗
　　　1．はじめに………*251*
　　　2．経済的所得と資本の価値減耗………*253*
　　　3．企業会計における減価償却………*257*
　　　4．時価ベースの減価償却………*260*
　　　5．おわりに………*265*

第16章　事業用資産の減損
　　　1．はじめに………*267*
　　　2．事業用資産と会計上の評価………*269*
　　　3．収益性の低下と事業用資産の減損………*272*
　　　4．減損の概念：簿価の回収と投資の回収………*274*
　　　5．減損の測定と過年度減価償却………*278*
　　　6．減損の測定と減損後の利益………*281*
　　　7．おわりに………*283*

第17章　株式報酬の費用と潜在持分
　　　1．はじめに………*285*
　　　2．オプションの付与と報酬費用………*286*
　　　3．オプションの価値変動と再測定………*290*
　　　4．条件付きの持分と確定した持分………*294*
　　　5．おわりに：資本会計の検討課題………*298*

第18章　株式購入オプションと資本会計
　　　1．はじめに………*301*
　　　2．対立する見解の概観………*302*
　　　3．争点の整理と検討………*305*

4．内外会計基準の比較………308
　5．おわりに：日本基準の考え方………312
　補論：資本の範囲の見直しと株式購入オプション………314

第19章　資本と利益の区分と剰余金の区分
　1．はじめに：資本剰余金からの配当………317
　2．受取配当金の利益認識………319
　3．剰余金区分とその根拠………321
　4．剰余金区分と配当規制………325
　5．おわりに………327

第20章　企業結合の会計基準
　1．はじめに………329
　2．企業結合会計の基本類型………330
　3．投資の継続と持分の継続………333
　4．取得会社と被取得会社………336
　5．取得会社を識別できない企業結合………339
　6．取得のれんとその償却………342
　7．おわりに………346
　補論：連結主体と非支配株主持分………347

第21章　企業結合における公正価値会計と自己創設のれん
　1．はじめに………351
　2．非支配株主持分の公正価値評価………352
　3．非支配株主に帰属するのれん………354
　4．のれんの償却・非償却と減損………356
　5．公正価値会計と自己創設のれん………358
　6．おわりに：段階取得と取得のれんの公正価値………360

第3部／補　章

補章1　評価差額をめぐる資本と利益
1．はじめに………367
2．企業結合と投資の継続………368
3．デット・エクイティ・スワップ………371
4．株式決済のコール・オプション………374
5．おわりに………378

補章2　会計基準論のパラダイム変革
1．はじめに………381
2．伝統的なパラダイム………382
3．パラダイム変革の試み………384
4．概念上の基本問題………387
5．おわりに………390

補章3　コンバージェンスの未解決論点
1．はじめに………393
2．基準の統一と実務の統一………394
3．受託責任と公正価値測定………396
4．資産・負債アプローチの偏重………399
5．基準統合のレベルとプロセス………401
6．おわりに………403

補章4　コンバージェンスと日本の対応
1．はじめに………405
2．グローバル・コンバージェンス………406
3．マーケット・アプローチ………409
4．おわりに………414

補章5　コンバージェンスと金融危機
1．はじめに………*419*
2．米国証券取引委員会の提案………*420*
3．時価会計の部分停止措置………*423*
4．おわりに………*426*

終　章　会計基準のシステムとその変化
1．はじめに………*429*
2．会計基準の樹形構造：整合性と発展経路………*429*
3．パラダイム・シフトと会計基準の混乱………*432*
4．会計基準の変革と会計システムの再構築………*434*
5．おわりに………*437*

付　録　会計研究の再構築—実証なき理論と理論なき実証を超えて—
1．はじめに………*439*
2．回想の1960年代とその後………*440*
3．会計規範と会計研究：研究の対象と課題………*441*
4．実証科学と会計研究：Positive と Empirical………*444*
5．理論研究の可能性：会計の経済分析と言語分析………*447*
　(i)　会計システムのアウトプット………*447*
　(ii)　会計ルールのシステム………*448*
6．結びに代えて………*450*
　補論：会計システムの通時態：最近の会計基準から………*451*

参考文献………*454*
索　引………*471*

序　章
会計基準研究の視点

1■はじめに

　企業会計制度は，資本市場における企業情報の非対称性を緩和する仕組みのひとつといわれている。企業経営者が自己のもつ優位な情報（財務情報）を開示することにより，情報劣位にある投資家の意思決定が改善されるだけでなく，投資家の保守的なリスク評価がもたらす資金コストの上昇を，経営者もまた回避することが期待されているわけである。しかし，そうした誘因の両立する世界でも，経営者には開示する情報にバイアスを与えて投資家をミスリードする誘因がある。そのため，投資家と経営者は，情報の作成と開示のルールを共有して，正しいというよりはうそでない有用な投資情報の開示を実現しようとするわけである。このルールが会計基準 GAAP であり，それをエンフォースする仕組みのひとつが公認会計士監査にほかならない[1]。

　しかし，どれがうそでない情報かといわれても，企業の財務情報は資本や利益といった抽象的な量的概念に測定値を対応させたものであり，そのルールはそれらの概念の解釈に依存する規約的な性格を免れない。それは人々の合意に基づく社会規範であり，その合意の源泉は，資本市場で情報と資金をやり取りする関係者が，無数の反復的な取引を通じて作り出した暗黙の契約ないし市場慣行である。会計基準はそれらを体系化したシステムであり，体系化の手法は変わってもその性格は基本的に変わらない。人々はこの基準に従うことで間主観性を確保し，その情報を信頼することで資本市場の秩序を維持しているわけである。むろん，外的条件の変化が基本概念の解釈を変えれば，それに応じて基準もたえず変化する。その現状を検討するのが本書のテーマである。

　1　詳しくは本書の第 7 章を参照。

2■会計研究における規範と実証

　会計基準に関する理論的な研究は，実証研究が米国の学界を席巻し始める1970年代から急速に後退し，最近では特別な企画を除いて主な学術誌に登場することはまれになった。それより10年ほど前の1960年代初頭，米国の会計基準論は演繹的なノーマティブ・アプローチを掲げた変革の渦中にあった。それは，ベスト・プラクティスの集約という伝統的な手法に対して，企業会計の根幹をなす諸前提の体系から，演繹的に認識や測定の規範を導くものといわれていた。資産・負債アプローチとか公正価値測定といった昨今の話題の萌芽もそのなかではぐくまれたが，それらは中途半端なまま基準設定主体に受け継がれ，会計研究という面では，そうした規範論も含めた会計基準論が，少なくとも学界のメイン・ストリームからは姿を消してしまったのである。

　その是非はともかく，問題はなぜかである。ノーマティブな理論が，実証研究に対して検証すべき仮説を提供できなかったからだといわれることもあるが，本当にそうだったのであろうか。確かに規範そのものが正しいか間違っているかと問われても，事実にてらしてそれを確かめるのは原理的に難しい。もし規範的な理論といわれるものが単なるルールの寄せ集めにすぎないのだとしたら，そのような理論と実証との間に接点がなかったとしても不思議ではない。事実，かつてのプラグマティックなGAAP論は[2]，実務を通じて有用性を確かめられた行動規範を，帰納的に組織化したベスト・プラクティスの集積といわれていた。しかし，50年代末から60年代の米国会計基準論にみられたノーマティブ・アプローチは，基準作りだけでなく基準に関する理論としても，その批判から生まれたものだったはずである。

　一般に経験科学の命題は，経験的に観察される事象間の関係（因果関係）を，普遍的な規則性として記述するものであって，最終的には観察事象により

---

[2] ここでプラグマティックというのは，実用性を尊ぶ価値観ではなく，あるアイディアの真偽を，実践の過程にそれを投下してみた結果によって決めようとする真理観（たとえばジェイムズなどに代表される）を指している。ラッセルによる辛辣な批評も含めて，ここで詳しく言及するまでもないであろう。

検証もしくは反証できるものでなければならないといわれている。そこでいう事象には，もちろん人々の行動やそれによって実現される目標（としての状況）も含まれるが，経験科学に属するものである限り，理論はそれらの関係を一般化したものであり，観察事象に対応させる操作[3]を通じて原理的には真偽を確かめることができるはずだというわけである。その点は規範に関する研究の分野についても同じであろう。ルールを寄せ集めて，これが一般に認められた規範だと教えるだけのものはともかく，規範を対象化して，それらがなぜ一般に認められたのか，その後も認められ続けている合理性はどこにあるのかを解明しようとするものである限り，因果の解明という経験科学一般の性格を共有するほかはない。

そもそも規範命題は，そのままでは理論の命題になりえない。会計基準などの社会規範も，人々が互いの行動に関して共有する非公式の期待やそれに基づく公式の行動ルールであり，事実間の関係に関する記述を含んだものではない。しかし，その種の社会規範でも所与の目的に対する手段である以上，個々の規範（当面の文脈でいえば会計ルールないし会計基準）と，その目的である事象ないし状況との関係を検討することはできる。ルールそのものは単なる規範命題であって，それらを集めても経験的な理論にはならないが，その規範命題を変形して，手段としての会計ルールや，それを適用した結果である会計情報が，想定された目標（たとえば投資家の意思決定に対する有用性）に寄与するという記述命題に直せば，会計ルールは目的―手段の関係を逆転させて原因―結果の関係を推定するものとして，事実に関する経験的な仮説に置き換わるはずであろう（下記の補注を参照）。

　　［補注］　ただ，因果関係を確認できる場合であっても，原因と結果が常に1対1に対応している保証はない。ある結果の原因となる事象が，同時に別の結果をもたらすこともある。原因と結果を目的と手段の関係に置き換えて，特定の事実ないしは状態を目標仮説と想定したときでも，こうした因果関係に一意性がないとき（薬品であれば作用と副作用があるとき）

---

[3] 一般化された理論の命題はそのままでは観察事実と対応しないから，その「部分的な解釈」によって観察命題を導き出すことになる。斎藤［1979］，122〜126頁を参照。

には，選択された手段がもたらす複数の結果の間で，トレード・オフを決める別の規準をさらに仮定する必要があるのはいうまでもない。そうした目標や価値の選択は，それらの間に因果関係や階層関係がない限り，規範理論にとっても外生的な所与である。

このように，規範命題を集めた会計基準も，それらの規範を体系化したシステムと所与の目的との関係を記述する命題群に置き換えて，その目的に対する合理性・有用性を経験的に検証できるはずである。会計は規範の集まりだから，会計の理論は実証性のない規範学だと決めつけるのは正しくない。市場の取引をアレンジする会計基準の働きが経験的な事象である以上，それを対象とする理論が先験的な命題だけで成り立つことはありえない。規範相互の関係がもっぱら形式論理によって分析されている場合でも，前提や基本概念の経験的な意味が，理論の命題に事実をもって検証される内実を与えることになる。実証は理論の実証であって，実証から理論が生まれるわけではない[4]。規範的な会計基準論が実証研究に素材を提供できなかったとすれば，そこでの因果の分析が実証に堪えるレベルではなかったということであろう。

しかし，その評価はさしあたり留保して，ここでは研究対象である会計基準がルールのシステムである点に着目しておこう。会計基準を対象とする研究は，広い意味での事実と事実の関係だけでなく，ルールと事実の関係にも，さらにはルールとルールの間の関係，特にルールの変化の間の関係にも及んでいる。会計研究の大きな流れになっている価値関連性，つまり開示される情報と株価ないし株式リターンとの関係をめぐる実証は，その関係がどこまで因果関係になっているかはともかく，情報を生み出すルールと，その情報を使って投資家が行動した結果である均衡価格との関係を確かめるものであろう。そうしたルールと事実の関係に比べると，ルールとルールの関係は直接には実証になじまない。それが会計基準研究の重要な主題になっている点も，実証研究との距離を生む大きな原因といえそうである。

もちろん，そうしたルール相互の関係の分析が，それ自体として自己完結す

---

4 実証を仮説発見の方法とみる考え方はあるが，事実の観察を帰納して得られる仮説は経験法則であって，普遍性のある理論法則ではない（Popper [1968], Carnap [1966]）。

るわけではない。それは，ルールと事実の関係の分析とたとえずフィードバックを繰り返していなければならないであろう。たとえばあるルールが生み出す情報の価値関連性を検証する作業では，他のルールの影響は与件として固定されている。しかし，ルール間の関係は与件を動かす可能性があるだけでなく，そのルールが既存のシステムの秩序を損なうときは，損なわれた秩序を回復するhomeostatic な過程が他のルールに影響し，どのレベルまでかはともかく，システム全体を変えていく可能性がある。研究の時間的な視野によって，当初の与件はもはや与件ではないということになるわけである。ルール相互の関係は，静態的（共時的）な秩序であれ，動態的（通時的）な秩序形成の過程であれ，ルールと事実の関係から隔離されたものではない。規範か実証かを問わず，会計の理論はその観点からも考え直す必要がある。

3 ■会計基準における退化と進化

　上述の問題は，会計基準研究のあり方に限らず，その対象となる会計基準の改革ないし変化にもかかわっている。とりわけ最近のように基準の急速な変化を目の当たりにすると，そもそもなにを契機に，どのような仕組みでそれが変わるのかを，多少とも基本に返って考えてみることが必要になろう。グローバル・コンバージェンスの時代に入って，理屈を問わずに，ともかく国際的な統一のために変えるのだという主張はあるのかもしれないが，それなら基準研究は基準形成に寄与することはない。「ベスト・プラクティス」から「ノーマティブ・アプローチ」，そして「コンバージェンス」へといったキーワードの変遷はあっても，国際統合による基準間の競争制限が帰結する基準の品質低下は，米国会計学会（AAA）の委員会が正しく指摘するとおり，統一のための統一に潜在する重大な危険にほかならない[5]。

　国際化に限らず，会計基準の変革をすべて特定の外的事実に起因させるのは

5　AAA［2008］をみよ。日本の企業会計基準委員会が2004年に公表した中期運営方針も，それと同じ立場を表明していた。いずれも，必要以上の統一にこだわらず，複数の基準を相互に認めて市場の選択に俟つのが，投資家のニーズにあった，広い意味で基準の品質を損なわないコンバージェンスだという立場である。

無謀である。確かにグローバル化を含めて,経済の発展に伴う市場環境のさまざまな変化や企業統治の動向が,資本市場のインフラである会計基準に影響することは間違いない。しかし,そのような一般的な背景をいくら並べても,ある時期にある基準がなぜある方向に変わったのか(あるいは変わるのか),今後はどの基準が問題になるのかを,説明ないし展望するのは難しい。確かに資産・負債アプローチや公正価値測定が,もともと解決しようとしていた課題から切り離されて基準設定主体に承継されたため,その迷走が予測不能な変化を基準にもたらしている面はあるが[6],だからといって基準が変わった後で,これが経済発展や国際化の結果だと位置づけてみても意味はないであろう。

基準研究に求められているのは,会計基準の発展経路を,外的な諸条件のアド・ホックな影響だけでなく,基準のシステムそのものの自律的な仕組みも合わせた因果関係の連鎖として記述することである。そのためには,会計基準という社会制度の内的なメカニズムに立ち入って,そこにおけるルールとルールの体系的な関係を分析する必要がある。この間の基準改革に限らず,およそ会計基準の歴史を進化の過程とみるなら,その進化がどのような仕組みで生ずるのか,外的な契機をどのようにそのシステムに内部化して自律的な進化を遂げるのか,それを説明するためには,外的な要因だけでなく,システムを構成する会計ルールの内的な相互関係が重要な研究課題になる。それを通じて,会計ルールの秩序とその進化のプロセスが,限られた範囲であれ検討されていくはずであろう。

では,そもそもシステムの進化とはどのようなものか。それを知るには,逆説的ながらシステムの退化に着目する必要がある。一般に社会のシステムは,時間とともに規則性を失って退化する。会計ルールのシステムも,対象となる企業行動の変化や金融テクノロジーの発展,あるいはルールを出し抜く会計手法の出現など,さまざまな環境要因によって一部のルールが変質し,いずれ内的整合性を失って退化することになる。そこで失われた整合性が,homeo-

---

6 その点を理解するには,この問題をめぐる IASB や FASB の動きと,学界のリーダーと目される論者らのさまざまな見解,たとえば Christensen & Demski [2003], Chaps. 1-4 ; Ball [2006] ; Watts [2006] ; Penman [2007] などを比べてみればよいであろう。

staticな基準改革プロセスで回復されていくわけである。それが一般にいうシステムの進化に相当すると考えてよいであろう。つまり，外的要因の影響はまずローカルなルールの変化として内部化され，それによって損なわれた整合性の回復が，ルールの間の関係をたどった自律的な会計基準改革の道筋を決めることになる。

　ちなみに，ここで整合性というときは，上位のルールが下位のルールを制約し，さらにそれがより下位のルールを制約する，いわばルールが枝分かれを繰り返す樹形構造が想定されている。初期条件としての整合的なシステムにおいて，上位のルール X のもとで両立していたルール $A, B, \cdots$ のうち，A が X の制約を満たさない新たなルールに変えられて B 以下と両立しないことになれば，おそらく X が変えられてそれが B 以下を変え，場合によっては X より上位のルールを変えて X と両立していた $Y, Z, \cdots$ を変え，それが今度は下位のルールに波及するというプロセスを繰り返して，再び整合性を回復するところまでルールの変革が進められるであろう。外的なショックとして与えられたルール A の変化が，他のルールをどう変えてシステムの均衡を回復させていくか，それがルール相互の関係に関する分析の中心課題になるといってよい。

　この外的ショックがシステムのどの部分に現れるかは，当然ながらその時代の環境条件に依存する。環境条件が一様でなければ，それぞれの市場がそれぞれに直面する問題にも大きく影響される。それは，広い意味で前述したルールと事実の関係にかかわるテーマである。ここでは，それによるシステムの退化が，その進化の方向を決める点を確認すればよいであろう。会計基準でいえば，市場のニーズに合わなくなった（有用性が低下した）ルールの変更が，システムにどのような不整合をもたらしたかによってその後の基準改革の道筋が影響されるわけである。基準の退化をもたらしたルールの変更が市場取引を通じた外的なショックだとすれば，その不整合を解決する進化のプロセスもまた市場取引による投資家の選択から始まるというのも，こうした理解の重要なインプリケーションである。

　ここに述べた会計基準の退化と進化の理解は，システムの普遍的なモデルよりも，異なる地域や時代におけるその種差の，発展経路に依存した現れ方に着

目するという点で，歴史的な初期条件に制約された多元的な均衡を想定する比較制度分析と部分的には類似した観点を共有する[7]。とはいえ，本書では経済分析におけるゲームのような状況は想定していない。階層的な樹形構造をもつ会計ルールの整合的な体系を一種の均衡状態とみているが，特定の経済主体の誘因や戦略によってそれを記述する必要がない当面の状況では，均衡のイメージも，体系外部からの力が働かない限り内部からは変化への契機がない状態という以上のものではない。そこでは，唯一の理想言語を否定して言語システムの規約性・多様性を受け入れ，それぞれのシステムの共時的な秩序から通時的な変化にまで視野を広げていった言語哲学ないし言語理論の動向に，むしろ基本的な着想を負っているといえる[8]。

上述したところは，1975年に公刊した拙著『会計測定の理論』の「自序」に書き留めた構想と大筋において変わらない。院生時代から進歩していないということかもしれないが，それだけ難しいテーマだったともいえる。上記の拙著では会計ルールのシステムの静態的な秩序を取り上げ，その後の『資産再評価の研究』(1984年)では，原価評価と評価替えが交錯した米国の近代会計制度形成過程を対象に動態的な変化の経路を検討したが，その後は重点を現在の会計基準に移し，理論的な一般化を抑制してより具体的な問題の考察を進めてきた。本書もその延長上にある。関心がルール間の体系的な関係に向けられているため，実務やその所産であるデータの観察は措いたまま，基準の動向でそれを代理させる結果になっているが，事実との関係が背後に想定されていることは前述のとおりである。

4 ■ 本書の構成と主題

本書は「総論」において，会計基準の基礎となる概念や考え方を，資本と利益，期待と事実，価値，キャッシュフロー，評価と配分，投資成果の実現，リスクからの解放，事業投資と金融投資，さらには市場と規制などのキーワード

---

[7] 青木 [1995]，青木・奥野 [1996]，Aoki [2001]，松井 [2002]，Greif [2005] など。これらの研究成果に学ぶのは今後に期待するほかはない。

[8] 言語の理論との関係については，なお斎藤 [1975]，[1979] を参照されたい。

を中心に，必要な限りで理論的に整理する。のれんの形成（自己創設）と実現（利益への転化）といった，成果の測定だけでなく，情報を開示する側と利用する側との役割分担にかかわる基本的な観点も，そこで詳しく説明する。それに続く「各論」では，金融投資（第9章～第13章前半），事業投資（第13章後半～第16章），資本会計（第17章～第19章），企業結合（第20章～第21章）など，会計基準の中心となる話題を本質的な論点に絞って検討する。「補章」では，各章の記述を横断した重要テーマの補足的な整理とともに，会計基準のコンバージェンスという，やや学術書になじみにくい論点を追加する。

　全体を通じて本書では，会計基準をめぐる昨今の議論にしばしばみられるような，原価か時価か（歴史的取引価格か公正価値か），収益・費用アプローチか資産・負債アプローチか（損益計算書かバランスシートか）といった二項対立と，いずれか一方を投資の実質にかかわりなく一律に適用したがる形式優先の論調とは距離を置いている。むしろそこでは，投資の成果をめぐる期待形成に，事後の事実を測定してフィードバックさせる会計情報を，期待される成果に基づく投資の性質と整合させることで，そうした過度な画一性の解消が試みられている[9]。そのうえで，投資が継続するケースとポジションは継続しながらその清算と再構築が反復されるケース，企業結合など事業の継続性が中断する取引で，投資が実質上も清算されるケースと実質上は継続するとみられるケース，さらにはポジションの清算に資本取引がかかわるケースなど，限界的な状況が繰り返し検討されることになる。

9　会計という事象や取引のデータを集計する仕組みでは，個々の事実の特性が捨象されるのは避けられない。外形的な共通性に基づく画一的な処理という形式優先の性格は，会計情報の生得的な制約といってもよい。問題は，その制約のもとでどこまで画一性の弊害を減らし，事象や取引の実質を優先させられるかであろう。おなじみの「実質優先」の原則は，法的形式が違っても経済的実質は同じとみて画一的な処理を選択するのに使われるが，形式は同じでも実質が違うケースではその反対になることに注意したい。

第1部

総論

第1章
企業利益の基礎概念

1■はじめに

　本書の目標は，会計基準を根底で支える基礎概念を体系化することにあった。そこには企業会計の原点がなにかという，昔から繰り返される曖昧な問いに答えることも含まれるかもしれない。しかし，そもそもなにが原点かと問われても，決め手のある議論をするのは難しい。問うことができるとすれば，なにが正しい原点かというよりは，なにを原点に選んだらなにがいえるのか，ということでしかなさそうである。少なくともある時期までは，会計の「重心 (center of gravity)」を利益としたリトルトンの言葉[1]が象徴するように，企業利益の概念に企業会計ないし会計基準の原点たる地位が与えられてきた。それを基礎にして，利益を測定・開示するルールが体系化されていたのである。

　しかし，現行の会計基準や会計基準論の根底に置かれた企業利益の基礎概念を問い直すには，その概念をさらに基礎づける体系の原点に当たるものを，いわば別の原点によって相対化する作業が不可欠である。たとえば投資家の意思決定や経営者の業績評価との関連性にてらして利益情報の働きを確かめようとする研究動向[2]は，情報がその利用者の行動やペイオフに与える影響を新たな原点としながら，利益の概念を基礎にした企業会計の体系そのものを再検討する動きであった。前世紀60年代末葉以来，よくも悪くもそうした研究が会計の学術専門誌を席巻してきた事実をみれば，その成果の評価と展望は，現在の学

1　Littleton [1953], Chap.2 をみよ。そこでは，幾何学における点や物理学における力のように，どの研究分野にも定義できない固有の観念があり，会計では利益がそれに当たるとされていた。

2　限られた例として，Beaver & Demski [1979]; Beaver [1981]; Ohlson [1987]; Christensen & Demski [2003] のほか，実証についてある時期までの研究成果を総括した Lev [1989] などを加えておけば，とりあえずは十分であろう。

界における最重要課題のひとつといってもよいであろう。

　ただ，企業利益の情報が利用者（典型的には投資家）にとってどのような意味をもつのか，それが企業会計においてどれだけ本質的な役割を担うのかは，むしろ次章でより深く論じたい。ここでは，利益を中心に企業の財務情報を生み出す会計の枠組みを，一応そのまま受け入れる。つまり，企業利益に代わる基本概念を根幹に据えて体系を再編するのではなく，利益の概念は根幹においたまま，それが直面する問題点から会計のルールを問い直すのが本章の課題である。会計ルールといっても，基準として定められたものだけでなく，実務界でそれなりに認知され，標準的なテキスト等で取り上げられているようなものも含まれる。それらのうち，ここでは利益の概念に対して理論的な話題を投げかけているのれんや評価益などの論点を選んで検討してみよう。

2 ■企業の利益とのれん価値

　上述した本章の目的からすれば，なによりもまず，企業会計の仕組みのもとで測定されている利益を掘り下げて検討するための，分析の準拠枠となる企業利益の基礎概念を共有するのが先決であろう。それには，いったん現行の会計基準や会計実務の外に出て，そこで測定される企業成果のより一般的な概念を共有する必要がある[3]。問題を単純にするため，はじめ（時点0とする）にK_0を支出して資本設備を購入し，第1期末（時点1とする）にC_1，第2期末（時点2）にC_2の正味キャッシュフローを得る投資プロジェクトを想定しよう。これをひとつの企業とみてもよい。2期間にまたがる在庫品の繰り越しはないと仮定する。時点2には資本設備が処分される。処分価格をC_2に含めれば，そのあとの残存価値は当然ゼロである。貨幣価値水準はさしあたり変わらないものと仮定する。

　いま，2期間にわたる正味キャッシュフローC_1，C_2を，資本のコストにあたる利子率で時点0まで割り引いた現在価値をV_0とすれば，これが当初に資

---

[3] ここでは，斎藤［1989］ならびに斎藤［2003］，第9章などによりながら，当面の分析に必要な最小限のことだけをまとめておく。

本支出をしたときの設備の価値になる。われわれの当面の例では、この V_0 が投資プロジェクトの発足時における価値であり、同時に企業の価値でもある。これが資本支出 K_0 を超える分（$G_0 = V_0 - K_0$）は、時点 0 における資本設備の無形価値であり、プロジェクトなり企業なりの「のれん」に該当する。同様にして、第 2 期末の正味キャッシュフロー C_2 の時点 1 における割引現在価値 V_1 と、その時点での資本設備の価額（時価もしくは簿価）K_1 との差（$G_1 = V_1 - K_1$）によって、第 1 期末ののれんを定義することができる。投資プロジェクトが終わる第 2 期末については $V_2 = K_2 = 0$ であり、したがって $G_2 = 0$ である。

ここで、V_0 と K_0 のいずれを維持すべき資本とみるべきかは、投資プロジェクト＝企業から得られる利益について、2 つの異なった概念を生み出すことになる。つまり、V と K のいずれの減少分を、資本財の価値減耗（資本減耗）つまり資本設備の費用として各期間の正味キャッシュフローから回収するかの違いである。会計上の概念でいえば、減価償却の問題である。その選択によって、

第 1 期：$Y_1 = C_1 - (V_0 - V_1)$ または $\Pi_1 = C_1 - (K_0 - K_1)$ \hfill (1.1)

第 2 期：$Y_2 = C_2 - (V_1 - V_2)$ または $\Pi_2 = C_2 - (K_1 - K_2)$ \hfill (1.2)

のような、Y と Π との 2 つの利益系列がもたらされるのである。ただし、減価償却によって回収された資金の再投資による利益は除いてある。減価償却後の利益を分配せずに再投資する可能性がある以上、投資政策の影響を除かないと 2 つの利益系列を比較できないからである。

ここでいう Y 系列の利益 Y_1, Y_2 は、それぞれ期首の資本価値 V_0, V_1 に割引率をかけた資本コストないし利子の額に相当する（下記の補注）。いわば「正常」なフェア・リターンである。それに対して Π 系列の利益 Π_1, Π_2 は、投下資金を各期の正味キャッシュフローで回収した余剰であり、その額は、のれんが超過リターンとして実現した分だけ、正常利潤である資本の利子、つまり Y 系列の利益を上回っている。事実、期間ごとに Y と Π との差を求めて整理すれば、

$$\varPi_1 - Y_1 = G_0 - G_1 ; \quad \varPi_2 - Y_2 = G_1 \tag{1.3}$$

のようになる。2期間を通算すれば，両者の差は G_0 である。当初ののれん G_0 が，2期間にわたり超過利益として $\varPi$ に算入されていくわけである。維持すべき資本 K にのれんが含まれない以上，当然の結果である。それに対して Y の系列では，のれんを含む V の資本が維持されるため，利益からは G_0 が除かれることになる。

　[補注] Y 系列の利益は，第1期が $Y_1 = C_1 - (V_0 - V_1)$ だが，ここで V_0, V_1 は，資本のコストを ρ として，それぞれ

$$V_0 = C_1(1+\rho)^{-1} + C_2(1+\rho)^{-2} ; \quad V_1 = C_2(1+\rho)^{-1} \tag{1.4}$$

のように表せる。したがって

$$V_0 - V_1 = C_1(1+\rho)^{-1} - \rho C_2(1+\rho)^{-2} \tag{1.5}$$

これを Y_1 の式に代入すれば

$$\begin{aligned} Y_1 &= C_1 - (V_0 - V_1) \\ &= C_1 - \{C_1(1+\rho)^{-1} - \rho C_2(1+\rho)^{-2}\} \\ &= \rho\{C_1(1+\rho)^{-1} + C_2(1+\rho)^{-2}\} = \rho V_0 \end{aligned} \tag{1.6}$$

となって，第1期の利益 Y_1 が期首の資本価値 V_0 に割引率 ρ をかけた資本コストないし利子の額になることがわかる。第2期の利益 Y_2 も，これと同様にして期首の資本価値 V_1 に ρ をかけた値になることが確かめられるはずである。

したがって，もし当初ののれん G_0 を時点 0 の利益として Y の利益系列に加えれば，2つの系列の利益は2期間を通算した総額で同じ大きさになる。このれんは，資本に生じた価値増分という意味では，発生時点で所有者に所得をもたらしている。しかし，不確定な将来を見込んだ期待価値にすぎない以上，それは事業のリスクから解放された成果[4]としてプロジェクト（ないし企業）の利益になるわけではない。将来の利益を先取りした不確定請求権の価値増分として，請求権者の所得になるだけである。株式会社であれば，株価の上昇による資本利得として株主に帰属する。投資プロジェクトや企業の利益は，

---

[4] 投資の成果をめぐる「リスクからの解放」という概念の意味や伝統的な「実現」概念との関係については，企業会計基準委員会による日本の概念フレームワーク討議資料（2006年）および斎藤［2007］のほか，本書第2章第4節をみよ。

投資にあたって期待したキャッシュフローが実際に確定し，事前の期待が事後の事実で確かめられたときに，はじめてリスクから解放されて，投資の成果として実現するのである。事実が期待どおりなら，その分がのれんから利益に振り替わる[5]。

このように2つの利益系列は，Π が企業の利益を，また Y がその所有者の所得を，それぞれ表していると考えてよい。両者をつなぐのれんは，企業の利益としていずれ実現される超過リターン（資本のコストを超える利益）の期待であり，その期待が実現に先立って企業所有者に所得をもたらしているのである。むろん企業の会計では，企業所有者（株式会社では株主）の投資収益が計算されているのではない。のれんの要素も直接には把握されないのが普通である。しかし，企業の利益が結局は企業所有者に帰属することになる以上，のれんで結ばれたこの2つの利益系列の関係を，企業会計の基礎研究から取り除くわけにはいかないであろう。むしろ，それは，基本的な概念の分析に重要な手がかりを与えてくれるはずである。

なお，上記で定義した Π は，第1期末の資本設備 K_1 をその時点の簿価（取得原価マイナス減価償却累計額）と考えれば，会計上の利益（純利益）にほぼ対応する。他方，K_1 をその時点の市場価格とすれば，Π は未実現保有利得を算入した企業利益の一類型（包括利益）になろう[6]。もちろん，仮に時点1の市場価格が簿価より高い場合でも，それによって第1期の利益が高くなる分は，あとの期間（この例では第2期）の利益が低くなる分で相殺されるだけのことである。そうした種差は無視して，ここでは，Π の利益系列のなかに当初ののれん G_0 にあたる額が配分されて算入されること，もしこの G_0 を発生時の利益として Y の利益系列に加えれば，2つの系列の差異は正味キャッシュフローの時間的な配分の違いだけになってしまうこと[7]，を確認しておけ

---

5 事実が期待どおりでなくても，事実が確定して次元が期待から事実に変われば，期待を資本化したのれん価値はそれだけ失われる。

6 保有利得との関係でみた企業利益の諸概念については，たとえば Edwards & Bell [1961], Part One などを参照。

7 $\Pi - Y$ の値を第1期と第2期で合計すれば G_0 になる。時点0にはそれが $-G_0$ であったから，2つの利益系列の違いは，G_0 の時間的な配分の違いであることがわかるであろう。

表1.1 のれん価値と2つの利益系列

	時点0	第1期	第2期	計
利益 Π	0	$C_1-(K_0-K_1)$	C_2-K_1	$C_1+C_2-K_0$
利益 Y	V_0-K_0	$C_1-(V_0-V_1)$	C_2-V_1	$C_1+C_2-K_0$
$\Pi-Y$	$-G_0$	G_0-G_1	G_1	0

ばよいであろう（**表1.1**を参照）。

3 ■ のれんの自己創設と有償取得

このように利益の基礎概念を整理したうえで，今度はそれを道具に会計上の概念ないし測定操作を検討していこう。企業会計で測定されるのは，大雑把にいって前節の Π 系列に属する利益であった。当然まず問題となるのは，もう一方の Y 系列の利益との差にあたるのれんの要素（のれん価値の発生と変動）であろう。Π 系列の会計利益は，のれんを発生時点では認識していない。継続企業の自己創設のれんは，生じていても資産としては認識されないのである。その結果，資本のコストを超えるリターン（超過利益）の期待を表す無形の価値は，リスクを負った対価である資産価値（ここではキャッシュフロー）として実現したときに，その分だけ各期の利益に算入されていく。前述のとおり，仮にのれんを発生時の利益とみれば，それは利益の期間配分に違いをもたらすだけである。

一般に企業会計で認識されるのれんは，企業買収などのケースで有償取得した分に限られる。しかも，その場合には，資産として認識されたのれんに相当する額が，利益でなく資本として処理される。もちろん，企業買収の対価が現金などオンバランスの資産であれば，のれんを計上しても取得企業の純資産には影響がない。のれんが取得対価の額で測られている限り，それは対価の支出による資産の減少で相殺されるからである。したがって，企業買収の時点では資本も利益も生じる余地がない。それに対して，取得企業の株式を対価とする買収では，純資産がのれんに相当する額だけ増加し，それが一般に拠出資本

（資本金ないし資本剰余金）として拘束されることになる。そうした有償取得のれんの会計を，自己創設のれんと比べてまず検討してみよう。

　識別資産（現金で代表させる）を対価とする企業買収では，その支払い額が被取得企業から受け入れた識別可能な資産と負債の正味を上回る限り，差額がのれんとして処理される。取得の対価がM&A市場で合理的に決められているとすれば，その差額は，買収された企業の識別不能な無形価値に対する支払いと考えられるからである。この無形価値は，取得した事業，ないしはそれを構成する資産・負債の総体から見込まれる成果（キャッシュフロー）の「期待」ではあるが，自己創設のれんと違って，あくまでも取得の対価として引き渡した有形価値のフローに裏づけられている。取得される側の株主からみれば，持分価値のうちのれんに相当する部分が，それと独立した有形価値（ここでは現金）との交換によって清算され，資本利得としていわば実現しているのである。

　この場合に，もし取得企業がのれん価値を将来にわたって費用化しなければ，期待した成果が実現してのれん価値から分離した分が利益に算入される一方，事実の確定に伴って消滅した期待がそのままのれん価値に残り，資産と利益から控除されないということにもなる。有償で取得したのれんを資産として認識しつつ，その償却（や減損処理）を通じて費用化していく会計処理は，そうした不都合を避ける役割を果たしている。前節のモデルでいえば，取得したG_0にみあうのれんが上記のとおり現金支出額で相殺され，時点0では利益も資本も生じない。あとの期間で超過利益が実現しても，資産に計上されたのれんの償却負担がそれを相殺してしまう。結局はG_0の実現した部分を差し引いた$\varPi$系列の利益が，取得企業の期間利益とされていくのである。

　それに対して株式による企業買収では，対価となる有形価値の流出がない。交付される取得企業の株式（新株）が被取得企業の持分（旧株）を引き継ぐだけで，必ずしも相互に独立の財が交換されているわけではない。取得企業も被取得企業も，どちらも保有資源を企業外部に払い出すことなく，それまでの投資プロジェクトを合体させているだけである。そこでは，旧株の価値に含まれる被取得企業ののれんが，その株主からみれば清算されずに新株の価値へ引き継がれるケースもありえよう。被取得企業から引き継がれたのれんは，取得企

業の側でいずれ利益として実現し，投資の成果として回収されると見込まれているのである。しかし，パーチェス法の会計処理は，株式の交付を伴う純資産の増分を資本の拠出とみなし，引き継いだ期待の価値を，事実に変わって実現したあとも利益（II系列）へ振り替えずに，維持すべき資本にとどめる結果となる[8]。

　このように，同じ有償取得のれんでも，現金と株式のいずれを対価とするのかで，その性格は常に同じになるとは限らない。取得企業にとって，一方は保有する有形価値の流出を伴い，他方は自社株式を交付するだけである。株式を対価とする事業の承継を，現金で買収すると同時にその現金を拠出させて株式を交付する取引，と擬制できるケースならば実質的にはどちらも同じだが，株式による取得を受け入れるうえで，現金による買収額を超えるプレミアムがつく場合はそのような擬制が成り立たない。したがって，現金で買い入れたのれんからのアナロジーだけで，株式による買入のれんを処理するのは正しくない。株式発行で取得したのれんは，場合によって自己創設のれんに近い部分をもつこともある。被取得企業の持分に含まれるのれん価値が清算されずに取得企業の持分に引き継がれる例は，少数でも存在するとみたほうがよいであろう（下記の補注を参照）。

　　［補注］　株式による買収と現金による買収では，実態はかなり違っていることが多い。多額の資金を必要とする大型合併では株式でないと買収できないこともあるし，対価として現金を選択するオプションが付されているケースでは，支払額も株式に比べて割り引かれるのが普通であろう。少なくとも，企業結合であれば経済実態はすべて同じだと決めつけるのは危険である。

　　　　現金買収との比較はともかく，仮にA社が，B社を取得すればA社事業の収益性も高まる（シナジーがある）と見込むなどしてB社の企業価値よりも余分にA社株式を交付し，しかも交付したA社株式の時価総額だけ資本勘定を増額させたとする。そのとき，このプレミアムに対応し

---

[8] つまり，合併がなければ被買収企業の利益として実現すると見込まれたオフバランスの期待価値が，合併によりオンバランスされて買収企業の維持すべき資本に変わり，将来の利益として実現する機会を失うわけである。

て計上されるのれんが有償取得か自己創設か，どちらの性質をもつのかは考えてみる価値がある。

　交付した対価に着目し，このA社株式が現金に代わる有価値物だとみれば，当然ながらそれは有償取得のれんに該当する。他方，シナジーに当たる将来の収益を見込んで株式を追加発行したとみれば，これは自己創設のれんの性質をもつ可能性がある。その場合は，B社の企業価値に相当する分だけがA社に現物出資されたとみて資本の額を決め，追加交付分は一種の株式分割として，資本にものれんにも影響させないことになるのかもしれない。

自己創設のれんは，オフバランスとしたまま資産認識をせず，期待価値の実現に伴って利益となるのを待つのが通常の会計ルールだが，株式を対価とする企業買収で，交付した株式の時価総額を拠出資本として拘束するパーチェス法の会計処理は，のれんとして承継した期待価値が実現しても，利益を認識する余地がないという点でそれとは整合していない。もちろん，それは，資本の配当が認められないから，株主が企業成果の分配に与れないという話ではない。拘束されたのれん価値にみあう資金の投資から，資本のコストを上回る収益が期待されれば，株価は上昇して株主の所得になる。その点は，実現した利益を留保する場合と変わらない。問題は，現金買収のケースと違って継続している同じ事業の成果が，企業結合を境に利益から資本へ性格を変えてしまうことにある[9]。

それを前節の基礎概念にてらして解決するには，株式による企業買収で生じたのれんのうち，自己創設に当たる分をはじめから資産に計上しないか，仮に計上してもそれに伴う純資産の増分を資本や利益から除き，のれんが償却されるのに応じて利益に振り替えていくか[10]，あるいは計上したのれん相当額を資本に拘束する一方，それを費用化せずに（償却も減損処理もせずに）いつまで

9　現金を対価とする買収であれば，被取得会社もその事業も清算されて継続性を断たれるから，この点が問題になることもない。買い入れのれんが計上されれば，その償却または減損の負担が承継した事業の成果を相殺することになる。

10　つまり，再評価剰余金なりその他の包括利益OCIなりに含めたうえで，実現に応じて純利益にリサイクルする方式である。

も資産にとどめるか、のどれかしかないであろう。いずれにせよ、その場合にはのれんを除く有形価値（識別可能な無形資産を含む）の評価に問題の焦点が移行する。しかも、第2節でふれたように、のれんを含む資本価値 V に代えて、それを含まない有形価値 K を維持する Π の系列には、会計上の利益に限らず、資産価値をどう評価するのかによって異なる利益の概念を想定することができた。次節では、資産の時価が簿価を上回るときの評価益を中心に、この問題を一般化して考えてみることにしよう[11]。

4 ■ 資産の価格変動と評価差額

資産価格の変動に伴う評価益を考える順序として、まず貨幣価値の水準に変化がないという当面の前提（第2節）をそのまま維持しよう。すべての財の価格を（取引量などで）加重平均した水準が一定というだけでなく、ある特定の財を除いた他の財の価格をすべて一定としてもかまわない。財の種類が十分に多ければ、特定の財の価格変動が価格水準に与える影響も無視できよう。その状況でこの財が値上がりしていれば、それを売って他の財を従来よりも多く買えるという意味で、保有する企業には利益が生ずることになる。いわば財一般に対する支配力が高まったということである。しかし、その財を他の財やサービスの生産に使用し続けると、産出物の販売収益がもとのままである限りこの利益は生じない。そうした相対価格の変化がもつ意味を、最初に検討するのである。

便宜上、第2節の資本設備について相対価格の上昇を考えてみる。単純化のため、値上がり前の市場価格に簿価が等しいと仮定しよう。もし会計上、値上がりに応じてその資産の簿価を切り上げた場合は、当然の結果としてあとの期間の減価償却費が総額で同じだけ増加する。他の財の価格はすべて一定と仮定しているから、この減価償却費を除く将来の費用や収益に名目額の変化は生じない[12]。要するに、値上がりによる評価益が減価償却費の増分と相殺され、設

---

11 ここでは、のれん以外の無形資産を特に有形資産から区別する必要はない。無形資産の問題については伊藤[2006]などをみよ。

備の耐用期間を通じた利益の総額には影響がないのである。会計上の処理を別にしても，資本設備のような事業用の保有資産に生じた相対価格の上昇は，それを処分・換金しない限り，その資産を使い続ける費用を同じ額だけ引き上げて，保有する企業に利益も損失ももたらさない[13]。

念のため，第 2 節の概念でこれを確かめよう。ここではのれんの要素が除かれているので，無形部分を含む資本価値 V とそれに依拠する Y 系列の利益は，はじめから問題にならない。もっぱら資本設備の簿価ないしは市場価格 K に着目し，使用に基づくその低下分で毎期の費用をとらえることになる。いま，第 1 期末（時点 1）における資本設備の時価が簿価に等しい K_1 から K_1' に上昇したとすれば，$K_1' - K_1$ の評価益が第 1 期の利益 Π_1 に加わる一方，あとの期間の利益が負担する資本設備の費用は，総額で K_1 から K_1' に増大する。この例では，プロジェクトの終わる第 2 期末に資本設備が廃棄されて $K_2 = 0$ となるから，結局 $K_1' - K_1$ の費用増分が，第 2 期の正味キャッシュフロー C_2 にチャージされてそれだけ利益 Π_2 を減少させることになる。第 1 期の利益が増えた分だけ，第 2 期の利益が減るのである。

この場合，資本設備の簿価を K_1 のまま切り上げなければ，評価益が出ない代わりに将来の減価償却ベースもそれだけ小さくなる。耐用期間を通算した利益は，簿価を切り上げて評価益と減価償却費を同時に増やす上記の場合と変わらない。仮に再評価をして評価益を純資産に含めても，それを利益から除いたうえ，切り上げられた資産簿価の償却に応じて同額を利益に振り替えていけば結果は同じことになる。評価益が「実現」とともに利益にリサイクルされ，簿価切り上げに伴う費用の増加分と相殺されていくからである。それらは，結局のところ評価益に相当する成果がいつ投資のリスクから解放されて利益となるかという，利益の期間帰属をめぐる違いにすぎず，資本と利益の関係はいずれ

12　資本設備の値上がりが製品売上数量の増加など実物面での利益上昇期待を反映している場合でも，それは，ここで考えているような利益の測定に対する評価益の影響とは別次元の問題である。
13　値上がりした資産を売却したときだけは，当該資産の費用だけでなく収益も上昇する。ただし，資本設備はそののれん価値が正である限り（正確には代替的な投資機会ののれん価値を上回っている限り），市場価格が上昇しても売却されずにそのまま使われる。

も互いに整合する。反対に，こうした評価益を維持すべき資本として拘束するのは，あきらかに上記の概念と整合的でない[14]。

ここで，貨幣価値を一定とするこれまでの前提を取り除いてみよう。貨幣価値が下がり一般的な価格水準が上昇したことに伴う保有設備の値上がりは，その相対価格（個別価格）が上昇したケースと違って，当該資本設備から生み出されるキャッシュフローの名目額を平均的には同じ率だけ上昇させる。したがって，値上がり分だけ設備の簿価を切り上げても，その評価益が将来の利益（営業利益）を減らすわけではない。そのかわり，資本設備へ投下している資金に購買力の低下による損失が生じ，それをこの評価益が埋め合わせて資金提供者の請求権を実質価値で維持する形になる。自己資金であれば，維持すべき資本の切り上げに評価益が充てられる。借入資金については，購買力損失が生じても借り手は名目額を返済すればよいが，元本の切り上げを免れる利益（債務者利得）は，インフレに伴う利子費用の上昇で相殺されていく[15]。

第2節の基本概念でこれをみるには，第1期末に価格水準が α（$100\alpha\%$）だけ上昇し，それがそのまま持続すると仮定するのが便利である。便宜上，すべての財の価格が α だけ値上がりするとしておこう。資本設備の価格は $(1+\alpha)K_1$ に上がる一方，第2期にはそれと同額の減価償却費が，これも $(1+\alpha)C_2$ に上昇した正味キャッシュフロー（償却前利益）にチャージされて $(1+\alpha)\varPi_2$ の名目利益をもたらすはずであろう。ここでの評価益 αK_1 は，前述した相対価格の上昇分のような，後の期間の利益（営業利益）を先取りした利益ではない。それは，投下資金に生じた購買力損失と，ちょうど表裏の関係をなしている。資本設備への投下資金 K_1 を実質額で維持するには，将来の名目利益から，現在の評価益にみあう αK_1 をあらかじめ留保しておかねばならないのである。

むろん，投下資金の購買力損失といっても，運用資産（ここでは資本設備）

---

14 日米の会計基準は，事業用資産については値上がりしても簿価の切り上げを認めない。その一方，国際会計基準では再評価が許容されてきた。評価益は再評価剰余金として直接株主資本に計上されるが，同じ資産について過去に費用として認識した評価損があるときは，その範囲で評価益は収益とされたのである（IAS第16号，31項，39項，40項）。
15 この点の詳しい説明はHill［1979］，斎藤［1988］，［2006］などをみよ。

の評価益で埋め合わせなければならないのは，一般には自己資金に生じた分だけである。企業会計の概念に合わせていえば，拠出資本の勘定にその分の評価益を組み入れて，維持すべき資本の名目額を切り上げるのである。しかし，事業用資産の切り上げを排除する現行の基準では，継続事業である限りこうした資本修正も原則として行われない。オフバランスとされた評価益は，当該資産の生産的消費や売却処分を待って，実現した利益に算入されていくのである。そうしたやり方は，借入資金で調達した資産の評価益については――期間配分が変わるだけで――ここでみてきた利益の基礎概念と整合するが，自己資金で調達した部分については，いわば資本を取り崩して利益に振り替える結果となる[16]。

このように，有形資産の評価益について，現行の会計ルールは性格の違う要素を区別していない。相対価格と貨幣価値のいずれの変化も無差別であり，購買力損失の負担をめぐる借入資金と自己資金の違いも考慮されないのである。いずれの評価益も，継続企業では実現を待ってひとまとめに利益に算入されている。その点では，前節にみた自己創設のれんと同じである。しかし，その一方，株式を対価とする企業買収のケースでは，取得資産の評価益が，むしろ買入のれんと同じく，拠出資本として拘束されることになる。今度は同じ評価益が，すべて維持すべき資本に含められて利益として実現する機会を失っているわけである。のれん価値を除いた有形資産の価格変動も，結局はこうした非整合的な会計処理を生み出していることに注意しよう。

5 ■ 資本と利益の区分と実現基準

以上のように，現行の会計ルールでは，継続企業に生じたのれんや評価益が，未実現の間は認識されないまま，実現を待ってすべて利益に算入されている。それに対して事業の継続性が中断される企業買収などのケースでは，それらがしばしば企業間での引き継ぎ時に認識されたうえ，すべて拠出資本に算入されることになる。株式を対価とする企業結合でも，パーチェス法で処理され

16　日米いずれの基準についても，そうした結果になるのは同じである。

る限り資産の評価替えやのれんの計上が求められ，それに伴う純資産の増分が維持すべき資本の要素とされるのである。純資産の増分をどの時点で認識するかが違うというだけではなく，継続企業に生じたものは資本の要素（もしあれば）を含めたすべてを利益に分類し，企業買収の局面では利益の要素を含めたすべてを資本に分類する，一見して不整合な結果となっている。

　もちろん，性格の違うものであれば，その会計処理が違っていても不思議はない。しかし，第3節でみた有償取得のれんでも，株式を対価として買い入れた分は，場合によって自己創設のれんに近い性質をもつことがあった。取得企業との間で株式が交換されているだけでは，被取得企業の株主にとって，のれんに相当する持分価値が，投資のリスクから解放されている保証はなく，被取得側の株主持分も会社の事業も，清算されずに継続しているとみられる状況もありえよう[17]。現金買収のように，被取得企業の持分が常に清算され，その事業が継続性を断たれたうえでフレッシュ・スタートするような状況ばかりではない。のれんに限らず，株式による企業買収で資本算入される承継資産の評価益も，同じ意味で継続企業における資産の評価益と共通の部分をもっている可能性がある。

　問題は，同じ資産に生じた評価益が資本と利益の区分をめぐって対照的に処理されたり，それと反対に資本と利益の両方の要素を含んでいるかもしれない純資産の変動が，資本か利益のいずれか一方にまとめて分類されたりすることである。この不合理性を考えるには，新設した完全子会社に資産を売却して評価益を実現させたあと，再びその子会社を買収して譲渡資産を取り戻す例を想定してみるとよいのかもしれない[18]。子会社への資産譲渡であれば，その譲渡益は親子会社を合わせた企業集団にとって未実現の評価益でしかないが，この子会社を再併合して（消滅させて）譲渡資産を取り戻したとき，これが「実

　17　事業投資の継続性を株主持分の継続性に還元させるのは，企業結合の場合，事業の単位である企業そのものが取引の対象になっているからである。一般に企業結合では，株主の持分が継続する実質的な取得側企業の事業が継続するとみられるが，どちらが取得したともいえないケースがあれば，どちらの株主の持分も会社の事業も，清算されずに継続すると考えるほかはない。それは，パーチェス法で処理しきれない限界的なケースといってもよい。なお，本書第20章を参照。
　18　子会社の合併は共通支配下の取引に該当し，企業結合とは異なった方法で処理される。

現」して純資産の要素になるのかどうか，なるとしたら資本か利益かが第1の問題である。第2の問題は，子会社へ譲渡した後に生じた資産価格の変動を合併にあたって認識するかどうか，仮に認識した場合に評価差額が資本と利益へどう区分されるかである[19]。

　これらについては2つの考え方がありえよう。ひとつは，完全子会社を合併しても実態が変わらない以上，連結のバランスシートを合併後もそのまま引き継ぐというものである。その場合は，資産を取り戻しても譲渡時の利益は実現しない。また，譲渡後の価格変動も認識されることなく，資産は減価や減損を除けば譲渡前の簿価に戻される。資本と利益をめぐる混乱は，ここでは生じない。しかし，譲渡益が親会社単体では利益の要素になっている以上，合併に伴って子会社が消滅すれば，親子会社間でそれを相殺消去する仕組みが働かないのも事実である。となると，未実現の評価益がそこで実現して利益に含められるという，もうひとつの考え方も成り立つであろう。その場合，取り戻した資産を子会社の簿価で引き継げば，評価差額のうち譲渡後に生じた部分だけが無視され，合併時の時価で引き継げば，今度はその部分が利益でなく資本とされることになる。

　これは，同じ資産に生じた評価益が，どの局面で現れるかによって，会計上認識される場合とされない場合が生じたり，あるいは実質的に同じ企業集団の資本と利益に矛盾して分類されたりする例である。そうした会計ルール間の矛盾や利益の基礎概念との不整合は，純資産の変動をとらえる取引の単位が，資本と利益の認識や両者の区分という基本目的に適った方法で経済的な事実を直和分割できていない結果だというほかはない。同じ資産に生じた価格変動が，子会社への資産譲渡と子会社合併による再取得という，性質の異なる2つの独立した取引に分けてとらえられる一方，資産を譲渡した後の価格変動については，資産の増価とのれんの増価を区別せずにいずれも認識しないか[20]，企業結

19　実現（および後述するリスクからの解放）というのは利益の定義に使われる概念だが，混乱を招く心配がないときは，資本を含めた純資産の要素として認識される要件の意味で用いることもある。厳密さを要しない文脈では，新しい概念を持ち込まないほうがよいと思うからである。
20　未実現の価格変動を認識しないということは，実現した時点でそれが利益の要素として認識されるということでもある。

合時にいずれも資本として認識するかが問われていたのである。

　そこでは，純資産の変動を発生させた事実よりも，それを最終的に実現させた会計上の取引に即して，維持すべき資本か余剰としての利益かが決められている。資産価格の変動も，売却とか企業結合など，それを実現させる取引を契機に，その取引の性質に基づいて実現までの累積額が一括して処理される。実現の基準が，実現時にそれまでの価値増分を一括してとらえる原価評価に結びついているというだけでなく，実現した価値増分を資本と利益へ振り分ける局面でも，純資産の変動を認識する実現時の取引に依存して一律に処理されているのである。資産価値を変動させた原因にかかわりなく，それが会計上の数値に表れる契機となった取引によって資本か利益かを決める，よくも悪くもきわめて人工的な性質のシステムが構築されているということでもあろう。

　ただ，ほんらい「実現」は利益をどの局面でとらえるかを決めるだけで，その大きさには中立的な基準である。だとすれば，未実現の段階で純資産の変動をとらえ，あらかじめそれを資本となるべき要素と利益となるべき要素とに分割することで，実現したときにはそれに基づいて両者の区分を決めたらどうかという話にもなる。それができるなら，仮に実現の解釈が違っても，利益の期間帰属が変わるだけで資本の要素との間で混同が生ずる心配はないのかもしれない。最近は会計基準の重点がフローからストックへ移ったとされ，ストックの再評価が時代の関心を集めているが，再評価（再測定）の結果として生ずる純資産の変動については，その性質の理論的な分析が必ずしも十分に行われているわけではない。そうした状況では，上記のような問題について考察を深める基礎的な作業が，会計基準の研究にとって重要な検討課題になるように思われるのである[21]。

　いずれにせよそこで検討しなければならないのは，認識された有形・無形の資産価値をどう評価ないし再評価し，それによる純資産の変動を未実現の利益と維持すべき資本とにどう切り分けるのかである。前述ののれんのように，たとえ企業結合に伴って取得したものでも，事業の継続性が断たれていなければ実質的に自己創設と変わらない部分もある。そうしたケースでは企業結合と

　21　この問題については，なお補章1を参照されたい。

いう取引の単位を分割して，有償取得したのれんを資本となる部分と未実現の利益になる部分（あるいは認識されずに実現を待って利益となる部分）とに切り分ける作業が必要になるかもしれない。識別可能な保有資産の評価益を計上したときも，投下した自己資金の購買力損失に相当する資本の要素と，資産の増価がもたらす将来の費用負担を相殺するために実現に応じて利益へ振り替えられる未実現利益の要素とを，明確に区分するルールが必要になる。

　そのような問題の一端は，従来もいわゆる価格変動会計論などで検討されてきた[22]。しかし，本章にとって重要なのは，それらの経緯よりも，そうした研究課題を投げかけたここまでの考察が，現行会計基準の再検討にどう貢献しうるのかである。もちろん，実現の概念を棄却して公正価値評価をいうだけでは，それがもたらす情報のレリバンスを論証しない限り，制度改革の雑音にしかならないであろう。むしろ上述の分析が示すのは，実現の概念そのものが資本と利益の認識や区分を制約する面よりも，資産価値の変動を最終的に実現させた取引の性質に基づいて一括処理する現行会計基準の枠組みと，そこでの取引単位の決め方が，たとえば同じ資産に生じた評価益を資本と利益に矛盾して切り分けたり，事業の継続性が実質的に維持されるケースの会計処理に，継続企業の利益測定とは整合しない帰結をもたらしたりする可能性であった。その局面での実現ルールや利益概念の再検討に，問題解決の糸口が求められていたのである[23]。

6 ■ おわりに

　本章の目的は，会計基準が直面する問題を，基礎となる概念の体系にてらして検討するうえで，戦略的にどのような論点を手がかりにしたらよいかを考えることにあった。特にそこでは，現行の基準や実務にとっては周辺的な問題でありながら，資本と利益の概念に対して本質的な検討課題を投げかけていると

22　さしあたり1986年のSFAS第89号および斎藤［1999］，第10章みよ。
23　たとえば米国会計学会AAAの1957年会計基準では，実現概念の拡張が中心的な論点となっていた（AAA［1957］）。しかし，実現の概念を拡張すればするほど，「なにが利益か」を「いつ利益になるか」から独立に定めることが必要になる。

みられるのれんと資産評価差益を素材にして考察した。それらは，たとえば企業結合のケースで，被結合企業の継続性が実質的に維持されているときに，継続企業との間で利益の測定に不整合を生み出す可能性を含んでいた。純資産の変動を資本と利益に分割する操作が，それを発生させた事実よりも，それを実現させた取引に制約される仕組みになっているからである。その解決には，利益の期間配分をめぐる実現基準の制約をしばらく措いて，利益とはなにかを定める基礎概念の再構築を図ることが不可欠と思われる。

　その中心をなすのは，有形・無形の識別資産に生じた未実現の価値変動や，取得ないし自己形成した無形価値を認識したときに結果として生ずる純資産の変動分を，資本と利益とに切り分けるルールであろう。それは，従来も繰り返し問われ続けてきた古くて新しい検討課題である。しかもそのテーマは，今日これまで以上に重要性を増しているといってよい。本章で取り上げた問題群を別にしても，現代の企業会計における比較的新しい話題には，なんらかの形で再評価にかかわるものが少なくない。金融商品に限らず広い意味での評価差額が，資本と利益の概念に重大なインパクトを与えているのである。会計基準が実務や関連諸制度への指導性をもつためには，そうした課題認識の的確さと，利益の基礎概念にてらした測定ルールの体系的な整合性とが強く求められている。

第2章
利益の測定と資産の評価

1■はじめに

　企業会計では，投資の成果を測定するうえで，超過利益（資本コストを超える成果）の期待であるのれん価値や，保有する資産に生じた時価評価益が，キャッシュフローとして実現するまでは認識されていない。値上がり益が目的の金融投資と違い，事業収入が目的の事業投資では，資産を原価で繰り越したまま，投下資金の回収を待って実現した成果をとらえるのが，企業会計の基本的な特徴とされている[1]。会計制度への批判も，繰り返しこの点に向けられてきた。資産価格の変動を除いた（ようにみえる）利益の測定が企業の実態をどこまで投資家に伝えられるか，疑問視する意見は少なくない。しかし，それでも実現基準や原価評価は，いまだに事業投資の成果を測る基本的な会計基準となっている。金融投資への適用が拡大する時価会計と，一見したところ対立しながら並存し続けているのである。

　もちろん英国などには，事業用固定資産を評価替えする実務慣行がある。国際会計基準もそれを許容するだけでなく，特に投資不動産については，時価による評価と損益認識を原価評価と選択適用できるルールを定めている（IAS第16号およびIAS第40号）。しかし日本基準や米国基準では，継続企業における事業用固定資産の簿価切り上げを依然として認めない。減価償却や減損にみあう簿価切り下げがあるだけである。国際基準にいう投資不動産に対応したカテゴリーも設けていない[2]。このように日米とも事業の利益を測る基準が変わらな

　1　本書，第1章のほか，金融投資・事業投資の概念につき，斎藤[2006]，第3章をみよ。
　2　ただし，国際基準とのコンバージェンスを図る観点から，米国でも投資不動産について公正価値オプションを許容することが検討されてきた。

いのは，ルールの安定性を優先しているからではなく，むしろ変わらないルールに一貫した合理性があるからかもしれない。それらを批判してあるべきと思うルールを論ずる前に，現行のルールがどのような理屈に支えられ，どのような状況に当てはまるのかを，前章で析出した概念を使いながらもう少し掘り下げてみよう。

2■のれん価値の形成と減耗

　企業会計でいう利益は，なによりも企業成果の事後の測定値である。その意味を理解するためには，まず，それと対比される事前の期待を考えてみるのがよい。単純化のため，前章の表記にならって，はじめにK_0だけの資本支出を要する投資プロジェクトを想定する。この投資からは，プロジェクトが継続する期間（前章の例では2期間）にわたって，資本財の減耗分を除く要素費用を現金で支払ったあとの，償却前利益に相当する正味の現金収入が期待されるものとしよう。この将来の収入流列を資本のコストにみあう利子率で割り引いた投資時点の資本価値をV_0としたとき，それが当初の資本支出額（つまり投資時点の資本財価額）K_0を上回る分が，その時点における当該プロジェクトの「のれん」と定義されていた。この値は一般に正である。そうでなければ，資本のコストを補償する別の投資機会に，その資金が振り向けられているはずである[3]。

　ところで，この投資プロジェクトの利益は，上記の正味現金収入（キャッシュフロー）で当初の資本支出を回収した余剰である。したがって，期待利益の現在価値は，資本支出額を回収する費用配分のスケジュール（減価償却）に依存する。正味収入流列の現在価値はV_0であるが，償却費用を控除した利益の現在価値は，利子率がゼロでない限り，費用が後の期間に配分されるほど大きくなる。どのように配分しても，配分される費用の総額はK_0で変わらない

　　3　当初に正ののれん価値をもつ投資でも，それが負になればその時点で清算され，回収された資金が他の投資機会に振り向けられる。正確にいえば，たとえ負にならなくても，代替的な投資機会にくらべてのれん価値が小さくなれば，その投資は清算されることになる。

が，減価償却によるその回収を遅らせれば，それだけ費用の現在価値は小さくなるからである。未回収の投下資金に対する毎期の利子の額だけ，利益の現在価値が高くなって両者が相殺されると考えてもよいであろう。この期待利益が投下資金利子を上回る分を超過利益と呼べば，期待される超過利益流列の現在価値がのれんの額（$V_0 - K_0$）に当たる。つまり，期待利益の現在価値は，投下資金利子の現在価値だけのれんの額を上回る（下記の補注を参照）。

　［補注］償却前の利益に当たる正味のキャッシュフローC_1，C_2が，2期間にわたって各期末に流入するとき，各期の利益（前章にいうΠ系列の利益）は

$$\Pi_1 = C_1 - (K_0 - K_1) ; \quad \Pi_2 = C_2 - (K_1 - K_2) = C_2 - K_1 \tag{2.1}$$

で表される。K_1は第1期末の資本財価額だが，ここでは減価償却費を引いたあとの金額に等しいと考えておく。また，第2期末に資本財は処分されて価額K_2がゼロとなり，処分に伴う収入はC_2に含められているとする。この利益系列の現在価値は，割引利子率に当たる資本のコストをρとすれば

$$\Pi_1 (1+\rho)^{-1} + \Pi_2 (1+\rho)^{-2} \tag{2.2}$$

のようになる。

　他方，各期の期首における未回収の投下資金はK_0，K_1であり，それらに対する各期の利子はρK_0，ρK_1だから，この分を差し引いた超過利益の現在価値は，

$$\begin{aligned} &\{\Pi_1 - \rho K_0\}(1+\rho)^{-1} + \{\Pi_2 - \rho K_1\}(1+\rho)^{-2} \\ &= \{C_1 - (K_0 - K_1) - \rho K_0\}(1+\rho)^{-1} + \{C_2 - K_1 - \rho K_1\}(1+\rho)^{-2} \\ &= C_1 (1+\rho)^{-1} + C_2 (1+\rho)^{-2} - K_0 = V_0 - K_0 \end{aligned} \tag{2.3}$$

となって，結局，投下資金利子を上回る超過利益の現在価値が，のれんの額に等しくなることが確認される。第2期末には資本価値もゼロにならねばならないから，この時点までには当初ののれんが消滅しているはずである。

このように，のれんは投資プロジェクトがもたらす将来の超過利益の期待であり，いずれは有形資産となるべき無形のストックである。それは事前の期待が資本化されたものであり，期待が実現すれば企業の正味資産に置き換わる。

期待利益が実現した分だけ，その資本価値が取り崩されて実現利益に振り替えられるのである。結果が期待と違っていても，その期待を資本化したのれんは消滅する。事実が期待どおりであってもなくても，結果が確定すればそれに伴って期待は消滅する。途中で期待が変わったときも，その変化に応じてのれんは増減するが，これも結局は期待された事実の確定とともに消滅する。事実が期待どおりならば，取り崩されたのれんが利益に振り替えられ，期待どおりでなければ，期待を下回った分がそのまま消滅するだけのことである（期待を上回った分は利益に算入されている）。

ここで，このプロジェクトをひとつの企業とみれば，のれんの発生は持分価値の上昇となって企業所有者に帰属する。株式会社なら，資金を拠出した株主が，将来の超過利益を見込んだキャピタル・ゲインを獲得するのである。株式を取引する市場があれば，株主は価値の上がった持分証券を換金して，この所得をいつでも実現させることができる。ただし，それは株主の所得であって企業の利益ではない。のれんが識別可能な資産に変わって企業に帰属したときに，はじめてそれは企業の利益（資本のコストを超える超過利益）として実現する[4]。もちろん，のれんがこのように実現しても，それを先取りした株主所得の大きさに影響はない[5]。利益が配当されて株主所得を増やしても，他方で持分価値が減ってそれを相殺する[6]。しかし，企業の利益が認識されるためには，企業投資の成果が期待から事実に次元（dimension）を移していなければならないのである。

このように，企業利益というのはもっぱら事後的な概念である。ただ，一般にいわれる事後の所得（income *ex-post*）は，事前の概念と同様，将来に対する期待に依拠したものである。事前の所得（income *ex-ante*）と違うのは，期首と期末の資本ストックが，それぞれ期首でなく期末時点の期待に基づいて評価される点であろう[7]。事前の所得なら期首時点の期待に基づいて評価される。

---

4 もちろん，どのような識別可能資産に変わったときかは別の問題である。次節をみよ。
5 実現した事実が事前の期待と違っても，その分は株主に帰属するはずである。
6 配当が市場へのシグナルとなって株価に影響するのは，また別の問題である。その影響の方向や大きさについて，先験的にいえることはほとんどない。

そこで事前と事後が分けられたのは，期首と期末とでの将来に対する期待の違いを，所得の概念から除くためであった。つまり，期待の変化がもたらすウィンドフォールを除いて事前と事後の所得を対比させるためであった。しかし，期待された超過利益がどこまで実現したかを事後的に確かめる作業には，期待の要素を資本のストックから除く一方，期待の実現に伴うのれんの減耗分を企業の成果に含めてとらえる必要がある。企業利益は，そうした意味での事後の概念にほかならない。

3■利益の実現とのれんの減耗

　企業会計が事実の事後測定であるとしても，なにを事実とみるかは必ずしも自明でない。保有資産の値上がりから現金収入までの——評価益の発生から換金までの——どの局面でのれんが実現したとみられるのか，それを決めるには，企業資産を識別して評価する別のルールが必要である。保有する資産の時価変動は企業の事実に違いないが，それがのれんとして資本化された事前の期待を事後的に確かめる事実かどうかは，当然ながら別問題である。もし時価評価のルールが選択されるなら，少なくとも貨幣価値の変動分を除いた保有資産の値上がりは，事前に期待されたものである限り，のれんが実現した事後の利益とみることになる[8]。それに対して原価評価のルールでは，いくら保有資産の時価が上がっても，それだけではのれんが実現したとはみなされない。

　もちろん，そこでのれん価値の実現が確かめられても，ただちに利益の大きさが決まるわけではない。キャッシュフローとして実現しているかどうかにかかわらず，保有資産の価値増分をどこまで利益とみるかは，資産の評価とは別

7　むろん，期中の正味キャッシュフローについても，事前と事後では情報が異なっている。事前と事後の所得については，Lindahl [1933], [1939]；Hicks [1946], Chap. 14；Kaldor [1955], Appendix to Chapter 1；斎藤 [1984]，第Ⅰ部第1章，および本書第5章などをみよ。なお，ヒックスの事後所得は，期待構造の変化によるウィンドフォールの部分を含むとみられている。

8　実際に生じた価値の変動でも，事前に期待されたものでなければ，のれんとは関係なくウィンドフォールの要素として事後の利益に加減される。のれんが将来の期待を評価したものである以上，その大きさに影響するのは将来の期待を変える事象だけである。

に維持すべき資本をどう決めるかの問題でもあるからである。その決め方によって，資産（正確には純資産）の増えた分が資本と利益に分けられることになる。ここで問われる資産評価のルールは，単に評価益をどこで利益に含め，のれんの実現をどの局面でとらえるかという，利益認識のタイミングにかかわる問題と考えたほうがよい。のれん価値が利益として実現するために，保有資産の値上がりが十分条件だとみれば時価評価が選択され，それとは別にキャッシュフローの裏づけが求められるときは，のれん価値がある限り値上がり前の原価による評価が選択されるというわけである。

　企業会計でいう実現基準は，伝統的には後者の原価評価にしばしば結びつけられてきた。確かに，のれんが事業収入の期待に基づく企業価値の一部である以上，その期待の実現を実際のキャッシュフローでとらえるのは自然であろう。少なくとも現金同等物が回収されれば保有資産の価値増分は実現し，投下した資金は事業のリスクから解放されたと考えてよい。のれんもそこで実現し，リスク投資の成果である企業の利益に振り替わる。のれん価値のある事業用資産をその前に切り上げても，それを事業に使い続ける費用（固定資産なら減価償却費）もまた増加して評価益と相殺し合い，利益の総額は変わらない。時価がどうなったところで，事業用資産を売却するか使い続けるかは，利益を測定する前に決められているからである[9]。事業投資の成果を事後的に測定するうえで，原価評価のルールはそれなりの合理性をもっている。

　しかし，企業の資産は事業用のものばかりではない。企業は，調達してきた資金を資本設備や在庫品，あるいは事業に必要な運転資本に投下するだけでなく，一部を外部投資で運用することもある。よい投資機会に備えて，その資金を金融資産などに振り向けるのである。特に実物投資からの期待収益が低いときは，有価証券や不動産への投機がしばしば増加する[10]。そうした余資運用の資産には一般にのれん価値がなく，事業用資産と違っていつ処分しても構わな

---

[9] 事業用資産の評価が問われるのは，通常は売らずに使い続けることが決まった後である。それは，保有する企業にとっての価値が時価を超えるという意味でプラスののれん価値を有し，将来の超過利益を期待して事業に拘束される資産である。企業の投資政策によって，評価益の実現が制約されているものといってもよい。

[10] 配当や自社株買いなどの方法で，余剰資金を株主に払い戻すこともある。

い。換金による評価益の実現に，事業上の制約がないのである。それらの時価の上昇は，ある意味では現金同等物の流入と変わらない。換金されていなくても，事前の期待に対応する事後の事実は，既に定まっているとみることもできよう[11]。そこではむしろ，時価による資産の評価と損益認識に合理性がありそうである。

　となると，事業用の資産は原価，余資を運用する資産は時価というように，それぞれが違ったルールで評価されることになる。保有資産に生じた評価益が，前者では当該資産の処分や産出物の販売など，キャッシュフローによる直接または間接の回収を待って，また後者ではそれを待つまでもなく，企業利益の要素とされるわけである。現行の会計ルールも，ほぼそのような考え方でつくられている。しかし，それは，利益の実現を資産の原価評価と不可分に結びつけてきた伝統的な通念とは整合しないようにみえる。その一方，時価評価を唱える側からも，原価と時価という違った測定属性（measurement attributes）[12]の混在が，会計基準の首尾一貫性を損なうと非難されることも少なくない。いずれにせよ，そこでいう属性の異なる数値には，加法性がないとみられているようである。

　そうした主張が根強いのは，評価基準の選択を企業会計の本質的な分岐点とみて，原価か時価か，いずれか一方を一律に適用するのが会計基準の整合性と思い込んでいるからであろう。しかし，この場合の加法性は，足したり引いたりした結果に意味があるかどうかの問題だが，それを論ずるには，結果として得られる純資産や利益が，情報利用者である投資家にとってどのような意味をもつかを検討するのが先決であろう。その経験的な意味や情報価値にてらして基準選択の結果を問うことをせず，原価か時価かの一貫性ばかりを唱えるのは，目的に対する合理性の観点を見失った本末転倒の議論というほかはない。次節では利益情報について，実証的な研究の課題である情報価値は措いたまま，さしあたってその理論的ないしは概念的な意味の考察を補っておくことに

　11　なお，資金の「自由選択性」という概念でこの問題を検討した森田［1979］，第11，12章を参照。
　12　この概念については，補章2で検討する。

したい。

4 ■ 投資のリスクからの解放

　投資家は，なぜ企業利益の事後の測定値を必要とするのであろうか。どのような目的にそれを使うのであろうか。そもそも投資というのは，将来の不確定なキャッシュフローを期待して，現在のキャッシュをリスクにさらす行為である。その意思決定は，期待される将来のキャッシュフローをリスクにみあう資本のコストで割り引いた現在価値と，それと交換にリスクにさらすキャッシュの大きさを比べる作業でもある。将来の成果の価値が大きければ投資が行われ，そうでなければ投資は行われない。しかもそのような意思決定は，最初に投資が実行されるときだけでなく，投資プロジェクトが続いている間もたえず繰り返されている。ある時点から先の将来に期待される成果の価値が，その時点で投資を換金して得られる額より大きければプロジェクトは継続され，そうでなければ清算されるのである。

　そこでは，投資の実行または継続の決定を左右した将来の期待が，たえず新たな情報のもとで見直され，改定された期待に基づいてさらに投資を継続するかどうかが決められる。そうした期待の改定には，なによりも過去の期待を対応する事実と比較することが必要である。期待された成果がキャッシュフローである以上，その期待の改定にフィードバックされる情報は，事実として生じたキャッシュフローに基づく投資の成果ということになる。前記の例のように，第 1 期に C_1，第 2 期に C_2 の正味キャッシュフローを見込んだ投資をしたときは，第 1 期末に実際のキャッシュフロー C_1'（ないしそれに基づく実現利益[13]）を当初の期待 C_1（ないしそれに基づく期待利益）と比較しながら，第 2 期について当初に見込んだ C_2 を改定する。それが第 1 期末の資本価値評価

---

　[13]　期待された C_1 に対応する事実は実際のキャッシュフロー C_1' だが，そこから資本財の費用（減価償却費）を差し引くことで，投資とその回収のキャッシュフローは利益という単一の指標に集約される。それは，現在の投資から期待される有限期間のキャッシュフローを，回収資金の再投資を繰り返したときの無限の期待収入流列に変換するものでもある。

を変え,同じ時点における資産の時価との比較を可能にするわけである。

　このようにしてとらえられた事後の利益は,リスクを負った投資の成果が,リスクから解放されて実現した分といってもよい。結果の不確定性が投資のリスクだとすれば,不確定な成果の期待と比較できる事実の確定により,リスクがいわば消滅して成果が実現したとみられるのである。投資家は期待と事実の差異を分析し,それを将来に向けた期待の改定に利用する。これが,実現した利益を測定してきたことの合理的な意味である。企業会計でいう実現基準は,基本的には不確定な期待であった投資の成果がそれに対応する事実へ次元を移し,確定したキャッシュフローとなってリスクから解放されたときに利益を認識しようという伝統的な考え方である。事前・事後の経済的所得概念が将来に対する期待を所与としたうえでその変化を除こうとするのに対して,ここではそれ以前に,まず将来の期待を形成し改定する局面での利益情報の役立ちが問題になっている[14]。

　事業投資のケースであれば,資本設備や原材料をはじめ事業用資産への投資にあたって期待される成果は,それらを使用して生み出される製品やサービスなどのアウトプットを販売したキャッシュフローである。そこで求められているのは,設備や原材料をそのまま換金した対価ではなく,より価値の高いものに変換したうえで販売するという事業活動の成果である。その成果を確定させる市場のテストは,販売に伴う営業債権などのキャッシュもしくはその同等物の流入であろう。もちろん,売上債権を取得しても回収にかかるリスクは残っているが,債権の回収が事業の一部とみられる場合はともかく,一般にはそれを事業のリスクとは区別し,貸倒損失の引き当てか時価評価によって処理している。回収のリスクは残っても,事業のリスクから解放されれば事業投資の成果が確定し,利益が実現したとみるわけである。

　こうした事業投資に対して,事業に拘束されない余裕資金を運用する投資は

---

[14] 投資のリスクからの解放という利益（投資の成果）の認識を決めるこの概念は,日本の企業会計基準委員会（ASBJ）による「概念フレームワーク」討議資料（2006年）の中核をなす概念でもあるが,最近では Barker & Penman [2017] が不確実性の解消（uncertainty resolution）という表現でこれと同じ概念を提示しているのが注目される。リスクと不確実性は,いずれにおいても特に区別されていない。

金融投資と呼ぶことができる。自由にアクセスできる市場で，相場のある金融商品等を，事業目的に制約されることなく売買して利鞘を稼ぐ投資である。その意味の金融投資では，保有する資産や負債のポジションをそのまま清算したキャッシュフローが，投資にあたって事前に期待されていた成果である。いつでも時価で換金できる市場があるだけでなく，換金することに事業からの制約がないのであれば，このキャッシュフローは保有する資産や負債の時価と直結する。つまり，投資の成果は時価が与えられればそこでリスクから解放されて確定する。金融投資の性質をもつ金融資産等はそれ自体がキャッシュと同等であり，そのポジションに生じた時価の変動は，実際に換金してもしなくても，キャッシュフローと基本的に同じ性質をもつとみられるのである。

　ここで注意したいのは，リスク投資のポジションや，そのリスクから解放された成果の測定が，金融投資か事業投資かといった投資の実質的な性格に依存して決まるという点である。会計基準では，しばしば金融資産か非金融資産（実物資産）かという資産の外形に基づいて評価や利益認識のルールが決められるが[15]，重要なのは資産の外形よりも投資の実質である。**表2.1**に示すよう

表2.1　投資の性質と資産の外形

投資の性質＼資産の外形	金融資産	非金融資産
金融投資 （市場価格の変動を期待）	売買目的の有価証券やデリバティブなど	投機目的で保有する不動産や貴金属など
事業投資 （事業からの成果を期待）	子会社や関連会社の株式，営業債権など	資本設備や在庫品など通常の事業用資産

15　その極端な例が，金融商品をすべて例外なく時価で評価し，かつ時価で損益を認識するという，JWG（Joint Working Group；IASBの前身であるIASC時代の非公式な合同作業部会）が2000年に提案した基準案であろう。この基準案は，子会社株式を時価評価しないことで自らの原則から逸脱したり（子会社株式には別の基準があるという釈明も，それが持株比率などで外形的に区分されるという形式優先の理屈になっている），関連会社株式に適用される持分法を時価評価の代理とみるような無理を必要としている（それなら上場している関連会社の株式は時価評価するしかない）だけではなく，各国の市場関係者からの支持も現段階では限られたものでしかないが，実質判断（に伴う責任）を回避して基準を単純化しようという立場からの主張も多く，形を変えて繰り返し提案され続けている。

に，金融資産でも事業投資の性格をもつものがあり，非金融資産でも金融投資の性格をもつものがある。たとえば同じ特定企業の株式でも，保有する主体によってトレーディングのポジションになったり，事業目的に拘束される子会社株式になったりする。ローンなどの営業債権も，流動化（証券化）のスキームを組んでいれば金融投資になるのかもしれないが，売らずに満期まで元利金の回収リスクを負い続けるものは，むしろ事業投資に近いポジションである。

5 ■ 資産・負債アプローチと資産評価

　投資の性質に即した前節の資産評価は，リスクから解放された成果である利益の測定と両立するルールであった。そこでは，利益が資産の評価から直接に導かれる一方，資産の評価は，その結果として測定される利益がリスクから解放された投資の成果となるように決められていた。要するに資産の評価と利益の測定は，いわば同時決定の仕組みのなかで相互に制約し合っていたのである。しかし，現実の会計基準では，この両者が常に表裏の関係をなしているわけではない。むしろ最近では，時価（公正価値）による資産の評価が自己目的化され，時価の変動がどのような意味で投資の成果にあたるかがよく検討されないまま，利益の測定が一方的にその影響を受ける例が増えている。金融投資の実質をもたない保有資産をあえて時価評価した結果，投資のリスクから解放されていない評価差額の利益認識が問題になるケースである。

　代表例は，従来の日本基準でいえば「その他有価証券」である。トレーディングを目的とするものでもなければ，企業支配を目的とした子会社・関連会社の株式にも該当しないこの種の有価証券は，雑多なものをひと括りにしたカテゴリーだが，これを別途に扱うのは，たとえば業務提携や技術提携などの裏づけに企業間で保有する株式（政策投資株式）が，時価の変動リスクを負いながらも，時価の変動による利益を犠牲にした事業の成果を期待しているからであろう。そのため，保有している間はこれを時価で評価する一方，売却して価格変動による利益が確定するまで，評価差額を利益（純利益）から除くというのが，これまでは日本に限らず国際的にもほぼ共通のルールになってきた。売買目的証券との境界線が曖昧になりやすいため，ストックは時価で評価し，評価

差額は純資産ないし包括利益に含めたうえ，売却まではそれを純利益から区別するのである[16]。

この政策投資株式が金融投資から区別されるのであれば，保有している間の値上がりはキャッシュフローと同等になりえない。時価の変動だけではリスクから解放された投資の成果といえない以上，前節にみた資産評価の枠組みでは時価評価の対象にもならなかった。しかし，資産の評価が投資成果の測定と切り離して独立に決められる上記のような状況を所与とすれば，それが株主との取引（資本取引）にならない限り，企業会計の仕組みでは利益を認識するほかに帳尻を合わせる方法がない。包括利益というのは，そのために必要とされる概念である。資産や負債を収益や費用から独立に定義し，その認識と評価だけで利益を決める資産・負債アプローチでは，リスクからの解放という要件を加えた純利益でなく，純資産の増減を必要かつ十分な条件とする，いわば純資産変動と等値の包括利益がないと概念の体系が閉じないのである。

そうなると，金融投資に当たらない保有資産を時価で評価しながら，同時にリスクから解放された投資の成果をとらえるには，包括利益と純利益を並存させたうえで両者を連絡する仕組みが必要になる。周知のように従来の会計基準は，純資産の変動から資本取引を除いた包括利益を，純利益とその他の包括利益とに区分したうえで，後者をリスクからの解放に伴って前者に分類し直す（リサイクルする）という方式をとってきた。日米の基準も国際基準もこの点は共通であった[17]。それは，投資家による企業価値評価との関連性（レリバン

---

16 時価評価差額を売却まで純利益から除くのは，売らずに保有している間は相互持ち合いに支えられた事業の利益が計上されているはずであって，株式を売れば手に入る値上がり益は事業の利益を得るために放棄されている機会費用にすぎないからである。本来の意味での持合株式ないし政策投資株式なら，保有を続けることで得た事業の利益が損益計算書に計上されており，保有をやめて処分しなければ得られない値上がり益を同時に計上したのでは，両立しない利益を同時に計上する結果になる。日本基準にいう「その他有価証券」や，米国基準にいう「売買可能証券」のうち，どれだけがこうした性質をもっているかは問題だが，分類の適切性と概念の適切性を混同すべきではない。なお本書第10章を参照。

17 米国ではFASBの概念書第5号で，純利益にほぼ対応するearningsの概念を提示する一方（SFAC第5号，36項，79-80項），第6号では包括利益にしか言及していなかった。日本では概念フレームワークの討議資料で包括利益に言及しながら，制度上は純利益以外の部分を純資産に直入してきたが，現在は連結財務諸表に包括利益のカテゴリーを設けている。

ス）がもっとも高いとみられる純利益の情報価値を維持しながら，その情報を補完するバランスシートの評価に自律性を与えて，資産や負債の時価ないし公正価値に対する投資家の情報ニーズを充足しようとするものであったと思われる。資産・負債アプローチというのは，実質面ではそこに狙いを定めてきたと考えてよい。

　しかし，国際会計基準審議会（IASB）のプロジェクトでは，損益計算書のボトムラインを包括利益に一元化するとともに，上述した意味での純利益の開示を禁止する方針が主張されてきた[18]。純利益がなくなれば，その他の包括利益から純利益へのリサイクルも意味を失うのはいうまでもない。確かに財務諸表の要素を資産と負債から定義するうえで包括利益が便利なのは間違いないが，しかし，それが純利益に代わる情報価値をもつかどうかは，次節でみるとおりはなはだ疑問である。資産の認識と評価を成果の測定に優越させるだけでは，無意味な利益情報が開示されることになりかねないのである。資産・負債だけで利益を定義する立場を変えずにその難点を避けたければ，バランスシートの評価に自律性を与えるという資産・負債アプローチの当初の狙いを断念して，包括利益を純利益に一致させるよう資産評価のルールを決めるほかはないのかもしれない。

　リスクから解放された投資の成果を事後に測定して事前の期待にフィードバックさせる企業会計の観点からすれば，保有資産の時価（公正価値）評価が意味をもつのは，時価の変動がそのままキャッシュフローと同等な投資の成果とみられる金融投資の場合であった。事業のリスクを負っていない資産なら無形ののれん価値が含まれず，誰にとっても時価に等しい価値しかないから時価で評価すればよい。しかし事業投資のケースでは，保有する資産に時価を超えるのれん価値があり，これがキャッシュフローに変わらなければ投資の成果は確定しない。それが企業ごとに異なる以上，平均的な市場期待である時価にもその変動にも投資情報としての意味はない。また，のれんを加えた期待価値で

18　財務諸表の表示に関するIASBとFASBの共同プロジェクトでは，2006年に純利益の廃止が暫定合意されていたが，廃止に対しては利用者等からの反対が強く，財務諸表の表示に関する2008年の討議資料では純利益を包括利益と並存させることになった。

資産を評価してみても，その変動は投資の成果というより，それを先取りした期待の変化を表わすものにすぎないし，そうした期待は情報を開示する側でなく利用する側の役目である。

　ここで重要なのは，俗にいう資産・負債アプローチが，2つの違った面を含んでいる点である。ひとつは財務諸表の構成要素を定義するのに，資産・負債と収益・費用（あるいは利益）のどちらを先に決めるのかという，いわば基本概念の組み立て方にかかわる局面である。もうひとつは，その両者のどちらが情報として有用なのかという，投資家からみた情報価値にかかわる問題である。前者の面については，相対的に抽象度の低い概念である資産や負債から，より抽象的な概念である利益などを定義するほうが，観察される事実と整合しない要素をバランスシートから排除しやすくなる。しかし，だからといって後者の面で，資産や負債の情報が投資家からみて利益情報よりも有用性をもつ保証はない。この両者を短絡的に結びつけたまま資産・負債アプローチを機械的に適用すると，ユーザーの役に立つ情報の開示を妨げる結果にもなる。その点を次節でもう少し考えよう。

6 ■ 純利益と包括利益の情報価値

　資産・負債アプローチのもとでの利益概念は，資本取引を除いて資産と負債の評価から自動的に導かれる包括利益だといわれることが多い。別の条件をそれに付加して導かれる純利益は，資産と負債の評価を基礎とする会計情報の体系を損なうものとされて，極端な場合には開示を禁止しようという提案にもなった。しかし，上記の定義にかかわる問題であれば，重要なのは資産・負債の概念を利益（ないし収益・費用）の概念に依存させないことであろう。包括利益に加工して利益情報の有用性を高めるのは，資産や負債の概念に影響しない限り概念の体系を損なうこともない。純利益情報の並存をあえて否定するには，包括利益が純利益に代わるだけの情報価値をもつという証拠が必要であろう。その検討を欠いたままでは，情報の有用性という開示制度の本来の観点を忘れて，利益と純資産とをつなぐ単なる帳尻合わせに終わることにもなりかねない。

投資家からみた包括利益および純利益の情報価値については，均衡株価の変化に対するそれらの説明力という観点から，米国を中心に既に多くの実証研究が積み重ねられている。ここではその成果を借りるしかないが，それによれば少なくとも現在のところ，純利益の説明力が繰り返し確認される一方で，包括利益については必ずしも情報価値が確認されていない。もちろん，純利益を開示したうえで，その他の包括利益（OCI）の一部または全部を追加したときの限界的な説明力が確認されることはあっても，純利益に代えて包括利益を開示するのを支持する証拠は得られていない[19]。包括利益が純利益よりも投資家の役に立つというのは，現状では「結論ありき」の無理な主張である。しいていえば，包括利益に加工して情報の価値を高めるよりは，加工せずにすませるほうが画一的で操作の余地も少ないという程度のことであろう。

　そもそも包括利益が資産・負債の変動だけから導かれるのであれば，資本取引の影響はともかく，その指標には資産や負債の認識と評価を超える新たな情報は含まれない。したがって，包括利益の情報価値を問うのは，バランスシートの情報価値を問うのと基本的に変わらないはずである。株式投資家にとって，それは認識された資産と負債の正味であるバランスシート上の純資産と，株価総額という意味での持分価値との間に，どれだけ安定した関係を見出せるかということでもある。純資産の額を企業価値ないし持分価値の proxy とみるこの観点は，純資産簿価に対する株式時価総額の倍率（株価純資産倍率：PBR）が毎期不規則に変わらなければ，それだけバランスシートの情報価値に説得力を与えるであろう。それなら投資家の役に立つのは純資産ストックの簿価であり，その変動をとらえた包括利益だといってもよさそうにみえる。

　しかしこの倍率は，分母がオンバランスされた株主持分の価値であり，分子はそれにオフバランスののれん価値を加えた合計である。この PBR の値が安定するには，オフバランスの価値がオンバランスの価値と同じ方向へ同じ程度

19　たとえば Barth［1994］; Bernard, Merton & Palepu［1995］; Barth, Beaver & Landsman［1996］; Dhaliwal, Subramanyam & Trezevant［1999］; Aboody, Barth & Kaznik［1999］などのほか，上記を含む先行研究の包括的なサーヴェイと評価を試みた大日方［2002］; 若林［2009］などを参照。なお，大日方［2009］ではやや違った実証の結果が得られているが，包括利益が純利益に代替しないという含意は変わらない。

に動く必要がある。しかし，公正価値評価をしてもしなくても，純資産簿価と株価の間で両者の変動を比べたときに，そうした直接の関係が成り立つ保証はどこにもない。しかもバランスシートの公正価値評価を徹底させるほど（これが資産・負債アプローチだという人も多い），のれん価値をもった事業用資産を時価評価することで，かえって上述とは反対の不安定な結果を招くこともある。のれん価値は将来の成果に対する期待に応じて事業ごとに異なるが，事業用の資産が値上がりしても，その事業がうまくいかなければ株価が下がるように，事業に固有ののれん価値は個々の資産の市場価格と逆方向に動くことも少なくないのである（図2.1を参照）。

そもそも企業の資産を所有するのは，法人格を有する企業であって株主ではない。株主はそれらの資産を所有する企業の所有者である[20]。彼らの富や所得は，会社資産の時価や時価変動ではなく，それらが生み出す将来の成果を期待した株主持分の市場価格に依存する。彼らの意思決定は，企業ののれん価値と代替的な投資機会ののれんを比較した投資の判断であり，会計情報はそのため

図2.1　バランスシートと企業価値

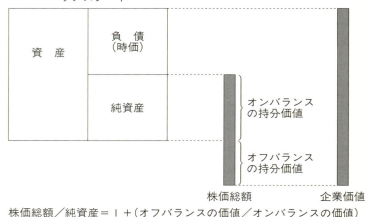

株価総額／純資産＝１＋(オフバランスの価値／オンバランスの価値)

20　岩井［2005］，第１部を参照。なお，本書では「企業」を基本的に株式会社（しかも公開会社）に限っており，その外延は岩井のいう「会社」と異ならない。

の企業価値の評価に役立つことを求められているが，上述の資産や純資産はもとより，それを超える情報を含まない包括利益も，その目的には不十分というほかはない。それに比べて純利益は，臨時的な要素を除くなどの調整を加えることで，企業価値評価の基礎となる恒久利益（permanent income）の予測に実務上も広く利用されている。利益と営業キャッシュフローでは期間帰属が違うだけであり，結局は現在の純利益が将来キャッシュフローの予測と企業価値の評価に役立つとみられているわけである[21]。

このように，投資家にとってもっとも重要な会計情報は，資産・負債ないし純資産でもなければ，そこから機械的に計算される包括利益でもない。上記のような恒久利益や将来のキャッシュフローを予測するうえで，現在までの包括利益やキャッシュフローといった「なま」のデータを期間的に組み替えながら投資家にとって有用な情報を工夫してきたのが会計基準の歴史でもあった。本章でみた「リスクから解放された投資の成果」としての純利益は，そうした工夫の現在までの到達点である。バランスシートの情報は，純利益を投資の規模でデフレートしたり，負債比率などで財務リスクを開示したりという補完的な役割を果たしているとみるべきであろう[22]。もちろん，資産や負債の時価ないし公正価値には，利益の測定とは別次元の情報ニーズがありえよう。その場合には，純利益に反映されない純資産の変動分を包括利益（その他の包括利益）に吸収して，クリーン・サープラス関係を維持することになる。

7■おわりに

本章では，投資にあたって事前に期待された企業成果と比較したうえで，そ

---

21 株主持分に負債を加えた企業価値の評価では営業利益がその役割を担う。ちなみに，ここでいう利益を配当やキャッシュフローに置き換えても，企業評価への影響は基本的に変わらない。Modgiliani & Miller［1958］; Miller & Modgiliani［1966］などを参照。
22 ROEやROAなどの指標を想起せよ。これらの分子を純利益に代えて包括利益とする指標は，あまり聞いたことがない。また，財務リスクの情報は資本コスト（将来の成果を現在に割り引く割引率）に影響するが，企業価値の短期の変動はともかく（これはもっぱら資本コストの変動によるといわれる。本書第4章を参照），その長期の趨勢は利益やキャッシュフローの期待に大きく依存する。

こから先の期待形成にフィードバックされる事後の利益の測定を，投資のリスクからの解放という概念で統一的にとらえ直そうとした。その場合の資産評価と利益認識のあり方は，まず投資の性質が事業投資か金融投資かで大きく二分されていた。無形ののれん価値を含むために誰がもつかで価値が異なる事業投資では，保有する資産の時価の変動が投資のリスクから解放された成果＝キャッシュフローには該当せず，時価による評価も利益認識も一般には適用されなかった。それに対して，事業の制約を受けずにいつでも自由に換金され，誰が保有しても時価に等しい価値がある（要するにのれん価値がない）金融投資のポジションでは，時価の変動がリスクから解放されたキャッシュフローと同等とみられ，時価評価と時価による利益認識とが適用されたのである。

　そうなると残る問題は，時価の変動が投資の成果とみられない事業用資産のストックを，利益認識との関係でどう評価するのか，それが資産の価値にかかわるどのような考え方に基づくのかであろう。現行の会計基準では，事業用資産を償却（ないし減損）後の原価で評価するのが原則である。従来はこれをたとえば未回収の投下資本価値と理解してきたが，資産・負債アプローチでは公正価値のように資本の回収や利益の稼得に依拠しない価値の概念が求められやすい。バランスシートでの認識を標的にしたこのアプローチを，測定の局面にまで機械的に適用するのは疑問だが，時価や現在価値を開示しても意味がない事業投資のポジションについて，レリバントな価値概念の検討が混乱した問題の整理に役立つというなら，成否の見通しはともかく検討の余地を残しておくべき課題であろう。

第3章
資産評価の基本原則

1 ■ は じ め に

　会計上の資産や負債の評価は，資本の拠出や剰余金分配がなければ利益の測定と表裏の関係にある。そうした両者の連繋を前提とする限り，一方を決めれば他方も決まる関係が企業会計の基本的な制約になる。そのため，資産・負債と利益との，どちらを先に決めるかが大きな争点になるわけである。歴史的には，資産の評価を優先させた初期アメリカの実務が，収益・費用の対応による利益の測定からバランスシートの評価を導く近代会計のパラダイムに置き換えられたあと，再び資産・負債の認識と評価を先行させるアプローチが支配的になったともいわれている。その流れは，資産の評価を利益の測定に依拠させる収益・費用アプローチから，利益は後に回して資産価値を測る資産・負債アプローチへの移行として表現されることも少なくない[1]。

　しかし，それでもバランスシートの評価は，同時に利益を決定する点で利益の概念から自由になれるわけではない。確かに収益と費用の対応によって定義された伝統的な利益の概念は，それだけ強く資産の評価を制約してきたが，その制約を取り払ったアプローチでも，利益はより包括的で曖昧な概念になったというだけで，バランスシートとの結びつきが断たれたわけではない。資産をどのように評価しても，その結果として得られた利益については，なんらかの意味で利益としての経験的な解釈が与えられていなければならないはずである。資産の「価値」をとらえるというときでも，程度の差こそあれ，その価値は利益概念との関係に制約されざるをえないのである。このような制約を念頭

---

[1] 実際にはそれほど単純な流れではないが，ここでは特に言及しない。さしあたり第6章第3節のごく大づかみな概観を参照されたい。

におきながら，以下では資産の評価にやや重点を移して前章までの考察を補うことにしよう。

2■資産の評価と認識の包括性

　企業会計では，投資の成果にあたる利益を期間ごとに測定するうえで，各期間の期首と期末における資産と負債のストックを，それぞれ共通の価値単位で評価する。それによって資産から負債を引いた正味の資産（純資産）を測り，それが期首からいくら増えたかで利益をとらえるのである。企業所有者（一般には株主）と企業との間の取引（しばしば株主取引ないし資本取引と呼ばれる）は，純資産が変動する場合でも利益に影響を与えないが，この株主取引がなければ利益は期間中における純資産の増分で測定される。そこでは，期首と期末の純資産（投資の正味ストック）が決まれば自動的に利益（投資の成果）も決まり，反対に利益が決まるときは純資産の大きさも同時に決まる仕組みになっている。それが企業会計の基本的なメカニズムである。

　ただし，純資産との間でこの「クリーン・サープラス」の関係[2]を満たす利益は，しばしば包括利益と呼ばれて，純利益ないしearnings（稼得利益）からは区別されている[3]。ここで包括利益というのは，概念上は企業の純資産に生じた価値の変動をそのまま包括的に認識したものであり，純利益は投資の成果を測るうえで，それを認識のタイミングなどについて調整した限定的な概念である。会計上は純利益の開示が主題になってきたが，包括利益は認識のタイミングが違う純利益と期間を通算した合計が等しくなるだけで，それ以上に利益としての積極的な意味が確かめられているわけではない[4]。バランスシート

---

　[2]　株主取引の影響を除いたとき，「期首純資産＋期間利益＝期末純資産」が成立する関係を「クリーン・サープラス」という。株主取引を含めるときは，増資を配当のマイナスとみて，「期首純資産＋期間利益－配当＝期末純資産」のように表記されることもある。
　[3]　ここでいう包括利益，純利益，稼得利益の概念については，本書第6章のほか，FASB概念書（SFAC）第5号などを参照されたい。なお，資産や負債の評価にあたって，その価値の変動を純利益に影響するケースに限って認識することにしたときは，純利益が包括利益と等しくなり，いずれについても純資産との間にクリーン・サープラスの関係が成立する。

における資産や負債の評価と，それに連動する成果の測定とが，有用な投資情報を開示するうえで両立しにくくなってきた結果，さしあたり帳尻を合わせるための包括利益を加えて利益を二段階で開示する仕組みが生み出されたともいえそうである。

そもそも資産や負債の評価と利益の測定は，会計の仕組みとは別に，それぞれが固有の意味をもっている。したがって，両者の結果を矛盾なく結びつけるには，どちらか一方を犠牲にするか，そうでなければ一方を二段構えにして，必要な情報を開示した後に他方との連絡を図る（つまり帳尻を合わせる）部分を加えるしかない。財やサービスのフローとキャッシュフローとを結びつけ，それらのタイミングの違いをストックの繰越額で調整しながら利益をとらえる企業会計では，バランスシートと損益計算書のどちらを優先するのかがたえず問われ続けてきた。クリーン・サープラスの制約に従う以上，資産・負債（ないしは純資産）と利益とのいずれか一方が，他方の計算結果に依存して決められるからである。これが，企業会計におけるストックとフローの間の「連繋」である。

あらためて説明するまでもなく，これまでの会計基準では，情報価値の高い期間利益を開示するという観点から，企業のキャッシュフローを年度間に配分し直して収益や費用の大きさを決めてきた。費用支出についていえば，当期までの利益の測定から除かれて将来に繰り越されたキャッシュフローが，当期末の資産の評価を決める仕組みになっていたのである。しかし最近では，将来の経済的便益ないしはその源泉である資産の価値がまず評価され，それを受けて利益が開示されるようになっている。その結果，利益の開示が二段構えになり，純利益を測定する一方で，それと資産・負債の評価との連繋を図るための包括利益が追加されることになった。純利益に含められなかった包括利益の要素（その他の包括利益OCI）は，これら2つの観点のズレを吸収して帳尻を合わせるという役割を果たしている。

---

4 包括利益は，純資産との間でクリーン・サープラス関係を成立させ，バランスシートと連繋して帳尻を合わせる役割をもつが，企業成果としての経験的な意味はなにもあきらかにされていない。それがこの利益概念の最大の欠陥である。

この包括利益の概念が導入されたことにより，資産価値の再評価（再測定）は，制度上も利益の指標に求められる情報内容から切り離して検討できるようになった。従来のシステムでは，ストックの評価替えが評価差額の利益認識に制約されており，その制約を回避して評価替えをするためには，資産の再評価を株主取引に準じたものとみて評価益を利益の要素から除き，それを資本剰余金に含めるという概念的にも無理な方法によるしかなかったのである。株主との取引によるものでない以上，認識された価値の変動は資本でなく利益の要素になる。資産の評価と利益の測定をそれぞれ独立に検討したうえで，両者の食い違いを「その他の包括利益」によって処理する工夫は，資本と利益の間に，いわば利益であって利益でない調整項を設けたものでもあった。

　ただ，包括利益の導入によって資産評価の範囲が拡大されうるとしても，資産（や負債）の評価替えに伴う評価差額が，すべて純利益から排除されて「その他の包括利益」に吸収されるわけではない。後述するように，むしろ金融資産を時価で評価替えしたときの差額は，全部ではないにしてもかなりの部分が，投資のリスクから解放されたという広い意味で「実現」した企業成果に該当する。それらは純利益の要素とみることができるのである。しかし，資産の再評価差額のなかに，たとえ一部でも純利益の要件を満たさない要素があるとすれば，包括利益のうちクリーン・サープラスを維持するだけの調整項を除外して純利益を抽出する──逆にいえば，純利益の後にバランスシートとの間の調整項目（その他の包括利益）を加減する──二段構えの利益計算は，利益の認識を別にしたストックの再評価に新たな道を開くことになったのである。

　その一方，会計基準に関連して使われる包括利益の概念は，保有資産に生じた価値増減の，必ずしもすべてを含んでいるわけではない。もともとそれは税制上，所得への課税を源泉によって差別しないという意味で「包括的」といわれたが[5]，会計基準の歴史では，少なくとも現在までのところ，事業用の実物資産に生じた価値の変動は，ほとんど取り上げられていない。時価（公正価値）による利益の認識も，金融資産ないし金融負債の範囲に限られてきたのである。資産・負債の価値変動を選択的に認識する純利益に対して，包括利益が

　5　辻山［1991］，第2章などを参照。

それを包括的に認識する明確な概念だといわれることがしばしばあるが，程度の差はあれ，包括利益もそれを制限的・選択的に認識する点では同じである。どちらの利益も，解釈の余地なしに定義されるような「明確」な概念ではありえない。

3■投資の性質と資産の価値

　このように，純利益ないし earnings の範囲を超えて資産価値の変動をとらえる包括利益の概念も，結局はオンバランスで認識された資産・負債の価値の変動を，会計のルールに従って測定した結果を反映するものでしかない。自己創設のれんをはじめオフバランスの要素はもとより，バランスシートに計上されたものでも，保有している間の価値の変動が認識されなければ包括利益には影響を与えない。株主取引は別にしても，企業価値の変動ないしは企業所有者の持分価値の変動をもたらした要素が，必ずしもすべて包括利益に反映されるわけではないのである。その点を深く理解するには，純利益と包括利益という切り口ではなく，第1章および第2章でみた資産価値（資本価値）とその変動に基づく広い意味の利益（所得）の概念にてらして，会計上の概念がもつ特質を考えるのがよいであろう。

　既に述べたとおり，一般にいう利益とは，保有する資産の価値（正確には負債の価値を引いた純資産の価値）に生じた正味の増分であった。貨幣価値の変動を除けば，それだけ支配する富が増えた（いわば財一般に対する支配が高まった）という意味で，資産の保有者には所得ないし利益が生じたとみられるわけである。ここでいう資産の価値は，それが将来に生み出すと期待される正味キャッシュフローの流列を，資本のコストで割り引いた現在価値である。したがって，同じ資産でも，誰がもつかで成果の期待やリスクが異なるときには，それぞれの保有者（企業）にとって価値は異なるとみるほかはない。市場価格を観察できる場合でも，将来の便益・成果に対する市場の平均的な期待が反映された時価ないし公正価値と，特定の誰かがもつ資産の価値とが一致する保証はどこにもない。

　いうまでもなく，便益や成果の期待に基づく資産の価値が市場価格より低け

れば，原理的にはその時点で資産が処分されているはずである。保有者（企業）にとっての資産価値が市場価格を超える無形部分をのれんと呼ぶなら，継続して保有される資産は，のれんの価値がマイナスにならないものに限られる[6]。保有資産の処分にかかるコストを考慮すれば，のれん価値とこのコストの和が非負になるものに限られるのである。バランスシートに計上されて評価の対象となるのは，そのまま投資を継続させる意思決定が済んで次期に繰り越される資産だから，計上時点でそれらはすべてゼロもしくはゼロ以上の（非負の）のれん価値をもち，したがってその価値は市場の時価を超えるか，少なくとも時価に等しいと考えてよい。のれんがゼロとなる場合を除き，一般に時価は保有者にとっての価値の指標にはならないのである。

　前章の議論を具体化するため，ここでのれんがプラスになる資産と，ゼロになる資産を分けて考える。保有する主体にとって価値が市場価格（さしあたり時価でも公正価値でもどちらでもよい[7]）より高い資産と，市場価格に等しい資産を分けるのである。前者の典型が，事業目的に使われている実物資産である。資本設備をはじめ在庫品の大部分など，事業に投資された資産は，使う側の能力や知識といった当該組織に蓄積された資源，あるいはそれらを活用する営業努力等によって，将来に期待される成果も同じではない。誰がもつかで資産の価値が異なり，したがって市場価格とも価値が異なっているわけである。そこでは保有する事業用の資産に，市場の平均的な期待を上回る成果と，市場価格を超える無形価値（のれん）が，保有者（企業）ごとにそれぞれ見込まれている。

　それに対して，価値が市場価格に等しく，のれんがゼロになる資産は，典型的には金融資産であろう。事業に使うわけではなく，トレーディングを通じてキャピタル・ゲインを得ようとする金融資産は，誰にとっても同じキャッシュ

6　正確には，現在の投資に伴って保有する資産ののれん価値が，代替的な機会への投資に伴って保有される資産ののれん価値を下回らないといったほうがよい。代替的な投資機会が資本のコストにみあう収益率しか保証しないときには，のれん価値が非負であることが，現在の資産を保有し続ける条件ということになる。

7　活発な市場の取引価格という意味での時価のほか，それがないときの推定値（いわば時価もどき）を含めて公正価値という表現が使われているが，取引価格のあるケースを想定すれば足りるようなときなど，もっぱら便宜上の理由で単に時価（時価評価，時価会計）ということがある。

フローしかもたらさない。市場で換金・清算するほかに投資の成果を実現する方法がなく，営業努力をしてもしなくても他の投資者と同じ成果しか得られないという点で，それは誰がもっても同じ価値しかない資産である。実物市場と違って金融市場では，誰がもつかにかかわらず，市場の平均的な期待に基づく資産の価格が投資の価値と成果を決めるわけである。金融資産のケースでは，事業目的に拘束されずに，いつでも市場で自由に切り売りされるものである限り，将来に期待されるキャッシュフローが現在の市場価格と等価で交換されている[8]。

　企業の資産をこの２種類に大別すれば，株主持分に負債を加えた企業資本の価値つまり企業価値は，大雑把に言って金融資産の市場価格（時価）を，その企業に固有の実物資産価値に加えた額になる。事業に使う実物資産の価値は将来の成果を自ら予測して測り，金融資産の価値は市場が決める時価で測ったうえ，両者を足し合わせて企業資本の価値が評価されるのである。株主持分の価値は，そこから負債の価値を差し引いた値になる。したがって，その増加分で定義される企業利益は，すべての資産・負債に生じた正味の価値変動を合わせた額として測定される。金融資産については市場価格の変動が，また実物資産については市場価格にのれん価値を加えた評価額の変動分が，この概念のもとではすべて利益（所得）の要素となる。これが，資本価値＝企業価値の評価に基づく増価所得の概念である。

　企業会計における利益の測定がこの概念に立脚していれば，そこでいわれる包括利益は，これらすべての要素を含んだものになったはずである。しかし，資産・負債の価値変動を大幅に利益認識へ取り入れる最近の会計基準でも，実物資産に関する限り，前述のようにのれん価値はもとより，時価の上昇に伴う未実現増価ですら，あまり関心は寄せられていない。低価評価や減損による簿価の切り下げはあっても，評価替えによる簿価の切り上げは，純利益の測定を切り離したバランスシートの評価に限っても，会計基準改革のテーマになって

---

[8] 事業用実物資産と事業に拘束されない金融資産との区分は，会計情報による企業価値の評価を概念化した EBO モデル（Edwards-Bell-Ohlson Model）の前提にもなっていると考えられる。Feltham & Ohlson [1995] および Ohlson [1995] などをみよ。

いるようには思えない[9]。ということは，純利益に限らず包括利益もまた，増価所得に比べて制限的な概念になっているわけである。企業会計が，経済的所得とは違った利益の概念に依拠しているということでもある。以下，それについてもう少し考察を進めよう。

4 ■資産の評価と投資の成果

　企業会計において測定される利益は，上述したような資産価値の変動をすべて包括した増価所得ではない。企業価値の増分で測った増価所得は，基本的には企業所有者の所得であって企業の利益ではない。もちろん，企業の利益は企業所有者に帰属して彼らの所得となるから，両者は最終的には同じ大きさになる。しかし，企業所有者の持分（株式会社の場合は株式）を取引する市場があれば，その価格（株価）が将来の企業利益を先取りして企業所有者に所得をもたらすから，投資期間を細分した区間帰属では両者のタイミングが違ってくる。経済的所得といわれる増価所得には，将来の企業利益が先取りされているのである。したがって企業利益の概念は，企業価値の評価を所与としてその変動をとらえるものではなく，反対に将来の成果を予測して企業価値を評価するために，その基礎となる現在の企業成果をとらえるものでなければならないであろう。

　第2章でもみた企業利益と資産価値との関係は，そのような基本概念の検討にあたって繰り返し確認を要する点である。前節では企業資産を大きく金融資産と事業用の実物資産とに分けていた。どちらの価値も，将来に期待される正味キャッシュフローを，リスクにみあう資本コストで割り引いた現在価値になるはずだが，市場で換金するほか成果を実現する方法のない金融資産は，誰が保有してもその価値を変えることができないという意味で，誰にとっても市場

9　Beaver［1981］は，市場が完全かつ完備であり，のれんにもそれを取引する市場があれば，保有する財をすべて時価で評価して求めた利益は，すべての投資家にとって同様に明確な意味をもつ（利益率の高い企業が低い企業より望ましい）が，その条件が満たされないとなると，時価評価の意味も失われることを示していた。望ましい利益の指標について先験的にいえることは少なく，すべては実証問題になるというのである（Chap. 4）。

価格（時価）と同じ価値をもつと考えられていた。いつでも時価で切り売りできる市場があって，しかも切り売りすることに事業上の制約がないものなら，実質的には現金同等物（キャッシュ）と変わらない。したがって，保有している間に生じた時価の変動も，キャッシュフローとみなしてそのまま投資の成果とすることができる。こうした性質をもつ投資のポジションは，第2章で「金融投資」と表現されていた。

　他方，事業に使う資産（非金融資産；一般には実物資産）は，投資の成果をそれ自体の売買で実現させるものではない。事業からのキャッシュフローは，その資産を事業目的に利用したアウトプット（製品やサービス）が市場で販売されて，現金ないし現金同等物に換わるまでは生じない。しかも，その大きさは，事業を行う主体のノウハウや営業努力によって違ってくる。保有する企業によって将来に期待される投資成果，つまりキャッシュフローが異なる以上，その資産の価値は誰がもつかで同じでなく，市場価格つまり時価は企業固有の価値を表さない。したがって，市場価格の変動で事業の成果をとらえることはできないのである。時価が価値を上回れば投資は清算されるが，投資の継続を決めた後に繰り越される資産の評価には，時価もその変動も無関係な数字である。そうした資産への投資を，第2章では「事業投資」と呼んでいた[10]。

　投資の実質的な性格をこのように分けるのは，ごく大雑把にいうと，余裕資金の運用に当たる金融投資には，誰が保有しても価値が市場価格に等しいという意味でのれん価値が存在せず，反対に事業投資に拘束された資産のように企業によって価値が異なるものには，市場価格を超えるのれん価値が存在するということでもある。ただし，それは2つの投資カテゴリーをそれぞれひと括りにして，単純に対比させているだけである。厳密に言えば事業投資でも，逓減する正味の成果が資本のコストに等しくなるところまで投資を続けている限り，限界的な部分についてはのれん価値が存在しない。金融投資とみられるものにも，事業価値を有するコアの部分があるのかもしれない。企業会計では，

10　商品や製品のような在庫品でも，一般に保有するストックのすべてをその時点の時価で販売したり再取得したりできないものは，時価がその企業にとっての価値を表すわけではなく，基本的に事業投資の性質をもつと考えてよい。

そうした違いをどこかで捨象し，ひとまとめにした資産や負債のカテゴリーに同じ認識と測定のルールを適用することが多い。情報コストとのトレード・オフであろう。

また，ポジションないしストックが現金同等物に当たるものを金融投資と呼ぶだけなら，同じものにわざわざ別の概念を用意する必要がどこにあるかという疑問が出ても不思議はない。現金同等物への投資を金融投資と定義するか，金融投資の性質をもつ資産や負債を現金同等物と定義するかの問題であれば，いずれか一方の概念があれば足りるのは自明である。事業の面でも同じように，現金同等物以外への投資を事業投資と呼ぶか，事業投資の性質をもつ資産や負債を現金同等物と区別してとらえるか，どちらか一方でよいということになるのかもしれない。しかし，企業が経済資源の集まりというだけでなく，それを使って成果を生む主体であるとすれば，保有資源の総体を投資のポジションとみたうえで，投資活動の実質に即して資産や負債の分類をすることには独立の意味がある。それはなにが正しいかというよりも，概念の操作にあたっての便宜の問題である。

第2章でも述べたように，金融投資というのは必ずしも金融資産への投資を意味しないし，事業投資は必ずしも非金融資産への投資を意味しない。外形上は金融資産（金融商品）であっても，時価で換金できる市場のないものや，換金処分に対して事業上の制約があるものは，金融投資のポジションとはいえない。たとえば，子会社株式のように事業目的で保有するもの，つまり換金ではなく事業を通じたキャッシュフローを期待しているものは，実質上は事業投資のポジションであり，時価があっても資産の評価や成果の測定に関係はない。他方，外形上は実物資産でも，営業努力を伴わずに換金によるキャッシュフローを期待しているものは金融投資に該当する。現行基準はともかく，ほんらい，それは時価によって資産価値や投資成果を決めればよい。重要なのは資産を外形で区分するのでなく，投資の実質に基づいて価値を評価し成果を測定することである[11]。

---

11 したがって，金融資産や金融負債（あるいは金融商品）については，「金融投資の性質をもつ」という限定をつけなければならないことも多いが，誤解のおそれがないときは厳密な表現よりもわかりやすさを優先する。

現代の会計基準では，時価ないし公正価値による評価と損益認識を金融商品に適用しているが，トレーディングを目的にしないもの，つまり金融投資の性質をもたないものについては，評価差額をその期の利益（純利益）から除き，キャッシュフローとして実現するのを待って利益へ戻し入れる方法をとってきた。しかし，最近ではその原則が崩れ，公正価値評価が拡大されるとともに，評価差額も即座に損益認識される傾向にある。その一方，非金融資産には，一般に時価ないし公正価値による評価を認めない。簿価の回収が見込まれなくなった場合は回収できる額まで切り下げるが（棚卸資産の低価評価や固定資産の減損認識），価値が上がったからといって簿価を切り上げるのは認められてこなかった。しかし，いわゆる投資不動産については時価評価を少なくとも容認する動きが国際的には定着しつつあり[12]，また金融投資の性質をもつ棚卸資産についても，最近の日本の基準では時価による評価と損益認識を定めている。

5 ■ 会計情報における事実と予測

　前節で述べたとおり，事業投資の性質を有する資産の価値はその市場価格に依存しない。ただ，保有している間の時価やその変動に情報価値はないとしても，最近ではこれを信頼できる市場価格がないからという話に置き換えて，経営者が見積もるキャッシュフローの現在価値を，時価に代わる公正価値の指標にすべきだという主張が聞かれるようになった。それが企業価値の忠実な表現だというのである[13]。仮にこの経営者の見積もりが資本市場の期待と同じな

12　国際会計基準では，投資不動産を時価か原価のいずれかで評価するのが現行ルールだが，できればそれを時価に統一しようという議論が優勢といわれている。米国基準には，もともと投資不動産という概念がなく，固定資産は減損したものや廃棄を予定したものを除き時価評価を認めないが，投資不動産にはそれを例外的に認める便法（公正価値オプション）が，主としてコンバージェンスの観点から検討されてきた。日本でも安易な同調を避けて調整を工夫しているが，問題は国際基準にいう投資不動産の範囲が広すぎて，金融投資の性質をもつものに限られない雑多なカテゴリーになっている点である。

13　企業価値ではなく個別資産の市場価格に代わる指標なら，もともと情報価値のないものを代理するだけで，投資家の意思決定とは関係がないはずであろう。

ら，事業用資産をその意味の現在価値で評価し，金融資産を時価で評価したバランスシートは，確かに企業価値を忠実に表現するのかもしれない。金融負債の時価を差し引けば，その結果は株価総額と一致する。しかし，リアル・タイムで入手可能な株価を遅れて知らせる会計情報が，投資家にとって意味をもつとは思えない。彼らに必要なのは市場均衡の結果ではなく，その過程で自分たちの行動を決める情報である。

　もちろん，事業用資産の現在価値評価については，第6章でふれるとおり，市場期待を推定した株価の理論値でなく，あくまでも経営者の見積もりを伝えるものという考え方もある。情報優位にある経営者が評価した企業価値は，情報の少ない投資家にとって，自己の投資判断を形成するのに役立つはずだということであろう。しかし，繰り返し指摘してきたように，企業価値の評価は将来の企業成果とそのリスクを予測する投資判断そのものである。そこには，投資家にとっての機会費用である資本コストの見積もりなど，経営者が投資家に対して優位な立場にはない要素も含まれる。それは投資家が自己の責任で負うべき固有の役割であり，経営者に代行させようにも責任を負わせる方法はない。そこまで他人の判断に依存しなければならない投資家なら，会計情報など待たずに，市場の判断の結果である日々の株価情報を追いかけるほうがよいであろう。

　投資家に開示される会計情報は，企業のファンダメンタル・バリューを自己のリスクで評価するのに必要な，当該企業の現在ないし現在までの事実である。そのなかには，期末ごとの企業投資のポジション（財政状態）や，期間ごとの投資の成果（経営成績）のほかに，各期のキャッシュフローおよびキャッシュ残高，それに株主取引の詳細などが含まれるが，それらは予測を含んでいても基本的には事実の情報である。もちろん，事実と予測を区別するのは容易でなく，ある時期からの会計基準の歴史は，見積もりの要素を急速に拡大させて，両者の境界を曖昧にしていく過程でもあった[14]。しかしそれは，将来の事

　14　井尻[2003]およびIjiri[2005]を参照。そこで論じられているのは米国会計基準の過去75年に及ぶ歴史だが，それを追いかけてきた日本の会計基準についても，ほぼ同じことがいえるであろう。固定資産の減損をはじめ，退職給付債務や繰延税金資産などはその典型例である。

象を予測するというよりも，現在までの隠れた事実を開示するために，個々の資産や負債の価値を見積もるものとみたほうがよい[15]。将来に関する予想形成と企業価値評価は，そうした事実の情報に基づいて投資家が自ら行うほかはないのである。

　いずれにしても，企業成果を測る会計上の利益が資産の価値（時価ないし公正価値）に依存して決まるのは，企業投資のうち，金融投資に相当する部分だけである。事業投資の性質をもつ資産（事業用資産）については，低価評価や減損認識に伴う簿価の切り下げを除き，一般に価値が評価されることもなければ，価値の変動がその期の利益に反映されることもない。純利益に影響しないだけでなく，固定資産の切り上げを許容している一部の国[16]を別にすれば，包括利益にも影響しないのである。その結果，事業用の資産は原価でバランスシートに繰り越される。しかし，それは時価評価が無意味というだけで，投資を取得原価で評価する積極的な理由が必ずしも確認されているわけではない。資産の評価と利益の測定とが連動する仕組みのもとで事業投資の成果を測った結果であるから，成果の測定に必要となれば別の評価が工夫される可能性も排除されていない。

　このように，会計情報としての利益は，それを生み出す資産の価値が変動した額というよりも，投資にあたって事前に期待された成果を，事実に基づいて事後に測定したものである。そこでは，事業からの正味キャッシュフローと，保有資産のキャピタル・ゲインとの，どちらを期待したものかという投資の実質的な性格によって，利益はもちろん資産の評価も決められている。したがって，そこで得られる企業利益は，のれん価値までを含む企業価値ないし資本価値の増分，つまり経済的増価所得でもなければ，識別可能な資産をすべて公正価値で評価した純資産の増分という，極端な資産・負債アプローチとセットで主張されがちな狭義の包括利益でもない。会計情報に基づいて将来の予想を改訂し続ける意思決定過程に必要なのは，期待された成果と比較できる実績の情

15　たとえば貸し倒れの見積もりは，将来に生起する事象の予測である一方，現在の時点で債権の価値が下がっている事実をとらえるものでもある。
16　これに該当するのは，しばしば revaluation countries と呼ばれる，おおむね英国圏の諸国である。米国や日本では固定資産の簿価切り上げは認められていない。

報であり，そのために上述したような利益の概念が求められるのである。

　現行の会計基準は，日米両国のものも国際基準も，少なくとも結果的にはこの考え方とおおむね整合しているが，IASBやFASBにおける基準改革論の方向は，投資の実質よりも資産や負債の外形に基づいて，まず金融商品すべてに公正価値会計を適用し，そのうえで技術的に可能な限り公正価値会計を拡大しようというものであった。なにを期待した投資なのかという経営者の意図に基づくのでは，同じ資産や負債に異なる会計処理が適用され，情報の比較可能性が損なわれるということであろう。「取引が同じなら会計も同じ」というスローガンが，そこではしばしば論拠に使われている。しかし，まさか資産や負債が同じなら取引も同じという話ではないであろうし，法的な形態で取引を分類しようというのであれば，経済的実質の優先という原則にも矛盾しよう。2つの取引が同じだというためには，投資家が両者の違いに無差別であることを確かめる必要がある。

　企業会計制度が利害の異なる人々の間で，さまざまな解釈を与えられた情報を伝達する仕組みである以上，そこで外形的な基準に従った情報処理が求められるのは当然であろう。しかし，資産・負債の種類や取引の類型などのように，直接に観察できる事象の外形的な特質に対応した概念は，その背後の経済的実質を解釈して意味のある情報を生み出すためのものである。情報の利用者が関心をもつ目に見えない実質を離れ，その代理にすぎない概念が独り歩きしたのでは，有用な情報を生み出す役割を会計基準に期待するのは難しい。外形が似通っていれば実質も同じだと決めつけ，実質優先をうたって画一的な会計処理を主張する傾向が最近は目につくが，それでは順序が逆であろう。重要なのは実質の異同を外形的にどうとらえるかである。実質が違えば会計処理も違うということが，滅多に主張されないが実質優先のもうひとつの重要な側面である。

6 ■おわりに

　本章で述べたように，クリーン・サープラスの枠組みのもとで利益認識に制約されてきた資産評価は，バランスシートの評価から機械的に導かれる包括利

益の導入によって，その制約から基本的に解放されたようにみえる。しかし，株主取引を除く純資産の変動として定義される包括利益は，資産や負債の認識・評価次第でどのようにも変わる，それ自体としては経験的な意味をもたない無内容な概念である。経済学の文献に現れる資本や所得の概念と比較すればわかるように，会計上のバランスシートは資産・負債の価値を包括的にとらえるわけではなく，包括利益もそれらの変動を包括的にとらえるものではない。認識されるすべての資産をそれぞれの市場価格やその代理指標で評価できたとしても，資産の価値に含まれる無形ののれん部分は一般にオフバランスになって，事業用の資産に生じた自己創設のれんの変動は包括利益にも含まれないのである。

　事業用資産の価値は経営者も投資家もそれぞれの立場で評価するわけだが，開示される会計情報に期待される役割は，投資家の評価に役立つ基礎データを提供することであって，経営者の評価を投資家に伝えることではない。のれん価値が間違いなく企業価値の一部だとしても，企業買収などで対価を払って取得したものを除き，会計上それは認識されないし，認識すべき合理的な理由もない。逆にのれん価値を含んだものが企業価値に結びつく資産の価値である以上，個々に認識された資産の市場価格ないし公正価値ではその指標になりえない。時価で評価した投資のポジションが企業価値の評価に結びつくのは，価値が市場価格に等しく，のれんがない金融投資の部分だけである。したがって，投資の成果である純利益も，事業投資の場合は資産の価値に依存せず，金融投資の場合に限ってそれに依存することになる。

　そうなると，金融投資がもっぱら金融資産への投資であり，事業投資がもっぱら非金融資産（実物資産など）への投資であるときは，金融資産は時価評価したうえ時価の変動で利益を認識し，非金融資産については保有している間の時価の変動を無視して原価ないし償却後の原価で繰り越すことになろう。しかし，既に述べたように，金融資産であっても事業上の理由で自由な換金が制約されているものは金融投資とはいえないし，非金融資産であっても実質的には金融投資というべきものもある。そのため，資産の評価にあたっては，その外形よりも投資の実質的な性格に基づいてバランスシートのポジションを分類し，それぞれに適した尺度[17]を選択することになるのである。そこでは，すべ

ての資産に共通の尺度を選択する理由もない。時価評価や原価評価は与えられた目的のもとで資産の簿価を決める手法であり，それらは目的に合わせて使い分けられるべきものである。

　最近，一部で主張される資産の全面公正価値評価は，経営者がバランスシート上で開示する価値を，株主にとっての企業価値に近づける（あるいはそれに一致させる）という，意味のない方向へ進んでいるようにもみえる[18]。不確実なキャッシュフローの期待は，実際のキャッシュフローとして実現しなくても，識別可能資産の価値に反映されれば事実として確定したものとみるだけでなく，場合によっては自己創設のれんを認識してでも，事実を待たずに期待だけで企業成果をとらえる可能性に，概念上は道を開いているように思われるのである。将来への期待を資産の要件に加えることで，次は期待がそのまま資産の定義を充たす結果となり，自己創設のれんまでも原理的には資産性を与えられる可能性がある。投資家の意思決定という会計情報の利用目的に立ち返って「期待と事実」の関係を考えないと，資産の価値に視野を限った議論の暴走に歯止めをかけるのは難しい。

補論■事業用資産の時価評価

　本章では，事業投資の性質をもつ資産について，市場価格つまり時価が保有する企業にとっての価値を表わさないこと，したがって時価の変動ではそれらの資産を使用した事業の成果が測れないことを説明した。期待される成果の価値が時価を上回ると判断されて繰り越された資産を，時価で評価して利益に影

17　一般に「測定属性」などと呼ばれているが，それは，むしろ対象のもつ共通の属性を測るさまざまな尺度のようなものであろう。本書の補章2を参照されたい。

18　企業の評価にあたってバランスシートを中心にする考え方は，自己創設のれんの計上というタブーを破らない限り完結しない可能性がある。Watts [2006] も，会計基準の最近の動向に，そうした傾向があることを指摘している。繰り返し述べているように，それは会計情報を開示する側と利用する側の役割を混同しているだけでなく，信頼性に乏しい主観的な自己評価を経営者に認める点で有用でもフェアでもない。反対に，もし信頼できるものなら，開示されるときは既に株価に組み込まれていて，いずれにしても投資家の役に立つことはない。そうした市場の模倣は，市場における評価の形式と実質を取り違えているというのがワッツの指摘であった（pp. 56, 58-59）。

響させる意味はないとみられたのである。以下では，その点を数値例で補完しよう。

　いま，2期間の投資プロジェクトのために固定的な設備を180（金額単位は省略，以下同じ）で取得し，この設備から，当期と次期の期末に，それぞれ110と121のキャッシュフローが期待されるとしよう。資本コストを10％とすれば，このキャッシュフローの現在価値は200，したがって180の投資に不合理はない。つまり，設備を使うプロジェクトの価値が，市場価格より高いケースである。

　仮に設備の費用を2期間に均等配分すると，各期の減価償却費は90ずつとなり，期待利益は，当期が20（110－90），次期が31（121－90）となる。ちなみに資本コストを超える期待超過利益は，当期が2（20－180×0.1），次期が22（31－90×0.1）である。これらを資本コストの10％で割り引いた当期初めの現在価値は20，それに設備の取得原価180を加えた200は，2期間にわたる期待キャッシュフローの現在価値と同じになる。

　ここで，当期のキャッシュフローが期待どおりに実現する一方，当期末の設備の時価が105になったとしてみよう。105という半端な数字に特に意味はないが，次期キャッシュフローの期待がそのままであれば当期末の現在価値は110であり，それを下回っていれば，いくらでも別に構わない。時価が110を超えると，設備は使うよりも売ったほうが有利になり，投資プロジェクトは清算される（取引費用は考えない）。

　この場合でも，事前に費用を見積もる減価償却の方法によれば，当期の利益は期待と同じ20であり，次期の期待利益も31のまま変わらない。その一方，減価償却に代えて事後に時価の変動で設備の費用を測るとしたら，各期の費用は当期が75（180－105），次期が105であり，当期の利益は35（110－75），次期の期待利益は16（121－105）ということになる。ここでは，第5章でとり上げるウィンドフォールの問題は考えない。

　問題は，使用している間の時価の変動で設備の費用を測ったとき，それに基づく利益によってなにか意味のある情報が得られるのかどうかである。2期間を通算して51になる利益の配分が増益から減益に変わったところで，次期の期待利益率は資本コストを超えているから（16÷105≒0.15＞0.1），依然として

投資は継続するということになる。それは期待キャッシュフローの現在価値110が時価より大きいことと同じであり，いわば済んでしまった意思決定の情報でしかない。

このように，使い続けられている事業用の資産を途中で時価評価しても，それに基づく利益の情報（実績としての利益や期待利益）が，キャッシュフローの予測や価値の評価を不要にするわけではない。減価償却による費用配分の代わりに，時価の変動で設備資産の価値減耗を測っても，それによって投資プロジェクトを継続するかどうかの判断が変わることはない。その判断は情報開示にあたって資産が評価される局面では既に終わっており，時価による利益測定はキャッシュフローの予測を肩代わりできないのである。

ちなみに，この投資プロジェクトの内部収益率（期待キャッシュフローの系列を当初の投資額180と等価にする割引率；この例では約18.05％）を使って次期のキャッシュフロー121を割り引いた約102.5を当期末の設備簿価として，それを規準に費用を配分すれば，この投資の利益率は当期の実績も次期の期待もいずれも内部収益率に等しくなる[19]。そうなれば利益はキャッシュフローを代理するはずだが，その場合の利益はキャッシュフローの期待を所与としたものであり，その期待形成に情報を与えるものではない。

たしかに時価の変動分は，その設備を事業に使わずに最初から買わなければ（あるいは売却していれば）避けられたはずの損失といえる。その意味で，それは一種の機会費用だが，プロジェクトの期間を通算すれば同時に会計上の発生費用でもある。しかし，だからといって，それを細分した区間ごとに時価の変動で費用（と利益）を測っても，通算した大きさが当初から決まっている場合には意味がない。そのときは，既知の総額を規則的に期間配分すればよい。時価による利益認識に意味があるのは，いつでも自由にポジションを処分して期待と違うキャッシュフローに変換するケースである。

---

19 当期末の設備の簿価を102.5にすれば，当期の設備費用は77.5（180−102.5），利益は32.5（110−77.5），期首の資本価値180に対して18.05％となり，次期の設備費用は当期末簿価の102.5，期待利益は18.5（121−102.5），期首の資本価値102.5に対して同じく18.05％となる。

第4章 企業会計における評価と配分

1 ■ は じ め に

　会計基準をめぐる議論では，概して資産の評価が中心的な話題になる。それは，バランスシート上のストックを決めるだけでなく，一般には損益計算書と連動して利益の大きさを左右する。どちらが先に決まるのかは別にして，それが資本と利益の会計情報に重要な影響を与えることは間違いない。周知のように，日米欧のどの会計基準でも，最近は特に金融資産を中心に，時価ないしは公正価値による評価の範囲が拡大されてきた。国際会計基準審議会（IASB）に改組される前の国際会計基準委員会（IASC）が，その非公式な組織である合同作業部会（Joint Working Group of Standard Setters）の報告として公表した金融商品の会計基準案（JWG［2000］）では，負債も含めたすべての金融商品を時価で評価し，時価の変動をすべてその期の損益とする提案もなされていた。提案は関係者の支持を得られずに後退したが，目標はそのまま IASB に引き継がれた。

　その背景には，当然ながらさまざまな事実があろう。なかでも1980年代米国における S&L（貯蓄貸付組合）の倒産とそれに続く資本市場の混乱は，それまでの原価評価を批判して時価評価を強調する「時代の流れ」を生み出した。資金の借り入れと貸し付けの間の期限と金利のミスマッチが，簿価によるバランスシートでは開示されようがなかったからである。しかし，これも知られているとおり，近代的な会計規制が確立された1930年代の米国では，同じように崩壊した資本市場を建て直す過程で，それと反対に時価評価の実務が批判の的とされていた。そこでは，株式のような金融資産についても，時価評価が投資家をミスリードした不健全な実務と非難されたのである[1]。資本市場の混乱を収拾する過程では，いつでも直前の開示システムがスケープゴートとされ，不

十分な情報開示の改善が政治目標として利用されることが少なくない。

しかし，そうなると資産の評価をめぐる会計基準は，いわゆる時価主義と原価主義とを両極として，振り子のように単調な行き来を繰り返しているだけにもみえる。それが事実なら，会計基準の歴史は，もっぱら会計外の要因に対する便宜主義的な適応の過程になりかねない。情報開示の目的が変わったのか，公表利益をめぐる利害の抗争か，単なる主義主張の争いか，いずれにせよそれぞれの時代の外生的な諸条件の違いが，そのまま時価か原価かの選択を説明するというシナリオになる。しかし，この時価と原価との交替が，会計基準の体系内部における別の変化と互いに関連したものだとすると，その歴史は会計のいわば内的な論理からも，少なくとも部分的には説明されるはずであろう。それをみるには，会計基準そのものの変遷だけでなく，企業会計の目的，認識対象，測定ルール（測定属性）を結ぶ概念的な体系まで返って，その変遷を注意深く検討する必要がある。

2 ■ 資本利得と企業の価値

米国の近代的なディスクロージャー制度は，空前のブームに沸いた資本市場が一転して崩壊の危機に瀕した1920年代末から，証券諸法によってその建て直しが図られた30年代にかけての時期に始まったといわれるが，そこで中心となる役割を果たした会計上の利益ないし所得の概念については，1920年の著名な最高裁判所判決 Eisner v. Macomber, 252 U.S.189 が，資本に生じた所得ではなく，資本からもたらされた所得を定義すべく，

「所得は資本か労働，あるいはその両者の結合から引き出された利得として定義されよう。ただし，それは資本資産の売却あるいは転換を通じて獲得された利益を含むものと理解されなければならない。」

---

1 後述する May [1943], Chap.2 や May [1936] などを参照。ただし，そこでは，時が経って不況の歴史を冷静に振り返る状況になれば，不十分な，あるいはミスリーディングな財務報告が，あの破局的な損失を惹き起こすうえで，それほど重要でない役割を果たしたにすぎないことがわかるであろうとも述べられていた（May [1943], p.57)。

と述べていた。それはまた，所得の認識における「資本からの分離」という，注目すべき基準を示したことでも知られている。このテストは，投下した資本から切り離された独立の財産を取得し，資本の所有者がそれを再投資するか分配（消費）するかを選択できるときに所得が得られたとみなすものであり[2]，「利益の実現」という企業会計における伝統的な概念の原型をなしたとも考えられてきた[3]。

しかし，米国における初期の実務は，資本利得を所得の要素とみる点ではこの判決より徹底したものであった。資本に生じた価値増分を，未実現の場合でも所得とみていたからである。そこでは，いわば純資産の増加分として所得がとらえられていた[4]。現在の言葉でいう包括利益であろう。というより，もともと包括利益というのは，所得税制が広まった19世紀末葉，源泉に応じて制限的に課税する概念に対して，源泉にかかわりなく包括的に所得をとらえて課税する，税制上の概念として主張されたものであった[5]。この純資産増分としての所得と，上記の最高裁判決にいう資本から分離された所得との2つの所得概念について，近代的な会計制度形成期の米国実務界をリードしたメイ（G. O. May）は，以下のようなコメントを残している。プリミティブな議論でも，この時期の考え方を理解するうえで，やや長くなるがそのまま引用することにしよう[6]。

「いま，年度のはじめに，10％の利益をあげて配当する株式が，『利益の10

---

2 この判決は，所得を「資本からもたらされた利得」と定義する既に確立した判例に即して，「資本に生じた利得ではなく——つまり，投資における価値の自然的成長ないし増加ではなく——，財産から生じ，投資もしくは利用の形態にかかわりなく資本から分離された交換価値物としての利得ないし利益であって，しかもくもたらされ〉て入ってくるもの，つまり受取人（納税者）が独立に使用，受益ないし処分するため，受け取りもしくは引き出したもの：それが財産からもたらされた所得である」と述べていた。具体的な争点であった株式配当については，株主に排他的所有権のある財産をもたらし，それを再投資するかどうかの選択の自由を与える現金配当との違いが確認されていた。
3 Study Group on Business Income［1952］, Section 2. などをみよ。
4 それは，未実現分はもとより，実現したものでも資本利得を所得から除く英国の伝統と顕著な対照をなしていた。May［1943］, p.28 などを参照。
5 詳しくは，たとえば辻山［1991］，第2章などをみよ。
6 May［1943］, pp.28-29. 20世紀中葉に至る米国会計基準の形成と発展を担った会計士界の宿老の所見である。

倍』という基準により額面の100ドルで取引されていたとしよう。その年度中に状況が変わり，利益と配当が11％になって，しかもそのまま持続する見通しであったとする。もし，この株式が年末にも年初と同じ利回りで取引されるとしたら，年末の株価はおそらく110ドルになっているであろう。しかし，一般的な条件がこの種の株式の利回りを『利益の11倍』に下げていたとすれば，問題の株式は121ドルで売買されることになるはずである。仮に『所得』が純資産の増分で定義されるなら，この株式から得られる所有者の所得は32ドルであろう。そのうち11ドルは当期の利益，10ドルは収益力の上昇による資本価値の増分，そして11ドルは株式の期待利回り率の低下による資本価値の増分である。

　　最高裁判所の定義は…（中略）…この株式が期末日に121ドルで売却されれば同じ結果になる。その場合，所得は11ドルの配当と21ドルの資本利得からなるであろう。もし株式が売却されなければ，所得は11ドルになろう。英国流の定義なら，どの場合にも資本利得が排除され，所得は11ドルに固定される。これら3つの異なった概念の相対的な長所を論ずるまでもなく，考慮される問題が利益から資本価値を測ることにある場合には，あきらかに資本利得と配当所得の意味はまったく異なっている。」

　メイが指摘するまでもなく，資本価値を評価する基礎になるのは，このケースでは11ドルの年次所得であろう。重要なのはこの年次所得が将来にわたって稼得される見通しであり，それが配当されるかどうかではない。企業内に留保されても，資本のコストを補償する投資機会がある限り，企業の資本価値はそれだけ上昇して，配当に代わる所得を株主にもたらすからである。その一方，将来の年次所得が1ドル増える分を見込んだ10ドルの資本利得は，当然ながらそれ以上に資本化される余地はない。利回りの低下による11ドルの資本利得も，その点では同じである。資本価値を評価するのに必要な情報はあくまでも将来のキャッシュフローであり，それを見積もるうえで，どのような利益の情報に意味があるかが問われているわけである。利益情報がそのために利用されるのであれば，年次所得の11ドルに情報価値があり，合計21ドルの資本利得に意味がないことはあきらかであろう[7]。

　しかし，この方法で評価されるのは，企業資本の価値といっても事業投資にあたる部分である。市場平均を超える成果を期待した事業用の実物投資では，

どの企業が投資をするかで投資家の評価も違ってくる。保有資産の市場価格を積み上げても，市場平均の期待を集計するだけで，事業の評価には役立たない。企業ごとの事業成果は，各企業が蓄積している無形の経営資源に依存するからである。その予測と評価にあたっては，過去の利益のような企業に固有の事象の，将来にわたる持続可能性を検討するほうが重要である。そこでは，むしろ資産価格の変動を除いた事業利益が，投資家にとって意味のある情報になろう。それに対して株式や債券などへの金融投資では，どの企業が投資しているかにかかわらず市場価格が共通の価値指標になる。事業用の実物資産と違って，いつでも市場価格で切り売りされ，それより有利に換金する機会がない金融資産（金融投資の実質をもつ金融資産）の価値は，常に市場の取引価格に一致すると考えてよい。過去の利益を知らなくても，現在の市場価格がわかれば企業の評価には十分である。

　一般に企業資本の価値を評価するときは，実物資産か金融資産かを問わず，事業投資の性質をもつものと金融投資の性質をもつものとに分けたうえ，前者については期待される将来の成果（キャッシュフローないし利益）に基づいて，企業ごとに異なる固有の価値を見積もる一方，後者については資産のストックを，その時点の市場価格（時価）で測ればよい。共通の市場価格と別に企業固有の価値が評価される事業投資のプロジェクトと違い，誰にとっても価値が市場価格に等しい金融投資については，将来の成果を予測する必要もなければ，そのために過去の投資成果を測定する必要もない。むろん，それを年次所得と資本利得に分ける必要もない。成果を測定するときには，既に投資価値の評価は終わっている。メイの議論は，事業投資も金融投資も合わせた利益の指標に株価利益倍率（PER）をかけて企業価値を評価する，実務上の経験則によったものであろう。それは株価を判断する便宜的な目安には違いないが，資

7　May［1943］のChap.12は，株式投資からの所得（資本利得）のうち，投資先会社の稼得した第1次所得が移転された部分を投資利得と呼び，所得への権利の資本価値における変化を反映する利得から区別していた。また，資本利得の発生原因を，(1)投資先会社による利益の留保，(2)収益力の増大による投資先会社価値の上昇，(3)市場利回りに基づく割引率の低下，(4)貨幣単位の減価による名目価値の上昇，に分類し，どの原因によるものを所得に含めるかは普遍的にはいえないとしながらも，(1)の要素以外は損益計算者から除くのが望ましいと受け取れるコメントを加えていた（pp. 216, 224-225）。

本市場における株価の形成は,いくら半世紀以上の昔でも,もう少し合理的とみたほうがよい。

もとより,現在までの利益情報が将来の利益やキャッシュフローの予測を通して企業の評価に役立つという考え方は,なにもメイやその時代の論者に固有のものではない。それは,現在でも FASB の概念書などにみられる企業会計制度の基本理念である[8]。企業評価に役立つ財務情報を開示するという目的意識も,金融投資も含めた企業投資の成果をすべて利益の要素とみる思考も,程度の差はあれ一貫して受け継がれている。企業投資の成果をとらえようとする以上,事業投資も金融投資も合わせた利益を測定するのは当然であろうが,金融投資の利益から金融資産の価値をどう評価するのかとなると,事業用資産のケースほど説明が容易ではない[9]。いずれにせよ,企業利益の指標に金融投資の成果を含めるのか,そうだとして金融投資の利益に資本利得を含めるのか,事業投資のケースではどうか,それらを考えるには,ストックの価値と成果のフローとの関係について,もっと理論的に整理された議論が必要であろう(下記の補注を参照)。

> [補注] 事業投資のケースでは,価格上昇分だけ資産の簿価を切り上げて評価益を計上しても,その資産を売らずに使い続ける以上,将来の費用(減価償却費など)が合計で同じ額だけ増えて営業利益を減らしていく。つまり,現在の評価益は,将来の営業利益を繰り上げて認識したものでしかない。将来の利益流列を現在の資産価値に割り引く内部収益率が,簿価の上昇分だけ下落するということである。資産価格の上昇をもたらした期待リターンの下落が,将来のリターンを下落させているだけといってもよい。資産価格が低下して評価損を計上した場合は,もちろんこの

---

8 SFAC 第1号,34-49項,企業会計基準委員会(ASBJ)から公表されている日本の概念フレームワーク討議資料も同様である。

9 事業投資のケースなら,将来の投資成果に関する予想形成と,それに基づく投資価値の評価に,現在までの成果の情報が利用される(つまり,投資成果に時系列の相関があるとみられる)が,金融投資の場合には,過去の成果と将来の成果に高い相関を期待できないからである。要するに,価格の動きがランダム・ウォークに近い金融市場では,これまで儲けた投資家が将来も引き続いて儲けるという保証はない。金融商品の時価評価について情報価値を検証した先駆的な論文 Barth [1994] が,時価の価値関連性を確認する一方で時価評価差額の情報価値を確認できなかったのは,その意味では当然の結果でもあろう。

関係が反対になる（本書第1章第4節）[10]。

　福井［2008］は，金融投資のケースも含めて，資産価格の変動がキャッシュフローの期待の変動よりも，むしろそれを割り引く資本コストの変動に大きく依存することを示すとともに，期待リターンの上昇による資産価格の低下が，上昇した将来のリターンで補填され，期待リターンの低下による資産価格の上昇が，低下した将来のリターンで相殺される関係を，資産価値が平均回帰するメカニズム（Cochrane［2005］など）に即して説明している。重要なのは個別資産の価格変動ではなく，経済実態の裏づけがある収益性と市場リターンの連関であり，市場リターンの推定に役立つ情報は，（Fama & French［1996］が示すような）時価と簿価の乖離であって時価ではないとされている[11]。

3 ■ 評価と配分のパラダイム

　ここで，資本利得の問題を横においたまま，会計基準の最近の動向に目を転じてみよう。前世紀末葉からの米国では，有価証券やデリバティブを時価（公正価値）で評価するのが原則的な方法になっている。メイの時代状況にくらべると，結論は正反対の方向に振れているのである。しかし，その結論を導く過程では，かつてと同様，厳密な検討の裏づけを欠くアド・ホックな議論が繰り返されていた。たとえば金融商品をめぐる近年の米国基準にとって，先駆けともいうべき証券取引委員会（SEC）ブリーデン委員長の議会証言（1990年9月）は，80年代米国の金融危機の経験にてらして「原価主義」会計の一面を批判し，金融機関の経済価値とリスク・エクスポージャーを評価して規制当局が適正な措置をとれるよう，金融商品に関する市場ベースの情報を開示させる必要を訴えていた[12]。問題の検討を付託されたFASBは，まず時価評価の範囲を拡大するとともに，時価による損益認識を売買目的の金融商品に導入していったが，それらが金融機関の経済価値やリスクの評価にどう寄与するのかは，十

10　斎藤［1988］，第2章および斎藤［1999］，第10章などもあわせて参照。
11　福井［2008］，特に第3章をみよ。Cochrane［2011］，p.1087ff. もあわせて参照。
12　この経緯については Burton［1993］，pp.313-314 などをみよ。

分に検討されていたわけではない。

　たしかに，そこでは金融商品の時価評価が，企業の価値やリスクの評価という観点から主張されていた。それは，バランスシートの評価だけでなく，利益の測定にも及んでいた[13]。しかし，主張はそれだけである。リスクへの言及を除けば，かつて逆の立場から時価評価に向けられた批判の論点とほとんど変わらない。企業価値の評価にとって金融資産の時価が意味をもつのは，時価の変動で測った過去の成果より時価で測った現在のストックだが，それにもかかわらず損益認識を含む時価会計が，投資家の企業評価というスローガンから機械的に導かれていた。利益情報と企業評価との関係が曖昧にされたまま，資産の評価と利益の測定をめぐる正反対の立場が，いずれも成果の予測とそれに基づく価値の評価とを根拠に主張されたのである。その事実は，企業評価のための予想形成という一貫した観点が，どちらの議論にも決め手になっていないことを示している。過去の成果が予想形成に影響して投資の価値を決めるのでないとしたら，そこでの資産評価の基準は，企業評価とは別の観点から選択されていた可能性もある（下記の補注を参照）。

　　［補注］　この時期，連邦準備理事会（FRB）のグリーンスパン議長は，市場性ある有価証券が主な資産でない金融機関にとって，時価会計から生ずる潜在的な問題点を十分に研究してその乱用を防ぐ努力が先決であることをSEC委員長に申し入れていた。ある時点のストックだけに注目したポジションの評価と，長期の平均的な収益のフローを反映しようとする利益の測定との間では，同じ金融商品に違った評価の基準が必要とされるかもしれず，バランスシートの評価だけから利益をとらえるFASBのアプローチが，キャッシュフローの予測に役立つ情報を投資家に提供するという所与の目的にもっとも適合するかどうかは疑問とみられたようである[14]。

　　　そうした銀行規制当局の懸念にもかかわらず，その後は時価会計ないし公正価値会計が，最適な適用範囲の十分な検討もないままほとんど無

13　SFAS 第105号，71項以下；SFAS 第115号，40項，91項以下。
14　Burton［1993］, pp.314-315 をみよ。

原則に（というか公正価値会計を貫徹させるという一貫した原則のもとで）拡張されてきた。そして，サブプライム・ローンの問題に端を発した金融危機に際して，FRBのバーナンキ議長が再び時価会計に懸念を表明するに至っていたわけである（2008年）。時価会計に対するFRBのスタンスがSECと分かれたバーンズ議長の時代（1975年）から数えると三度目になるが，そのたびに同じ議論が繰り返されているだけである。時価会計は有用な手法だが，適用範囲を誤ると無意味なだけでなく有害でもある。全面適用か全面否定かの争いに終始せず，どの範囲に適用するのが最適かを理論と実証の両面で検討する必要がある。

では，金融投資のポジションについて，そもそも利益の情報は，いったいなんのために必要とされるのであろうか。事業投資の場合のように，キャッシュフローの予測とそれに基づく投資価値の評価が利益認識の決め手にならないのであれば，むしろそれは，観点を変えて事後的な管理や契約関係の裁定から考えたほうがよいのかもしれない。投下資金の運用効率を資本のコストと比較したり，経営者の行動をモニターしたりするための指標として[15]，金融投資も合わせた企業の利益が測定されてきたとみることもできよう。以前はそこに含められてきた未実現資本利得の排除が主張され（前掲のメイなど），最近では一部の金融商品ながら，時価評価差額が再びこれに含められているわけである。そうした事後の業績指標でも，測定のルールを決める情報目的は，なぜか投資家の予想形成に求められてきた。投資家のための開示制度の改革をスローガンに混乱した市場を再建しようとする政治目標が，会計ルールの変更にあたって利益を中心とした会計情報の企業評価への役立ちを強調させたという解釈もある[16]。いずれにせよ，資産や利益をめぐる会計情報と企業評価との関係は，特に金融投資のケースで曖昧な点が少なくない。

この会計情報と会計目的を結ぶ理屈の混乱を念頭においたうえ，ここで再び伝統的な会計基準をリードしたメイの議論に戻ってみよう。彼の立場は，投資から生み出される成果と，投資そのものに生じた価値の変化とを区別し，投資

---

15 こうした観点については，Watts [1977]；Watts & Zimmerman [1986] などを参照。

家による企業価値評価のために，もっぱら前者の情報を開示させようとするものであった。本来は事業投資にかかわるこの観点[17]を，金融投資にも適用して株式などの時価評価を批判していたのである。そこでは，ともかくも将来のキャッシュフローを見積もって企業価値の評価に利用するうえで，企業活動の成果を事業投資だけでなく金融投資も含めてフロー・ベースでとらえることが試みられていた。それは，企業間投資についても，同じように投資先の企業成果にみあった利益を測定しようとする考え方であった。その場合の利益は他社の利益が移転されたものであり，少なくとも支配の及ぶ会社については，配当や利息として受け取ったインカム・ゲインだけでなく，留保された成果に相当する部分はキャピタル・ゲイン（資本利得）も含まれるというのが，メイの積極的な主張だったようである[18]。

　このように，資本利得の処理に対するメイの批判は，時価主義や原価主義といった資産評価基準の選択とは，やや次元の異なる議論を含んでいる。それは時価評価への批判ではあっても，必ずしも原価による評価を主張したものではなく，そもそも画一的な評価基準の選択を意図したものとも思えない。むしろ，そこでは資産の評価をいう以前に，もっと基本的な次元に立ち返って，利益の構成要素を検討しているとみたほうがよい。その場合の利益は，要するに企業資産から生み出された財やサービスであり，他社に投資しているケースでは投資先企業の稼得した成果である。それを超えるキャピタル・ゲインがあっても，その分は投資側での実現を待って認識されている。つまり，事業投資であれ金融投資であれ，資産そのもの（ストック）の価値増分ではなく，そこか

16　証券諸法が制定され会計基準が整備された1930年代前半も，ふたたび会計基準が社会の関心事となった80年代末葉も，どちらも直前のマーケット・クラッシュを不十分な情報開示のせいにしていた点では共通する。開示制度のほかにも企業の情報を資本市場に伝えるチャネルがある以上，会計制度の不備が市場を崩壊させたという議論には，むしろ手ごろなものをスケープゴートにして，その後の規制を進める政治的な意味もあったとみられている（May［1943］, Chap.4 ; Watts［1977］）。いずれにせよ，会計の開示制度を政治的にも活用するためには，その中心になる利益情報を投資家の意思決定に結びつける必要があったというのが，この解釈の趣旨であろう（Watts［1977］などをみよ）。

17　金融投資でも長期保有のポジションであればこの観点が意味をもつ。前記の福井［2008］を参照。

18　May［1943］, pp.224-225をみよ。ただし，投資先企業が留保した利益を超える資本利得は，そこでの投資利益から除かれている。

ら生み出された成果（フロー）の価値を測ろうとしていたわけである。資産価値の増分ではなく，いわば資産増分の価値に着目する点で，それは前述した「資本からの分離」という最高裁判所の判例とも共通する面をもっていた。

　メイの議論では，資産価値の評価というアプローチの批判が主題となる一方で，資産を原価と時価のどちらで繰り越すかの選択は，さしあたり便宜的な問題とされていたようである。彼は，自らが起草したニューヨーク証券取引所上場委員会宛，米国会計士協会（AIA）特別委員会の報告書簡[19]を，「会計におけるほとんど革命的な変化をもたらしたもの」と位置づけ，それが，(1)貸借対照表から損益計算書へ，(2)価値からコストへ，(3)保守主義から継続性へ，という大きな重点移行を記したものと評価していたが[20]，この第2の重点移行が，ここでの問題に深くかかわっている。それは，よく誤解されるような時価から原価への評価基準の移行というよりも，むしろ価値の評価からコストの配分へという「パラダイム」の移行を意味するものとみたほうがよい[21]。資産の認識や測定において，価値からキャッシュフローへという，利益の測定とも連繋したいわば対象認識の転換が強調されているのである。そうしたパラダイムの変革こそが，メイの担った時代のテーマであった（下記の補注を参照）。

　　［補注］　そこでいわれる価値からコストへの重点移行は，このように，時価主義から原価主義へという評価基準ないし測定属性の変化であるより，バランスシートでの資産価値の評価から，利益をとらえるためのコストの配分へという，いわば考え方の変化とみるべきであろう。重点移行が生ずる前の米国でも，少なくともマージャー・ブームを経て大企業が成立した19世紀末葉から20世紀初頭以来の主要企業のデータをみる限り，実物資産の評価替え（簿価切り上げ）はむしろ例外である。有価証券については，20年代に簿価切り上げとそれに伴う利益の認識が横行して，資

---

[19] ニューヨーク証券取引所上場委員会へ1932年に提出されたあと，1934年に *Audit of Corporate Accounts* として公表されている。いわゆる AIA 五原則を含む歴史的文書である。
[20] メイの著作で繰り返し述べられているが，特に May [1946], p.105 を参照。
[21] AIA 五原則は，利益を実現したものに限定している一方，未実現増価の記録を禁止する規定を含んでいないが，メイによればそれが含まれていないのには意味があるとされている（May [1943], pp.91-92 を参照）。この間の変化を必ずしも歴史的原価主義への移行とはみていないということであろう。

本市場の過熱を煽ったという指摘もみられるが（May [1943], pp.27-30），連邦準備理事会と米国会計士協会とが協力して1917年に公表した米国最初の会計基準とされる *Uniform Accounting* でも，大半の資産にはコストの配分とそれに基づく原価評価が適用されていた。

要するにこの時期の米国の会計実務は，歴史的原価や時価といった測定属性（この概念は補章2で再検討する）の選択を，価値の評価からコストの配分へというパラダイムの転換のなかで既にとらえ始めており，上記のAIA特別委員会報告書簡は，その流れを明確な理念によって定着させたものとみることができる。これを時価主義から歴史的原価主義への移行として片づけるのは，いずれか一方に統一しないと一貫性が損なわれると思い込む会計人にありがちな理解ではあろうが，パラダイム選択の分岐点を正しくとらえたものとは思えない。大事なのは基本的な考え方の選択である。

4 ■ 原価の配分と資産評価

この価値評価から原価配分へという考え方の転換は，周知のように米国会計学会（AAA）の1936年会計原則試案を補完したペイトン（W. A. Paton）とリトルトン（A. C. Littleton）の共著 Paton & Littleton [1940] [22] によって体系化されていく。そこでは，会計の主題が，それまでのキーワードであった財の「価値」から，交換取引における「測定された対価」へと置き換えられている。対価のない取引も含めて一般化すれば，「価格総計」たる「コスト」を記録するシステムとして，企業会計がとらえ直されているのである。それは，会計の対象を，価値から原価に移行させたものといってもよい。原価を集計して配列するのは資産の価値を測るためでなく，いまだ運命の定まらないコストを，企業の「努力」の指標として仮に累積しているだけだというわけである。それが「成果」に対応させられて，はじめて効率の指標である利益が測定されること

---

22 この書物が理論的な基礎を与えようとした1936年のAAA会計原則試案も，評価から配分へという会計本質観の転換を基本にしたうえで，原価と価値に関する諸原則を冒頭に列挙している。

になる。この価値から原価への認識対象の転換と，時価から原価への評価基準の変化とは，実際には結びついてきたにしても概念上は分ける必要があると思われる[23]。

　別言すれば，原価（コスト）を配分して利益を測定する枠組みと，資産を歴史的原価で繰り越す評価のルールとは，必ずしも表裏一体の関係にあるわけではない。原価に基づく費用の配分は，企業に投下している資金を各期の収益によって回収していくプロセスだが，それは歴史的原価による資産評価だけでなく，たとえば時価による継続的な評価替えとも両立可能である。投下された資金としてのコストが資産の評価額に表れているとすれば[24]，それが歴史的原価であれ時価であれ，保有期間の収益にその額を対応させるのがコストの配分である。その際，仮に時価評価をしたときの差額を収益に含めていれば，この違いが保有期間を通じた利益総額を変えることはない。反対に評価差額を収益から除外したときは，再評価後の資産額（投下資金の額）をベースにしたコスト配分は，歴史的原価評価と違った利益をもたらすことになる。どちらになるかは維持すべき資本の概念の問題であり，名目貨幣資本のような同じ資本を維持する仕組みなら，コスト配分は歴史的原価評価とも時価評価とも矛盾なく両立するわけである。

　たとえば金融資産の一部を時価で評価し，金融投資のポジションにあるものについては評価差額を純利益に含める一方，事業投資とみられるものについてはその他の包括利益に含めたうえで，事業のリスクから解放されるのを待って純利益へ分類し直す（リサイクルする）従来の方法なども，そのひとつの例といってよいであろう。維持すべき資本が投下名目貨幣額に固定されている以上，資産評価のベースに歴史的原価と時価が混在していても，時価評価差額が配分されるコストとそれを回収する収益との双方を増加もしくは減少させ，保

23　ここで認識対象というのは，経験的な事象としての資産や負債などをある共通の要素に即して認識・測定するときの，その共通要素（共通属性）を意味している。別にアモン流の理論的ないし科学的認識の対象を想定しているのではなく，言葉が便利なので会計的な認識と測定に借用しているだけである。
24　企業への投下資金（つまりコスト）を支出額から回収額を引いた残りでとらえれば，資産は原価マイナス減価で評価されるが，換金処分すれば得られる額（一種の機会費用）を反復的に投下しているとみれば，資産は時価で評価されることになろう。

有期間を通算した余剰の額には影響を与えない。時価会計(時価による評価と損益認識)が適用される金融投資の部分については当然ながら利益の期間帰属が違ってくるが,それでも歴史的原価評価のケースと同様,コスト配分の枠組みと両立することは間違いないであろう。資産と利益の測定を,価値の評価とコスト配分のどちらの観点から決めるのかは,バランスシート上の資産を歴史的原価と時価のどちらで表示するのかとは次元の異なる問題である。

証券市場への本格的な規制が始まった1930年代の米国では,たしかに資産の時価評価とそれに基づく利益の開示が一貫して批判されていた。しかし,その批判は,時価で価値を測ることの前に,まず価値を評価するという思考に向けられていた。そこで意図されたのは,前述した価値の評価からコストの配分へという,会計認識におけるパラダイムの転換であった。当時の実務では,少なくとも事業用資産について,コストの期間配分と歴史的原価による評価が原則的に受け入れられていたが[25],それにもかかわらず資産価値の適切な評価を理由にしばしば行われた未実現利益の認識に対して,コスト配分の合理性を追求した利益情報が,企業の収益性を評価するという観点から強調されたのである。会計情報の役割を価値の評価から解放したこの時期の配分の観点は,株式のような金融資産の時価評価にも批判的であった。時価はもっぱらストックの価値をとらえるだけのものとみられ,それとコスト配分との両立は,さしあたって構想されることもなかったようである。

となると,ある時期からの時価評価の拡大は,いったいどのように理解したらよいのであろうか。それは,原価配分のパラダイムを再び否定した単なる価値評価の復権とも思えない。もちろん,金融商品など,一部については現在の価値に関心が向けられているのは間違いないが,総体としてみれば,むしろキャッシュフローの期間配分による利益測定の枠組みを維持したまま,その配分のスケジュールを,資産の継続的な評価替えと,価値の評価からは独立した規則的な配分との,どちらに依拠させるかが争われているといってもよい。前述のように,資産を期末ごとに評価替えするのも,評価差額がいずれかの期間

---

25 *Uniform Accounting* をはじめ,初期の基準書などを検討した斎藤 [1984],序章をみよ。

の利益に反映される限り，コスト配分のひとつの代替的なスケジュールになる。市場価格の変動をそのままキャッシュフローとみることができる金融投資については，継続的な時価評価が投資成果を期間配分する手法としても合理性を期待されたわけである。それは，配分と評価という2つの枠組みを，投資の性質に合わせて両立させる考え方にもつながっていくはずであろう。

　事実，金融資産でも，価格の変動による利得でなく，利息収入などを目的に保有されるものについては，本来の金融投資と違って，その成果を時価の変動でとらえる意味がない。たとえば満期まで保有し続ける債券のように，金利変動などの市場リスクを負わない金融資産は，時価評価を大幅に取り入れた後の会計基準でも，取得時に確定した満期までの投資成果を償却原価で期間配分することとされてきた[26]。政策投資株式などのように，バランスシート上では時価評価されながら，時価の変動が実現時まで成果から除かれてきたものもある。時価に代わる現在価値をベースに，投資の成果が期間配分されてきたものもある。時価でなくキャッシュフローが変動するリスクをヘッジするために保有される金融商品のケースでは，ヘッジの対象となるポジションの損益認識に基づいて，時価の変動分が期間配分されてきた。そこでは，利益の測定を資産や負債の認識と評価に還元する考え方と，それとは独立したキャッシュフローの期間配分に委ねる枠組みとの，交代というよりは新たな関係が模索されてきたともいえる。

5　おわりに

　このように考えると，ひとくちに原価主義といわれてきたものには，原価（コスト）を対象とみたキャッシュフローの期間配分と，原価をいわば尺度にした資産価値の評価との，2つの意味があることがわかる。前者は資産評価と利益認識の関係を決める枠組みの問題であり，後者は資産のストックに具体的な数値（金額）を割り当てる測定の問題である。前者の意味であれば，原価主

26　もちろん，デフォルトのリスクに対しては，見込まれる損失への引き当てが別途に行われる。

義に対立するものは，価値の評価をベースにした利益認識の考え方であろう。もし後者の意味であれば，それと対立するのは，たとえば時価による資産価値の評価である。時価評価が批判され原価評価が定着した1930年代には，未実現の資本利得を除いた利益情報が強調されて価値の評価からコストの配分に重点が移され，反対に原価評価が批判される最近の議論では，資産の認識や評価から利益が導かれるという観点から，資産価値の指標としての原価と時価の比較に関心が向いている。それぞれの局面でいわれる原価主義が，違った意味を与えられているのである。

この点を正しく理解しないと，時価主義と原価主義が交互に主張されているかにみえる会計基準の歴史は，そのときの都合で資産評価の尺度を使い分ける便宜主義の所産とされかねない。いくら会計が時代とともに変わるコンベンショナルな社会規範でも，それではあまりにも無定見である。尺度ないし属性の選択は，会計基準を論ずるひとつの視点でも，それだけで会計基準の全体像が決まるわけではない。上述した「価値かコストか」の選択は，「時価か原価か」の選択からは出てこないのである。評価と配分をめぐる会計思考を資産評価の基準と一緒にしたのでは，利益や資産といった概念の関係は解明されようがない。基本概念の体系を欠いたまま，時価か原価かの表層的な二項対立に分析の切り口を求める風潮が，ことがらの本質から会計基準の議論を乖離させてきたとみることもできる。原価評価と時価評価のいずれか一方に常に他を排除する理屈があると思い込まずに，もっと基礎的な概念にてらしてその使い分けを検討することが，われわれの重要な研究課題になるはずである。

その観点からすると，まず検討されねばならないのは，認識される対象の属性に当たる原価と，測定の尺度としての原価とを区別しないで，まとめて捨て去るのが唯一の方法かどうかであろう。投下資金（コスト）の流れを認識の対象としながら，測定尺度としてのレリバンスが問われている歴史的原価との関係をいったん切り離し，配分されたコストを回収する収益認識のあり方――したがって資産評価のあり方――に投資の性格にてらした再検討を加えたうえで，それによって情報のレリバンスを回復できると期待される局面に公正価値測定を採り入れるという選択肢が残されているからである。日本の会計基準設定主体である企業会計基準委員会（ASBJ）の概念フレームワーク『討議資料』

も，そうした試みを基本概念の体系に組み入れたもののひとつということができるであろう。国際的な会計基準改革の方向も，市場関係者からのフィードバックによって，おおむねその方向に収束する可能性がないとはいえないように思われる。

　もちろん，それが唯一の解決法といえる保証はない。むしろ，そこで認識される対象の属性を，より広範に時価評価と結びつく経済的資源の価値そのものとみたうえで，そこでいう価値の概念を新たに構想しながら，測定尺度を整合的に選択できる体系の整備を図る余地がありうるかもしれない。とはいえ，現状では，認識される属性としての価値が公正価値のような測定の尺度と混同され，なにをどう測るかが不明確なだけでなく，資産・負債と利益とが有用な会計情報として両立するシステムになっていない。その理論的な解決も，現状では見通しが立っていない。現時点でいえるのは，本章でみたコスト配分と価値評価の関係という，測定すべき対象を認識する視点の決め方が，企業投資とその成果の測定を基本的に規定するということだけであろう。資産を評価する尺度の選択も，それと深くかかわってくる。原価や時価だけでなく，期待キャッシュフローを当初の実効利率で割り引いた現在価値のような，原価とも時価ともいえない尺度を含めて，資産や負債の共通属性との関係を体系的に考える必要があるように思われる[27]。

27　ここでいう測定尺度はしばしば「測定属性」と表現されるが，それによって測定される対象の共通属性とは次元の違う概念である。米国FASBの概念書第5号では，さまざまな「測定属性」が並存する事実を認めてそれらの使い分けを想定しているが，その問題は本書の各章で個々に検討するとともに，補章2であらためて整理する。

第5章
経済的所得と会計上の利益

1■はじめに

　ここで，前章までの考察で断片的に垣間見た経済的所得の概念と，会計上の利益，特に純利益の概念との関係を，もう少し立ち入って検討しておこう。ただ，経済的所得の古典的な概念では一般に個人の所得が想定され，企業の利益をとらえる会計上の概念に対して，むしろ企業所有者（株主）の所得に近いものが論じられるようである。新古典派経済学の世界では，企業と株主を区別して，両者がそれぞれ別の勘定をもつような関係を想定する必要がない。もちろん，企業ないし投資プロジェクトの成果は，企業の設立から解散まで，あるいは投資プロジェクトの始めから終わりまでを通算すれば，正味のキャッシュフローと等しくなって所有者である株主に帰属する。しかし，株主の持分を取引する市場があれば，市場価格が将来の企業成果を先取りするため，少なくともタイミングの面で両者は違う概念とみることもできる。

　株主の所得は，株式の市場価格で測った企業資本の価値変動に基礎をおく。配当収入ももちろん株主所得の要素だが，それは株式価格の一部が換金されたものだと考えればよい。理論上は配当の額だけ株価が下がり，株主の富も所得も配当を払わずに留保した場合と変わらない。それに対して企業の所得は，そうした株主所得の基礎となる株価形成の過程で投資家が企業価値の評価にも使う情報だから，企業資本を株価で測ったのでは意味がない。おそらく企業の資産や負債を個別に評価して得られる純資産の変動が，企業所得の基礎になるはずであろう。市場が完備（complete）でない限り[1]，そこで個別に評価される企業資産には，投資家が将来の企業成果を見込んで株価に反映させるのれん（自己創設のれん）は入らない。株主所得に含まれるのれん価値の変動分と企業所得との関係が表面に出てこないのである。

そうなると企業の所得は，保有する識別可能な資産や負債をそれぞれの価値（たとえば公正価値）で評価し，資産総額から負債総額を引いた純資産額を期首と期末とで比較した差額でとらえられることになりそうである。もちろん，企業と株主との取引は除かれる。これが包括利益である。昨今では，この包括利益こそが経済的な意味での所得に当たるといわれたり，資産や負債を時価ないし公正価値で統一的に評価すればするほど経済的所得に近づくとみられたりすることも少なくない。しかし，経済的所得というのは，そうした包括利益とは違った概念である。以下では，所得の概念を論じた経済学の古典的な文献に立ち返り，当面の分析に直接関係する論点を選んで簡単に概観しながら，それが会計上の利益に与える規範的あるいは記述的な意義をさぐっていくことにしよう。

　従来，企業会計の分野でも，経済的所得の概念はしばしば話題になってきた。論者によってその使われ方はさまざまだが，大きく分ければ2通りの議論があったように思われる。ひとつは会計上の「あるべき」利益概念を模索するうえで，いわば規範的なターゲットとしてそれを使う試みである。あまり適切な表現とは思えないが，真実利益（true income）アプローチなどと呼ばれてきたものはこれに当たるといってよい。もうひとつは，会計上の利益概念がもつ特性を解明するうえで，その位置を測る基準点として経済的所得を使う記述的なアプローチである。前者は，1960年代末葉からの実証研究の興隆と，そこで中心的な役割を担ったビーバーのていねいな分析によってひとまず総括された形になっているが[2]，方法的に規範論をとらない後者の議論は，特に会計基準を体系的に理解するうえで現在でも意味をもつところが少なくない。

1　ここでいう市場の完備性は，企業所有者にとっての企業価値（株価）を構成するすべての「財」について，個別に（他の財と切り離して）取引される市場が存在することと考えておけばよいであろう。完全かつ完備な市場であれば個別に評価した財の価値合計が企業価値になるが，のれんは株価に組み込まれて株式市場で取引されても，他の財から切り離して単独で取引されることはない。なお，経営ノウハウというレントが経営者に帰属する以上，のれん価値がすべて株価に反映されるのは，正確には株主と経営者を同一視した近似の世界である。

2　Beaver [1981], Chaps. 3-4をみよ。Christensen & Demski [2003], Chaps. 1-4などもあわせて参照。

2■所得の基本概念と近似概念

　経済分析の道具として所得の概念を問い直す試みは，フィッシャーによる先駆的な業績が，大西洋を隔てた北欧のミュルダールやリンダールらの見解とともに英国でヒックスやカルドアに受け継がれ，いくつかの種差を含みながらもひと括りに経済的所得と呼ばれる共通概念をつくり上げていった[3]。経済学の基本概念である所得をわざわざ経済的所得と表現するのも奇妙だが，そこには複雑な実務の渦中にあって混迷と変遷を余儀なくされる会計上の利益（所得も利益も英語では income と表わされることが多い）を，相対化してとらえ直す羅針盤のような役割期待が込められていたのであろう。もとよりその包括的な概観は本章の範囲をはるかに超えてしまうが，ここではヒックスやカルドアの概念を中心に，厳密さよりは会計上の利益概念とのかかわりに重点をおいて，所得とはなにかという古くて新しい問題を考えてみることにしたい。

　よく知られたヒックス流の概念に従えば，ある期間の所得とは，その期間に消費してもなお期末において期首と同じように裕福（well off）であることを期待できる最大額である。近似的には，期首の資本価値を期末に維持した余剰と言い換えられることもある（ヒックスの所得第1号）。そこでいう資本価値は，将来に期待される収入（正味の収入；以下同じ）ないし所得を現在へ割り引いたものであり，その変動分が当期の所得ということになる。しかし，この資本価値に依拠した所得の定義では，将来に対する期末の期待が期首と異なったことによる価値の変動分が混入し，それを消費したときに同じだけの消費を将来に期待できなくなることもある。同じように裕福であり続けるには，所得は単なる資本価値の増分ではなく，当期に消費でき，しかも次期以降の将来に同じ額を消費できると期待される最大額（ヒックスの所得第2号）でなければならないことになる[4]。

　とすると所得の大きさは，期末の資本価値が期首のそれを超えた分から，将

　3　Fisher［1930］，Lindahl［1933］，Hicks［1946］，Kaldor［1955］など。フィッシャーの概念がヒックスにどう受け継がれているかについては福井［2007］を参照。

来に対する期待の変化に伴って生じた価値変動分（期待外の利得；ウィンドフォール）を除いた額になる。ここでウィンドフォールは，期間中に資本価値が増えた分という意味ではその期の利得（減った場合なら負の利得）でありながら，資本の所有者が期首に比べてより裕福になった分ではなく，それまでの期待に比べて現在どれだけ裕福であるか，あるいは現在までどれだけ裕福であったかの評価を変えるものでしかない[5]。この期待外の利得を消費しても期首の資本価値は期末において維持される（所得第1号の要件をみたす）が，次期以降の将来期間に同額を消費することは期待できなくなる（所得第2号の要件をみたさない）。その意味で，期待外の利得に当たるウィンドフォールの要素は，ヒックスのいう所得から除かれるのである[6]。

数値例を挙げてみるまでもないが，毎期5ドルの正味収入が永久に続くと期待される投資ポジションが，長期利子率を5％として，期首に100ドルの価値で保有されていたとする。仮に期末になって，翌期から正味収入が6ドルになると期待される状況が生じたとしてみよう。単純化のため利子率を5％に固定すれば，この投資ポジションの期末時の価値は120ドルになる。期間中の正味収入は期待どおり5ドルだったとすれば，それを含めた期末の資本価値は125ドル，したがって期間中の価値増分は25ドルである。この25ドルを消費しても期首の資本価値100ドルは維持されるが，その場合は債券の6分の1を売るか20ドルを借りることになる。結果として次期以降には，収入が毎期1ドル減るか利息支出（借入金利も5％とする）が1ドル増えて，消費できるのは5ドルということになるわけである[7]。

いま，事後に実現した実際の資本価値をV，期待された資本価値を$E(V)$，期首と期末を添え字の0と1で表すと，ウィンドフォールは，期首に見積もら

---

4 Hicks [1946], pp. 172-174をみよ。ちなみに，当期に消費することができ，しかも次期以降の将来に「実質タームで」同じ額を消費しうると期待できる最大額，というのがヒックスの所得第3号であるが，当面の考察にはこれを持ち出すまでもない。
5 この点については Alexander [1950], p. 5を参照。
6 この所得第2号の概念では，ウィンドフォールをのれん価値の変動（第1章を参照）に限るのは難しい。債券や実物資産の値上がり益でも，それを消費したのでは将来に同額の消費を期待できないからである。
7 ちなみにこの例では，収入も消費も期末時点で生ずると想定している。

れた期末の資本価値 $E_0(V_1)$ と，期末に実現した実際の資本価値 V_1 との差分 $V_1-E_0(V_1)$ で表すことができる。これを期首と期末の資本価値の差分 V_1-V_0 から除いたのが所得である。ここでの期待は期首におけるものであり，その意味で上記の所得は事前の所得（income *ex-ante*）と呼ばれ，

$$Y_{ante}=(V_1-V_0)-\{V_1-E_0(V_1)\}=E_0(V_1)-V_0$$

で表わされる。それは期首に期待した期末の資本価値と，期首に実現していた期首の資本価値との差分であり，当然ながら割引率$\{E_0(V_1)-V_0\}/V_0$を期首の資本価値 V_0 に乗じた利子の額に等しくなる。この類型に属する所得概念は，しばしば「利子としての所得」と呼ばれている[8]。

これが事前に期待した所得だとすると，その期待に対応する事後の実現値はどのように考えたらよいのであろうか。観察できる概念なら，それは期待外の利得を含んだ資本価値の増分 V_1-V_0 である。のれん価値のようなものを別にすれば，この概念は客観的に測定しやすい性質をもっている。企業会計でいう包括利益も，間違いなくこの概念の一類型であろう。しかし，ヒックスも指摘するように，そこでは現在の価値と過去の価値が単純に比較されているだけであり，その情報は現在の意思決定に関係がない。「行為（conduct）にとってレリバントな所得は，常にウィンドフォール・ゲインを除外していなければならない」のである。期待外の利得は，それが生じた期間の所得ではなく，むしろ将来の期間の所得を高めるものとみられる必要がある。そうでない場合は，資本と所得が混同されることになるというのである[9]。

このウィンドフォールを除外した事後の所得（income *ex-post*）は，カルドアに従って以下のように定義することができる。まず，期末までに得られた情報に基づいて，期首の資本価値を評価し直す。それは期間中に生じた収入と，期末時点で次期以降の将来収入に関して新たに形成した期待とが，もし期首に知

---

[8] Lindahl〔1933〕, pp. 400-403, Kaldor〔1955〕, pp. 58-62をみよ。
[9] Hicks〔1946〕, pp. 177-179をみよ。なお，経済学でいう資本はバランスシートの貸方でなく借方の概念だが，その大きさを貸方に投影したときは，その期の所得とならなかった資本価値増分や，過去の所得が消費されずに貯蓄された分を含むことになる。資本と所得の混同といっても，企業会計上の剰余金区分の問題とは関係ないことに注意しよう。

られていたなら期首の資本価値はいくらであったのかという，いわば過去を振り返って推定した仮想的な hindsight value $E_1(V_0)$ である。これと期首時点における実際の資本価値 V_0 との差分 $E_1(V_0)-V_0$ は，期末の情報がなかったためのウィンドフォールに対応する。それを資本価値の増分 V_1-V_0 から差し引いた値，したがって期末の資本価値 V_1 から期首の仮想的な資本価値 $E_1(V_0)$ を引いた値，

$$Y_{post}=(V_1-V_0)-\{E_1(V_0)-V_0\}=V_1-E_1(V_0)$$

が事後の所得ということになる。これはまた，期首資本の hindsight value $E_1(V_0)$ に，事後の割引率 $\{V_1-E_1(V_0)\}/E_1(V_0)$ を乗じた利子の額にもなっている[10]。

簡単に図解しておこう（図5.1）。水平軸で期首（$t=0$）から期末（$t=1$）への時間の推移を，縦軸で価値の大きさを，それぞれ表現する。時点0の実際の資本価値 V_0 から右上に向かう点線の矢印は，期首の情報に基づいて期末の資本価値が推定される局面を表わしている。この点線の到達点と出発点の差が事前の所得であり，期末になって実現する期末の資本価値 V_1 との差がウィンド

図5.1 事前・事後の所得とウィンドフォール

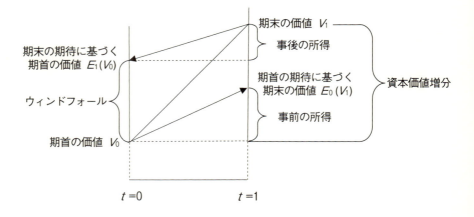

---

10 なお，Kaldor [1955], pp. 62-64 などを参照。

フォールである。他方，時点1の縦線上にプロットされた期末の資本価値 V_1 から左下に向かって期首に戻る点線の矢印は，期末の情報に基づいて期首の資本価値が見積もり直される局面を表わしている。この点線の到達点と出発点との差が事後の所得であり，期首の情報に基づいて当初に見積もられていた期首の資本価値 V_0 との差が，事後の所得から除かれるウィンドフォールである。事前でも事後でも，所得とウィンドフォールの和が資本価値の増分になることを確認されたい。

　もし将来の予測が完全で，事後の事実が事前の予想どおりに生起する状況を仮定すれば，$V_1=E_0(V_1)$ かつ $V_0=E_1(V_0)$ となるから事前の所得と事後の所得は等しくなり，いずれも期首・期末それぞれの市場価格で測った実際の資本価値増分 V_1-V_0 で表わされる。このケースだけはウィンドフォールがなく，最近の表現を使えば「公正価値」で測定した純資産の変動分に当たる包括利益が，そのまま経済的所得の指標になるのである。会計上はここでいう資本価値の一部が認識されず，その分の価値変動だけ両者が違うのは避けられないが，いわゆる自己創設のれんを除けば原理的な違いはない。しかし，予測が不完全で期待外の価値変動があるときは，事前・事後いずれの所得も市場価格からは得られない。会計上の包括利益も，資産や負債の画一的な公正価値評価も，所得とはなにかを深く探求し続けた経済学の営みとは関係のない（むしろ相容れない）考え方である。

3 ■ 所得とウィンドフォール

　前節でみたとおり，経済的所得というのは資本価値の変動から期待外の要素（ウィンドフォール）を除いた概念だが，では，そこで所得から除かれた部分はいったいどこへ行くのだろうか。実際に資本価値が増えている以上，それは資本の要素であることに変わりはなく，所得を超える消費がないとすれば，将来の所得を生むという意味で後の期間に引き継がれる。むろん，期待外のものでも利得（gain）には違いないから，そこには株主との取引から生ずる資本の変動は含まれていない。資本の一部だといっても将来の収入ないし所得の増分を先取りしたものにすぎないが，経済分析にとって，これを当初の投下資本や

過去に生じた所得からの貯蓄と区別する必要はない。ある期間の所得をとらえるだけなら，その期間における資本価値の変動のうち，期首と期末で情報や期待が違ったために生じた部分が除かれていればそれでよい。

ただ，このような期間ごとに分断された期首・期末の評価だけでは，所得から除かれるウィンドフォールがその後どうなるかは概念上の問題となりにくい。過去の期待外利得が期首の資本に含まれていても，その内訳とは関係なく，アップ・デートされた資本価値の総額をベースとして，当該期間における所得の計算がフレッシュ・スタートしているからである。引き継いだ期首資本の価値総額と，同じ期首に見込んだ期末資本の価値総額との差分が事前の所得だったし，期末の情報に基づいて見積もり直した期首資本の価値総額と，前期から引き継いだ期首資本の価値総額との違いは，期待外の利得・損失となって事後の所得に影響しなかった。期間をまたいで引き継がれる資本価値に過去のウィンドフォールが含まれても，それは現在の意思決定に関係のない過去の事実として，経済的所得の定義には影響しないようにみえる。

たとえば当期に事後の所得と同じ額を消費する場合なら，前節の記号でいう $E_1(V_0)$ の資本が期末に維持されて，次の期間の期首資本 V_0 に置き換えられる。$E_1(V_0)$ の額には当期のウィンドフォールが含まれるが，次期に引き継がれて期首の資本 V_0 に置き換えられてしまえば[11]，あとはその総額が次期の資本価値増分と所得を決めるだけで，資本に含めて引き継いだ過去の期待外の価値変動は，そこから先の所得を定義するのに使う必要がない。しかし，そこで将来に対する期待が改訂されている以上，新たな期待は次期以降の収入として実現することになる。つまりウィンドフォールの要素は，その後の事実が期待どおりなら，単なる収入の期待から実際の現金収入に置き換わる。企業会計では，それによってウィンドフォールが後の期間の所得に姿を変えていくことになる[12]。

もちろん，前掲の設例のような，期首の期待より毎期1ドル多い収入を無限

---

11 期首資本を V_0 で表記する関係上，当期と次期の期首資本は，同じ V_0 で表されていても大きさは同じでない。
12 ウィンドフォールは特定の期間に帰属させるのが難しいというだけで，どこかの期間の所得であることは否定されていない。Alexander [1950], p. 5を参照。

に見込めることが期末になって判明した場合のウィンドフォール（金利5％で割り引いた現在価値の20ドル）は，無限の将来にわたって同じ水準の消費を期待するのなら，いつまでたっても資本のままで所得になる見込みはない。この20ドルの資本価値増分に対する金利相当分の収入が，毎期の所得を1ドル多い6ドルにしていくだけであろう。しかし，有限期間の投資であれば，ウィンドフォールはどこかで所得に振り替わって，資本の価値から除かれていくことになる。資本を維持したければ，この所得を消費しないで貯蓄（留保）すればよい。再び期待が変われば，同じことが繰り返されるだけであろう。いずれにしても，有限の時間軸で投資の成果をみるときは，ウィンドフォールが最後まで所得から除かれて資本にとどまるということはない。

企業会計の概念に置き換えれば，資本（純資産）の価値変動を認識した分は，株主取引（資本取引）によるものを除いてその期に包括利益の要素となる。ウィンドフォールの一部はOCI（その他の包括利益）に分類され，その期の純利益からは除かれる。それが生じた期の純利益から除いても包括利益に含めるのは，どこかの期間の利益には違いないという理解があるからであろう。イギリスにはウィンドフォールの要素である資本利得（資産の値上がり益）を資本の要素として永久に所得から除くという考え方もあったが，現在はこれがどこかで所得になることまでは否定されていないようである。事実，それは純利益から除く理由が消滅したときに，OCIから純利益へ振り替えられてきた。一般にリサイクリングと呼ばれている再分類の作業である。それによって，バランスシートの純資産額には二重の影響を与えずに，純利益を認識しているわけである[13]。

問題は，ウィンドフォールがその後の所得ないし純利益とどのような関係にあるのかだが，それは次節に繰り越して，その前にウィンドフォールといわれるものの中味を，もう少し詳しくみておこう。一般にそれは期首と期末の資本価値の差分，つまり期中における資本価値の変動分のうち，期首と期末での情

13　後述のように，経済的所得から除かれるウィンドフォールには，期間中の収入のうち期待外であった部分も含まれるが，企業会計でいうOCIにその部分は含まれない（純利益に含められる）。

報の違い，したがって将来に対する見込みの違いから生じた期待外の利得（あるいは損失）であった。期首の資本価値はその期の収入と期末以降の将来の収入とに対する期首時点の期待に依存するが，期末の資本価値は既に確定したその期の収入と，将来の収入に対する期末時点での期待とに依存する。したがって，期首に期待されなかった資本価値の変動は，期中に生じた実際の収入が期首の期待と違った分，および期末から先の将来に関する期末時点の期待が期首時点のそれと違った分の両方を含んでいる。

このうちの後者，つまり期末から先の将来のキャッシュフローに関する期待が変わったために生じた期待外の要素としては，保有する非貨幣性資産の価値変動を考えればよいであろう。会計上は評価替えされないものも含めた事業用資産の含み益などである。これが評価益として認識されて純資産を増やした場合には，会計上でもその期間の純利益からは除かれている。それに対して前者の要素，つまり実際のキャッシュフローが期首の期待と違った分は，正味の貨幣性資産に生じた価値の変動である。このなかには既に現金収入に転化したものもあれば，現金と同等な金融資産の値上がり益（金融負債の値下がり益）にとどまっているものもある。これらはいつでも自由に換金・決済できる市場があり，かつ換金・決済に対する事業上の制約がない限り，期待外でも会計上は生じた期間の純利益に含められていることに注意したい。

このように，同じウィンドフォールの要素でも，経済的所得と企業会計の利益（純利益）では，除外される部分が必ずしも同じではない。それは，期待外の利得をどこまで所得に含めるのかとともに，どこで所得に含めるのかという問題にも結びついている。ウィンドフォールをすべて所得から除く経済上の概念に対して，その一部を含める会計上の概念では，それをどこで所得とみるかを決める基本原理が，残りのウィンドフォールを所得計算上どのように処理するのかを，結果として同時に決めることにもなるのである。特定の期間から除いた利益をあらためてどこかの期間に帰属させるという難問を，企業会計はなんらかの理屈を整えて解決しようとしてきたはずである。次節でみる variable income の概念は，経済的所得と会計上の利益との橋渡しを試みた成果だが，同時にそれは，ウィンドフォールと所得との関係に，ひとつの道筋を与える結果にもなっていた。

［補注］無限の投資期間を暗黙裡に想定する経済的所得の概念と，投資期間が有限で価値が減耗する事業資産を減価償却分の再投資によって維持する企業のケースでそれを近似する会計の利益概念との関係は，斎藤・福井［2018］でよりフォーマルなモデルを基に検討されている。

そこでは，当初投資の後に生じた期待フローあるいは割引率の変化による企業資産の価値増分（つまりのれん価値）が，キャッシュフローとして実現するのに伴って利益に転化していく過程が確認されるとともに，当初投資時の資産価格に反映された所得の市場期待に，のれんの実現分と減耗分の正味を加えた会計上の利益が，市場均衡をベンチマークにしたモデルから導かれる期待変化後の所得に―投資期間の経過に伴い―収束していくことが示されている。

4 ■ Variable Income の概念

米国会計士協会（AIA；現在の米国公認会計士協会 AICPA の前身）が，1940年代の後半からロックフェラー財団の援助で進めた企業所得の概念をめぐる研究プロジェクトは，よく知られた1952年の最終報告書[14]に先立ち，1950年に『企業所得に関する5つのモノグラフ[15]』を刊行していた。その冒頭の一篇であるアレクサンダーの論稿 Alexander［1950］は，経済的所得の概念を詳細に検討し直したうえ，variable income と呼んだ新たな概念を提示して会計上の利益との連絡を試みていた。これは経済的所得が将来の期待にのみ依存し，仮に期待外の事実が生じても，将来の期待に影響しない限りその影響を受けない（期首の資本価値に対する利子相当額のまま変わらない）概念であるのに対して，当該期間中に生じた期待外の収入に伴って変動しうる（variable な）所得の概念であった[16]。

---

14 「変貌する企業所得概念」と題する Study Group on Business Income［1952］。
15 AIA, *Five Monographs on Business Income,* 1950. アレクサンダー（S. S. Alexander）の論稿をはじめ，合計5編のモノグラフが収められている。
16 要するに，期待される正味キャッシュフローの流列を資本に対する定額利子の無限流列に置き換える経済的所得と違って，実際に生ずるキャッシュフローとともに変動しうる所得の概念であり，後にソロモンズが再評価したことで広く知られるようになったものである。Solomons［1961］を参照。

アレクサンダーが概念的な考察の素材として掲げていたのは，通常の利子は支払わないが，毎期末にコインを投げて，表が出れば10ドルを支払う永久債の例である（裏ならば支払いはゼロになる）。フェアなコインであれば毎期の期待収入は5ドルだから，金利を5％に固定すれば，期首も期末もその価値は100ドルになる。当期に表が出ても裏が出ても，コインを投げた結果は独立の事象だから将来の収入に影響することはない。実際の収入が10ドルであってもゼロであっても，期待された5ドルとの差はウィンドフォールであり，経済的所得は資本価値100ドルに5％を乗じた金利相当額の5ドルだということになろう。しかし，現在の収入が将来の収入見込みに影響しないこのギャンブルでは，期待外の部分を含めて当期の収入を所得とみるのも必ずしも不合理ではない。ヒックスの近似概念とは矛盾するが，それが variable income の基礎をなすアイディアである[17]。

上記の設例は，収入が期待される期間を有限にすれば，債券の価値が時の経過とともに減って収入で回収され，いわば期待が事実に変わることで所得が生ずる過程をより現実に近い姿で表わすことになる。しかし，ここではウィンドフォールの要素に焦点を合わせるため，期間を無限にしたまま，ある期間の翌期から，コインの表が出たときの支払いが10ドルから12ドルへ急に引き上げられることになったケースを確かめておこう。それによって期待収入は6ドルになり，割引率が変わらなければ債券は120ドルに値上がりする。条件が変わった期間（条件変更はまだ適用されない）にはコインの表が出て実際の収入が10ドルだったとすると，この期の利得（gain）は，現金収入10ドルと債券の値上がり益20ドルの合計30ドルになる。しかし，収入が期待を超える5ドルと債券の増価20ドルは，ウィンドフォールとして除くのが経済的所得の概念であった[18]。

この債券の値上がり益20ドルは，将来の現金収入に対する期待が期末の新しい情報に基づいて変わったことから生じたものである。期末になって将来の期

---

17 このアイディアについては，Alexander [1950], pp. 62-63, 65-66を参照。
18 Alexander [1950], pp. 67-68を参照。なお，当期にコインの裏が出て実際の収入がゼロであっても，それが期待を下回る5ドルはウィンドフォールとして除かれる。いずれにしても経済的所得は5ドルである。

待収入が 5 ドルから 6 ドルに上がるという情報がもし期首に得られていたら（つまり期末に債券が120ドルになるとわかっていたら），期首の債券価値は100ドルではなかったはずであろう。だから値上がり分の20ドルをすべて消費してしまうと，期末に残る債券の価値は期首に比べて低下することになる。120ドルの債券のうち，20ドル分だけ売って収入の 6 分の 1 （期待値は 1 ドル）を放棄することにしても，債券を売らずに20ドルを借り入れ，その 5 ％に当たる 1ドルの金利を支払うことにしても，債券の価値に生じた期待外利得を消費した後の期末資本価値は，期中に得られた期待外の部分を含む現金収入を別にすれば前述のとおり100ドルまで下がってしまうのである。

　一方，当期の現金収入10ドルのうち期待外の 5 ドルも，ウィンドフォールとして経済的所得からは除かれる。しかし，コインを投げた結果がランダムに生起する独立の事象である以上，それに依存する将来の期待収入は当期の収入に影響されることはない。期待外の収入が将来の期待収入を減らすのであれば，それが債券価値に与える影響（資本の損耗）をこのウィンドフォールで埋め合わせなければならないが，当面の例ではその心配もない。不確定な収入を期待した投資の成果が実際の収入として確定したというのは，その部分について投資が終了したということでもある。期待の変化が生み出したウィンドフォールは将来の成果を期待している間なら意味をもつが，投資が終わってもはや将来に期待される成果がない部分については収入と区別される意味がなく，その時点までを通算した所得の要素とみるほかはない。それがアレクサンダーの着想のポイントであった。

　彼が提示した variable income の概念は，ごく大雑把にいえば期末の資本価値を貨幣財の部分と非貨幣財の部分に大別し，前者を期末時点の価値で測る一方，後者を期首時点の期待に基づいて測ったうえ，両者の合計が期首時点に測った期首の資本価値を超える分を所得とするものであった。ただし，貨幣財といっても具体的には現金（ないしその同等物）であり，上記の設例における債券などは，将来の現金収入を期待している投資資産としてむしろ非貨幣財のほうに含められる。日本の概念フレームワーク討議資料[19]にいう，事業投資の

　19　企業会計基準委員会［2006］，第 4 章57項をみよ。

性質をもつ資産に近いポジションかもしれない。この所得は，経済的所得と違って期待外の収入，つまり貨幣財の価値増分に含まれるウィンドフォールの要素を除外しない概念であり，期中における実際の収入に伴って変動するという意味で variable（可変的）ということなのであろう。

このように，経済的所得と variable income では，期中に生じた資本価値の変動（包括利益）から除かれるウィンドフォールの範囲が異なっている。将来の収入を期待している部分に生じた期待外の価値変動は同じように除かれるが，現金ないし現金同等物の収入に転化した部分の期待外の要素は，経済的所得から除かれていても variable income からは除かれない。しかも，将来の収入を期待している部分（まだ現金化されていない部分）の価値は，期首・期末とも期首の期待を基に測定されるため，ウィンドフォールは所得から除かれるだけでなく，最初から認識されずに無視されている。たとえば事業用の資本設備などであれば，減価を期首に見積もって期末の価値が測られ，期待外の価値変動は簿外のままで規則的かつ自動的に各期の所得に配分される。減損は別として，見積もりの誤差は，処分に伴う現金収入が所得となるときに調整されているのである。

その結果，variable income では，不確定な収入の期待価値に生じたウィンドフォールが，いわばオフバランスとされたままで，収入の確定した期の所得に振り替えられていることになる。このウィンドフォールがもしオンバランスで認識された場合には，そうした暗黙の振り替えもオンバランスで処理されるしかない。現在の会計基準でいえば，OCI とそのリサイクリングである。そもそもウィンドフォールというのは，事前には平均ゼロの確率変数であり，時系列でも累積残高は平均ゼロに回帰する。事後的には，期待が事実として確定すれば自動的に消滅する。予期しない期待の変化に伴う利得を包括利益の一部として認識した場合には，それを純利益から除いたうえで，期待が事実に変わって消滅したときに，対応する分を純利益に振り替えて累積残高をゼロにしていくのがこれまでの支配的な会計ルールだが，それはこのような考え方にも支えられているわけである。

いうまでもなくリサイクリングが必要とされるのは，純利益の認識に先だって期待外の利得が包括利益の一部として認識され，資本の額に含めて後の期に

引き継がれている場合である。資本だけを先に増やしたこのケースで後から所得を認識するには，資本を所得に振り替えて留保するしか方法がない。それに対して variable income は，現金収入の分を除いてウィンドフォールを認識しないから，これが現金収入に変わるときに所得と資本が同時に増えることになる。いずれにせよその概念は，投資プロジェクトを通算した所得が正味の収入に等しくなる（キャッシュフローが所得流列のアンカーになる）という制約を経済的所得に加えた結果である。経済学で想定されてきた所得は単なる資本価値の増分ではなく，ウィンドフォールに当たる期待の変化を除いた概念であり，variable income はそれがキャッシュフローとして確定するときに所得に含める概念であった[20]。

5 おわりに

本章では，経済的所得の概念をあらためて整理するとともに，それと会計上の利益との橋渡しを試みた理論上の成果から，アレクサンダーの提示した variable income の概念を取り上げて検討した。狙いは，会計基準をめぐる昨今の議論が浮き彫りにした包括利益と純利益の関係を再考することにあった。要点のひとつは，期首と期末の資本価値を比べただけの包括利益に対して，経済的所得は期首と期末での将来に対する期待構造の違いから生ずる価値変動，つまりウィンドフォールの部分を除いた概念であるということの確認であった。保有する資産や負債の価値変動に伴う評価差額は，それが生じた期の包括利益に含められるとしても，事前に見込まれたものでない限り，期待外の要素として経済的所得には含まれない。ヒックス流の所得概念が包括利益で代理されるのは，事実がすべて期待どおりに生ずるケースだけである。

しかし，有限期間で完結する投資では，ある期の所得から除かれるウィンドフォールも，どこかで所得に含めざるをえなかった。将来の収入を期待してい

---

20 要するに，それらは期首と期末の資本を比べただけの包括利益ではなく，ウィンドフォールの要素を除外したうえで，期待した事実の確定とともにリサイクルさせる純利益に近い概念であった。経済的所得を会計上の概念に近づけた variable income は，その考え方をより純化したものであった。なお，前記［補注］で言及した斎藤・福井［2018］をあわせて参照。

る資産に生じた期待外の価値変動を認識することなく，当期の収入に含まれる期待外の部分だけ所得の要素とする variable income では，前者のオフバランスとされたウィンドフォールも，実際に収入が生じ，不確定な期待が事実として確定したときに，自動的に所得へ振り替えられることになっていた。この収入期待の変化に伴うオフバランスの価値変動が，もしオンバランスで認識されていたとすれば，期待が事実として確定したときの所得への振り替えは，暗黙的にではなく明示的なオンバランスの処理を伴うことになろう。それが，企業会計における包括利益と純利益の関係や，前者から後者へのリサイクリングの処理に，概念的な根拠を与えてきたのではないかというのが，本章のいまひとつの要点であった。

補論■ウィンドフォールとリサイクリング

本章でみたように，アレクサンダーの variable income は，ウィンドフォールが所得に振り替わる仕組みを理論的に説明するものでもあった。最近の言葉でいうと，包括利益の再分類，つまり「その他の包括利益 OCI」から「純利益」へのリサイクリングに該当する。そこで使われた例は，割引率に当たる金利が一定で将来の収入期待が変わるケースだったが，ここでは収入期待が変わらないまま金利環境が変わる債券投資のケースで，リサイクリングのメカニズムをごく単純な数値例に即して解説しておくことにする。

いま，額面が1,000,000円，表面利率が5％で，償還期限が次期の期末に到来する債券を保有しているとしよう。これまでは市場利率も表面利率と同じ5％であり，取得価額も現在の簿価も額面と同じと仮定する。ここで，当期末に市場金利が4％へ下落したとすると，債券の公正価値（当期の利払い後）は，1期後に償還される元本と利息の合計をこの4％で1期間だけ割り引いた1,009,615円（＝1,050,000÷1.04）に上昇する。これを公正価値評価して評価差額を純利益から区別し，その他の包括利益（OCI）に含めると，利息の受け取りを含めた当期末の処理は，

現　　　金	50,000	利　息　収　益	50,000	
債　　　券	9,615	その他の包括利益	9,615	(5.1)

となる。

次期の期末には，利息50,000円が支払われたうえ，債券元本が額面の1,000,000円で償還される。消滅した債券の評価差額に当たるOCIの残高は，その時点で消去されてゼロになる。すなわち，

現　　　　　金	1,050,000	利　息　収　益	50,000	
その他の包括利益	9,615	債　　　　　券	1,009,615	(5.2)

とされるわけである。このときの利息収益50,000円は，債券期首残高の4％に相当する40,385円と，消去されたOCI残高9,615円の合計である。後者は，市場金利よりも高い利息収入を見込んだ債券の評価益が実際に利息のキャッシュフローとして実現し，それに伴ってOCIから純利益へ振り替えられた分にほかならない。これがOCIの再分類（リサイクリング）である。

これに対して，債券の評価差額を純利益と区別せずに（OCIというカテゴリーを設けずに）包括利益として一括した場合は，当期末に，

現　　　　　金	50,000	包　括　利　益	59,615	
債　　　　　券	9,615			(5.3)

次期の期末には

現　　　　　金	1,050,000	債　　　　　券	1,009,615	
		包　括　利　益	40,385	(5.4)

となるだけである。当期（5.3）の包括利益は利息収益（この時点では額面の5％）と債券の評価益を合わせたもの，次期（5.4）の包括利益は，当期末から繰り越された債券額に，市場金利の4％を乗じた計算上の利息収益である。それは，問題の債券を当期末に公正価値で売却し，その代金を運用して次期に得られるはずの金融収益でもある。

いうまでもなく，(5.1)と(5.2)の純利益（およびその他の包括利益）を通算した額と，(5.3)と(5.4)の包括利益を通算した額は同じである。それらの違い，すなわち純利益と包括利益の違いは，要するに所得認識のタイミングの違いである。純利益ないしvariable incomeの要素である利息収益とOCIとを(5.1)と(5.2)のそれぞれで合算すれば，当然ながら(5.3)および(5.4)と同じ結果になる。包括利益の一部には，将来に期待される金利収入のうち市場金利を（この例では）上回る分が見込み計上されており，将来の包括

利益はその分だけ実際の金利収入を下回る。この金利収入の期待と実現を結び，キャッシュフローを待って所得をとらえるのが（5.2）のリサイクリングである。

　包括利益を所得とみる（5.3）と（5.4）では，純利益とOCIとを分けない以上，当然ながらリサイクリングの操作はない。その操作は，包括利益と区別した純利益で所得をとらえることと表裏の関係にある。むろん，評価差額をOCIとして純利益から区分し，評価の対象となったポジション（ここでは債券）が消滅するときには評価差額も消えるという仕組みになっていれば，リサイクリングは特別なことをしなくても自動的に行われるが，そうでなければ評価差額はそのままOCIに累積する。ただし，その場合でも，期待の変化というウィンドフォールの性質上，評価差額は平均すればゼロ，累積残高もゼロに収束するものと期待されるから[21]，途中でポジションを処分しない限り誤差を除けばOCIは解消される。

21　債券を満期まで保有すれば，簿価と時価は一致して評価差額はゼロになるが，株式等であっても，保有している間の評価差額の累積値（OCI）は，処分に伴う損益を残して最終的に消滅する。債券の満期保有は，処分に伴う損益がゼロになる特殊ケースといってもよい。

第6章
概念フレームワークと利益概念

1 ■ はじめに

　前章までの考察は，研究対象たる会計基準を理論的に分析するうえで，もっぱら道具となる基礎概念の体系を模索するものであった。しかし，同時にそれは，会計基準の設定に向けた「概念フレームワーク」を構築するためにも，基本的な考え方の整備に寄与すると思われる。ここでいう概念フレームワークは，会計基準のコアとなる諸概念とそれらの相互関係を記述し，現行基準を体系的に説明するとともに，将来の基準設定に指針を与える明文のステートメント（概念書）である。米国財務会計基準審議会（FASB）も国際会計基準審議会（IASB）も，それぞれの概念フレームワークを参照しながら基準設定に当たっているが[1]，日本ではいまだ公式の概念書がなく，2006年に企業会計基準委員会（ASBJ）による討議資料が出されているだけである[2]。以下では，この討議資料を必要に応じて海外の概念書と比較しながら，中心的な概念だけをあらためて整理しておこう。

　海外の概念フレームワークと日本の討議資料の比較という観点からすると，前章までの考察と特にかかわりの深い概念上の問題は，直接には包括利益と対比した純利益（または米国の概念書にいう earnings[3]）の役割，ならびに自己創設のれんの認識と測定の可能性であろう。純利益が包括利益と並存する点

  1　概念フレームワークが必要とされるのは，実務が生み出す問題に対処するうえでピースミールになりがちな会計基準に，体系性を付与して整合性を確保するためであろう。
  2　企業会計基準委員会討議資料『財務会計の概念フレームワーク』，2006年12月（以下，「討議資料」という）。なお，斎藤［2005］も参照。
  3　FASB 概念書第5号にいう earnings と純利益は，ほぼ同義と考えておく。2018年に確定した IASB の概念フレームワークにいう profit or loss も同様である。

も，自己創設のれんが排除される点も，現状では日米はもちろん，国際基準もほぼ共通だが，IASBで進められているプロジェクトをみると，利益の概念も自己創設のれんの資産性も，資産や負債の定義とその認識・測定のルールにすべて還元しようとする傾向が強い。情報の有用性より基準の画一性が強調されることもあって，今後の方向は不透明なところが多い。それを，財務報告の目的や会計情報の質的特性，および財務諸表の構成要素など，概念フレームワークの重要な論点にてらして検討することがここでの課題である。

2 投資家の企業評価と利益情報

はじめに財務報告の目的を確認しよう。ASBJの討議資料では，FASBやIASBの概念書と同じく，主な目的を投資家の意思決定に有用な情報を与えることと考えている。企業経営者のもつ相対的に優位な情報を開示させることで投資家との間の情報非対称性を緩和し，資本市場の正常な機能を確保するディスクロージャー制度の一環ととらえられているのである。しかもそこでは，企業経営者に情報を開示「させる」だけでなく，同時に経営者が自分から情報を開示「する」ことで，投資家の保守的なリスク評価を回避しつつ企業価値を高める誘因にも注意が向けられている。そうした誘因を活かして経営者に有用な私的情報の自己申告を促しながら，自己申告に伴うバイアス（選択的な開示や虚偽の開示）を排除するという会計基準や会計士監査の役割が，市場参加者それぞれの誘因が両立する世界で記述されているのである[4]。

では，この目的に寄与するうえで，会計情報はどのような質的特性を備えていなければならないのか。これについてもASBJの討議資料が掲げる要件は，FASBやIASBの従来の概念書と基本的に変わるところはない。有用性を決めるのは，なによりもレリバンスと信頼性とのバランスである。このうち信頼性は，それを支える下位概念は多様でも，意味するところの理解に大きな違いはないと思われる（下記の補注を参照）。しかし，レリバンスについては，投資

---

4 その一方，配当規制をはじめ法人所得税や業界規制などへの財務情報の利用は，いわば副次的な利用として位置づけられている。

家の意思決定との関連性がいわれるだけで,具体的な内容は必ずしもあきらかにされてこなかった。その要件としてまず考えられるのは,情報経済学的な意味での「情報価値の存在」であろうか。追加情報が利用者の意思決定を変えるときの限界的なペイオフの増分をその情報の価値(粗価値)とみて,その価値にてらしてレリバンスをとらえるのが,おそらくもっとも厳密な検証に堪える解釈といってよいであろう。

[補注] 情報の信頼性というのは,特定の利害関係者に有利なバイアスをもたないという意味での中立性,測定結果のバラツキが小さいという意味での検証可能性,同じ事実には同じ情報が対応するという意味での表現の忠実性などで説明されるものであり,特別な意図をもって使わなければほとんど疑問の余地がない概念である。ただ,概念フレームワークをめぐるFASBとIASBの共同作業では,本章第5節で述べる2011年の改定版に先立って,2006年の予備的見解(および2008年の公開草案)の段階から,信頼性を「忠実な表現」に変えることが試みられていた(FASB [2006], paras. BC2.26以下)。

　どちらも意味は本質的に同じとされていたが(para. BC2.29),定着した概念をわざわざ変える理由は明確でない。繰延項目などの問題(QC18)のほか,ひとつには公正価値測定を推し進めるうえで,その信頼性に対する疑問や,少なくとも信頼性に関する情報非対称性(経営者は信頼性の程度を知っていても,投資家にはそれがわからない点)への懸念が障害になるという事情があった可能性が高い。そのために,資産や負債の「認識」と「測定」を分けたうえ,認識面でレリバンスを強調する一方,測定面では信頼性を表現の忠実性に置き換えて,両者のトレード・オフを回避したとみることもできる。公正価値測定という結果から基礎概念が選ばれているとすれば,本末転倒というほかはない。

この意味のレリバンスについては,特定の会計情報が均衡株価なり投資リターンなりの変化をどこまで説明できるかという定量的な実証作業が,学界を中心に投資家の観点から進められてきた[5]。しかし,この方法では,これまで開示されていない情報のレリバンスを事前に確認するのは困難である。結果として,レリバンスや信頼性といった要件だけでは,新たな情報の開示を求める

会計基準の開発に指針を与えられない可能性もある。そのため討議資料では，レリバンスの概念に「情報価値の存在」という定量的な要件だけでなく，「情報ニーズの充足」という定性的な要件を加えて外延を拡張している。こうした定性的ないし直感的な判断は社会的な合意形成に時間を要するが，単に現行基準を説明するだけでなく将来の基準設定に指針を与えるという概念フレームワークの役割を，それによって多少でも補強しようとしているわけである（下記の補注を参照）。

> ［補注］　それと同時にASBJの討議資料では，会計情報の一般的な制約となる質的特性として，「内的に整合した会計基準に基づいて生み出される」という意味の「内的整合性」を追加し，既にレリバントな情報を生み出すことが確認されて市場に定着している基準と整合するような基準であれば，それが生み出す会計情報についてはレリバンスを推定する余地を残している。経済実態の類似性を根拠に新しい基準を開発する従来のやり方は，多くがこの特性を暗黙のうちに前提してきたと思われる。
>
> 　当初の討議資料は，この内的整合性をレリバンスや信頼性と並ぶ特性として掲げていたが，それが新たな会計基準を現在のパラダイムに拘束しかねないといった誤解が多く，会計情報が備えるべき最低限の特性という位置づけに変えられた。しかし，そうした内的整合性への不安は，ほんらい，レリバンスとのトレード・オフによって解決されるべき問題であろう。ひとたびレリバンスの観点が優越してパラダイムを変革する基準が導入されれば，あとは内的整合性の要請が関連する基準を作り変えていくはずである。むしろ，それは基準改革の推進力になるといってよい。

この目的と質的特性に適った会計情報を生み出すには，投資家の意思決定がどのようなものであり，そこで使われる情報にはどのような内容が求められるのかを考える必要がある。討議資料では，将来の不確実なキャッシュフローを期待して自己の資金をリスクにさらす投資家が，投資機会の選択なり，その継

5　Ball & Brown［1968］; Beaver［1968］; Beaver, Lambert & Morse［1980］; Lev［1989］など，また初期の研究の簡単なサーベイとしてBeaver［1981］, Chap. 5；Foster［1978］などをみよ。日本での研究については，石塚［2006］に収録された諸論文や桜井［1991］などを参照。

続ないし清算の判断なりにあたって，事前の期待を事後の実績と比較しながらその後の将来に対する期待を見直していく過程に着目する。投資家は自己の投資成果を予測するうえで，投資先企業による投資の成果を事前の期待と比較するわけである。そこで使われる情報は，将来のキャッシュフローに対する事前の期待が，どこまで事実として実現したかを測ったものでなければならず，期待と比較できないような実績を測っても期待の修正には役立たない。投資にあたってどのような成果を期待しているのかが，実績をどう測るのかを基本的に制約するということである。

こうした投資家の利用目的に応える実績情報は，なによりも企業投資の成果をキャッシュフローに即してとらえた利益の額ということになろう。そこでは，投資の額と成果にあたる正味のキャッシュフローとが1変数に集約されて，期間ごとの企業成果が測られる。これが，恒久利益（permanent income）の推定に使われて，企業価値の評価に利用されるわけである。前述のように（第2章第6節），バランスシート上の在高は，資産・負債も純資産も単独では企業価値との間に有意な関係をもたないから，純資産の変動だけで定義される包括利益[6]もまた，直接には投資家の企業評価に役立たない。投資情報としての企業成果は，現状では恒久利益を推定できるようにキャッシュフローを配分した純利益で測られているのである。バランスシートの情報は，投資の規模や負債のリスクなどを開示することで，利益情報を補完する役割を果たしていると考えたほうがよい。

ただ，包括利益に対する純利益の優位性は，純利益よりもさらに企業価値との関連性が高い内訳項目の存在を妨げるものではない。企業評価にあたって投資家は，企業総資産を事業投資と金融投資に大別し，金融投資の部分は市場の平均的な期待が反映された時価で評価する一方，事業投資部分については自ら将来の成果を予測して，自己の責任においてその価値を評価すると考えてよい。この事業価値の評価には，事業成果との関連性が高い営業利益のほうが，純利益より有用であることは直感的にも理解できよう。負債を含めた事業価値は，資本構成に依存しない営業利益の予測値に依存するというのも，これまで

---

6 もちろん，純資産の変動から資本取引によるものは除いている。

の通念といってよい[7]。営業利益も純利益も，資産と負債の変動だけで測った包括利益と違い，いずれも期間配分の操作を施した恒久利益の近似値として，投資家の企業評価に使われているのである。

　ちなみに，純利益を包括利益と並存させるのは，必ずしも日本（ASBJ）の討議資料に特有のことではない。米国 FASB の概念書第 5 号でも，純利益にほぼ対応する earnings[8] を包括利益と並存させたうえで，それを企業の業績指標として位置づけている。すなわち，

> 「earnings は一期間の業績を測る指標であり，期間中にほぼ完結した（あるいは既に完結した）cash-to-cash サイクルにかかわる資産の流入が，同じサイクルと直接または間接に結びついた資産の流出を上回る（あるいは下回る）大きさに主として関係する。[9]」

それに対して包括利益は，出資者との取引による部分を除いた純資産の変動を表すが，ここで包括的というのは認識された純資産の変動を所与とした場合であって，それをどこまで認識するかにより，いかようにも伸縮する概念であることには注意する必要がある。純利益をやめて包括利益に一元化すべきだと主張してきた IASB ですら，包括利益は「包括的でも利益でもない」という意見があるから，名称を IAS 第 1 号で使用されている「認識された収益および費用」に変えるべきだと提案したほどである[10]。

　もちろん純利益も包括利益も，企業（ないし投資プロジェクト）の存続期間を通算すれば本来は同じ額になる。純利益から除かれた包括利益の要素がいずれ純利益にリサイクルされれば，どちらも最終的には正味のキャッシュフローに等しくなるのである。その総額は，大きく 2 つの要素に分けられる。ひとつは取引に伴う各種の財の物量的なフロー，もうひとつはそれらの財の価格変動である。両者はいずれも企業の成果に間違いないが，将来の成果を予測する際に持続性を事前に評価しやすいのは，実物のフローとしての前者の要素であろ

7　Modigliani & Miller [1958]；Miller & Modigliani [1966] などを参照。
8　純利益と earnings の関係については SFAC 第 5 号，33-34 項をみよ。
9　SFAC 第 5 号，36 項をみよ。同様の趣旨は 79-80 項でも繰り返されている。
10　IASB Board Meeting, October 2005, Agenda Paper 11A, "Performance Reporting: Segment A sweep issues", para. 9.

う。後者の価格変動は，基本的にはウィンドフォールの要素といえる。財やサービスの実際のフローが，その時々の価格システムを所与として生じたものである以上，それらを共通の価値に変換して将来の予測に利用するうえで，その後の期待構造の変化に伴う価格変動は過去のフローの評価にノイズを持ち込む可能性がある。そうしたウィンドフォールを除くのが純利益だとすれば，それを混在させているのが包括利益なのかもしれない[11]。

3 ■ 概念の定義と情報の有用性

　上述したように包括利益の情報は，投資家による企業価値評価への役立ちでは純利益を凌駕するものではなかった。それにもかかわらず包括利益が強調されるのは，なによりもバランスシートの評価を優先させる資産・負債アプローチが，利益の実現や稼得をめぐる判断を排除するとみられているからであろう。資産や負債の認識および評価から純資産が決まり，期中における純資産の変動から資本取引を除いて利益が決まる仕組みを保証するには，そこでいう利益はバランスシートの帳尻を合わせる包括利益でなければならないというわけである。総資産ないしは純資産が企業価値の proxy になるとみる限り，そこから自動的に──新たな情報を加えずに──導かれる包括利益が，企業価値との関連性をもつと考えられても不思議はない。純利益より包括利益を強調した海外の概念フレームワークは，それを資産・負債アプローチの主張と同義とみたのであろう。

　そうした議論で見過ごされているのは，資産・負債アプローチや収益・費用アプローチといった会計観にも，既に指摘した2面（第2章第5節）があるという点である。概念の定義の問題と情報の価値の問題である。一方に資産や負債，他方に収益や費用（あるいは利益）という2組の概念群ないし情報群があるとしたとき，前者はどちらの概念群から他を定義したらよいかという問題，

11　現行の米国基準や国際基準でいう包括利益は，財の価値変動を金融商品に限って認識し，事業用の実物資産を時価評価しないことでその問題を回避している。それだけ包括的でないということでもある。

後者はどちらの情報群が投資家の意思決定に有用かという問題である。定義の問題であれば，観察概念に近い資産・負債から，より抽象的な収益・費用なり利益なりを定義するのが当然である。その順序が反対になると，利益の年度間配分に伴う経過的な計算項目が，擬制的な資産や負債としてバランスシートに紛れ込む。この面での資産・負債アプローチは，要するに利益よりもまず資産や負債を定義し，その定義を収益や費用の概念には依存させないというものであろう。

　しかし，だからといって後者の側面で，資産・負債の情報が利益情報よりも有用だとは決まらない。バランスシートの情報が投資の規模や負債のリスクを表わすのは間違いないとしても，そこで開示される資産や負債，あるいは純資産の大きさは，企業価値との間に直接の関係をもたないからである。企業価値がキャッシュフローや利益の期待に依存するとすれば，その期待形成に過去の利益情報が直接の影響をもつのは自然である。しばしば利益と純資産のセットで株式リターンの変動が説明されるが，そこで純資産を説明変数に加えるのは，利益系列のなかの負の値がもたらすノイズに対処するだけの補完的な意味が大きいのかもしれない[12]。バランスシート上の個別項目を足し合わせた純資産額だけでは，株価総額との規則的な関係を見出すのは困難であろう。資産と負債の定義は利益の概念に依存しなくても，資産と負債だけでは情報価値のある利益を定義できないのである。

　米国における会計基準の歴史を振り返ってみると，近代的な会計制度の原型が確立する1920〜30年代には，現在とは反対に，資産・負債から収益・費用へのシフトが指摘されていた。当時の指導的な会計士であり，ニューヨーク証券取引所や新設の証券取引委員会と協力して新たな制度の形成をリードしたメイは，間接金融から直接金融への大きな流れを背景に，一般投資家の情報ニーズが，(1)貸借対照表から損益計算書へ，(2)価値からコストへ，(3)保守主義から継続性へ，の重点移行を生み出したと述べていた[13]。継続企業への投資には，期

12　株式評価モデルに利益と株主資本簿価を明示的に組み込んだ代表例はOhlson［1995］であろう。その実証例については須田［2000］，第5章のサーヴェイを，日本での実証例としては大日方［2003］，薄井［2003］など，具体的な応用例については八重倉［1998］などをみよ。

末のスナップ・ショットにすぎないストックの情報より，取引のフローに基づく収益性の情報が求められたというわけである。その観点から，資産価値の評価が背後に退けられ，代わって費用の期間配分が強調されていた。会計基準の「パラダイム」が，資産・負債アプローチから収益・費用アプローチに移行していたとみることもできる。

それに対して1980年代からの米国では，上記(3)の保守主義はともかく，(1)と(2)については正反対の重点移行が強調され，収益・費用アプローチから資産・負債アプローチへのパラダイム・シフトが，歴史的な進化の過程のように論じられている。その背景とされているのは，かつてと同じく，直接金融の拡大に伴う投資家の情報ニーズである。そうなると，そこでは相互に背反する対立的な2つの「アプローチ」の間を，同じ理由で行ったり来たりするという，およそ無定見な議論を繰り返してきたようにもみえる。定義の問題と情報価値の問題を混同させたままであれば，おそらくそのように批判されても仕方がない。しかし，かつては情報価値の面で資産・負債から収益・費用に重点が移り，最近は定義を整備するうえで反対方向のシフトが生じているとみれば，一見して同じ道を往復している議論にも，それなりに首尾一貫した思想があるということになろう。

米国における会計観のスイッチ・バックをこのように理解できれば，利益の情報価値を無視した機械的な資産・負債アプローチは，少なくともその論理的な帰結とはいえそうにない。むしろ上述したFASBの概念書第5号や日本の討議資料のような方向で，基本概念の構築が図られるべきということになろう。要するに，利益に依存させずに資産や負債のようなバランスシートの要素を定義しながら，他方では資産・負債の変動（包括利益）に適切な操作を加えて，情報価値のある純利益を導くという方向である。ここで加えられる操作には利益情報のレリバンスを高めるさまざまな工夫があってよいが，従来は純資産の変動した分を実現や稼得といった概念に基づいて期間的に配分し直すルー

13　May [1946], p.105および本書第4章をみよ。なお，1932年9月22日付，ニューヨーク証券取引所上場委員会宛，米国会計士協会証券取引所協力特別委員会報告書簡 (May [1943], Appendix to Chap. 4) や，May [1943], Chaps. 1-2などもあわせて参照。

ルが開発されてきた。ASBJ の討議資料は，それを「リスクからの解放」という概念で再構成する。それらは，資産や負債にない新たな情報を利益に与える試みといってよい[14]。

　もともと収益・費用アプローチや資産・負債アプローチというのは，利益をどのようにとらえるかという「利益観」を表現する概念であった。その後，優勢となった資産・負債アプローチが，利益を後に回してバランスシートに関心を絞った結果，ストックの評価が自己目的化して，利益情報の改善に寄与しない観念的な公正価値会計と包括利益の概念が無原則に広がることになった。公正価値情報のレリバンスが一般に疑問とされるケースでも，まず公正価値評価の正当性を掲げたうえで，情報の信頼性など，技術上の理由でそれを適用しない言い訳を探すような論調が，基準設定の局面で支配的になりつつある。しかし，時価でも歴史的原価でも，本来はなにかを測る尺度である以上，測られる対象の性質や測る目的等，基本概念の体系にてらして選択されることが重要である。資産・負債アプローチも，その観点に戻って正しく適用されるべきであろう（下記の補注を参照）。

　　［補注］　公正価値評価や，それと対置される歴史的原価評価の意味を，企業評価の観点から理論的に検討した Penman［2007］は，SFAS 第157号にいうレベル1の公正価値（市場価格）であっても，歴史的原価と比較して意味をもつのは，株主にとっての価値が市場の出口価格へのエクスポージャーだけで決まる場合，つまり株主価値が市場価格と1対1に結びついている場合に限られることを示していた。トレーディング・ポートフォリオに含めて保有する証券や，それらの証券から派生する金融商品が代表例とされている (pp. 38-39)。

　　　それに対して，企業がインプット市場での購入価格とアウトプット市場での販売価格との価格差から利益を得ているケースでは，活発な市場で出口価格が観察される場合であっても，それらの価格変動は株主にとっての価値の変動と1対1に結びついていない。アウトプットの価値に依存する株主価値がインプットの価格変動と常に連動して動く保証はなく，アウトプットの市場価格まで価値を高めることを期待しているビ

14　リスクからの解放という概念については，本書第2章第4節をみよ。

ジネス・モデルに，公正価値評価は歴史的原価評価よりも適合しないというのである（pp. 38-41）。

　このペンマンの考え方は，表現は違ってもASBJの討議資料と共通する点が多く，それを具体的なケースに適用した結果も，一部を除いてほとんど変わらない。公正価値が意味をもつ例には，上記のトレーディング証券等のほか，年金資産，投機目的の不動産，自社株のコール・オプションなど，また，意味をもたない例には，事業用資産や子会社投資のほか，銀行ローンなど金利の変動により価値が変わるもので，金利変動が割引率だけでなく将来の成果にも影響するもの，貸倒引当金や債務保証などが示されている（p. 39）。

　もちろん，公正価値や歴史的原価（ペンマンは歴史的原価よりも歴史的取引を強調する）の意味は，包括利益や純利益の情報価値とも合わせて実証的な解明を待つべき問題であるが，測定・評価の尺度と利益の概念も常に1対1に対応しているわけではなく[15]，実際に開示されている利益のデータにも純利益とOCIとの間で時価評価差額の帰属をめぐる混乱がみられるなど[16]，概念上の検討が実証結果の解釈に寄与する余地の大きいテーマである。

4 ■ 自己創設のれんとバランスシート

　今度は，自己創設のれんの資産性（貸借対照表能力）を取り上げよう。一般にのれんといったときは，企業なり投資プロジェクトなりの価値が，その企業ないしプロジェクトに含まれる資産の価値を個々に積み上げた合計より大きくなる分を意味している。小さくなるときはこれが負の値になり，投資を継続するよりは，公正価値（時価）で換金したほうが有利ということになろう。この

15　たとえば有価証券の時価評価差額は，純利益とOCI（その他の包括利益）に分けて広い意味の利益に含められている。
16　たとえばその他有価証券を時価評価した差額のうち，実質は売買目的のものがOCIに混入していれば，開示されている純利益の情報価値は下がり，OCIの情報価値が上がるかもしれない。これは純利益とOCIの線引きを決める会計基準の問題だが，実証にあたってその影響をコントロールするには，概念上の予備作業が不可欠であろう。

投資をするために放棄されている他の投資機会に投下資金を振り向ければ，資本コストにみあうリターンを期待できるはずだからである。その意味ののれんは，企業ないし投資プロジェクトにおける有形・無形の資源のうち，単独では取引される市場がなく，他の資源と結びつくことで事業の価値を高めているものである。将来の経済的便益という点では資産の性質を共有するが，それを生み出す事業と一体でなければ価値のない要素でもある。この扱いは，企業会計の最大の難問といってもよい。

ただ，自己創設のれんを計上するのは，要するに企業情報を開示する経営者が，自社の企業価値を自ら評価して投資家に伝えることである。いうまでもなく企業や事業の価値にはさまざまな評価があり，人によって評価が大きく違うのでは投資情報として役立たない。一義的に決まる間主観的な指標をあえて求めるなら，株価総額に負債の時価を加えた額ということになるであろう。負債の簿価と時価の差を無視して総資産をこの額で評価すれば，バランスシートの純資産額と株価総額との差が自己創設のれんの大きさになる。純資産は常に株価と一致し，株価に対する説明力は形のうえでは申し分ない。とはいえ，そうしたバランスシートの情報が投資家の役に立たないことは，考えてみるまでもなくあきらかであろう。彼らは株価が形成される過程で投資決定に会計情報を利用するのであって，意思決定の結果である株価を事後に知らされても意味はない[17]。

もちろん，株価のような市場均衡値でなく，経営者自身の評価を開示するという考えもある。しかし，そうした情報は信頼性に疑問があるだけでなく，仮に信頼できるものなら開示されたときには証券価格に組み込まれていて，いずれにしても投資家の役に立つことはないであろう。経営者の評価する事業価値を，個別資産に含めてであれ独立したのれんとしてであれ，投資家に開示するというのは意味のないアイディアである。そもそも有価証券の価値について情報優位にある者が，自己の断定的な判断を提示して投資家に売買を勧誘するの

---

17 もし一般投資家が内部者の企業評価を知りたければ，多くても四半期に一度の財務諸表ではなく，情報をもった人たちの日々の取引価格を観察するほうが手っ取り早い。

はフェアな取引でない。日本の証券取引法（金融商品取引法）でも，証券会社とその役員ないし使用人に対してそうした行為を禁じてきた[18]。株式や社債を発行している会社の経営者が，自社のファンダメンタル・バリュー（したがって自社の株式や社債の価値）に関する自己の評価を開示するのも，基本的には同様な行為と考えてよいであろう。

　事実，会計上ののれんは，企業結合などを通じた有償取得分に限られる。自己創設分は認識されないのである。のれんは将来に期待される超過リターン（資本のコストを超えるリターン）の価値であり，仮にこの価値を資産認識したところで，いずれ超過リターンが実現すれば，期待どおりであってもなくても，事実として確定した分だけ期待は消滅して資産の価値が減少する。それに伴う損失は，利益と区別した自己創設のれんに対応する純資産勘定の取り崩しで相殺されるはずである。利益へのインパクトという点では，企業会計の仕組み上も自己創設のれんを計上する意味がないということであろう。もちろん，のれんの認識に伴う純資産の増分を利益とし，これを留保したままのれん価値の減少に伴う損失を各期の利益と相殺した場合でも，のれんの存続期間を通算した利益の総額は変わらない。しかし，その利益系列は，企業の成果というよりも，それを先取りした企業所有者の所得になる。

　このように，将来の利益を予想して先取りする自己創設のれんは，オンバランスにする積極的な意味がなく，どこの国の会計基準でも現在はオフバランスとされている。計上は原則として禁止されているのである。企業の成果を開示する会計情報は，不確定な将来の予測にフィードバックされる事実の情報であり，予測の開示は現在までの事実を推定するためのものに限られる。将来の企業成果に関する期待形成と，それに基づいた企業価値の評価は，あくまでも情報を利用する投資家側の役目であって，情報を開示する経営者側の仕事ではない。企業それ自体や，そのなかの独立した投資プロジェクトの価値を経営者が自ら評価する自己創設のれんの認識は，この意味で財務報告の目的に適合しな

18　旧証券取引法第42条を参照。金融商品取引法でもそれをより一般化し，金融商品取引業者等とその役員ないし使用人に対し，「不確実な事項について断定的判断を提供し，又は確実であると誤解させるおそれのあることを告げて金融商品取引契約の締結を勧誘する行為」を禁じている（第38条）。

い。投資家にとって，それは利用目的に適ったレリバントな情報でもなく，情報の非対称を緩和するフェアな開示でもないのである。

しかし，資産・負債アプローチのもとで，一般に資産の概念は，過去の取引または事象の結果として報告主体が支配している「経済的資源」ないし「経済的便益」と定義されてきた。この定義には自己創設のれんも当てはまる可能性がある。そのため，米国FASBの概念書は，財務諸表での認識を制約する4つの規準（定義，測定可能性，レリバンス，信頼性）を掲げて，事実上，自己創設のれんの認識を排除してきた[19]。それに対して日本の討議資料では，財務諸表の構成要素に一般的な制約条件を設け，定義を充たしていても財務諸表の目的と役割に適合しないものは排除されることを明示的にうたっている[20]。財務報告の目的は，企業成果の予測と企業価値の評価に必要な投資のポジション（企業が資金をどのように投資しているか）と投資の成果（実際にどれだけの成果をあげているか）を開示することにある，というのがそこでの基本的な考え方である。

このように，超過リターンの期待でしかない自己創設のれんは認識せず，期待の実現を待って利益を認識する点で，少なくとも日米間には実質的な立場の違いがない[21]。しかし，最近の会計基準や新しい基準開発のプロジェクトのなかには，結果として自己創設のれんを排除できていないものもある。たとえば，企業結合に伴うのれんの償却を禁止して，減損処理だけに委ねた米国基準（SFAS第142号）や国際基準（IFRS第3号）などは，もっとも典型的な例のひとつであろう。のれんの価値が維持されているから償却しないということだが，それは被取得企業から取得したのれんが減価し，取得後の営業から生じた

---

19 SFAC第5号，63項。要するにFASBの概念書では，自己創設のれんが定義上は財務諸表の構成要素になりえても，認識規準によって排除されるとみられたのである。
20 討議資料「財務諸表の構成要素」第3項。米国との違いは，FASBの概念書で暗黙裡に想定されている会計情報の利用者（投資家）と作成者（経営者）との役割分担を，日本の討議資料が明示的に記述した結果にすぎないと考えてよい。
21 IASBの旧概念フレームワークでも，財務諸表での認識を制約する規準として，将来の経済的便益の蓋然性と，測定の信頼性とが掲げられていた（85-86項）。蓋然性と信頼性が所定の水準を超えていれば，自己創設のれんが認識される可能性があるということであろう。

自己創設のれんに入れ替わっているのかもしれない。一般に，超過リターンは新規参入者との市場競争によって有限期間で消滅するから，企業はその傍らで，たえず投資をしながら新たなのれん価値を形成する。有限期間で消滅する超過リターンなら，実現した分だけ価値が減るのは避けられない[22]。

そのほか，少数株主分も含めた「全部のれん」の計上を求める海外の新たな基準（SFAS 第141号2007年改訂；IFRS 第3号）なども，自己創設のれんの認識に該当する可能性がある。特に子会社の少数株主持分を親会社の資本と一括するそれらの基準で，対価の支出を伴わずに株主持分の価値を認識して純資産に影響させるのは，結果において自己創設のれんをオンバランスすることになりかねない。第1章では，企業買収において被取得会社の価値を超えるプレミアムを株式で支払ったとき，その分ののれんが自己創設に当たる可能性を指摘したが，少数株主に帰属するのれん価値というのは，買収会社にとってそれ以上に有償取得の性格は希薄である。そうなると，企業結合とは関係なく，すべての発行済み株式にみあうのれん価値を継続的に認識・評価するのも，それとほとんど違いがないということにもなりそうである[23]。

5 ■概念フレームワークの見直し

会計基準の国際的なコンバージェンスを目指す IASB と FASB の共同作業では，本章でみた概念フレームワークについても，その改訂に向けたプロジェクトが進められてきた。2010年9月には「一般目的財務報告の目的」と「有用な財務情報の質的特性および制約」の2つの章が確定し，フレームワークの当該部分を差し替えていた。他の論点についても，検討の経緯はさまざまな情報チャネルを通じて公にされていたが，少なくとも基礎概念の理論的な検討に

---

[22] だから日本の基準では，企業結合に伴うのれんについて，規則償却と減損処理とが併用されている。
[23] バランスシートは企業価値を開示するものではないが，仮に自己創設のれんを計上すれば，企業価値を反映する結果になるのは自明である。もし資産・負債アプローチが，利益よりもバランスシートの情報を重視する会計観だというなら，それと企業価値との関係は，自己創設のれんを認識しないと完結しないのかもしれない。Watts [2006] のほか，本書第3章，特に注18をみよ。

とって特に追加的な内容があったとは思えない。従来の概念を修正する試みも，大半は資産・負債アプローチの純化と公正価値測定の拡大という方向を前提にしたものであった。その前提は，2011年のアジェンダ・コンサルテーションに関する2012年5月のIASB暫定決定でも実質的には変わっていなかった。

確定した上記部分のうち，財務報告の目的については，投資家の意思決定に焦点を合わせた従来の観点を承継しながら，広い範囲の利用者を対象に，エンティティーそのもの（所有者ではなく）の視点がうたわれていた。他方，質的特性については，レリバンスと信頼性がトレード・オフの関係にあって公正価値の信頼性を問われてきた従来の体系を変え，信頼性を「表現の忠実性」に置き換えたうえでレリバントな経済事象をまず選び出し，その実質を忠実（完全，中立，正確）に表現するのが有用な情報の基本的な要件とされている。この2つの要件を事象の選択と表現という2つのフェーズに切り離したのなら確かにトレード・オフは生じないが，その場合は表現にレリバンスが要求されないということにもなりかねない。信頼性を忠実表現に入れ替えても，有用な情報の要件の間でトレード・オフの関係が解消するわけではない[24]。

他方，資産や負債など，財務諸表を構成する要素の認識と測定について，たとえばFASBの概念書（SFAC第6号，25項）では，資産を「過去の取引または事象の結果として，特定のエンティティーにより取得または支配されている，発生の可能性の高い将来の経済的便益」と定義しているが，2007年10月のIASB UPDATE には，資産の定義に関する暫定合意のひとつとして，過去の取引よりも現在に着目することが掲げられ，FASBも同様の結論に達したことが明記されていた。そこではまた，その後のIASBとFASBの合同会議で，過去の取引や事象との関係を取り払った資産の定義案，すなわち「エンティティーの資産とは，強制力を伴う権利または他の手段によって，当該エンティティーが利用したり他者の利用を制限したりできる現在の価値である」が暫定

---

24 表現の忠実性がレリバンスを保証するとか，レリバントな経済事象が公正価値を含意しているというのであれば，はじめから2つの要件を並列させる意味はない。なお，会計情報の操作のために経済取引まで操作するといった，会計上の表現とその対象である経済実態との間の相互作用がある以上，そもそも忠実性という意味自体も疑わしいというのが，かなり前に Sunder [1997] が指摘した点であった（Chap.5）。

合意されたことが伝えられていた。

　過去との関係については言及しなくても自明ということかもしれないが，現有の資源が過去の事象なり企業活動なりの結果だというならともかく，過去の「取引」の結果であることが要件になると，自己創設のれんに限らず個々の資産や負債に生じた公正価値の変動も，認識を制約されるものが少なくない。FASBの現行フレームワークでは，資産や負債の定義に将来における経済的資源の流入や流出の蓋然性を含めたうえ，さらに信頼性などの認識要件を加えており，IASBもそうした蓋然性を認識の規準としてきたが，一部でその要件の削除が提案される一方（本書第13章など），前述のように信頼性の概念が強調されなくなっている状況をみると，さらに過去の取引との因果関係を断つことは，ストックとフローがシステマティックに制約し合う企業会計の仕組みのもとで，利益のデータがもつ経験的な意味をますます希薄にする結果にもなりかねない。

　上述した暫定的な資産の定義案では，過去の取引や事象との関係も，将来の便益との関係も取り除かれ，もっぱら現在の状態が強調されるだけでなく，測定のベースも現在の価値を表わす市場価格などが原則になるのはあきらかであろう。事業用資産の場合，現在の市場価格（出口価格）総計が当該企業の将来の成果やそれを見込んで投資家が評価する事業価値と直接には関係がないこと，さりとて将来の予想キャッシュフローの現在価値でそれらを測ったのでは信頼性に乏しく，仮に信頼できるものなら開示されるまでに株価に反映されていて，いずれにせよ投資家の役に立たないことはこれまでに何度も指摘されてきた[25]が，だから将来との関係にはふれないというのであれば，それは財務報告の目的にもかかわる問題に発展する。投資家による予想形成やその見直しに役立つには，現在の事実を伝える情報も将来との関係にてらして選択される必要がある。

　この問題については，その後も長い間，IASBとFASBの合同会議で議論が続けられた模様である。なかには測定プロジェクトにおける2009年6月のスタッフ・ペーパーのように，全面公正価値測定はとりあえず断念して混合測定

　25　その典型は米国会計学会の委員会によるAAA［2007］である。

を前提に資産を価値実現のあり方で二分し，実現が直接的なもの，つまりそれ自体の換金から価値が実現される資産には現在の価値である公正価値が適合する一方，間接的なもの，つまり売らずにそれを使ったアウトプットの換金から価値実現を図る資産には，必ずしも現在の測定値が適合するとは限らないとした試論もあった。後者については，過去の測定値を現在や未来の測定値と共存させるしかなく，それらの合理的な選択を検討するほうが急務とみたのであろう。現在の資産価値から将来の価値実現に目を移すのは，投資成果の期待と実現に着目した企業会計基準委員会（ASBJ）の概念フレームワーク討議資料と一面で共通する結果になる。

そのほか，エンティティーの概念についても2008年5月に「予備的見解」が公表されている。資産の定義には，まずそれを支配する主体がなければならないが，支配する側のエンティティーは資産などの集まりとして観念され，従来は循環定義ないし無定義の状態にあったといえる。連結の主体を決める話の前に，連結にかかわる個々の主体を決めなければならないのである。この問題は，ほんらい，エンティティーのリスクを最終的に負担する残余請求権（持分）の概念と，資産や負債の概念から導かれる正味資産とが整合するように，いわば同時並行で検討されるはずのところ[26]，資産・負債から一方的に定義することで持分が無内容な概念になっている現状を，根本的に見直す役割も求められている。それを上記の予備的見解がどこまで解決しているかはここでは論じない[27]。

IASBは，上述のアジェンダ・コンサルテーションに関する2012年の暫定決定で，当面は概念フレームワーク・プロジェクトの作業を優先的に進めることとし，これまで別々に取り上げてきた(1)財務諸表の構成要素，(2)測定，(3)表示と開示，(4)報告企業，を一括して検討する方針をあきらかにした。(1)では資産・負債等の定義および認識，(2)では公正価値測定の範囲，(3)では純利益とOCIがそれぞれカバーされることになる。それと同時に2004年以来FASBと共同で進めてきたこのプロジェクトを，今後はIASBだけで進める方針も示

---

26 この問題については斎藤［1975］，第3章をあわせて参照されたい。
27 負債と持分の関係については，第18章の補論で言及する。

されていた。各国の基準設定主体による諮問機関 (Accounting Standards Advisory Forum；ASAF) を新たに設けることとなったため，二国間だけの作業はやりにくくなったのかもしれないが，両者の立場の違いが無視できなくなった面は否定できないであろう。

6■おわりに

　本章では，現在の企業成果を測る利益と，将来の超過利益を見込んだ自己創設のれんに焦点を合わせて，主な基準設定主体の概念フレームワークと最近の検討状況を概観した。基本的にはいずれでも，会計情報が投資家の企業評価に対するインプットとして理解され，その観点から自己創設のれんが原則的に排除されるとともに，識別可能な資産や負債から利益の概念が定義されることになっていた。ただ，財務諸表の構成要素をめぐるそうしたアプローチは，単に抽象性のレベルが低い概念から高い概念を定義するという本来の趣旨を逸脱し，情報価値の面で利益に対する資産・負債の優位性を主張する議論と混同される傾向があった。バランスシートの評価から機械的に導かれる包括利益への過信も，その混同から生じていた。改訂されつつあるにせよ，従来の概念書（日本のものは討議資料だが）は，純利益を包括利益と並存させることで，失われかけた利益情報のレリバンスを維持しているのである[28]。

　とはいえ，そうした情報のレリバンスを重視する価値判断が，どこまで生き残るかはわからない。最近は不正経理や，契約の仕組みを工夫した操作などに対処する観点から，できるだけ情報作成者の主観性を排除することが優先され，取引の実質に応じて利益を認識するより，むしろ実質の区別はやめてすべ

28　純利益は収益稼得のプロセスを重視する概念であり，包括利益はそれを否定して資産と負債の評価を優先させる概念といわれることが多い。特に IASB の概念フレームワークについては，その点がしばしば指摘されてきた。しかし，辻山 [2005] によれば，IASB の概念書では revenue と gains を合わせて income と称してきたが，その指摘が当てはまるのは gains であって revenue ではない。「収益」認識を資産と負債の評価に依拠させているというのは，この income を日本語で収益と訳したために revenue と混同された結果ではないかとされている (121頁，注12)。それは，純利益の排除と包括利益への一元化に固執する IASB の動きが，どこまで彼らの概念フレームワークに即したものか疑問だという批判でもあろう。

てに同じルールを適用しようという話になりやすい。結果として画一的な基準が，投資家からみた利益情報のレリバンスを後退させていることが少なくない。それは，同質のものを区別するリスクと，異質のものを区別しないリスクとの，本来はトレード・オフの問題とされなければならないはずである。このような動向に，自己創設のれんの認識まで進みかねないイデオロギー的な資産・負債アプローチの主張が結びついて，情報価値を高めるための加工が必要な純利益よりも，バランスシートとの間で帳尻を合わせるだけの包括利益を強調する動きにも連なっているようである。

そうした動きは，「書かれた基準」ともいうべき概念フレームワークへの過度の依存による面が大きい[29]。会計基準の源泉となる市場慣行は，社会の成員が互いの行動について共有する非公式の期待という意味の社会規範[30]だが，最近では概念フレームワークに代表されるフォーマルな書かれた規範が，それを導くものともいわれている。しかし，概念フレームワークは，生成の経緯からも体系性を保証されない社会規範を，整合的な基準のシステムへ変換するための理念のようなものと考えたほうがよい。同じ社会規範がベースでも，それを体系化する理念が違えば基準も違ってくるが，基準を生み出すのは社会規範であって理念ではない（図6.1）。それを無視してフレームワークから基準を導くという，いわば無から有を生み出すような手法が暴走すると，導かれた基準にイデオロギーのような一面性を持ち込むことになりやすい。

【付記】

IASB が進めていた概念フレームワークの改訂は，2018年3月に確定し公表された。前述した2013年の討議資料から大きく変更された様子はみられない。2010年のフレームワークに比べると，財務報告の目的では投資家等の意思決定に対する役立ちに加えて経営者の受託責任の評価を併記し，有用な財務情報の質的特性では慎重性を復活させている。財務諸表の構成要素では，資産・負債の定義から経済的便益の流入・流出にかかわる蓋然性要件が除かれ，測定の基礎については，歴史的原価と現在価値（公正価値，使用価値および履行価額，

29　詳しくは Sunder［2005a］および［2005b］などを参照。
30　法と経済学をリードした Posner［1974］および［1997］などをみよ。

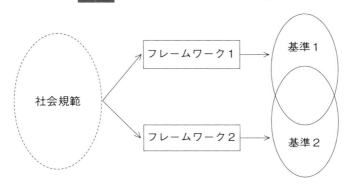

現在価値）を併記して単一のベースによらないことを明示している。

特に測定や表示では2013年討議資料の立場が基本的に維持されており，資産や負債の測定は，それらが将来のキャッシュフローにどのように寄与するか（直接にキャッシュフローを生み出すか，財・用役の産出に使われて間接的に生み出すか）によること，資産や負債を現在価値で測定しても，純損益の要素となる収益や費用を異なる基礎で測定するのが目的適合性や表現の忠実性に資する（例外的な）状況では，現在価値の変動をOCIに含めたうえ，しかるべき時期にリサイクルさせること，ただしその時期や金額を特定する明確な基礎がないときにはIASBがそれを認めない可能性があることを述べている。純損益が財務業績に関する情報の主要な源泉であるとしながら，それを定義しない点も2013年の討議資料と変わらない。定義がない以上，純損益やOCIの概念も，後者から前者への振り替えも，IASBがそのつど個々に（外延的に）決めるということであろう。

第7章
会計基準の形成と統合

1 ■ は じ め に

　これまでの各章では，会計基準とはなにかを問わないまま，そこで決められる「会計」の概念やルールを検討してきた。しかし最近では，国際会計基準審議会（IASB）を中心としたコンバージェンスの動きが話題となるにつれて，およそ会計基準というものの形成のあり方が根本から問い直されようとしている。各国の基準であれ国際基準であれ，それらがそもそもどのように形成され，どのように社会規範として確立するかという問題である。会計基準GAAPが文字どおり市場慣行としての私的な性格と，政府による規制という公的な性格との両面を備えている以上，問題はこの両者の関係をどう考えるかであろう。それは，私的契約で決められる経済取引ルールの効率性と公的規制の存在意義という，規制の経済学や法と経済学のもっとも基本的なテーマに深くかかわっている。

　完全な情報をもつ市場参加者を想定した古典的な経済学では，会計基準のような企業のディスクロージャーに関連する問題にはあまり理論的な関心が向かなかった。話題となるケースでも，投資家への情報開示を強制する制度は，理論の視野から外れた社会的弱者の保護という観点からとらえられることが多かった。現実には資本市場において自分を守る手段をもたない一般の投資家が[1]，知らないうちに被害者とならないように保護する措置と考えられたのである。しかし，経済主体の間に情報の格差があるというなら，彼らの間でその情報を取引する市場が成立しても不思議はない。そこから私的な契約によって

---

[1] 後述のように一般投資家も市場価格で保護されるから，単なる弱者とみるのは必ずしも合理的な理解ではない。

取引のルールが生まれれば，その効率性にてらして，公的規制の役割もまた問われることになるはずであろう。

　いうまでもなく，公的規制には社会正義の観点が不可欠である。しかし会計基準の分野では，あまりにも一面的な弱者保護の建前と，経済主体間の市場取引を超越した家父長的なルール形成の発想が，現在でも根強く残っている。会計基準の設定だけでなく，それにかかわる研究も，多くは規制の経済分析が確立する前のパラダイムに依拠しているように思われる。しかし，権威ある機関が強権的に基準を定める仕組みは，市場で資金と情報を取引する当事者の私的な取り決めを補完するものであり，それを無視した基準では経済的な合理性の裏づけに乏しく，いくら社会正義を標榜しても市場取引のルールとしては機能しない[2]。本章では，開示制度を規制される側の誘因に即して理解しながら[3]，いわば取引当事者の誘因が両立する世界で会計基準の形成とその国際化を考えていくことにしよう。

2 ■情報開示の私的誘因と公的規制

　上述のように，ディスクロージャー制度や会計基準は，情報に乏しい投資家を保護する目的で，もっぱら経営者に開示を強制する公的規制とみられてきた。経営者など内部情報をもつ者にはそれを開示する誘因がなく，むしろそれを秘匿して不正を働くおそれが大きいから，投資家の損害を防ぐには，企業の真実を強制的に公開させる仕組みが必要だというわけである。会計基準は，情報の有用性をいう前に，なにが真実かという観点から企業の実態を市場に伝える役割を期待されていた。情報開示のコストと便益についても，企業の負担する費用と投資家の受ける利益とが表面的に対置されるだけで，企業の開示コストが最終的に投資家の負担となって，自らが受ける利益との間でトレード・オ

　2　それはまた，市場参加者が会計基準を決めるという，主要国に共通する民間設定主体の体制にも適合しない。
　3　ここでいう開示制度や会計基準に規制される主体は，基本的には情報を開示する経営者とそれを利用する投資家である。彼らの間にあって情報を仲介するアナリストや監査人は，会計基準を所与として行動する主体であり，基準に経済的な利害をもたない（業務の便宜や訴訟のリスクは影響を受けるが）ので特に考慮しない。

フが働く局面には必ずしも関心が向かなかった。

　しかし，もし経営者が内部情報を秘匿することで，投資家が情報劣位のままに置かれた場合，彼らはそれだけ企業のリスクを保守的に評価し，そのリスクにみあったリターンを期待する。つまり，高いリスクには高い投資利回りを要求することで，発行市場における株式や債券の引受価格を引き下げるわけである。彼らはいわば市場価格で保護されており，情報の格差がただちに彼らを社会的な弱者としているわけではない。むしろ市場で資金を調達する企業が，その資金を振り向ける投資機会のリスクにくらべて過大な資本コストを負担させられる可能性もある。そうなると企業経営者には，むしろ自分のもつ内部情報を投資家に伝えて彼らの保守的なリスク評価を緩和し，資金の調達コストを引き下げようという誘因が生ずることになる[4]。

　この仕組みが期待どおりに働けば，投資家に必要な情報は，法律などの強制がなくても自発的に開示されるはずである。情報開示のための基準は，投資家と企業経営者との間で繰り返される情報と資金の取引を通じて形成され，そこでの私的な契約が，取引コストを節約するうえで次第に標準化されてデファクト・ルールに発展する。情報開示にあたって依拠したルールも，それに依拠して作られた情報と同じく，投資家の意思決定で考慮され市場の評価に影響するから，企業の側には市場の評価に適合した方法を選ぶ誘因が働いて，私的な契約として生じたルールの標準化が進むわけである。このように，開示制度も会計基準も，それらの最適性は基本的には私的な取引にかかわる私的契約の問題であり，そのままでは公的規制の問題となりにくい。

　つまり，内部情報の開示で企業価値を高める誘因が経営者側にあるとすれば，その誘因を妨げない限り，特段の規制がなくても経営者の優位な情報はおのずから投資家に伝わり，それが市場取引のリスクを減らして，情報非対称な資本市場を（セカンド・ベストの意味で）効率的に機能させることになるはずであろう。ただし，資本市場が十分に競争的でないとすると，当然ながら内部情報を開示しなくても企業価値が損なわれるとは決まらない。また，しばしば

---

[4] ただし，経営者がどのようなタイプの情報をもつかは投資家に知られていなければならない。松村［1998］，377頁以下などをみよ。

指摘されるように,経営サービスの市場が競争的でないときには,経営者に内部者取引を通じて利益を得る機会が温存されるため,内部情報の開示が彼らの得になるとは限らない。両方の市場がいずれも競争的であることが,私的契約の累積から効率的な情報開示ルールが生み出される条件ということになる[5]。

その条件が満たされない場合,つまり資本市場と経営者市場のどちらかが競争的でない場合には,上述した情報開示のインセンティブが十分に働く保証はない。そうした独占的市場のケースでは,私的な契約で取り決められる開示のルールが,情報非対称性の制約を割り引いても社会的な最適性を保証されず,その解決には,政府などの公的規制を通じた一種の独占禁止措置が求められることになる。市場が成立しない公共財のケースであれば,社会的な最適水準に比べて供給が不足する分を公的な規制で補完するだけの話だが,開示する側の利益となるような私的財の性格を有するときの情報は,一般に供給が過大になりやすい[6]。この場合に開示の強制が社会の利益を高めるのは,不完全な市場競争が自発的な開示を妨げるケースくらいであろう[7]。

3 ■ 私的情報の品質保証と会計基準

ここまでのところは,投資家の意思決定に関連する,あるいは投資家の意思決定モデルに適合する(レリバントな)企業情報を,企業経営者がどのような経済合理性に基づいて開示するかを考えてきた。経営者は,情報の非対称性に起因する投資家の保守的なリスク評価を回避して自社の企業価値を高めるため,自分のもつ優位な情報を開示する合理的なインセンティブをもっていた。したがって,社会的にみて最適な情報開示を導く効率的なルールは,基本的にはその誘因を活かすことでおのずから形成されるはずであった。上述のように,少なくとも市場(資本市場と経営者市場)が競争的であれば,そこでは公

5　この点についてはなお Ross [1979] を参照。
6　情報を開示して資金の調達コストを下げても,開示しない企業の平均的な調達コストを上げれば,所得の移転になるだけで社会的には利益が生じない。その場合には私的利益が社会的な利益を上回り,情報の過大供給が生ずることになる(松村 [1998], 375頁以下)。
7　Stigler [1964]; Ross [1979] などをみよ。

的規制によって情報開示を強制することに特段の意義は認められなかったのである。それはむしろ，無駄なコストというべきであった。

ただ，経営者には，情報開示の誘因がある一方，その情報にバイアスを加えて投資家の評価をミスリードしようとする誘因もある。時代や地域を超えて繰り返される企業の利益操作は，それをしないと虚偽の開示になりかねないような場合（会計基準の不備など）は別にして，こうしたう・そ・をついたり事実を歪めたりする誘因の普遍性を端的に物語っている。資本市場の秩序にとっては開示される情報のレリバンスと信頼性が重要でも，個別のケースになると，自社の評価に不利な事実は，詳細はともかく情報があることを投資家が知っている場合でないと開示の誘因がうまく働かないし，たとえ情報の存在が知られていても，なるべくなら事実が伝わりにくい方法で開示しようとするであろう。それらも状況次第で虚偽の開示になる。

このような広い意味での虚偽情報を排除する仕組みは，その開示が自発的か強制的かにかかわらず必要であることは間違いない。しかし，経営者に虚偽の情報を開示する誘因があるとすれば，ここでも投資家は開示された情報を割り引いて，より保守的に企業価値を評価することになるであろう。経営者に企業価値を高めようとする合理的な誘因が働いて情報が市場に開示さている限り，彼らはうそをつかない場合でも，自分の開示する情報がうそではないことを投資家にシグナルしようとするはずである。情報の作成にあたって依拠すべきルールを定め，開示された情報がそのルールに従っていることを第三者に保証させるのも，本来は投資家との取引のなかで工夫された経営者の私的な行為である。それは情報だけでなく，販売する製品についても同じようにみられることであろう。

そうした情報の品質を保証するボンディングの契約や慣行は，人々の間で標準化されて会計基準や公認会計士監査という社会制度に発展した。個々の企業が投資家と個別に交渉して契約するのでは取引費用がかかりすぎるため，相対の取引で工夫された契約条件から，汎用性のあるものを選んで社会標準とすることが，同じ市場の参加者すべてに共通の誘因となるからである。その意味で会計基準は，経営者の自主開示の誘因を利用して彼らから投資家の意思決定に関連する情報を引き出しながら，自己申告に伴うバイアスを排除して情報の信

頼性を確保しようとする私的な工夫の所産といってよい。それは，市場の外から私的な取引を規制する制度である前に，まず市場取引から生まれる私的な契約が社会的に標準化された結果にほかならない。

このように，会計基準は公的規制の一環でありながら，同時に市場参加者がそれぞれの経済的誘因に基づいて取り結ぶ私的契約の性格を備えている。それは，弱者である投資家を保護するため経営者に企業の真実を強制開示させる制度というよりも，自己申告されるレリバントな情報から虚偽を排除することで，私的な開示を補完するボンディング契約の標準化とみるべきであろう。会計基準の役割は，なにが企業の「真実」であるかを決めて経営者に開示を強制することではない。真実とはいえないが虚偽でもない「グレー・ゾーン」も潜在的に有用な情報の集合であり，そこからレリバンスと信頼性とか，開示のコストと便益といった二律背反のトレード・オフを通じて開示すべき情報を選ぶのも，会計基準に期待される重要な役割である。

4 ■ 私的契約の不完備性と会計基準

上述のように，社会規範としての会計基準は，同時に市場取引における私的な契約条件の標準書式であった。そうした標準化が進むのは，取引の当事者がそれぞれ個別に契約を結ぶ場合にくらべて，フォーマットの共有による契約コスト（取引コスト）の節約が期待できるからでもあろう。となると，投資家に役立つ情報の開示だけでなく，情報に信頼性を付与する会計基準の形成も，その意味では資本市場での私的な取引の結果として決まる問題ということになる。もしそれですべてが片づくのであれば，不完全な市場競争が彼らの合理的な誘因を妨げる場合を除き，会計基準の設定にも公的機関の関与は必ずしも必要でなく，基準設定主体の役目は契約条件の標準化を待ってそれを整理するだけという話にもなりかねない。

つまり，会計情報の開示が資本市場における情報の非対称性を緩和して投資家を保護し，資本市場の秩序を維持する役目を担うのは間違いないのだが，それが投資家と経営者との間の（しばしば公認会計士やその他の専門家が介在した）自由な契約で実現するのであれば，政府の規制によらなくても社会的に

「望ましい」制度の必要条件は達成されるはずであろう。その観点からすれば，公的な規制が意味を有するのは，それが情報の非対称性を当事者間の私的な取引によるとき以上に緩和できる場合に限られる。会計基準についても，それが私的な取引で決まる契約条件の標準書式にすぎないのであれば，仮に公的な性格を加えても情報非対称性のレベルに追加的な変化は望めず，基本的には自由な契約に委ねておけば済む話ということになるであろう。

　しかし，現実に市場関係者の取り結ぶ個々の私的契約が，そのまま社会的にも効率的な情報開示のルールになるかどうかはわからない。契約で決められる範囲には限度があるからである。投資家と企業経営者の間で繰り返される資金と情報の取引をアレンジするには，生じうるあらゆる事態を想定したうえで，事前にその解決のルールを定めておかなければならないが，それを私的な契約で個々に処理しようというのでは，コストがかかりすぎて現実的ではないであろう。当事者に代わって専門の業者がフォーマットを開発しようにも，第三者にフリーライドされるからコストに引き合わない。そのようなケースでは，たとえ取引当事者の私的な誘因が働くとみられても，公的な機関がルールを準備することに一定の合理性が認められることになる[8]。

　公的な情報開示のルールは，私的には取り決めにくい契約を当事者に代わって決めるというだけでなく，契約に多様性が求められる場合にも，特段の約定がなければこれに従うという意味の基本フォーマット（デフォルト）を決めることで，交渉のコストを節約する可能性がある。さらに，合意したルールの強制力でも，公的規制は行政権限を伴っている分だけ，私的な契約に比べて一般に有効性が高いとみることができる。ただし，契約をエンフォースするコストは市場のインフラによって異なるから，この面に限っても公的なルールによるのが社会にとって正味の利益になるとは決まらない。いずれにせよ，これらは，情報の非対称性を緩和するうえで，開示規制が当事者間の私的な取引を補完する可能性を示すものであろう。

　このように，エンフォースメントを含めて契約が不十分にしか書けないために効率性が保証されない事態は，しばしば「契約の不完備性」として論じられ

8　柳川・藤田［1998］；松村［1998］などをみよ。

てきたが，それを公的規制によって補完しようという場合でも，その役割を担う会計基準は私的契約と基本的に異なる観点をもつわけではない。契約を補完するものである以上，それは当事者間の交渉に基づいた一種の契約条件としての性格を失わないのである。明示的な相対の交渉はないとしても，投資家と企業経営者は，資本市場での取引を通じて，いわば暗黙の交渉を繰り返している。基準設定主体は，仮に取引費用がかからなければ当事者が合理的に交渉して合意したと想定される契約（仮想契約；hypothetical contract）の内容を，取引の当事者に代わって用意する立場にあるというべきであろう[9]。

5 ■ 会計基準の形成と基準間競争

これまでにみてきたように，公的規制としての会計基準が，現実の，あるいは仮想的な市場取引を通じて形成される私的契約の標準化だとすると，それは取引当事者の経済的な誘因に基づく合理的な選択の結果ということになる。前述のとおり企業経営者には，自分のもつ私的な情報を開示して企業価値を高める誘因と，その情報にバイアスを加えて投資家の企業評価に影響を及ぼす誘因がある。それに対して投資家の側にも，企業の評価に自己責任を負ううえで，自己の意思決定モデルに適合し，しかも特定のバイアスをもたない企業情報を集める誘因がある。両者の市場取引は，こうした誘因を両立させる情報開示の契約や慣行とともに，それらをさらに標準化した共通ルールを生み出していくとみられるのである。

もちろん，そこで共通ルールを生み出すのは，個々に工夫されるさまざまな契約条件を比較した市場参加者の選択である。これも前述したように，開示された会計情報を使って企業を評価する投資家には，その情報の作成にあたって適用されたルールもまた情報の一部であり，会計上の数値とあわせてそれが依拠する会計ルールも評価の対象になる。開示する企業の側も，当然それをみながらルールを選択する。そうした暗黙の交渉を通じたルール間の市場競争が，情報開示の契約条件を社会的に標準化させて，市場慣行に根ざした会計基準

---

9 この仮想契約の考え方については Easterbrook & Fischel [1991], p.15 をみよ。

GAAPを生み出していくわけである。当事者の合理的な交渉を想定して誰かがルールを定める場合でも，その主体はいわば当事者の代理人であり，基準が決まるメカニズムは基本的に私的な市場取引と異なるわけではない。

　各国の主権のもとにあるそれぞれの資本市場で会計基準がこのように決まるとすれば，市場間での基準の調和や統合も，これと違った仕組みで決まるとは思えない。国際基準も国内基準と同様，市場取引を通じたルールの選抜と淘汰という，基準間の市場競争によって標準化を達成するほかはないのである。国際的な会計基準の統合には，次元の異なる2つの問題が含まれている。ひとつは国際市場で資金調達をする企業のために国際的に共通のルールを定めて，各国が自国基準とは別にそれを受け入れること，もうひとつは各国が国内基準をこの国際ルールに合わせることである。前者は政府だけで決められても，後者はその前に市場の選択が前提になる。両者が短絡すると市場を超越した国際統合化を誰かに期待する主張に結びつくが，誰もそのような強権をもたないのが市場経済であろう。

　国内基準か国際基準かを問わず，もっとも難しい課題は，不十分でも過度でもない最適なレベルの標準化や統合化を選択することである。不十分な標準化が投資家を害するのは当然だが，過度な標準化も，企業の経済実態を伝えるルールの適用を制限することで，経営者によるレリバントな情報の開示を妨げる。ルール間ないし各国基準間の市場競争は，基準の新設とか変更の提案に対する社会的な費用便益分析も含めて，これらの問題を部分的にもせよ解決するほとんど唯一の方法といえる[10]。最適な標準化や統合化のためには各国基準の間にも市場競争が必要であり，現時点では，グローバルな資本市場が相互に基準を承認し，複数のメニューを用意して選択をそれぞれの市場の裁定に委ねるやり方が模索されている。それによって，市場参加者に会計基準統合への誘因を与えようというわけである。

　10　Dye & Sunder［2001］；Sunder［2002］をみよ。また，Sunder［1997］，Chap.11では，すべての企業に適用される唯一の方法を選ぶ必要のない会計基準については（彼によれば，単一の会計方法に統合するのがよいという明白な根拠はない），唯一の選択肢を選ぶ投票のメカニズムよりも，むしろ市場メカニズムが有効だとされている。なお，本書の補章3もあわせて参照されたい。

この節の問題は，規制や制度の本質をめぐる「公と私」の対立として論じられることが多い。上記のように規制を私的な誘因から考えるのは，社会制度が私的な利益を制限するという意味で公的な役割を果たす事実を，無視ないしは軽視していると非難されることもある。それはまた，経済的な効率性に関心を限定し，社会的な公正性の観点を欠いているという批判になりやすい。その立場からは，会計基準も強者を抑えて弱者を保護する社会正義の観点から理解されるべきで，強者と弱者の対等な取引を考えても意味がないということになるのかもしれない[11]。歴史を振り返っても会計人（なかでも職業的監査人や規制当局者）の間では，特に経営者の不正な情報操作を禁止するため，選択の余地がない厳格で画一的なルールが会計基準の目標とされやすい。

　しかし，私的利益の制限は，別の私的利益を保護するためである。そのための社会制度は，制限される利益と保護される利益との，バランスの上に立っている。特に市場取引をアレンジする民商事法的な規範では，そのバランスも基本的に当事者間での取引や交渉が基礎になる。当事者がそれに従う誘因をもたなければ，この種の規範は市場で有効に機能することを望めないからである[12]。会計基準は不正を排除する前に，有用な情報を市場に伝える最小限のルールである。それは，いわば開示レベルの下限を定めながら，経営者の誘因を利用してさらに有用な情報の公開を促す仕組みといってもよい。画一的なルールは，開示の下限と同時に上限も決めてしまう（下記の補注を参照）点で，情報のレリバンスや比較可能性を妨げる結果になりかねない[13]。

　　［補注］　画一的な基準が開示の下限と同時に上限を決め，レリバントな情報の流通を妨げる例としては，利益情報の開示をバランスシートから機械的に決まる包括利益に限定し，情報価値の高いことが実証されている純利益（ないし earnings）の開示を禁止しようとした──現時点では市場関係者の反対にあって制度化に成功していない──IASB などの試みがわかりやすい。あるいは，第11〜12章で述べるヘッジ会計を全面否定して，公正価値会計に統一した場合にも，公正価値リスクのヘッジとは性格の異

11　この点については，本章の第１節も参照されたい。
12　なお，法律学者による田中・竹内［1987］，12頁なども参照。
13　Sunder［1997］, Chap.11 ; Dye & Sunder［2001］などをみよ。

なるキャッシュフロー・ヘッジのポジションを投資家に伝える機会は損なわれる。

そのようなケースでは，規制を受けないプロ・フォーマ情報が「闇」のチャネルで市場に流通し，たとえば同じ純利益でも特定の項目を除外したり含めたりといった，開示する側の事情で概念やフォーマットがバラバラな，結果的に不十分な標準化をもたらすことにもなる。いうまでもなく投資家にとって，伝達経路が正規でも闇でも情報であることに変わりはない。闇市場も市場であり，その拡大を助長するような規制では意味がない。

6 ■ 会計基準の画一化と企業統治

前節に述べた画一的な開示ルールへの懸念は，会計情報の役立ちが，優位な内部情報をもつとともに自らそれを開示しようとするインセンティブを与えられた経営者の，いわば自己申告に依拠しているという理解と表裏の関係にあった。投資家の意思決定との関連性という意味でのレリバンスと並んで強調される情報の信頼性は，あてにならない情報では有用性がないという点で確かに重要な要件ではあるが，これがレリバンスを制約しすぎると，操作の余地がない客観的な数字というだけで，投資家の役に立たない情報を生み出すことにもなる[14]。情報を作成・開示するのは経営者でも，そのコストを最終的に負担するのが投資家である以上，それを超えるだけの便益に乏しい情報開示のルールは，投資家に損失を与えていずれ市場で淘汰されるほかはない。

事実，資本市場における投資家と経営者の交渉は，連邦政府の開示規制が始まる以前の米国において，証券取引所が仲介した経営者の自発的な情報開示と，専門的な独立会計士による監査の慣行を生み出していた。証券諸法の成立に伴うSEC規制は，それを基本的に引き継いだものであった。そこで開示された財務諸表はあくまでも経営者の自己申告であり，監査人の保証は事実の証

---

14 研究開発費の即時償却を画一的に強制するルールなどは，しばしばその代表例として非難されてきた。

明というより彼らの「意見」だとされてきた[15]。内部者の意図や見通し，第三者の意見など，専門家の判断に情報としての価値があるといわれる以上，それを損なう画一的なルールの強制には懸念をもつ識者が少なくなかった。外部者の鑑定評価のようになったのでは，内部情報の開示による情報非対称性の緩和という本来の趣旨が後退し，開示制度も会計士監査も不要になりかねないからである。

　しかし，それでも会計基準の画一化は，世界的なレベルで進行しつつあるようにみえる。同じ事実を違った基準で処理すると情報の比較可能性が損なわれるというのは，表現の忠実性といった信頼性の面だけでなく，法形式に対する経済的実質優先のような，レリバンスに近い観点からも主張されている。ただ，事実を情報に変換するうえで2つの事実が同じというのは，その情報の利用目的にとって2つを区別する必要がないということであろう。目的が企業成果の予測にあるとすれば，期待する成果が同質的でない資産・負債やそれをもたらした取引を，外形的な同一性のみに基づいて画一的に処理するのは意味がない。同じ事実は同じ基準でというのなら，違う事実は違う基準で処理されるのが当然である[16]。画一化が比較可能性を高めるという主張には，しばしばその観点が欠けている。

　代替的なルールを削減し，経営者に操作の余地を与えないことが透明な情報開示になるというのは，ある意味ではひとつの神話にすぎないが，その神話は，世界の株式市場を震撼させた会計不正によって，さらに増幅されつつあるといってもよいであろう。それはコーポレート・ガバナンス（企業統治）の問題として，情報開示のインセンティブと対立的に論じられることもある。自主

15　当時の米国で会計プロフェッションを代表した著者による May［1943］, pp.62-64 をみよ。

16　外形的には区別のない上場株式でも，事業を通じたキャッシュフローを期待している子会社や関連会社の株式と，トレーディングによるキャピタル・ゲインを期待する株式とを混同して処理する人はいないであろう。実質において前者は事業投資，後者は金融投資の性質をもっており，その違いが，投資成果の期待とそれに基づく投資ポジションの評価に影響する。上場株式という外形だけでこれらを画一的に処理するのは，実質どころか形式優先の主張というべきであろう。比較可能性や実質優先といった概念は，ここまで極端でないにせよ，事実間の実質的な類似性を情報の利用目的にてらして厳密に検討しないまま，基準の画一化という方向に偏って便宜的に使われる傾向がある。

規制に対する不信と強行法規への期待が画一的な開示規制に直結しているのかもしれないが，企業統治もまた基本的には市場を通じたステイク・ホルダーの監視に待つべき問題であって，それらはいずれも市場規律の効率性という観点を共有しているとみたほうがよい。どの程度まで画一化するのかは，その観点に立った検討の結果であって与件なのではない。

　企業のガバナンスを強化するうえで，情報開示の質を高めることが重要なのはいうまでもない。それを通じて市場の監視が強まるからである。開示制度への期待は，その意味で市場の監視機能に対する信頼でもある。にもかかわらず，監視に必要な情報開示の基準となると，それを作り出す市場の機能を信頼しないというのであれば，その乖離を合理的に説明する理屈が必要であろう。確かに行政上は画一的な規制が便利だが，しかし市場経済である以上，行政は市場の自律的な働きを補完するだけで，取引の当事者に代わってそれを動かすわけではない。会計基準の設定でも国際的な基準の統合でも，経営者のもつ内部情報を市場に伝えることで情報非対称性に対処するという開示制度の原点に返って，投資家からみたレリバンスを追求することが先決である。

7 ■ おわりに

　本章の基底をなす観点は，企業情報の開示が公的規制の問題である前に私的契約の問題であり，資本市場において投資家と経営者がたえず繰り返す取引から，それぞれの私的な誘因に基づいて内部情報を開示する（経営者が自己申告をする）慣行と，その情報に保証を与える仕組みとが自律的に形成されること，会計基準も，本来はこうした私的な契約が標準化されて社会のルールとなったものであること，したがって，そこでは，取引の当事者がそれぞれの誘因に基づく市場行動を通じてつくり上げる契約条件が，国内基準の形成でも国際的な基準の統合でも基本にならざるをえないこと，公的機関の規制は，そうした誘因の働きを妨げる市場の不完全性や，契約の不完備性を補完する役割しか果たせないこと，などであった。

　したがって公的な開示規制は，なによりも当事者の市場取引に基づき，あるいは彼らの合理的な市場取引を仮想して，当事者間の私的な契約を補完すると

いう基本的な性格をもつことになる。その意味で，規制のための基準を設定する主体は，公的セクターか民間セクターかを問わず，取引当事者のいわば代理人として行動することになる[17]。この観点からすれば会計基準は，開示の誘因が働かない情報についてミニマムな開示の要件を定めるとともに，それを超えて投資家の意思決定に関連した（レリバントな）情報を経営者から引き出すものでなければならず，少なくとも自発的な開示の誘因を制約しすぎないことが重要である。この観点を欠いた基準の画一化は，情報の有用性を損なって開示制度の役割を後退させる。市場規律を高めるのも，情報の画一性ではなくレリバンスであろう。

---

17 取引の当事者である投資家と経営者の合理的な交渉と契約を補完するわけだが，情報開示に伴って企業に生ずるコストも便益も最終的には投資家に帰属するから，基準設定主体も結局は投資家の代理人として行動することになる。

第8章 企業会計と配当規制

1 ■ は じ め に

　企業は，投資家だけでなく，その活動成果に対してさまざまな利害をもつ人々によって構成される組織でもある。したがって，企業が開示する会計情報は，投資家の企業評価に利用される一方で，他に利害をもつ人々が企業との取引について自己の判断を形成したり，取引条件を取り決めたりするためにも使われる。その代表例は，債権者が，企業に対する債権の回収リスクを評価して貸し付けの条件を取り決めるとともに，その後の企業行動がリスクを高めることのないよう，当初の債権価値を保全する措置を工夫するような状況であろう。なかでも株主への配当を制限することで債権価値の希薄化を避ける契約や制度は，一般に元手となる資本の額を特定したうえで，余剰としての利益ないし留保利益に配当を限ることが多く，企業利益を測定・開示する会計制度との間で，密接な関係をもちながら互いに影響を与え合ってきた。

　配当制限の法制として企業会計ともっとも関係が深いのは，いうまでもなく商法ないし会社法である。そこでは，株主有限責任制のもとで会社債権者の保護を図るため，法定の資本および準備金を維持させるとともに，それを超える剰余金を限度として株主への配当を認めてきた。その場合の剰余金は，利益が分配されずに留保された分から，債権価値の希薄化防止に必要とみられる法定の要素を控除したものであった[1]。このように，商法の定めた配当の限度は会計上の留保利益と一致するわけではないが，配当財源に算入される年々の利益

1　逆に最近の改正法では，法定の資本や準備金から除かれた株主の払込資本が配当限度に加えられている。具体的には自己株式処分差益のほか，資本金や資本準備金の減少差益がこれに該当する。後者については，払込資本の要素でも債権者保護手続を経て取り崩した以上，債権者のために配当を制限する理由はないという趣旨である。

は，基本的に会計上の公表利益に依拠している。企業会計の目的を配当可能な利益の計算と混同すべきではないが，投資情報として開示される利益がそうした目的にも流用される結果として，企業会計のルールが影響される事実には十分な注意を払う必要があると思われる[2]。

　上記の留保利益から控除されて配当を制限される要素のうち，当面の考察にとって興味深いのは，金融商品を時価評価したときの正味評価差益であろう。周知のように，日本の現行制度では，会社が保有する売買目的の有価証券を時価評価するとともに，時価の変動した分をその期の損益に反映させることになっている。事業からの制約を受けることなくいつでも換金できる金融商品については，時価の変動が換金を待たずに利益を実現させるとみているのである。それに対して旧来の商法ないし法務省令では，この有価証券の評価差額が正味で利益になる分を，配当財源から控除することとされてきた。会計上は利益の要素でも，株主への配当は認められなかったのである。そうしたルールの根拠や合理性を検討するには，会計上の情報開示と商法・会社法の配当規制との，役割分担と相互関係に関する多少とも理論的な分析を必要とする。それが本章の主題である（下記の補注）。

　　[補注]　2005年の会社法に基づく法務省令「会社計算規則」では，有価証券等の時価評価差益のうち，会計上の利益に算入された部分については配当制限が解除された。おそらく，自己株式処分差益など資本剰余金の一部でも既に配当が可能とされていること，企業結合に伴うのれんの一部（繰延資産との合計が資本金および準備金の合計を超える額の2分の1）や，子会社・関連会社の株式に持分法を適用した場合の正味投資損失についても配当制限を加えたことなど，新たな規制の状況にてらしたとき，売買目的有価証券の値上がり益のような，事業上の制約を受けずにすぐにも換金されるものにまで，厳格な制限を加えるのはバランスが悪いという政策的判断であろう。この部分については会計上の利益認識と揃う

　2　会計情報が投資家による企業評価のためだけでなく，こうしたさまざまな目的のために，いわば「副次的」に利用されるのは，整備された制度に基づく情報を借りて加工したほうが，目的が違う分だけレリバンスに欠けても情報コストを節約できるからである。

結果になったが，開示規制と配当規制では目的が違っている以上，揃えること自体に意味があるわけではない。

2 ■ 会計上の利益と配当財源

　上述したとおり，前章までにみた企業利益の情報は，企業成果の事後的な測定値として事前の期待と対比され，将来の企業成果を予測する投資家の意思決定にフィードバックされるだけではない。同時にそれは，資本を維持した余剰として，企業の所有者つまり株主に分配できる企業成果とみられることもある。もちろん，資本も利益も株主のものである以上，株主の意思がまとまれば自由に取り崩したらよいという面はある[3]。利益の配当も資本の払い戻しも，株主への会社財産の分配という点では同じである。実現した利益でも維持すべき資本でも，その額の資金を企業にとどめるかどうかは，資本のコストを上回る投資収益が期待されるかどうかにかかっている。それが期待できれば分配できる利益でも留保され，そうでなければ維持すべき資本でも払い戻される[4]。株主との関係をみる限りでは，利益を分配の基準とすることに特段の意味があるとは思えない。

　しかし，株主持分の額を超えない会社財産の払い戻しでも，それに利害をもつのは株主ばかりではない。特に企業の債権者は，それに重大な関心をもっている。株主への分配が債権の信用リスクに影響するからである。利息が約定されて変わらない以上，デフォルトのリスクが高まれば債権の価格はそれだけ低くなり，企業価値が同じであれば，債権者の被る損失が分配を受けた株主の利益に振り替わる。債務のない企業なら株主に分配しても構わないかもしれないが，この場合は債権者から株主へ富の移転が生ずるのである。そのため，無担保の社債権者などは，社債発行時の企業資本を，償還がすむまで損傷させまいとする。その間に生み出された利益に，配当を制限しようとするわけであ

---

[3] 株主の意思がまとまらないときは，会社財産の払い戻しを望む株主が，持分の一部または全部を市場で売却するだけのことである。
[4] 期待収益が資本コストを上回るような投資機会がない場合でも，その資金を金融資産に投資すれば，理論上は株主へ払い戻すのと同じ結果になることはある。

る⁵。具体的な制限ルールは多様だが，会社法制でも社債契約でも，前述のように元手となる資本価値を決めたうえで，それを維持した余剰を配当限度とみなしてきた⁶。

このように債権者と株主の関係を考えれば，企業利益を配当支出の上限とする合理性もある。配当を除いて企業価値に変化がない場合でも，利益を超える企業資産の払い戻しが債権者の利害を損なうかもしれないからである。特に多様な債権者を共通に保護する商法ないし会社法では，株主に帰属する（利払い後かつ税引き後の）企業利益が分配されずに残っている分を，株主に配当できる限度と定めてきた。資本のコストを超える投資収益を期待できないような，いわば非効率な資金を企業から引き揚げようとしても，株主は基本的には留保利益の範囲で会社財産を払い出せるだけである。それを超えて拠出資本部分を取り崩すには，追加的なコストを払って厳格な債権者保護手続を経なければならない。資本の増減と利益を分けるだけでなく，それがストックされた後まで株主資本を拠出資本と留保利益に分ける企業会計のルールは，こうした利益（会社財産）の分配をめぐる問題と不可分に結びついてきた⁷。

そこで問題は，配当限度としての留保利益に繰り入れられる各期の利益が，保有資産に生じた価値の変動（特に評価益）を含むのかどうか，含むとしたらそれをどこでとらえるのかである。これまでの各章でもみたように，事業投資の性質をもった資産（事業用資産）の評価益については，それが事業の成果であるキャッシュフローに転換されるのを待って認識するのが，投資のリスクか

---

5 もっとも，社債発行時における企業資産の含み益は，いずれ利益となって処分されることが予期されている。毎期末に資産を時価で評価替えしているケースでも，社債が年度の途中に発行されれば同様である。
6 日本の制度上も，留保利益と分配限度が部分的な乖離を伴いながら基本的に結びつけられてきたが，近年の商法改正では，自己株式処分差益や資本金・資本準備金の減少差益といった拠出資本の一部でありながら分配を制限されない項目が増えて，両者の乖離が拡大したことは周知のとおりである。なお，米国の会社法配当規制については，伊藤［1996］を参照されたい。
7 ただ，会社法の配当規制が拠出資本と留保利益の区分に必ずしも依拠しなくなったとき，会計上のこの区分にどのような意味があるかは，情報開示の観点からあらためて検討されるべき課題であろう。社債権者にとって配当限度額（維持される会社財産の額）の情報は必要であり（斎藤［1998］），その有用性が実証結果に現れるのは当然だが（首藤［2008］），それだけでは拠出資本と留保利益を区別する会計上の意味を確かめたことにならない。

ら解放されて実現した事後の利益を測る企業会計の役目であった。それに対して，事業投資の機会に備えて余裕資金を運用する，いわば金融投資の性質をもった資産の時価評価益は，これまでのところでは実現した利益と区別されなかった。事業に制約されずにいつでも換金できる金融資産などの値上がりは，換金しなくても投資のリスクから解放されたキャッシュフローと実質的な差異はない。現行の会計基準も，売買目的有価証券やデリバティブの評価益を純利益に含めている[8]。

このような評価益（含み益）が会計上の利益に含められるとして，配当規制の観点から問われるのは，それをすべて株主への分配に充てたとき，上述した債権者と株主の関係がどうなるのかである。もちろん，会社財産を払い出せば，たとえ借り入れた後に稼得した利益を配当する場合でも債権の回収リスクを高めるおそれがある。しかし，それが利益を稼得する前の債権価値を減らさない限り，株主との関係でその債権者の利害は保護されている。一般に利益の稼得に伴って企業価値が増え，その分の資産が残りの資産のリスクを高めることなく分離されて分配されるというのであれば，利益の稼得前に取得した債権の回収リスクが高まることもない。利益の稼得が現金の流入を伴うケースがその典型だが[9]，保有する資産の評価益である場合にもそれが保証されるのかどうか，その点を金融投資のポジションについて検討するのがここでの関心事にほかならない。

3 ■ 売買目的有価証券の含み益

そこで，含み益の配当が債権者の利害に及ぼす影響を考えるため，保有する

---

[8] 売買目的でない「その他有価証券」については時価評価差額が純利益から除かれるが，これも日本では純資産に含められたうえ，実現に応じて純利益に振り替えられる。海外の基準でいえば包括利益の要素であり，広い意味で利益に算入されながら配当を制限されるケースに該当する。

[9] もちろん，現金の流入を伴う利益でも，配当を支払う前に再投資されていれば別の問題になる。投資を所与とする限り，その資産を配当するわけにはいかないからである。しかし，株主への分配が特定時点に限られる必然性はなく（日本の会社法でも，配当は原則として随時可能となった），利益配当の規制は利益を稼得したとき，ないしは認識したときを基準に考えるのが理屈である。

売買目的の有価証券が期末に値上がりしたと想定してみよう。保有者の企業はそれを処分できるにもかかわらず，換金せずに持ち続けるものとする。その場合でも，値上がり分は金融投資の成果として当該期間の企業利益に含められるのはいうまでもない。このとき，利益の額に相当する現金を株主に分配したらどうなるであろうか。むろん，値上がりした有価証券を値上がり額だけ切り売りして配当するケースなら，その前後で企業資産のリスクに変化は生じない。売買目的で保有する有価証券は，どのように分割しても，キャッシュと同じく全体の価値が部分の価値の合計になるはずだからである。しかし，投資を所与としたまま現金を配当に充てた結果が問われているときに，前提に反して投資の清算を考えるのでは意味がない。問題の有価証券に限らず，保有資産の処分は想定しない。

となると，所要の運転資金を超える余剰現金がない限り，配当資金は外部から調達することになろう。いま，値上がりした有価証券を除く資産や負債にはまったく変化がないとして，この値上がり益に相当する資金を新規に借り入れ，ただちにそれを株主への配当に支出したと想定する。その場合，企業の資産構成には（価値の増加を除き）なにも変わりがないが，負債には当然ながら借り入れ分が加わっている。証券の値上がりとそれによる利益の配当（分析の便宜上，資金の借り入れも含めてこれらがすべて同時に生ずるものとする）の前後で，値上がり前に保有していた有価証券は，時価の上がった同じ有価証券と時価上昇額に当たる借入金との組み合わせに変わっているわけである。正味の資産価値は同じでも，その裏づけとなる資産・負債の要素は，よりリスクの高いものに入れ替わっている可能性がある。いわゆる資産代替である。

債権者の側からみれば，新規の借り入れにみあう新たな債権が劣位のものでない限り，一般にそれは従来の債権の価値を希薄化させることになる。値上がりした有価証券からのキャッシュフローが，他に先立って新たな借り入れの償還や利払いに充てられる可能性があるからである。特に長期の投資資金を貸し付けている債権者は，短期の追加借り入れによるリスクに曝されやすい[10]。それによって債権価値は下がり，既発債の価格は低下する。バランスシートに即してもう少し直感的にいえば，資産と負債が同じ額だけ増える一方で純資産の額が変わらないため，負債比率が上昇して債権者のリスクが高まるということ

でもある。売買目的有価証券の値上がり益は売るかどうかにかかわりなく金融投資の成果だが，それを換金しないまま資金を借り入れて株主に配当するのは，値上がり前にくらべて債権者のリスクを高め，債権の価値を薄める可能性がある[11]。

もちろん，そうした資産代替のリスクが事前に見込まれていれば，債権の価値は実際に希薄化が生ずる前から低くなる。債権者は，リスクにみあうリターンを要求して，はじめから債権の引き受け価格を割り引くはずである。このように彼らが市場価格で保護されている以上，株主への配当限度が事前にわかっていれば，含み益の配当によって債権価値が損なわれる心配はない。ルールさえ明確なら，それを制限してもしなくても，基本的には債権者の保護に支障は生じない。むしろ問題は借り入れをする企業の側にある。含み益を配当する意思がなくても，債権者がそのリスクに備えて高いリターンを要求する可能性があるからである。結果として高い資本コストを負担させられるのであれば，企業側には自分からその配当の制限を約束する誘因が働くことになる。債権者保護を標榜する法の配当規制も，そうしたボンディング契約の延長線上にあるといってよい。

他方，投資を所与としたまま配当資金を調達するには，借り入れによらずに増資をする方法もある。便宜上，これを株主割当と第三者割当に分けて考えよう。まず，従来からの株主に新株を割り当てて発行したうえ，調達資金をすぐに配当したらどうなるか。結果は自明であろう。株主が払い込んだ現金を，その株主に払い戻しているだけである。それは債権者の利害を損なわないが，経済的にはまったく意味のない行為である。他方で第三者割当増資による株式払込金を従来の株主に配当するのも，債権者との関係でみればこれと変わらない。従来の株主が持分の一部を第三者に譲渡したのと同じでことあり，いずれにせよ，わざわざ増資をしてまで配当する意味はないのである。株主に配当す

---

10 いうまでもなく新たな債務でも，償還期限が早ければ先に弁済されてしまうからである。また，追加借り入れが長期であっても，既発債が償還されないうちに債務者企業が倒産ないし支払い不能になれば，その時点の企業資産を新旧の債権者が分け合うことになる。
11 この点については，なお斎藤［2006］を参照。

る資金を株主から調達する選択肢は，考えてみても実益はない。結局は新規の借り入れによる債権価値の希薄化が，含み益の配当をめぐる規制の中心的な論点になる。

4 ■ 含み益の配当と資産代替

　前節の議論を敷衍するため，負債のない会社が，株主資本 K の全額を事業用資産に投資していたとする。この会社が有価証券投資を目的に無担保社債を F だけ発行し，この資金で特定の株式 x 株を購入したとしよう。社債を引き受けた債権者は，会社が彼らの資金を財テクに使うことを事前に知らされている。この基準状況を状態 0 と表わしておく。その後，保有する株式が $\varDelta F$ だけ値上がりし，それによる利益をすべて株主に配当することになったとする。他の条件を変えずにおくには，株式をいったん売却して $F+\varDelta F$ の現金に換え，$\varDelta F$ の利益を配当したうえ，残りの F で値上がりした同じ株式を買えるだけ（x' 株とする）買い戻せばよい[12]。これを状態 1 とする。しかし，値上がりした株式 x 株をすべて保有したまま含み益の $\varDelta F$ を配当したければ，当然ながら $\varDelta F$ の追加借り入れが必要になる。これを状態 2 としよう。取引費用は考えない。

　ここでの問題は，借りた資金で購入した株式が値上がりする前の基準状況（状態 0）にてらして，値上がりによる利益を配当した後の状態 1 と状態 2 では，既発行社債のリスクがどう違ってくるのかである。いうまでもないが，状態 1 は現金化した利益（現金利益と呼んでおく[13]）を配当するケース，状態 2 は含み益を配当するケースである。金融投資である株式の時価と，それをまかなっている負債の額を比較する限り，状態 1 ではどちらも F，状態 2 ではど

12　同じ株式を買い戻すと想定するのは，すぐ後に述べる資産代替の問題を避けるためである。価値は同じでもリスクの高い資産に入れ替えると，その成果に対する請求権のうち，下方リスクだけを負担する債権の価値は一般に低下することになる。

13　伝統的な用語では，これを狭い意味で実現利益と呼んできたが，金融投資の実質を有する本来の金融資産であれば，値上がり益は現金化を待たなくても広い意味で実現利益と考えることができる。そのため，ここでは実現利益と区別して，特に現金利益と表すことにする。

ちらも $F+\mathit{\Delta}F$ となって，いずれのケースも両者は同じ大きさになっている。追加負債 $\mathit{\Delta}F$ は株式の値上がり分 $\mathit{\Delta}F$ でカバーされており，既発行社債 F のリスクは，状態 1 でも状態 2 でも基準状況である状態 0 と変わらないようにみえる。借り入れが増えた分の利払いと償還に要するキャッシュフローは，いずれ株式の含み益を換金すればまかなえるはずだからである。

　しかし，そこでは既発行社債 F を裏づけるものがいずれも正味金融資産 F でありながら，状態 1 ではそれが総額 F の価値をもつ株式 x' 株（状態 0 で保有した株式 x 株の一部）である一方，状態 2 では価値総額が $F+\mathit{\Delta}F$ に上昇したもとの全株式 x 株と，$\mathit{\Delta}F$ の価値をもつ追加負債との正味である。この追加負債が劣位のものでない限り，既発債のリスクはそれだけ高まることになる。正味の価値はいずれも F で変わりがなくても，配当に充てる追加借り入れの条件が事前にわからなければ，基準状況である状態 0 にくらべて状態 2 では，既発行社債の裏づけになる企業の資産構成がリスクの高いものに入れ替えられていることになる。つまり，追加借り入れを要する含み益の配当には，資産代替のリスクが伴うのである。それに対して，保有株式の一部を処分するだけで追加借り入れのない状態 1 では，この意味の資産代替は生じない。

　一般に，保有株式を換金せずに含み益を配当する状態 2 では，新規に $\mathit{\Delta}F$ を借り入れる分だけ，状態 0 と比べて株主持分に対する負債の比率（負債比率）が上昇する。持分の額は K で一定なのに，負債が F から $F+\mathit{\Delta}F$ へ増加するからである。それに対して状態 1 では，負債が F のままであるから，負債比率も基準状況である状態 0 から変わらない。ということは，状態 1 に比べて状態 2 では，事業投資 K から期待される将来のキャッシュフローが追加負債 $\mathit{\Delta}F$ の利払いと償還にも充当される可能性があって，その分だけ既発行社債のリスクが高くなるということである。いうまでもなく状態 0 は，社債の発行価格について会社と投資者との合意が成立し，その価格で現実に払い込みがなされたときの社債権者のポジションを表わしている。この基準状況よりも社債のリスクが高くならない限り，社債権者の利益は損なわれないと考えるわけである。

　もちろん，この株式投資が金融投資（つまり事業上の制約を受けずに自由に換金できる投資）の実質を備えている限り，その値上がりは企業価値を高める

だけでなく，換金せずに保有を続けても実現利益の性格をもち，それを配当しても追加負債を除いた企業価値は値上がり前と変わらない。しかし，企業価値は債権価値と持分価値の合計であり，たとえ全体の大きさは変わらなくても，債権者と株主へのその分配は変わりうる。もし含み益の配当が企業価値を含み益発生以前の水準に戻すだけであっても，負債比率の上昇が債権のリスクを高めれば，それに伴う債権価値の下落は株主持分の価値を同じ額だけ引き上げる。その分の企業価値は債権者から株主へ移転されるのである。株主との間の企業価値の分配で債権者が不利益を受けるかどうかは，配当財源が企業価値の増えた分なのか，あるいは実現した利益なのかといった観点とは別の問題である。

5 ■ 配当制限のルールと考え方

　上述からもわかるように，保有する有価証券に生じた含み益の配当制限は，もし会社がその分の剰余金を株主に分配したければ，当該有価証券のうち含み益の額に相当する分を，残りの部分から分離して分配できる財産（具体的には現金）に換えればよいという趣旨でもある。利益に入れた含み益を配当財源から除く一方で，含み損は配当財源に影響させたままという非対称性も，含み損であれば利益分配による債権価値の希薄化を生まないからであろう[14]。既に述べたとおり，事業上の制約を受けずにいつでも換金できる有価証券であれば，含み益を換金してもしなくても，投資の成果という点では変わらない。それなら配当制限も同じでよい，という主張も繰り返されてきた。しかし，換金せずに借り入れを増やせば，既存の債権価値が希薄化する可能性もある。利益の測定と配当規制とで含み益の取り扱いが違っていたのは，その面での結果が違っているからである[15]。

---

[14] いうまでもなくこの問題は，含み益を配当財源に入れて分配を促せば，会社は保有する有価証券の売却を余儀なくされて「含み経営」が解消に向かうだろうとか，それによる売り圧力が株価水準を引き下げて，かつていわれた「ストック経済」における所得分配の歪みが矯正されるなどという，因果の錯綜した——というより因果関係を一般化できるのか疑わしい——話とは関係がない。

また，配当資金の借り入れに伴う負債比率の上昇が債権価値の希薄化を招くというなら，利益の一部を配当財源から除くのではなく，負債比率そのものを制限することで，結果的に配当を制限したらよいという考え方もあろう。しかし，この方法では，含み益に限らずキャッシュフローを伴う利益でも，事業に再投資していれば配当資金の調達で負債比率は上昇せざるをえない。ここまで配当制限を広げるのは，配当の条件として，利益にみあう余剰資金が借り入れによらずに支払い時点で存在することを要求するものであろう。現金化した利益に配当を限る方式と混同されることが多いが，これは現金で回収された利益が事業に再投資されないでいることを要求する点でもっと厳しい規制である。それは，投資成果の分配だけでなく事業投資そのものを縛るという意味で，配当制限のルールとしては意図せざる弊害を伴うことになりかねない。

　もちろん，債権価値の希薄化を防ぐ方法は，配当制限以外にもいろいろなものがある。よく知られているように，米国の社債契約などでは，会社のプロジェクトをリスクの高いものに入れ替える事業政策（資産代替）を直接規制したり，あるいは借り入れを制限して間接的にそれを規制したりする手法が工夫されている。しかし，それらは，場合によって既になされた事業投資や資金調達に後から影響する可能性もある。利益（ないし留保利益）に基づく株主配当の制限は，会社の投資活動を所与としたまま投資成果の分配を規制することで，経済的利益の移転を防ぐところに意味があったのであろう。企業会計上の指標を利用しながら，たとえば実現利益の一部を除外して配当限度とする方法も，上述のような合理性に支えられて市場に定着してきたはずである。ただし，それはあくまでも政策的な選択の結果であり，理論上の一義的な帰結ではありえない。

　前述のように，含み益の配当に伴う債権価値の希薄化が事前に予測されれば，債権者は資金を貸し付ける時点でそのリスクにみあったリターンを要求し

15　断るまでもないが，これは一般に含み益の配当を認めるべきか禁止すべきかといった，理論的に決め手のない議論ではない。配当可能でも不能でも，事前に知られていれば市場はそれにみあった価格形成をする。ここでは，含み益の配当が制限されてきたという事実の合理的な理屈を探ることで，その制限を解除した現行規制が潜在的にどのような問題を抱えるかを考えるのが目的である。

て，約定金利を引き上げるか，社債ならば購入価格を引き下げる。債権者は法律で保護されるべき弱者というよりも，市場価格で自らの利益を保護する立場にある。配当制限は，むしろ自己の行動を縛ることで意図しない債権価値の希薄化を排除し，資金調達コストの上昇を回避しようという債務者企業の私的な取引契約が，取引費用を節約するため次第に市場の共通ルールへ統合され，さらに法制度にも組み込まれていったものとみたほうがよいであろう。どのようなルールになるのかは，市場における取引契約の実態にも依存し，どこまでそれらを法制化するのかは，エンフォースメントの仕組みや実効性を含めて，それぞれの国の市場環境に大きく依存せざるをえないのである（下記の補注）。

[補注] ちなみに米国では会社法の配当規制が概して緩やかだが，それに代わって社債契約による制限が広く用いられ，さまざまな配当制限の工夫もその一部をなしている。それらの内容を整理した新しい文献は少ないが，短期の保有株式の評価については，開示のための会計基準と別に低価法が適用されてきたようであり，その場合には含み益の配当が債権者との契約で禁止されてきたことになる。

やや古い文献だが，Leftwich [1983] は，American Bar Foundation, *Commentaries on Indentures* (1971) に依拠して，米国の社債契約における制限条項を，(1) GAAPによるもの，(2) GAAPを修正したもの，(3) GAAP外のものに分け，(2) の例を以下のように整理していた[16]。利益や純資産に影響するものとしては，

企業結合：被取得企業の留保利益は，持分プーリング法を使ったときでも配当できない。承継資産の切り上げは，独立の鑑定による場合に限り認められる場合がある。

不確定債務：引き当て分は，留保利益でなく利益にチャージする。第三者の債務保証はすべて負債に計上する。

株式投資：特に短期のものは主として低価法で評価する。持分法は認められていない。

外国通貨：海外子会社を連結しない場合が多い。海外投資の利益は実際に受け取るまで認識しない。

---

16 Leftwich [1983]，特にp.39をみよ。なお，Smith & Warner [1979] なども参照。

のれんおよび無形資産：のれんが貸借対照表から除かれる一方で，損益計算書ではその償却が要求される。

などである（一部は割愛した）。

いずれにせよ社債権者には，株主への配当限度をどう決めるかよりも，配当限度がどれだけかを事前に知らされ，債権のリスクをあらかじめ評価して社債の購入価格を決められることが重要である。リスクを正しく評価できれば，前述のように社債権者は市場価格で自らを保護するからである。配当限度がいくらなのかよりも，彼らにとってはその約束と，約束した限度を守らせる仕組みのほうが重要である。

日本でも，法の配当制限ルールは，商法の改正や会社法の制定に伴って変容しつつある。特に2001年の改正商法は，自己株式の解禁に伴うその処分差益や，法定準備金の取り崩し手続に伴うその減少差益を生み出したが，それらは減資差益とともに資本準備金から除外され，配当は制限されないことになっている。資本であれ資本準備金であれ，債権者保護手続を経て取り崩したときには，もはや債権者のために配当を制限する必要がないという趣旨である。利益準備金についても，2001年の改正で積立限度額が資本準備金と合算されていたが，2005年の会社法では両者が準備金に統合され，法律上は区別されないことになった。それらは，配当の可否を株主の払込資本か未分配の利益かという，いわば源泉に依拠させてきた旧来の観点の背後に，まず債権者保護手続を経ているかどうかで判断するという，より包括的な原則を明示したものといえるかもしれない。

6 ■おわりに

以上のように，会社法の配当制限は，株主への配当が債権価値を希薄化させるリスクに対処するものだが，それは企業の利益ないし留保利益に基づいて配当限度を定める場合でも，投資の成果を測定する企業会計とは異なった観点に立ち，異なった概念を作り上げている。周知のように日本では，証取法に組み込まれた企業会計制度と，商法および税法との調整と一体化が戦後の重要な政策課題とされてきた。ディスクロージャー制度の発展と国際化に伴ってその体

制が綻び始めた昨今でも，会計上の利益ならば原理的に配当可能であり，配当可能でなければ会計上も原理的には利益でないといった論調は，根強く残っているようである。しかし，この三極が一体化したシステムは，商法の上に証取法の規制を接木したこの国の開示制度の歴史や，証取法の会計制度を利用して行政コストを節減する税制側の便宜などの所産であり，原理的に与えられるものではない。

　もちろん，その一方で2005年の会社法は，「商業帳簿ノ作成ニ関スル規定ノ解釈ニ付テハ公正ナル会計慣行ヲ斟酌スベシ」としてきた旧商法第32条2項の包括規定を，「株式会社の会計は，一般に公正妥当と認められる企業会計の慣行に従うものとする」（会社法第431条）と改めたうえで引き継いでいる。斟酌するものから従うべきものへと高められた会計慣行の規範性は，資産評価等に関する規定を商法典から削除して法務省令に委任していた2002年の商法改正とあわせて，情報開示の局面で証取法の会計制度との調和を図るものであった。しかし，開示規制と配当規制という商法の二面が，共通の会計情報を使いながらも本来は独立の役割を担っている以上，情報開示の調整が配当規制に固有の要請を消滅させることはないであろう。企業成果の測定と配当財源の確定は，依然として違った観点に立った分析を必要としているのである。

　第2章で述べたとおり，投機目的で保有する不動産など，金融投資の実質をもつ非金融資産については，時価による評価と利益認識に合理性が認められる。国際会計基準（IAS第40号）でも，その適用範囲が適切かどうかはともかく，投資不動産について公正価値による評価と損益認識がルール化されている[17]。将来は日本でも，土地や建物などの非金融資産が実質的に金融投資のポジションとみられれば，それを時価で評価したうえ，時価の変動分をその期の純利益に含める基準が定められる可能性もある。その際，会社法の配当規制が会計上の利益認識に連動していると，投機目的とはいえ土地や建物に生じた評

---

[17] IAS第40号では，賃貸収益と資本増価の一方または双方を目的として保有する不動産を投資不動産とし，時価または原価で評価することを定めている。時価評価と原価評価が選択適用になっているのは，おそらく投資不動産の範囲が金融投資に限られず，事業投資に該当するものまで含んでいるために，時価会計の適用が難しいということであろう。

価益の配当が債権価値の希薄化を招くという危惧が，逆に利益認識を求める会計基準の改革を制約するおそれもある。法制上，個別のケースごとに配当制限を加えればよいのかもしれないが，そうでなくても難解な会社法をさらに難しくするのは想像に難くない。少なくともコストが高くつくことは覚悟しなければならないであろう。

第2部

各論

第9章
金融商品の評価と利益認識

1 ■ は じ め に

　第1部の各章でも詳しくみたように,企業会計では古くから資産・負債の評価が話題の中心となってきた。しかも,それは利益の測定と表裏の関係をなしていた。クリーン・サープラスの制約のもとで帳尻を合わせるため,包括利益のような,いわば利益でない利益を収容する工夫をしばらく措くとすれば,株主取引(資本取引)によらない純資産ストックの変動は,そのままその期の利益もしくは損失になるからである。したがって,たとえば資産の評価に伴ってその価値が増えれば,同額が資産の減少か負債の増加で相殺されない限り,必ず純資産と利益が同時に増える仕組みになっている。企業所有者である株主との取引を無視したとき,そこでは資産や負債の評価と利益の測定とが同時決定になっていて,その決め方が会計基準の一貫した争点になってきたのである。特に最近は,金融商品の評価と利益認識が論争の舞台とされてきた。

　したがって,資産や負債(ここでは金融商品)の評価は,それらの価値をどうとらえるのかというだけでなく,とらえた価値の変動を,利益の概念とどのように整合させるのかという問題でもある。原価や時価といった,繰り返し争われる評価の基準は,その考え方に基づいて選択される道具のようなものでしかない。最近では利益への影響を後に回して,とりあえず資産や負債の価値を,しかも画一的な尺度(道具)で測るのが優先されがちだが,それは結果として得られる利益を意味不明にする危険を伴うものでもあった。個々の財の価値を測って集計するのが目的なら尺度は共通でなければならないが,それによって資本や利益をとらえるときは,それらの財を投資の目的となる成果の性質に応じた価値尺度で測定する必要がある。重要なのは,原価か時価か,ひとつに決めて一貫させることではなく,それらを必要に応じて使い分けるための

概念を一貫させることである。

2 ■ 会計目的と資産の評価

　投資家が企業価値（負債や株主持分を合わせた企業に対する請求権の価値）を評価するときには，ごく一般的にいえば企業の資産を事業投資と金融投資のポジションに大別したうえ[1]，自ら将来の成果を予測して評価した前者の価値に，市場で決められる後者の価値を加算していると考えてよい。事業投資に充てられている資産には企業ごとに異なるのれん価値があるが，余裕資金を運用する金融投資の部分には，どの企業がもっていても市場の取引価格（時価）に等しい価値しかないからである。それら金融投資に充てられた資産と違って，ある企業の保有する事業用資産の価値を評価するためには，将来の成果に関する市場の平均的な期待を反映した取引価格でなく，それを使って当該企業が生み出す将来のキャッシュフローを，投資家が自己の責任で予測する必要がある。予測は投資家の役目であり，それに役立つ事実の開示が会計情報に求められているのである。

　既に詳しく述べたように[2]，そうした情報は，なによりも投資の成果を事後に測定する実現利益（純利益）によって与えられてきた。それは，投資にあたって事前に期待された成果と対比され，そこから先の期待形成にフィードバックされるような実績の指標であった。一般に投資が将来に期待される不確定なキャッシュフローと，現在ある確実なキャッシュとを交換する取引とみられる以上，その成果も実際に生じた事実としての，いわば実現したキャッシュフローに基づいて測られることになる。投資家は，この情報によって将来に関する事前の期待を修正するわけである。のれん価値のある事業投資の場合は，アウトプットの販売による正味のキャッシュフローが成果であり，のれん価値のない金融投資の場合は，自由に切り売りして換金できる時価の変動分がそのまま正味のキャッシュフローとみられ，ポジションを清算するかどうかにかか

　1　事業投資および金融投資の概念については，本書第2章および第3章を参照。
　2　これについても，本書第2章および第3章を参照。

わらず実現した利益になる[3]。

このように，利益を中心とした情報開示では，投資の成果をめぐる期待と事実の関係に関心が向けられる。もちろん，投資家がどの程度まで利益情報を使うかは実証に俟つべき問題だが，これまでの研究では，開示される利益の情報価値について，おおむね肯定的な結果が得られているようである[4]。ただし，金融投資の性質をもつ金融資産や金融負債に限っていうと，ストックの時価にはそれを保有する会社の株価と有意な相関が認められる一方，時価の変動で測った損益には，その意味での情報価値が必ずしも確認されていない[5]。一般に実証研究では与件のコントロールが容易でなく，この結果がどれほど強固かはわからないが，少なくとも理屈のうえでは，投資収益に時系列の相関がない完全な資本市場において，過去の成果が将来の事実に結びつくとは思えない。金融投資の成果をどう測っても，その情報が投資家の予想形成に役立つ保証はないのである。

となると，金融投資のポジションを時価評価したときの差額や，より一般に金融投資の成果を含んだ利益情報には，投資家の将来予測や企業評価とは別の利用目的があるとみたほうがよいのかもしれない。ここでは立ち入らないが，たとえば利害関係者の間での企業成果の分配契約や，経営者のボンディング契約（経営者が投資家の利益を守ることを保証するために自己の資源を消費する契約[6]）では，利益額がしばしば事後的な裁定の規準とされている。契約のコストを節約するのに便利だからというだけでなく，契約を実行するうえで会計上の利益（純利益，実現利益）が業績の指標として望ましい特性をもっているからであろう。投資の性質（期待された成果の性質）に応じて実績を測定し，金融投資については時価の変動で利益をとらえる会計情報が，経営者の業績を

3　FASBの概念書第5号では，金融資産の時価評価益が「実現可能」な利益とされているようだが（83項），金融投資の性質をもつ金融資産の値上がり分であれば，むしろ「実現」利益そのものと考えてよい。売上債権を取得すれば，回収を待たずに事業投資の利益が実現し，この売上債権に生ずる価値の変動も，換金を待たずに実現利益の要素になるのと同じであろう。
4　Beaver［1981］によるサーベイと評価などを参照。
5　たとえばBarth［1994］などをみよ。
6　より正確にはJensen & Meckling［1976］を参照。

評価したり，その行動をモニターしたりする目的に合っているからだと思われる。

　そうした利益情報の用途は，とりあえず別の問題としよう。視野を投資家の予想形成という面に限って，もし金融投資に属するポジションの時価評価損益が，そのポジションの時価そのものを超える情報価値をもつとしたら，それは既に本来の金融投資とはいえないのかもしれない。そこでは，将来に期待される投資の成果（利益やキャッシュフロー）が過去の成果と無関係ではないとみられているわけであり，事業投資の場合と同じく，その企業に固有の無形価値（のれん価値）があるために，ストックの価値を時価では測れないケースともいえる。金融投資の性質をもつポジションなら市場の取引価格が価値の指標となるが，そうでないものについては時価（俗にいう出口価格 exit value としての公正価値）が価値を表す保証はない。外形上は金融資産として市場で売買されているものでも，その実質によって価値の指標は違ってくる可能性がある。

3 ■ 金融資産の評価と利益認識

　上述からもわかるとおり，事後の投資成果という意味で実現利益をとらえる観点に立つ限り，多くが事業投資の性質をもつ非金融資産（実物資産）の評価は，比較的単純で例外の少ない原則で処理される。保有する資産価格の変動が投資成果としてのキャッシュフローに当たらない以上，それが利益に算入されないよう，バランスシートでも資産の簿価を時価から切り離し，原価（マイナス減価）のまま繰り越すほかはないからである。そこでは，いくら時価が変動していても投資の成果が実現したとはみられない。そうした成果の測定に連動して，資産の評価でも価値の変動が成果の実現までは認識されないのである[7]。個別資産の時価に反映された平均的なリターンの市場期待だけでなく，企業に固有の超過リターンを見込んだのれん価値も，実際にキャッシュフロー

　7　この原則に反して資産を評価替えしたときは，評価差額を利益から除く工夫が必要になる。包括利益，特にその他の包括利益（OCI）の概念は，そうした工夫から生じたものといってよい。なお，成果の期待が低下したとき，資産価値の減損を見込む簿価切り下げについては別の議論が必要である。本書第16章を参照。

が実現するまでは投資成果の認識にも投資ポジションの評価にも影響しないということになる[8]。

それに対して金融資産（金融負債も同じだが，本章では資産側に焦点を合わせる）の場合は，時価による投資ポジション（ストック）の評価を原則としたときでも，個々の投資の性格に応じていくつかの，必ずしも少数でない例外を考える必要がある。外形的には金融資産であっても，投資の性質が本来の金融投資といえないケースがあるからである。金融投資というのは基本的には余裕資金を運用するものだが，その要件を充たすには，投資の任意の一部を，いつでも時価で自由に換金ないし清算できることが必要である。そこでは，時価による売却とか決済に対して，市場サイドからはもとより，自社の事業からの制約もないことが求められる。自由に切り売りできる市場がなかったり，市場はあっても事業上の理由から換金が制約されていたりするものは，保有している間の単なる時価（時価があればだが）の変動が，投資にあたって期待されたキャッシュフローとはみられないのである。

こうした事業上の制約がある金融資産の代表例は，いうまでもなく子会社や関連会社の株式であろう。これらは他社の営業を支配する事業投資であり，その投資から生ずる利益は，被投資会社のバランスシートに基づく連結決算や持分法により，自社の利益を測るのと同様の方式で測定されている。そこでは，保有するそれら株式の評価額を被投資会社の資産・負債または純資産の持分比率相当額に置き換えるとともに，その正味の変動で投資の利益を測定する。のれんに当たる投資と純資産の差額も，連結利益や持分利益にチャージして償却されていくのである。当然ながら，株式の時価は無視される。持分法も原価評価ではないというだけで，時価評価とはおよそ無縁な方法である。利益の測定上，これらの時価評価はおそらく主張されることもないであろう。同じ金融資産でも，これらは事業からの制約を受けずに売買目的で保有される株式や社債と対照的な性質をもっている。

こうした時価評価になじまない子会社・関連会社の株式と，時価でしか価値

---

8 既に述べたとおり，実物資産でも金融投資の性質をもつものはある。本書第 2 章を参照。

を測れない上記の売買目的有価証券との間には，持合株式とか政策投資株式などと呼ばれてきたものがある。このなかには，相互に持ち合うことでそれぞれの会社の事業目的に役立っているものもあれば，事業と関係なく自由に切り売りできる，実質的には売買目的の有価証券と変わらないものもあるとみられている（下記の補注を参照）。後者は継続的に時価で評価したうえ，時価の変動で利益を測ればよいはずだが，前者については，それらの保有がもし事業の成果に貢献しているというなら，時価の変動をその成果に反映させるわけにはいかないであろう。投資の性質上，その成果は事業からのキャッシュフローに即して認識され，将来にわたり事業の利益に反映され続ける。売却すれば得られる値上がり益はそれと両立できない成果であって，いわば放棄された機会のコストにほかならない[9]。

  ［補注］ 企業間における株式の持ち合いは，しばしば企業経営者がもたれあう非効率な資金運用の典型として，市場規律が働けばすぐにも消滅する日本特有の慣行のようにいわれるが，なかには明確な事業目的をもった，文字どおり政策投資に当たるものがないわけではない。1990年度には30％を超えていた事業法人の株式保有比率も，2000年代なかばには21％台にまで低下したといわれるが，その一方で製品開発をはじめとした業務提携の強化など，競争力や経営効率を高めるために，株式の相互保有を通じて緊密な関係を構築するケースがまた出始めているという指摘もある。

    やや古くなったが，2005年10月9日の日本経済新聞朝刊は，「株式市場：地殻変動を追う」という特集記事のなかで，会社が本業に不可欠な株式を取得し始めたケースを，「新・持ち合い」という小見出しをつけて伝えていた。持ち合いの解消を企業統治の改革と重ね合わせて報じてきたマスコミが，企業による株式保有の新しい動向を，「投資対象として魅力を増す」ものと位置づけた記事として興味深い。実際には必ずしも新

---

 9 もし，両者を同時に利益に含めるのであれば，子会社の株式についても時価評価差額を連結利益に加算することになろう。機会費用というのは結果（予測でも実績でも）を評価する規準であって，それと結果の測定とはきちんと区別しなければならない。

しい動きというわけではなく，株式の持ち合いにもさまざまなものがあったということであろう。もちろん，事実上は売買目的と変わらないものも少なくないと思われる。

　これまで，持合株式等を含めて性格の異なるこれらの有価証券は，日本基準（金融商品に関する会計基準）ではその他有価証券，米国基準（SFAS 第115号）では売却可能有価証券としてひと括りにされてきた。それらは売買目的の有価証券と同じく，バランスシート上ではすべて時価評価される一方，保有を続けている限り，時価の変動分はその期の利益（純利益）から除かれてきたのである。国際会計基準（IAS 第39号）でも，この種の有価証券は売却可能金融資産として同じように処理されてきた。純利益から除かれた時価評価差額は，具体的な表示はともかく，考え方としては包括利益のうちの「その他の包括利益（OCI）」に含められたうえ，純利益の要件を満たしたときに OCI から純利益へ振り替える「リサイクリング」の処理を求められたのである。売買目的ではないが性格が曖昧なうえ，文字どおり時価で売買可能ということから，利益認識は別にして時価評価が求められたのであろう。

　しかし，2009年11月に IASB が公表した金融商品の測定・評価に関する会計基準（IFRS 第9号）では，ローンの特徴をもち契約上のキャッシュフローで管理される分は償却原価で評価して減損を純利益から控除するものの，株式などそれ以外は原則として公正価値で評価して損益を認識すること，ただし，売買目的以外の分については取得時の任意選択により評価差額を OCI に計上できるが，そのオプションを使ったときには純利益へのリサイクリングを認めないことなどが定められた。売却益を純利益から除く反面，受取配当金は純利益に含めるという非対称なルールである[10]。そこでは，できる限り金融商品の全面公正価値評価を追求する一方で，評価差額の利益認識には例外を認めてでもリサイクリングのメカニズムを排除することによって，当初は「禁止する」といってきた純利益を残さざるを得なかった分の埋め合わせを試みているよう

10　配当として会社財産を払い出せば株式の価値は下がるから，株式の売却益と配当収益の利益認識が違うのは奇妙である。他方，債券の利息収益を純利益に含めながら，株式の配当収益は純利益の要素ではないというのも不合理である。いずれにせよ，それは公正価値会計の適切な適用範囲をどう決めるかの問題であろう。

である。

　これは，次章でもみる政策投資株式のような（日本基準でいうその他有価証券に当たる）分類をやめて単純化を図るとしながら，評価差額のOCI処理を自由選択にしたためむしろ規律を損なって複雑さを増大させ，しかもそのリサイクリングを禁止することでわざわざ純利益がクリーン・サープラスの制約を充たせないようにするものでもあった。事業提携などの裏づけに資本参加をする政策投資の成果が，営業利益の要素として純利益に含められている以上，投資のコストに当たる保有株式の値下がり損（値上がり益ならば負のコスト）を売却後も純利益に反映させないのでは，正味の投資成果が測られないことになり，純利益の指標を残した意味がない。株式の処分によって益出しをできなくすることばかりに目が向いているようだが，本来の政策投資なら，その清算は株式保有で裏づけた事業上の意思決定であり，益出し取引とは別次元の問題である[11]。

　もちろん，政策投資株式であっても時価評価差額をすべてその期の純利益に反映させていれば，株式保有のコストは事業の成果から控除されることになる。しかし，この株式の各期の時価の変動は，保有している間の各期の事業成果と直接には関係がない。投資期間を通算した結果は投資のコストになるとしても，途中の時価変動は政策投資に資金を拘束せずに換金すれば得られるはずの損益であり，前にも指摘したように事業投資の機会費用に相当する。その意味では事業に使う固定資産の時価変動と同じ性質のものであり，それを会計上の投資成果と混同するのは問題である。政策投資の分類を乱用させない工夫は必要だとしても，評価差額はOCIに累積させたうえ，売却を待って事後に純利益へ振り替える方式を安易に捨てるべきではないであろう。投資の清算による損益とその期の成果との混同を避けたければ，リサイクルされるOCIを分けて開示すればよい。

　　11　政策投資でも議決権だけ保有すれば足りるケースなら，株式の議決権と収益権を分け，後者を他へ移転する仕組みを考えることは可能であろう。しかし，出資を伴う資本参加だと，そうした仕組みでは問題の解決にならない。

4■契約キャッシュフローが目的の金融資産

　上記のとおり現行の会計基準は、金融資産、特に有価証券の評価と損益認識を、それがどのような成果を期待した投資かという、いわば保有目的に応じて定めている。株式なら売買目的か支配目的か、あるいはその中間にあって売買可能だが事業目的で保有するものか、それら3つのカテゴリーに分けられる。それに対して債券の場合には、支配目的がない代わりに満期保有目的という別のカテゴリーが設けられている。株式と違って満期があり、金利と償還金額が約定されている債券の場合は、不履行がなければ満期まで保有する限り投資の成果が取得時点ですべて確定する。この確定したキャッシュフローが投資の目的である以上、各期の成果を測るには、取得額と満期償還額の差額（プレミアムまたはディスカウントの額）と各期の利息収入額との合計を、満期までの各期間に配分してやればよい。このケースで使われるのは、時価評価ではなく償却原価法と呼ばれる方法である[12]。

　ここでいう償却原価法は、要するに購入した債券の簿価を、取得原価から満期償還額にまで、年々近づけていくやり方である。当初のプレミアムまたはディスカウントは、それにより期間配分されて毎期の利息収入に加減され、各期の投資成果に反映されることになる。そこでは、外形上は金融資産である債券が、満期までの確定したキャッシュフローを得るという投資目的によって自由な換金を制約されている。利払いや償還の不履行という信用リスクを別にすると、これは債券の時価が変動するリスクを負っていない投資である。市場金利の変動による価格変動のリスクを、満期まで売らずに保有することでヘッジしたポジションともいえる。したがって、その債券の時価が変動したというだけでは、投資の成果としてのキャッシュフローが生じた（利益が実現した）と

12　満期まで保有する限り、金利変動のリスクは機会費用に影響するだけである。それは成果に影響するのでなく、成果を評価する規準の側に影響する。もちろん、その場合でも信用リスク（デフォルトのリスク）に対しては、別途に損失を見積もって引当金を設けることになっている。なお、満期保有債券の評価と利益認識については、次章であらためて検討する。

はみられない。投資の性質からみて，それは本来の金融投資ではないということであろう。
　この満期保有目的の債券から生ずる投資成果を時価の変動と切り離してとらえる方法は，前述の事業目的に拘束された株式のケースと同じく，金融資産としての外形つまり法的な形式よりも，投資の目的という経済的な実質を優先させた処理とみることができる。時価の値上がりというキャピタル・ゲインを狙っている投資と，それとは異なる営業キャッシュフローを期待した投資とでは，実際の成果の測定や，そのための資産評価の基準を，無理に統一するわけにはいかないということであろう。しかし，他方でそれは，売るつもりかどうかといった経営者の意図によって，利益の大きさが恣意的に変えられるのを防げないという話にもなる。それを防ぐという観点に立てば，実質よりも形式に合わせて基準を統一し，機械的に時価評価をするのがよいという意見が出てくる可能性はある。その結果については次章でも簡単に言及する。
　しかし，考えてみれば事業用の資産と金融資産とで評価や利益認識の基準が異なるのも，資産そのものの外形よりは，経営者の意図に基づく投資の性質の違いであろう。実物資産が金融資産と違った会計方法で処理されるのは，実物資産だからでなく，経営者がそれを事業目的に使っているからであろう。もし投機のために保有すれば，会計上は金融資産と同じように処理されるはずである。事業からのキャッシュフローを期待して保有するものと，時価の変動によるキャピタル・ゲインを期待して保有するものとでは，期待の実現を測る投資の成果が本質的に異なっている。後者では時価の変動が投資の成果とみられるが，前者ではそれが成果と無関係な事象になる。通常の資本設備でも，実際にはいつ処分され換金されるかわからないが，それでも事業目的に使われている間は時価の動きと関係なく評価され，処分されたときに時価との差額が利益に加減されている。
　そもそも企業の財務報告やそれを支える企業会計制度に期待されている役割は，経営者のもつ内部情報が，開示される事実の情報を通じて市場へシグナルされるようにすることであろう。経営者の意図や見通しはその最たるものである。もちろん，経営者はそれらの内部情報を開示する誘因をもつとともに，できれば都合の悪い情報を隠して，都合のよい情報を出せるようバイアスを加え

る誘因をもっている。そうしたバイアスを排除するのが，外部の独立監査人による監査の役割である。そこでは経営者が情報を自己申告し，それを監査人がチェックして信頼性を担保する仕組みになっている。経営者の恣意性を排除するだけなら，情報開示を監査人にやらせればよいということにもなろう。重要なのは市場に伝えられる情報の有用性とバイアスの排除とのバランスであり，経営者の意図と会計上の評価の関係でも，その観点を見失わないことがもっとも重要である。

　ちなみに，満期保有債券の評価に使われる償却原価法は，約定したキャッシュフローがそのまま授受されるような他の金融資産についても，それらの評価や成果の測定に一貫して適用されてきた。代表的な例は，証券化されていない貸付金などの類であろう。市場の取引価額があるかどうかにかかわらず，その価値は金利水準や支払い不能のリスクによってたえず変動する。したがって，たとえば市場金利が上がったときは簿価を切り下げ，金利が下がったときは簿価を切り上げる評価の方法は，当然，考えられても不思議ではない。実際にもそうした方向での基準改革は，金融商品の全面公正価値会計を目標に掲げるIASBやFASBによって強く主張されてきた。問題は，キャッシュフローを確定させた債権や債務を評価するうえで，償却原価法による満期保有債券の評価や，後述するキャッシュフロー・ヘッジの処理との関係をどう考えるのかである。

　貸付金などの営業債権についていえば，市場の金利水準や貸し倒れリスクの変化に応じてそれらを再測定する時価評価のルールは，現在までのところ，限られた範囲でしか会計基準に組み込まれていない。少なくとも簿価の切り上げは，償却原価法を適用したときのアキュムレーションか，減損の戻し入れぐらいであろう。しかも，支払期日に弁済される債権の額，ないしは減損処理がなかったとしたときの償却原価の額，が切り上げの上限になっている。主要国（日米欧）の会計基準では，もっぱら価値の減損した債権の切り下げについて，その時点で見積もり直した将来のキャッシュフローを，約定当初の実効利率で現在価値に割り引く方法が定められてきた。要するに金利のリスク（市場リスク）は無視して，信用リスクを損失の面に限って評価に組み込むということである。債権を満期まで保有する以上，金利の変動は投資の成果に関係ないとい

う考え方であろう。

　しかし，2012年5月のFASB暫定決定（その後2013年2月に公開草案）では，契約上のキャッシュフローが元本と利息の支払いのみである特定の金融資産のうち，その回収と売却の双方を目的に保有するものを公正価値評価し，償却原価との差額はOCIとしてリサイクルさせることとされた。そこでは，金融商品をその性質と事業モデルに基づいて，(1)償却原価で測定するもの，(2)公正価値測定して差額を純利益とするもの，(3)公正価値測定して差額をOCIとするものに分け，実現した分は純利益に含めるという一般原則を掲げながらも，それが上述した契約キャッシュフローの特性を有する金融商品に限って適用されている[13]。これを受けてIASBも，IFRS第9号の限定的修正を図る公開草案（2012年11月）で同じ処理を求めることになった。その結果，株式が(2)で統一された米国基準では，債券だけ評価差額がOCIになるという齟齬が，また，いったん禁止したOCIのリサイクリングを一部に認めた国際基準では，それを認めない株式との不統一がそれぞれ生ずることになった。

5■デリバティブとヘッジ会計

　現物の金融資産ないし金融負債を想定した上記の議論は，デリバティブ（派生金融商品）にもそのまま当てはまる。というより，事業目的に拘束されることの少ないデリバティブは，通常は時価会計（時価による継続的な評価替えと損益認識）がもっとも適合する例とみられている。保有する現物金融商品の価格変動リスクをヘッジしているデリバティブでも，その点に変わりはない。ポジションの価格変動による利益を目的とした投資が投機だとすれば，そのリスクをヘッジする投資も投機として処理すればよい。ヘッジ対象が時価評価されていないときや，ポジションそのものの時価変動とは別の（たとえば金利の受

　13　FASB, "Accounting for Financial Instruments: Summary of Decision Reached to Date During Redeliberations as of June 20," 2012を参照。なお，金融商品はFASBとIASBの共同プロジェクトのテーマだが，この文書によると，ここではまずFASBのみで米国の方針が決められ，それを受けてIASBが米国基準との差異を減らす作業に着手した模様である。

け払いの）キャッシュフローの変動によって利益が変動するリスクをヘッジしているときは，ヘッジ会計を適用してデリバティブとヘッジ対象の損益を期間的に対応させるほかはないが，そうした例外を除けば，問題は比較的単純といえそうである。

　しかし，中途で換金せずに満期まで保有する債券を，期末ごとに時価で評価替えするのでなく，取得時に確定するキャッシュフローの期間配分によって評価した前述のルールは，ヘッジ会計を適用するときのデリバティブの評価にも共通する。代表的な例は為替の先物取引である。為替予約でヘッジした外貨建て債権・債務のポジションを清算せずに保有し続ければ，最終的な引き渡しの期日に直物と先物のレートが一致するから，取引の成果は契約した時点で確定する[14]。日本の「振当処理」に限らず，かつての米国基準でも，外貨建て債権・債務の決済に合わせた為替予約は，予約時点の直物と先物のスプレッドを予約期間に配分する方法で処理されていた。そこでは，為替予約（先物ないし先渡し）の取引が，外貨建ての債権や債務の決済に伴うキャッシュフロー・リスクをヘッジするものとみられてきたのである。

　ただ，デリバティブとヘッジをめぐる米国の新しい基準SFAS第133号では，期末レートで換算される外貨建てポジションがヘッジの対象から除かれている。期末の時価ないし為替レートで評価ないし換算され，その評価差額ないし換算差額をもって損益認識されるものは，ヘッジ会計のような特殊な方法を適用せずに，時価会計で処理すればよいという理屈であろう。従来はヘッジ取引に当たるものを選び出して時価評価の対象から除外してきたが，ここではその順序が逆転され，時価評価する資産や負債をまず決めてから，そうでないものに例外としてヘッジ会計を適用する運びになっている。しかも投資の性質ではなく，金融商品の種類で時価会計とヘッジ会計が使い分けられているのである。それは，もともと時価評価が原則の債券に，償却原価法のようなヘッジ会

14　先物取引の期日に直物と先物の価格が同じになる結果，保有期間を通じた直物価格の変動と先物価格の変動との差が，取引時点における直物と先物の価格差（スプレッド）に等しくなる――つまり契約時に確定する――ということである。このスプレッドを期間配分する方式は，直物と先物のポジションが個別に対応していれば典型的なヘッジ会計になるが，そうでないケースでは問題があるとされて海外では使われない。一般には，直物も先物も独立に期末レートで換算替えするのである。

計に通じる処理を認めたときの考え方とは、あきらかに異なっているといわなければならない[15]。

　そもそもヘッジとはリターンを犠牲にしてリスクを減らす取引であり、リスクを負ってリターンを追求する投機と対照をなす。リスクというのはリターンの変動だから、時価の変動でリターンがとらえられるケースなら、投資ポジションの時価変動を減殺するものがヘッジ取引になる（時価ないし公正価値のヘッジ）。他方、投資を換金した場合の成果ではなく、ポジションの保有に伴うキャッシュフローがリターンを増減させる場合なら、その変動を抑えて収支の金額を固定させるのがヘッジ取引になる（キャッシュフローのヘッジ）。同じ金融商品でも、換金して得られる売買差益と、保有を続けるときに生ずる（たとえば金利などの）キャッシュフローとの、いずれのリターンを想定するかでリスクのヘッジは違ったものになるのである。性格の違うリターンのどちらをヘッジするかを問わないまま、金融商品の外形だけで一律にヘッジ会計のルールを決めるのは疑問である。

　簡単な例でいうと、市場金利の変動に伴う価格変動のリスクを負わない変動金利商品について、金利のキャッシュフローが変動するリスクを固定金利へのスワップ契約を使ってヘッジしたときは、結果的にその合成ポジションは固定金利商品となって価格変動リスクを負う。時価ないし公正価値のヘッジという観点からすれば、この場合の金利スワップはヘッジ取引に該当しない。変動金利をわざわざ固定金利に換えて、市場金利が変動しても時価が変動するリスクのなかったポジションに価格変動のリスクを組み入れているからである。しかし、換金によるキャッシュフローではなく、金利のキャッシュフローで投資のリターンが測定されているケースで、その金額をあらかじめ固定すること（それによって将来の利益が変動するリスクを避けること）を目的としたものなら、この金利スワップはキャッシュフローのヘッジとして、時価変動のヘッジ

15　時価のある債権・債務を満期まで保有するのは、時価の変動によるリターンの変動を回避する点で一種のリスク・ヘッジである。その意味で、償却原価法は一種のヘッジ会計といってもよい。なお、SFAS第133号では、外貨のヘッジを他のヘッジ取引と区別しているが、いずれにせよそれは金融商品の外形的な分類に基づく概念構成であり、コントロールしようとしているリスクの性質に即してヘッジの成果を測るという、基本的な立場と矛盾することに変わりはない。

とは区別されるヘッジ取引に該当する。

　したがって，後者のケースであれば，少なくとも利益を測るうえで金利スワップ契約を時価評価する意味はない。デリバティブが一律に時価評価されるときでも，金利変動による契約ポジションの評価差額は利益から除き，そのリサイクルによって金利変動に伴う利益の変動を相殺していけばよい[16]。しかし，同じ金利スワップ契約でも前者のようなヘッジする対象がないケースや，時価の変動をヘッジしているようなケースでは，いずれも投機のポジションとして時価評価したうえ，時価の変動で損益を認識することになる。ひとくちに金融商品のリスク・ヘッジといっても，ポジションを自由に清算する場合の価格変動のリスクと，保有を続けたときにキャッシュフローが変動するリスクとの，どちらをヘッジするかによって会計上の評価や利益認識は異なってくるわけである。それは，債券の評価が売買目的か満期保有目的かで異なるという前述の話題と共通する論点である[17]。

6■おわりに

　資産の評価と利益認識は，事業投資に属するものを原価マイナス減価ないし減損で，金融投資に属するものを時価でというのが，従来の（そしておそらく現行の）会計基準を根底で支える原則的な考え方といってよい。それは投資にあたって事前に期待した成果がどこまで実現したかを測定し，そこから先の将来に関する期待形成にフィードバックさせるという，企業会計の基本的な目的から導かれる理屈であった。その理屈を突き詰めれば，外形的には金融商品で

16　金利スワップの評価と利益認識については第11章と第12章で詳しく述べる。
17　前述したように，最近では投資の性質よりも金融商品の外形ないし属性だけで投機とヘッジを区別して，会計処理を画一的に決める傾向が強い。金利スワップ契約については，金利を固定するキャッシュフローのヘッジという面が重要なのは確かだが，それをすべてヘッジ会計で処理してしまうと，実質的には投機の性質を持った固定金利債券への投資でも，変動金利債券と金利スワップの組み合わせに変えれば時価評価されないという妙な結果にもなる。しかし，だからといって，ヘッジ会計をやめるのでは出発点に逆戻りである。重要なことは，ヘッジがあくまでもリターン（が変動するリスク）のヘッジであることを認識し，期待されている投資のリターンに即して会計ルールを適用することである。

も，時価による評価と利益認識に馴染むのは，ポジションの一部または全部をいつでも自由に時価で清算できる市場があり，しかもそれが事業目的等に制約されないという意味で金融投資の性質を有するものに限られよう。そうでないものは，むしろ事業投資と首尾一貫した方法で評価されることになる。子会社・関連会社の株式をはじめ事業目的に拘束された株式や債券などはその例であろう。事業資金の調達にかかわる後述の負債（第13章）も同様である。

　ただし，ここでの議論は，実現した利益，あるいは投資のリスクから解放された成果といった概念を前提に，会計ルールを体系化したものでしかない。前提となる利益の概念を変えれば，たとえばすべての金融商品を時価評価して，差額をその期の損益とすることもできる。しかし，その場合には，時価評価を金融商品に限る理屈が問題になろう。事業に使われる資産にも，時価で換金できるものがあるからである。となると今度は，事業用のものも含めたすべての資産・負債に時価（公正価値）評価を拡大するという話にもなるであろう。繰り返し述べているように，要は基礎となる概念に基づいて評価のルールを選ぶことである。概念の検討を欠いたまま測定の操作を先に選択し，それを自己目的化した後で理屈をつけようとすると，苦し紛れに「公正価値利益」などという概念をつくり出して一般化することにもなりかねない。特定の操作で定義した概念を一般化するのは，定義の操作性とは異質の話である[18]。

　18　公正価値利益というのは，JWG［2000］において実際に主張された概念である。測定の操作（道具）のなかから公正価値評価をあらかじめ選択し，それによって測定されるべき利益の概念を定義する点で，概念の内実を決めたうえでその測定のあり方を考える通常の議論とは反対である。その概念が一般性をもつためには，公正価値が一義的に選択される根拠を，利益とはなにかに立ち返ってあきらかにする必要がある。そうでない限り，測定ルールの選択をめぐる争いの解決には寄与できないであろう。ちなみに「概念は対応する一組の操作と同値」だとしたブリッジマンの操作的定義の主張は，複数の異なる操作規則に対応して複数の概念が存在すること，それらを超越した概念一般が存在するとみるべきでないこと，を確認するものでもあった。斎藤［1979］，121頁を参照。

第10章 政策投資株式と満期保有債券

1 ■ は じ め に

　前章では金融商品を包括的に取り上げて，会計上の評価と利益認識を検討した。本章では，金融資産のなかでも特に範囲を現物有価証券に限定して，その問題をもう少し詳しく考察してみたい。といっても，売買（トレーディング）による値上がり益の獲得を目的に保有する株式や債券と，他社の経営に対する支配や関与から利益を得ようとする子会社や関連会社の株式については，新たに付け加えるべき論点はあまり残されていない。前者は金融投資のポジションとして時価で評価され，時価の変動に基づいて（売買を待たずに）投資の成果がとらえられるだけであった。その対極にある後者は，事業目的に拘束されたものとして，時価の変動とは関係なく，むしろ投資先企業のバランスシートと投資側企業の持分比率とに基づく連結決算や持分法で処理されている。同じ有価証券でも，この両者は投資の性格にてらして評価と利益認識が使い分けられているのである。

　もっとも，関連会社株式に適用される持分法については，バランスシートを連結せずに利益だけを連結する一種の簡便法（一行連結）とみる従来の理解に対して，これを「時価法」や「原価法」と並ぶ有価証券評価の手法と考え，さらには公正価値評価の一種として位置づける議論が最近では聞かれるようになった。金融商品のすべてを（さらに，できれば資産や負債のすべてを）公正価値会計で一元的に処理しようとする試みの副産物かもしれないが，さすがにそこまでいうのは牽強付会の感を免れない。投資している側の投資勘定に被投資会社の資産と負債の総額を代入する連結決算に対して，持分法はその純額の正味資産（に対する持分相当額）を代入する，その意味で簡便的な手法である。これを公正価値評価の代理だというなら，上場されていて市場の取引価格

がある関連会社株式は，持分法で代理させずに時価で評価されなければならないはずであろう。

　問題は，上記の売買目的有価証券と子会社・関連会社株式との，いずれからも除かれている現物証券である。現行基準では満期保有目的の債券と，その他有価証券に分類される売却可能な証券，なかでも特に政策投資株式（持合株式）などと呼ばれてきたものがそれに該当する。売却して値上がり益を現金化しようと思えばできるが，別の目的に拘束されていて売却の意思がないという点でトレーディングのポジションではなく，他方，子会社や関連会社の株式ほど事業目的が外形的に立証可能なものでもない，やや中途半端にみえるカテゴリーである。共通しているのは，外形上は売買目的有価証券と区別がつかなくても，別の目的があって売らないという経営者の意図によってそれと区別される点だといわれている。こうした保有目的に依拠するやり方が，「取引の実質が同じなら会計処理も同じ」という実質優先原則にマッチするのか，それが問われているわけである。

2 ■ 政策投資株式の評価と利益認識

　取引の実質が同じならば会計処理も同じ（しばしばeconomicsが同じならaccountingも同じと表現される）という，おそらく誰がみても当たり前の原則を持ち出したとき，さしあたっての問題は，上記の満期保有債券や政策投資株式を，売買目的有価証券と区別する意味がどこにあるのかであろう。より具体的には，売却を待たずに期末ごとの時価で評価して損益を認識するという，売買目的有価証券に適用される時価会計を，それらに適用しない特別な理由である。同じく有価証券への投資でありながら，時価で評価しても差額の損益認識を売却まで繰り延べる政策投資株式はもとより，時価評価を否定して償却原価法を適用する満期保有債券の会計処理は，同じものには同じルールを適用する上記の基本原則と矛盾しないのか，しないとしたらそれはなぜか，取引の実質が同じでないということなら，いったいどこがどのように違うのかを考える必要がある。

　売買目的の有価証券というのは，要するにキャピタル・ゲイン（保有資産の

値上がりによる利益）を期待した投資のポジションであり，いつでも自由に時価で切り売りして成果を実現できる反面，誰が保有しても時価で換金するしか投資の成果を実現する方法がないという性質をもっている。完全かつ効率的な金融市場では，将来の成果とリスクの期待がすべて現在の市場価格に反映されており，トレーディングの成果は実際の売買を待つまでもなく市場価格の変動によって一義的に決められる。このケースでは，金融資産の保有を続けても，あるいは時価による売却と買い戻しを繰り返しても，実質的には同じ意味しかもたないことになる。要するに，保有する資産を売っても売らなくても，時価の変動分がそのまま投資の成果になるわけである。この売買目的の証券と比べて，保有と売買を区別する上記の例はどのような性質の投資とみたらよいのであろうか。

　日本基準でいうその他有価証券（海外で売却可能有価証券とか売却可能金融資産と呼ばれてきたものに対応）の評価と損益認識は，この取引の同質性という観点から，これまでにも繰り返し争点とされてきた。時価（公正価値）で評価しても評価差額の利益認識を売却まで繰り延べるやり方は，資産の評価は変わらなくても，利益の期間帰属（利益認識のタイミング）では時価会計と違った結果を引き起こす。売買による利益を期待していないケースであれば，値上がりによる評価益は純利益に影響することなく純資産の一部（その他の包括利益OCIの残高）として繰り越され，売却を待って純利益に含められることとされてきた。値下がりによる評価損も，減損のケースを除き売却までは純利益に影響させないまま純資産（の要素であるOCIの残高）から控除された。要するに，保有している間は，この種の有価証券に生じた時価の変動が，利益（純利益）を経由せずに純資産を変動させてきたのである[1]。

　それに対して，同じ有価証券への投資でも，売るつもりかどうかでこれほど利益が違ったのでは比較可能な情報にはならず，むしろ利益操作の温床になる

---

1 前章で述べたように，2009年11月にIASBは金融商品の会計基準を改訂し，その他有価証券に当たるカテゴリーを廃止して時価評価差額の利益認識を売買目的のものと揃えたが，それでもこの利益をOCIに含めるオプションを設けている（純利益へのリサイクリングは認めない）。他方，米国基準は，株式をすべて公正価値で評価し，差額はすべて純利益とする方向である。

だけだから，両者を区別せずに同じ方法で処理しようというのが，公正価値会計の全面適用や，純利益の廃止による包括利益への一元化などの主張にもつながっている。確かに，経営者の意図という曖昧な線引きの規準を活用（悪用）して，売買目的証券と性質が違わないものを，そこから除外している例は少なくないとみられている。もともと売買目的から区別される有価証券は，事業目的に拘束される点でかなり狭い範囲に限られるはずだが，それがいつの間にか無原則に拡大されてきた面は否めない。しかし「その他有価証券」の範囲が広すぎるという批判の論点は，それをすべて売買目的のものと区別せず，いわば同じ取引として同じ会計処理を適用すべきだという主張に直結するとは限らないであろう。

　なかでも判断の難しいのが，政策投資株式（持合株式）のカテゴリーである。子会社や関連会社の株式には連結や持分法のような特別の基準があるが，それらに該当しないで事業提携や技術提携などを裏づける政策目的の株式は，実質上は事業投資の性質をもちながら時価評価されるため，利益認識に議論の余地を残している。株式保有を通じた提携から事業の成果をあげているときは，株式を売却して得られる利益は放棄された機会のコストである。両方を同時には得られない以上，後者を成果に含めるのは一種の二重計上であろう。たとえばトヨタがいすゞの株式を継続保有（2006年〜2018年）してディーゼル技術の提供を受けたケースでいえば，それによる事業の成果はいすゞの株式を売却してしまえば得られない。キャピタル・ゲインを犠牲にして事業の成果を追求する限り，いすゞ株式の値上がり益は行われた投資の成果ではなく，むしろ行われなかった（断念された）投資の成果に該当する。

　経営者の意図そのものは，情報劣位にある投資家にとって，虚偽でない限り情報価値があるとみることができる。事業用の実物資産を金融資産と区別しているのも，基本的には経営者の投資目的ないしは意図である。子会社や関連会社の株式も同様である。それらは外形的に区別しやすいから問題にならないだけで，事業目的という投資の性質に基づいて金融投資から分けられている点に違いはない。経営者の意図が最終的な拠りどころになるのはむしろ当然であって，問題はそれを外形的にどう証拠づけるのかであろう。こうした本来の政策投資を切り分けるのは容易でないが，難しいから区別をやめるというのは会計

基準の役割を放棄した乱暴な議論である。特に事業提携や技術提携なら，裏づけの文書があるはずであろう。トレーディングと政策投資は性質の異なる取引であり，意図を事実で確認できれば，両者が混合した情報より価値は高くなる可能性がある。

3 ■ 金利変動と債券投資の成果

　今度は株式から債券に目を転じてみよう。売買目的で保有する場合なら，債券であっても時価で評価して，それに伴う評価差額をその期の利益に反映させるのはいうまでもない。そこでは時価の変動による損益が，利息収益に加減されて債券投資の成果とされるわけである。この債券の値上がりや値下がりは，もしデフォルト（債務不履行）のリスクが存在しなければ，もっぱら市場金利の変動に起因する。利息の支払いと元本償還のキャッシュフローが契約によって確定している以上，債券の価格はそれを現在に割り引く時間選好率，つまり借入資本のコストに当たる市場利子率によって決められるわけである。固定金利の長期債券を保有している場合であれば，変動金利の債券（あるいは市場利子率が変わる前に償還されてしまう短期の債券）を取得したときに比べて，それだけ価格が金利変動のリスクにさらされているのである。

　したがって，2期以上にわたる固定金利債券への投資の成果は，市場金利の変動に伴う価格変動がない変動金利付債券の利息収益を規準に評価されることになる。保有している債券からの利息収益と，保有期間中に生じた値上がり益との合計が，（デフォルト・リスクを割り引いたうえで）その規準と比較されるのである。市場金利の低下で債券が値上がりすれば，それは将来の高い利息収益を前もって確定しておいた投資の成果であり，反対に市場金利の上昇で債券が値下がりすれば，それは変動金利，あるいは短期の金利で運用していれば避けられたはずの損失である。債券がいつでも自由に換金できるものである限り，利息収入でも値上がりの利益でも，キャッシュフローと同質という点で保有者にとっては無差別であろう。その両者が，金利変動のリスクを負担した債券投資の成果に含められるのである。

　ここで注意したいのは，上述の意味における債券投資の成果が，過去にどの

ような機会を選択したのかに依存する一方で，現在ないし将来の意思決定には影響されない点である。将来，満期が来る前に売却してもしなくても，あるいは売却から生じた資金をどのように運用しても，それは現在までの投資の成果と関係がない。現在から先の機会選択は，将来の投資成果を変えるだけである。会計上の利益で測られる投資の成果はあくまでも過去の選択の結果であり，期中に取得した債券でも，前期から持ち越された債券でも，要するにそれを取得して保有した意思決定の結果が，金利リスクのない短期の資金運用という基準状況と比較されるのである。いつでも切り売りできるものであれば，債券でもその価値は市場価格に等しく，誰がもつかにかかわらず，価値の変動が時価の変動で測られることに変わりはない[2]。売買目的で保有するケースはその典型である。

　それに対して売買目的でなく，満期まで保有する目的で債券を取得している場合，その投資の成果は，当然ながら毎期の利息収益であろう。ここでいう利息収益は，約定されているクーポン収入に，取得の際のプレミアムもしくはディスカウントの償却分を加減した大きさである。その額が，機会費用に当たる上述した基準状況の収益，つまり金利リスクのない変動金利付債券に投資したときの利息収益と比べられるのである。この機会費用を上回る毎期の利息収益が，満期まで債券を保有したときの正味の成果だということになる。この債券を時価で評価して差額を利益に影響させるということは，こうした将来における正味の利息収益を先取りして計上するものにほかならない。デフォルトの損失を別にして満期までの成果が確定している以上，そこで先取りされた収益は，後の期の利息収益の計算で相殺されるのはいうまでもない。

　たとえば市場金利の低下による債券価格の上昇に伴って，その簿価を切り上げたとしてみよう。上述のように，債券の簿価が額面と違っている分は，満期償還までになんらかの方法で償却されなければならない。それに伴う損益がクーポン収入に加減されて，正味の利息収益となるのである。評価替えがなけ

---

[2] この点については前章も参照されたい。ただし，1920年代末にアメリカで資本市場が崩壊した後，そこから立ち直る過程で近代的な会計制度が整備される局面では，金融資産についても時価評価は市場を混乱に導いた元凶として批判されていた。May [1943], Chap. 12などをみよ。

れば取得価額と額面の差が償却されるだけだが，償却が終わる前に簿価を切り上げれば，その期に評価益が計上される一方で，償却すべきディスカウントが減少するか，またはプレミアムが増大して，その後の利息収益は同じ額だけ小さく計算されることになる。簿価を切り下げた場合はその反対である。それによる利息収益の増減が，市場金利の変動分を反映するわけである。そこでは，評価替えに伴う損益によって，将来のクーポン収入と市場利率分の予想収益との差額が先取りされている。現在の評価益は，市場利率を超える将来の利息収入と等価である。

そうなると，取得した債券を満期償還まで保有していれば，途中でそれをどう評価してみても，結局は取得時に確定している投資成果の期間配分を変えることにしかならない[3]。しかも株式投資や実物投資のケースと違い，この場合は取得時に最終的な成果が確定され，デフォルトによる損失を別にして，その大きさも帰属期間も，満期前に投資を清算しなければ変わらない[4]。そのため，少なくとも事後的にみれば，満期まで継続される債券投資では，当初に確定している成果が，そのスケジュールに従って決められた期間に計上されていればよい。期末ごとの時価評価で，わざわざ期間配分を変えるだけの意味はない。その一方，満期を待たずに債券を売却する場合には，そこから先の確定した収入が売却時点の市場金利で割り引かれる。そのケースでは実際に売却するまで最終的な成果が決まらないから，それを見込んだ時価の変動で成果を測る意味があるというわけである。

このように債券の評価を保有目的で使い分けるのは，債券投資の利益認識を現在ないし将来の機会選択に依存させているようにみえるかもしれない。もしそうであれば，それは上述した原則と矛盾しよう。しかし，満期まで保有するというのは，価格変動のリスクをヘッジしてキャッシュフローを確定する取引にほかならず，利益を測定する時点では既に過去のものとなった意思決定でしかない。満期まで保有するという意思決定をしたときに，回収のリスクを別に

---

[3] それは，事業用の実物資産を評価替えした利益が，将来の営業利益を先取りするにすぎないのと同じである。
[4] 信用リスクがあっても，貸倒引当金の問題として別途に処理することは可能である。

して元利のキャッシュフローが確定され,そこから先の成果はすべて事前に与えられるのである。それを将来に繰り延べて帰属期間に配分していくのが時価を無視する方式であった。その一方,売買目的と決めた後,まだ成果が確定していないものは,将来の機会選択にかかわりなく期末ごとに時価で評価する。いずれも過去の選択によって機会費用をとらえ,それにてらして投資の成果を測定することに変わりはない[5]。

4 ■ 満期保有債券と償却原価法

　前節では,債券の評価が,その保有目的に応じて変わる可能性を検討した。ストックの評価が保有目的で異なれば,投資の成果もそれに連動して変わることになる。ストックを時価で評価したときは,期間中のクーポン収入に債券の価格変動分を加減した額がその期の成果になる。期末に債券を売却すれば,その成果は現金収入に換わるはずである。それに対して時価によらない評価――キャッシュフローの規則的な配分による評価――では,債券投資の成果が,取得時のプレミアムやディスカウントの償却分をクーポン収入に加減した正味の利息収益として測定されることになる。毎期の投資成果を,後者は市場金利の変動にもかかわらず固定されたキャッシュフローの配分で測り,前者はそれを見込んだ債券価格の変動分でとらえようとするのである。満期までを比べれば,両者の違いがプレミアムやディスカウントの期間配分の違いに帰着するのはいうまでもない。

　もちろん,取得した時点で既に満期までの成果が確定しているような債券についても,たえず変動する市場金利にてらして投資の成果が評価される。しかし,市場金利とともに変動するのは債券の市場価格であって,債券を売らずに保有している限り,そこから得られるキャッシュフローにはなにも変わりがな

---

[5] 時価の変動によって投資の成果をとらえるケースでは,その投資を選択した結果として放棄される(ベストな)機会が時価の変動そのものになっている。時価の変動分で利益をとらえるのは,あくまでも実際の成果を測っているのであって,失われた機会の大きさを測定しているのではない。企業会計は機会費用を測らない。それと比較できる実際の成果を測定するのである。

い。市場価格にリスクがある一方，デフォルトを除けばキャッシュフローにはリスクがないのである。機会費用としての資本のコストと比較したときの正味の成果には，どちらをみてもリスクがあるはずだが，それを差し引かない（資本のコストに当たる分が含まれる）グロスの成果には，約定されたキャッシュフローをみているときにはリスクがないということになる。保有する債券をどう評価するのかは，その投資の目的が，リスクのある市場価格とリスクのないキャッシュフローとの，どちらに向けられているかに依存しているとみることもできるのである。

したがって，もし金利変動のリスクを負わないキャッシュフローを目的に投資をしたのであれば，その期待が事実で確かめられたときに成果をとらえればよい。それが満期保有を目的とした債券の評価を決めることになる。もちろん，結果として満期まで保有したというだけでは，満期以前における評価のルールは決めようがない。最終的な結果がどうであったということではなく，その方針が決められて投資の性質が定まったときに，そこから先の期間における債券評価のルール（この場合は時価会計とは別のルール）が選択されるのである。そこでの問題は，債券取得時のプレミアムやディスカウント——正確には満期保有を決めたときの簿価と額面の差——を，どのようにして満期までの各期に配分するかであろう。期末ごとに時価で評価するのも結果的にはひとつの配分計算だが，このケースでは市場価格を離れた規則的な配分のスケジュールが求められる。

一般に償却原価法と呼びならわされてきた配分方法は，そのために利用されるやり方のひとつである。なかでも，ディスカウントの償却額とクーポン収入の和（プレミアムなら償却額とクーポン収入との差）が償却後の債券額に対する定率の利息となるように配分のスケジュールを定める利息法を前提とするときは，約定されている利息収入と元本償還のキャッシュフローを債券の取得価額へ割り引く内部収益率（実効金利）を計算し，期首の簿価に対する成果の率が毎期これに等しくなるよう期末の評価額を決定する。プレミアムやディスカウントの償却額は，一方で債券の簿価を減額もしくは増額させ，他方で毎期のクーポン収入に加減されて正味の利息収益に影響する。収益率は，当初に成果を確定したときの実効金利に固定されるのである。そこでは，プレミアムや

ディスカウントの償却が債券の簿価が額面に近づく後の期間ほど（絶対額で）大きくなる。

つまり，償却原価法で評価された債券の簿価は，当初の実効利率を期首の簿価に乗じた利息収益から，額面金額に対する表面利率分のクーポン収入を引いた額だけ毎期変動する。取得額が額面より高ければ，その分だけ債券の簿価が減額されてプレミアムが償却されていく。反対に取得額が額面より低ければ，その分だけ簿価が増額されてディスカウントが償却されていくわけである。そのようにして決められる各期の債券簿価は，そこから先の確定したキャッシュフローを当初の実効金利で割り引いた現在価値に等しくなる。各期の成果は，プレミアム（ディスカウント）の逓増的な償却分が固定額の利息収入から控除（に加算）され，期首の債券簿価に対する一定率の利息収益になるのである。金利を固定した割り引きと割り戻しという点で，この方法は時価評価や本来の現在価値評価とは異なった，どちらかといえば原価評価に近い手法である（下記の補注を参照）。

　　［補注］いま，額面 B，表面利率 r，満期まであと n 年の債券を，期首時点で取得した例を考えよう。取得時の市場金利を r' とすると，当然ながら取得価額 B' は，年々の利息収入 rB と満期償還額 B とを金利 r' で割り引いた現在価値になる。この債券を満期まで保有したときの成果は，年当たり rB の利息収入に，満期償還額と取得額の差額 $(B'-B)$ を加えた合計であり，その大きさは，回収のリスクを別にすれば債券の取得時に確定する。

　　償却原価法は，この債券取得時に確定した成果を満期までの各期に配分するコンベンショナルな方法である。約定された利息収入はそのまま計上するとして，あとは $(B'-B)$ を n 年間に配分すればよい。利息法と呼ばれる方法では，利息収入を合わせた各期の利息収益が，その期首の債券簿価に取得時の市場金利 r' をかけた額になるよう，以下のように配分計算をする。

　　すなわち，B' を第1期期首の簿価 B_0 としたうえで第 t 期期首の簿価を B_{t-1} で表わすと，第 t 期の利息収益は $r'B_{t-1}$ であり，そこから約定された定額の利息収入 rB を引いた $r'B_{t-1}-rB$ が，その期における $B'-B$

の配分額，つまりプレミアム（$B'>B$）またはディスカウント（$B'<B$）の償却額になる。いうまでもなく第t期末の簿価は$B_t=(1+r')\times B_{t-1}-rB$になる。

　数値例で確かめるまでもないが，期首に額面10,000千円，利率4％，満期まで2年の社債を9,814千円で取得したとする。利息法はディスカウント186千円を取得時の実効利率（この場合は約5％）を使って償却し，満期の社債簿価を額面と一致させる。すなわち，以下の表に示すような結果になる。

	期首の簿価	利息収益	利息収入	簿価の調整
第1年度	9,814（取得原価）	491（9,814×0.05）	400	＋91（491－400）
第2年度	9,905（9,814＋91）	495（9,905×0.05）	400	＋95（495－400）

第2年度末の簿価は9,905＋95＝10,000となって償還額の額面と一致する（単位千円）。

　そもそも償却原価で評価するときは，その時点で利用できる情報のすべてを使っているわけではない。少なくとも，測定時の市場利子率は使われていない。利用可能なすべての情報を組み入れて債券の価値を測定するということであれば，その時点の公正な市場価格か，あるいはリスク調整後の期待キャッシュフローをその時点の市場利子率で割り引いた本来の現在価値になるはずであろう。それをしないのは，不完全な測定に甘んじているということではなく，価値の測定・評価が目的ではないからである。そこでは，満期保有を決めた瞬間に確定する満期までの成果を投資期間に配分する目的で，取得時の実効金利を規準にしてプレミアムやディスカウントが償却されている。そうした金利変動のリスクを負わないポジションの現在価値評価では，それを公正価値測定の一種とみて時価評価との乖離を問題にしても意味がない。

　債券であれ株式であれ，その市場価格は，将来キャッシュフローの期待と資本コストとの，いずれか一方もしくは双方の変化によって変動する。満期までのキャッシュフローが約定されている債券の場合は，もっぱら資本コストの変化が価格変動を引き起こす。資本コストが下がれば価格は上昇するが，それによる現在の利益は，資本コストの下落に伴う将来の損失（利益の低下）で相殺されていく。原理的には債券でも株式でも，長期保有のケースであればその点

に変わりはないが,デフォルトのリスクを別にして,キャッシュフローにマーケット・リスクのない債券の場合はそれが顕著であり,しかも,会計のルールでは長期保有というあいまいな規準が使えないため,特に満期保有の債券だけを切り出して,別途に評価の方法が定められているというわけであろう。その意味でも,償却原価は公正価値の代理指標ではない(下記の補注を参照)。

[補注] 第9章でふれたように,IFRS第9号の限定的修正を図ったIASBの公開草案(2012年11月)では,契約上のキャッシュフローが元本と利息の支払いのみである特定の金融資産のうち,その回収と売却の双方を目的に保有するものを公正価値で測定し,差額はその他の包括利益OCIとしてリサイクルさせることとされている。IASBが否定してきたOCIのリサイクリングがこのケースに限って復活させられているわけだが,もし実際に満期まで保有された債券について,OCI処理された公正価値と償却原価との差額が純利益へリサイクルされず,そのまま留保利益へ移されたらどのような結果になるか,念のため第5章補論の趣旨をこの点に絞って確認するとともに,必要な説明を補っておく。

直前に掲げた[補注]の前提を少し変えて,債券を取得したとき(第1期首)の市場金利が表面利率 r と等しい(したがって取得価額は額面の B)とし,満期までは2期間(第2期末に償還)と仮定しよう。そして,第1期末に市場金利が r' へ下落,債券価格は B' へ上昇したとする。 $\varDelta B = B' - B$ とすると,この第1期末の処理は,

現　　　金	rB	収　　　益	rB	(金利収入)	
債　　　券	$\varDelta B$	その他の包括利益	$\varDelta B$	(評価替え)	(10.1)

債券が額面 B で満期償還される第2期末には,

現　　　金	rB	収　　　益	rB	(金利収入)	
その他の包括利益	$\varDelta B$	債　　　券	$\varDelta B$	(評価替え)	
現　　　金	B	債　　　券	B	(額面償還)	(10.2)

という結果になる。

ここで,第2期の収益が $r'B'$ ではなく,実際の金利収入 rB になっていることに注意しよう。これは $r'B' + \varDelta B$,つまり改訂されたあとの利率に基づく金利収益に,OCIのリサイクル分を加えた額である。もし収益を $r'B'$ にしたければ, $\varDelta B$ を純利益に戻さないで直接に留保利益へ振

り替えることになる。しかし，債券投資の満期までの成果は，途中で評価替えをするかどうかにかかわらず，取得価額と償還額との差（この例ではゼロ）に，利子収入の総額を加えた正味のキャッシュフローである。上記の例が1期間の投資で，利率の変化が期中に生じるものであれば，この額を投資の成果とみることに疑問はないであろう。OCI を純利益へ振り替えないと，その期間をどのように分けて利益を測るのかによって，各期の利益の合計と通期の利益との関係が違ってしまうのである。

　これは債券を満期保有する例だが，満期以前に売却する場合でも，債券でなく株式に投資する場合でも，さらには実物資産への投資でも，問題の本質は基本的に変わらない。前述のとおり，投資期間を通算した利益は正味のキャッシュフローと一致する。純利益でも包括利益でもその点は同じであり，両者の違いは期間帰属の違いでしかない。純利益から除かれた OCI は，どこかで純利益に変わる必要があるというわけである。しかし，米欧ではこれが債券（契約キャッシュフローの特性を有する金融商品）に限定して争われており，2012年5月の米国 FASB の暫定決定でも，IASB による上記 IFRS 第9号の限定的修正草案でも，株式の評価との間で矛盾を残していたことは前章で述べたとおりである。

5 ■ 金融商品会計における評価と配分

　固定金利債券への投資のように将来にわたる成果が約定されたケースでは，満期以前の処分を想定しない限り，市場価格の変動を無視してその成果を投資期間に配分することができた。金利変動やそれに伴う価格変動のリスクを負わないポジションとされている以上，ストックの評価は，こうした成果配分の観点から決めることが可能であった。期末ごとの時価評価も結果として期間配分のひとつの方法になりうるが，わざわざ時価を規準にする合理性があるかどうかは別問題である。むしろ償却原価評価のほうが，配分の考え方にはなじみやすい。もちろん，利息法によらなくても成果の配分は可能である。債券の簿価に対する収益率を一定とする代わりに，収益の額を毎期一定とする方法もあろう。いずれにせよ約定された成果をポジションの清算で変えなければ，この投

資にとって,期末ごとに評価された価値の情報はレリバントでない。

　それに対して,満期以前に処分される可能性がある場合は,元利のキャッシュフローが約定された債券であっても,その保有は投機のポジションにほかならない。いつでも処分できる反面,いつ,いくらで処分されるかがわからないのだから,投機の最終的な成果も事前にはわからない。そのような金融投資に当たるケースでは,毎期の成果は債券価格の変動によって測定するほかはない。それは確定したキャッシュフローの期間配分ではなく,ポジションの継続的な評価を通じた投資成果の測定である。ひとくちに債券投資の成果といっても,そこでは,期末評価の観点と期間配分の観点とが並存し,投資の目的や性質に応じて使い分けられている。それらは,現在から先の意思決定にかかわりなく,もっぱら過去の機会選択の成果をとらえようとする点では共通しているが,なにを成果とみるかはまったく異なっている。

　ただ,満期保有目的の債券を,売買目的のものからどうやって区別するのかは,ここでも難問であることに変わりはない。債券の保有目的を観察可能な事実で立証できなければ,それが会計操作の温床になるという批判が生ずるわけである。もちろん,いわれるまでもなく,それは経営者が満期保有の意図を表明すればよいという話ではない。事実,結果としてではなく,意図して債券を満期まで保有し続けるというのは,前述の政策投資目的で株式を保有するのと同様,かなり限られた特殊な例であろう。おそらく,資本設備などの戦略投資や社債償還を含む営業債務の履行など,事業上の資金支出計画があって,それまでの間,当面の余剰資金を運用する目的で,満期をそれにあわせて取得し保有しているような債券であろうか。そうしたケースであれば,一般には文書の裏づけが得られるとみてよいのかもしれないが,監査上の問題は当面の論点ではない。

　この評価と配分の使い分けは,金融商品に限っても債券投資のケースにはとどまらない。たとえば外国為替を期末相場で換算替えする銀行経理でも,為替取引の性質に応じて2つの観点が使い分けられてきた。一般に外為銀行の保有する直物為替および先物為替は期末レートで引き直したうえ,それに伴う換算損益を計上することになっているが,いわゆる資金関連スワップや通貨スワップのような,資金の調達と運用に直結している為替取引については,為替相場

の変動をそのまま利益に反映させるのとは別に，確定した利息を時間の経過に従って配分することが試みられてきた。前者は時価評価による損益認識（表示上は売買損益）に対応し，後者はキャッシュフローの期間配分による正味の利息収益ないし利子費用の計算である。そこでは，為替取引に時価評価の原則を適用しながら，資金取引に仕組まれていて単独では取引されないポジションを，期間配分の考え方で処理しようとしてきたのである。

　その原理は，基本的には債券投資の場合と同じである。いま，直物と先物で同額の外国通貨を反対売買する為替スワップ取引を考えよう。契約時の直物相場と先物相場のスプレッドは，この契約の期限までを通じた正味の利息収益ないし利子費用であり，途中でポジションを清算しない限り契約時に確定されている。これを単に期間配分するだけなら，期末ごとに直物と先物をそれぞれのレートで換算してもよい。内外の金利差が一定であれば，スプレッドの変化に当たる正味の換算差損益は，経過期間に応じた正味の金利と一致することになる。しかし，金利差が変動する以上，それによって計算されるのは，むしろ為替スワップを期末に清算した損益である。そのポジションをトレーディングに使えるときならそれでよいが，途中の清算がない資金取引では，レートの変動にかかわりなく，期限までの金利を経過期間に配分する必要があるとみられている[6]。

　もちろん，実質の違いをどこまで識別するかはコスト・ベネフィットの評価に依存するから，上記のような別立てのルールが会計基準にとどめられるかどうかも，時代の環境によって異なるはずであろう。しかし，同じ金融商品についてそうしたルールが時価会計と並存してきた事実は，評価と配分という2つの異なる枠組みの使い分けが，会計問題の根底をなしていることを物語るもの

6　ここでいうのは，直接には銀行業における資金関連スワップ取引である。これは異なる通貨での資金の調達と運用を目的に行われ，外貨で調達したケースなら元本相当額を直物買為替，将来支払うべき元本と利息の相当額を先物買為替とした為替スワップ取引であり，通貨スワップと実質は変わらない。しかし，この種の取引がトレーディングのポジションでない資産や負債に関連した資金の調達・運用だとすると，キャッシュフローの観点からは異種通貨の貸出金と預金を同時に保有しているのと同じになり，損益も原則として異種通貨間の金利差を反映した直先差損益になると考えられてきた。銀行経理問題研究会［2007］，630頁以下をみよ。また，やや古い文献だが斎藤［1994］も参照。

でもあろう。ここでの課題は，債券投資の成果を市場価格とキャッシュフローのどちらで測定するのかであるが，それは投資の成果やリスクに関する事前の期待を，どのような事実によって事後的に測るのかという，事業投資にも共通する基本的な選択にほかならない。そこで問われているのは，資産の価値をどう評価するのかに先だって，そもそもストックの価値評価とフローの期間配分の，どちらの観点に立って投資の成果を測るのかという，より本質的な選択の問題である。

6 ■おわりに

　債券の評価における時価と償却原価の関係は，バランスシート上のストックを評価する規準の選択である前に，ストックの評価かフローの配分かという，投資の成果をとらえる基本的な枠組みの選択であった。償却原価法は，したがって，資産評価の手法である前に期間配分の方法のひとつであった。将来のキャッシュフローが確定した満期保有債券では，その確定した成果を期間配分する観点から償却原価法が適用され，満期が来る前に売却して約定されたキャッシュフローを変えられる債券投資には，継続的に価値を評価してその変動を測る観点から，時価法の適用が要請されてきたのである。情報を利用する投資家の予想形成と企業評価にとって，この債券が金融投資の性質をもつ場合は成果よりも価値が主たる関心事になるが，事業に拘束された部分があるときは，投資の目的や性格に応じた成果の測定が必要とされることになる。

　もちろん，バランスシートにおける評価の観点から，性格の違った金融資産に一括して時価を付すことはできる。しかし，その場合でも，投資の成果を測るうえで時価の変動分をどうとらえるかは大きな問題である。本章の第2節でみた政策投資株式（持合株式）のケースは，そのひとつの例であった。また，とりわけキャッシュフローのヘッジを目的として保有する金融商品では，時価による損益の認識が意味をなさないことがある。債券を満期まで保有するのも，市場リスクを避けてキャッシュフローを確定させるという意味では一種のキャッシュフロー・ヘッジであろう。ヘッジの対象と手段がセットになっているわけではないが，それは当該債券より満期の長い別の債券（額面と表面利率

は等しい）を保有しながら，当該債券の満期日にその償還金額で売り建てる先物契約をしているケースと実質的に同じだと考えてもよい。

　したがって，金融資産への投資であっても，その成果を測るには，上述の評価か配分かという枠組みやそれぞれの規準ないし方法，さらには利益認識のあり方など，さまざまなレベルの問題を投資の性質に応じて検討する必要がある。外形的に金融商品であればその売買はすべて同じ取引だというのでなく，投資にあたって期待された成果によって投資の性質をとらえ，それにてらして事後の利益を測定する観点が，金融商品取引の会計基準やその運用に求められるのである。本章でみた政策投資株式や満期保有債券は，その問題を考える恰好の手がかりでもあった。原価か時価（公正価値）かという測定の仕方を論ずるのはよいのだが，その選択を先に決めて画一的な適用を主張するだけでは，いかにも議論が乱暴である。時代のある局面で会計基準がどう決まるかは別にして，会計基準「論」はそこでの選択肢を理論的に整理する役割を負っている。

第11章
公正価値会計とヘッジ会計

1■はじめに

　これまでの各章では、企業の投資を事業投資と金融投資に大別し、その実質的な差異にてらして成果の認識と測定を考えてきた。事業投資については、事前に期待された成果としてのキャッシュフロー（具体的にはアウトプットの販売等に基づく収益の実現）に即してビジネス・モデルの成否を確かめる一方、事業に拘束されない金融投資については、そのポジションの価格変動に即して成果をとらえるというものであった。いずれのケースでも、それらは投資のリスクから解放された成果を測る観点に支えられていた。その成果の情報が、投資家の予想形成にフィードバックされて彼らの意思決定に役立つと考えられたからである。金融資本市場の技術革新とグローバリゼーションに伴って急速に進んだ金融商品をめぐる会計基準についても、そうした観点に基づいて第9章と第10章でやや詳しい検討を試みてきた。

　しかし、そこでいう金融商品（あるいは金融負債を除いた金融資産）は、投資の結果として生ずるポジションの外形に従った概念であり、投資の目的（期待されている成果）のような実質を表わすカテゴリーではない。そのため、これまでも、金融投資か事業投資かという投資の実質的な性格に応じて成果を認識する観点と、金融項目を非金融項目から区分する外形的な分類とをクロスさせて、公正価値会計（時価会計）を原則としながら投資の性質に応じて評価や利益認識を変える、金融商品の会計ルールを検討してきたのである。以下では、デリバティブの時価評価やヘッジ会計の話題を補うだけでなく、ヘッジ会計もやめて公正価値会計を全面適用しようとする最近の動きも視野に入れながら、考察の範囲を拡張していくことにしたい。会計基準の国際的な動向を追いかけるのではなく、それとは一定の距離をとって基本にあるものを探るのが狙

いである[1]。

2 ■価格変動のリスクとヘッジ

　前章の第3節以下では債券への投資を取り上げて，投資目的に応じた成果の認識と測定を考察した。そこで想定されたのは固定金利付の債券であり，したがって市場金利の変動とともに市場価格が変動するものであった。もしこれが売買目的の投資であれば，価格が金利変動に影響されない変動金利債券と比較して，市場金利を上回る（下回る）その期の利息収入と，満期までの将来における利息収入の超過分（不足分）を見込んだ市場価格の上昇分（下落分）との合計が，その期の投資成果となるはずである。それに対して，もしこれが満期までの利息収入（キャッシュフロー）を目的とした投資であれば，満期以前に生じた市場価格の変動分は，先取りされている満期までの利息収入の超過分（不足分）に置き換えられてはじめて投資の成果となる。将来の分を見込んだ債券価格の変動ではなく，むしろ毎期の固定した利息収入で成果が測られるわけである。

　その一方，固定金利ではなく変動金利付の債券（債券に限らず，広く債権ないし債務の性質をもつ金融商品を考えてもよい）に投資をした場合なら，市場金利が変動してもポジションの価格は変動しない。その投資の成果は，毎期のキャッシュフロー（債権なら金利収入，債務なら金利支出）で測られる。それが固定金利商品のキャッシュフローと比べて評価されるのである。固定金利との差分は，もし固定金利付商品に投資をしていれば生じなかった（得られなかった，あるいは避けられた）はずの利得または損失だが，会計上はそうした機会利得ないし機会損失をとらえるわけではなく，この場合は投資の目的であるキャッシュフローに基づいて事後の成果を測っている。このように，金融商品への投資でも，その成果の測定は，どのような成果を事前に期待しているか

---

[1] IASBは2012年9月にIFRS第9号の第6章に当たるヘッジ会計のレビュー・ドラフトを公表していたが，ここではそうした基準の動向には立ち入らない。ヘッジ会計というのは理屈の整備が遅れた会計ルールのひとつであり，具体的な基準の検討に先立ってまず基本的な考え方を整理する必要があると思われるからである。

で違ったものになりうることに注意したい。

そこで今度は，そうした投資の成果が変動するリスクをヘッジする取引について考えてみよう。いうまでもなく，リスクというのはリターンの変動であり，ヘッジ（ヘッジング）とはリターンを減らしてもそれが変動するリスクを減らす行為である。リスクを避ければ低いリターンしか期待できず，高いリターンを期待すればリスクも高くなる仕組みのもとで，さまざまなレベルのリスクとリターンの組み合わせメニューが市場均衡の結果として与えられる世界では，あるポジションのリスクをヘッジするには，そのリターンをあらかじめ契約で固定するか，それと同じタイプのリスクを共有し，反対方向のリターンを生み出すようなポジションを組んでおくほかはない。ここでいうリターンは投資の成果であり，キャピタル・ゲインを期待した投資なら市場価格の変動が，元利金の収入や事業の成果を目的にした投資ならそのキャッシュフローが，それぞれリターンとしてリスク・ヘッジの対象になる。

つまり，売買（トレーディング）を目的に保有する有価証券のように，財の価格変動がそのまま投資のリターンとみられるポジションであれば，そのリスクをヘッジするためには，時価の変動が損益に関して反対の方向に作用するような別のポジションを組めばよい。たとえば同じ証券を先物で売っておけば，現物価格の値下がりによる損失が，先物価格の値下がりによる先物売り契約からの利益で相殺されることになる[2]。また，固定金利債券への投資の場合なら，その金利を変動金利に変換する「固定払い・変動受け」の金利スワップ契約により，市場金利の上昇に伴う債券価格の下落をスワップ契約の値上がりで相殺することもできる。固定金利の債務であれば，市場金利の下落による価値の上昇が債務者の企業に損失をもたらすが，他方でそれをヘッジする「固定受け・変動払い」の金利スワップ契約が値上がりして利益を生み，結果として損益が相殺されることになる[3]。

---

[2] 反対に現物価格が上がれば先物価格も上がり，現物の時価評価益が先物契約の時価評価損で相殺されることになる。リスクというのは損益両方向の変動であり，ヘッジはその変動幅を小さくする取引である。

[3] いうまでもなく，リスク・ヘッジにはさまざまな方法があり，利用できる金融商品にもいろいろな種類がある。ここでは，当面の議論に便利な方法だけを考える。

このようなトレーディング・ポジションのヘッジは，一方の値下がりによる損益を他方の値上がりまたは値下がりで埋め合わせる取引として，文字どおり時価ないしは公正価値のヘッジと呼ばれることが多い。そこでは，ヘッジ対象の価格変動による損益が，ヘッジ手段の価格変動に伴う反対方向の損益で相殺される。いうまでもないが，逆方向になるのはあくまでも損益であって時価の変動ではない。時価ないし公正価値は一方が上昇で他方が下落という逆方向の変動もあれば，いずれも上昇または下落という同じ方向に動くこともある。ヘッジはリターンの変動を緩和する取引であり，このケースではリターンが時価ないしは公正価値の変動でとらえられていることを確認するだけでよいであろう。時価のヘッジというのは，成果が時価の変動で測られる投資のポジションに当てはまる概念であり，投資の実質的な性質を離れたヘッジ会計の手法をいうものではない[4]。

　したがって，時価の変動をヘッジしているときは，ヘッジする側もされる側もいずれも時価評価したうえでその変動を利益に反映させている限り，ヘッジ取引の結果は自動的に各期の利益に現れるはずである。上記のケースなら，固定金利債券を含めた現物有価証券を，期末の時価ないし公正価値で評価替えし，先物契約や金利スワップ契約を，期末の時価で評価すればよいということになる。トレーディング・ポジションをヘッジする取引もまたトレーディングであり，双方に通常の時価会計を適用すれば，ヘッジ取引のために特別なルールを工夫する必要はない。ヘッジ会計を廃止して時価会計（公正価値会計）に一元化させれば金融商品の会計問題は解決するという，昔から繰り返されながらいまだに大方の支持を得られない一部の主張は，トレーディング目的で保有する（つまり金融投資の実質をもつ）金融商品に限れば正しい指摘である。

---

[4] 後述するヘッジ会計の手法としての「時価（公正価値）ヘッジ」と，ここでいう「時価（公正価値）のヘッジ」とは違った概念である。前者はヘッジ手段の時価（公正価値）評価に合わせてヘッジ対象を評価する手法であり，後者は時価（公正価値）変動のリスクをヘッジする行為をいう。詳しくは次章をみよ。

3 ■ キャッシュフローのリスクとヘッジ

　前節で検討したヘッジ取引は，投資の成果がポジションの時価ないし公正価値の変動で測られるケースにおいて，それと連動する市場価格の変動が投資の成果に関して逆方向に作用するようなポジションを組むことにより，リターンが変動するリスクを緩和しようとするものであった。この時価ないし公正価値のヘッジでは，ヘッジの対象と手段の双方を時価評価して差額を利益に影響させれば，ヘッジの効果は歪みなく利益に反映させられた。両者の損益を相殺するために利益認識のタイミングを一致させるヘッジ会計という特別な手法は，そこでは必要なかったのである。それに対して投資の成果がキャッシュフローで測られるケースでは，その変動を同じ期間のキャッシュフローでヘッジしなければならず，将来のキャッシュフローまでを先取りした市場価格の変動では，相殺に充てるべきでない部分を含んでしまうことになる。

　たとえば変動金利付の債権のように，利息のキャッシュフローで成果が測られる投資を考えよう。このリターンが市場金利とともに変動するリスクをヘッジするには，金利部分を固定金利にスワップする（固定受け・変動払いの）契約を結ぶのが通例であろう。この場合には，市場金利が変動しても変動金利債権には価値（時価ないし公正価値）の変動が生じないが，その金利変動をヘッジしてキャッシュフローを固定する金利スワップ契約には，満期までの将来にわたる金利の差額を見込んだ時価の変動が生ずることになる。しかし，ここでは，期間ごとに金利のキャッシュフローを固定させるのがヘッジ取引の目的である以上，その期のヘッジと関係ない時価の変動部分は，利益に影響させずに切り分けておく必要がある。これがキャッシュフローのヘッジとして，上記の時価ないし公正価値のヘッジと区別される典型的なケースである。

　もとより，この例でいう変動金利債権と金利スワップ契約との合成ポジションは，両者の満期が揃っている限り固定金利債権と実質的に同じものであろう。時価会計を適用すれば，市場金利の変動に伴って正味の時価評価差額が生ずるケースである。しかし，だからといって保有する期間の利益にそれを反映させたのでは，利息収入（キャッシュフロー）の変動リスクを回避している

ヘッジ取引の実態と，まったく違った結果が開示されることになるのは説明したとおりである。確かにこの取引では，キャッシュフローを固定させた結果，かえって市場価格を変動させることになるのでヘッジと呼ぶことに疑念が出されやすい。しかし，このポジションは，期待する投資の成果を確定させている点で，まさしく無リスクの状態にある。トレーディングのポジションと違い，時価会計に解消させるわけにはいかないケースである。

　昔からヘッジ会計の主題となっていたのは，オンバランスで保有するポジションの時価ないし公正価値が変動するリスクか，そうでなければオフバランスの予定取引にかかわるキャッシュフローのリスクか，そのどちらかであった。変動金利付の債権や債務といったオンバランスのポジションが生み出す上述したキャッシュフローの変動は，ヘッジされるリスクとは考えられていなかった。キャッシュフローのヘッジは，バランスシート上にはまだポジションがない予定取引に限られていたわけである。その後，ヘッジ会計をめぐる国際動向は，過去の投資から生じたオンバランスの資産や負債が将来に生み出すキャッシュフローのリスクもエクスポージャーに含め，その軽減を狙う金融取引もヘッジの要件を充たすとみるようになってきたが，その場合でもこれは予定取引の問題として一括されることが多かった。それがヘッジ会計の論点を曖昧にしてきた可能性もある。

　予定取引という共通性だけでこれらを括ってしまうと，その予定をオンバランス化することだけに関心が集中し，既にオンバランスのポジションをもったケースで問われている時価ないし公正価値のヘッジとキャッシュフローのヘッジとを，区別する観点が失われる結果にもなりかねない。まだキャッシュフローのない予定取引でも，確定した約定のある売買や資金調達のような取引で，為替や金利などに不確定性を残しているもののなかには，確定している契約上のポジションをオンバランスで認識したうえ，そのキャッシュフローのリスクをヘッジする金融契約との双方を，時価会計と同じく為替や金利の市場レートに基づいて換算換えないし評価替えすればよいものが多い。それらは時価会計で処理できるケースであり，予定取引という外形上の共通性だけを理由に，キャッシュフロー・ヘッジとして特別な処理が必要なものと一括するわけにはいかないのである（表11.1）。

第11章／公正価値会計とヘッジ会計 ◆ 197

表11.1 ヘッジ取引における公正価値会計とヘッジ会計

ヘッジ対象 の損益認識	ヘッジ対象の ポジション	オンバランス （資産または負債）	オフバランス（予定取引）	
			確定約定	それ以外
公正価値（時価）の変動による		公正価値（時価）会計	公正価値（時価）会計	……*
キャッシュフローによる		ヘッジ会計	ヘッジ会計	ヘッジ会計

＊確定した約定のない将来の予定取引について，公正価値（時価）の変動をヘッジするケースというのは考えにくい。

　重要なのはヘッジされているポジションをオンバランス化したうえ画一的に時価会計を適用することではなく，オンバランスでもオフバランスでも，ヘッジされているリスクとそのヘッジの実態が，時価会計では表わせないケースをチェックすることであろう。その観点からすれば，問題はむしろ契約などで確定されていない，したがってオンバランス化になじまない予定取引である。ヘッジされる対象にオンバランスのポジションがあっても時価ないし公正価値の変動が生じない前述のケースと同様，ヘッジされる対象がオフバランスとなるこのケースでも，時価会計ではヘッジする側に生じた時価評価差額が残されて，それがあたかも投機の成果のように表現される結果になる。いずれもキャッシュフロー・ヘッジに当たる例として会計基準の世界で市民権を得てきたが，最近では公正価値会計を拡張する試みによって，再びこれが敬遠されだしているようである。

4 ■ キャッシュフローのヘッジと投機

　既に述べてきたとおり，一般にキャッシュフローのリスクとそのヘッジが問題とされるのは，オンバランスの資産や負債のうち市場金利などのリスク要因が時価（公正価値）の変動を引き起こさない変動金利商品のようなものか，あるいは現時点ではオンバランスのポジションがない狭義の予定取引か，そのいずれかのケースが中心になっている。それらをヘッジする取引に共通するのは，投資の成果がヘッジの対象や手段に生じた価格変動で決まるのではなく，

そこで固定されたキャッシュフローに基づいて決められる点であろう。金利に限らず為替のリスクでも，たとえば外貨建ての債権・債務から生ずる将来のキャッシュフローを為替予約（外貨の先渡し取引）で確定させた場合などは，少なくとも概念上キャッシュフロー・ヘッジに該当する可能性がある。レートが変動しても，ポジションの清算は予定されていないからである[5]。

そうなると問題は，これらキャッシュフローのリスクを除いたり緩和したりする取引が，どのような場合に，どのような意味でヘッジ取引とされるのかである。キャッシュフローをヘッジすることによって，ポジションが価格変動のリスクを負う結果になるのであれば，それはヘッジと対極にある投機の性格も一面で備えているようにみえる。ヘッジと投機の両面が同じ取引に含まれているとき，どのような条件によってそれをヘッジ取引と決めるのであろうか。それは，金融商品に対する投資の実質をそこで期待した投資成果（キャピタル・ゲインか満期までのキャッシュフローか）で切り分ける，より一般的な問題の一環でもある。その問題を考えるため，ここで再び前節でみた変動金利債権の利息収入を金利スワップ契約で固定させた例に戻ることにしよう。債権利息に相当する変動金利を銀行に支払い，代わりに固定金利を受け取るという契約である。

確認するまでもなく，このケースでは市場金利が下がると貸付先から受け取る利息収入は減少するが，それと同時に固定金利とスワップされる変動金利の支出も減少する。前者の損失が後者の利益で相殺され，結果として固定金利相当の収入と収益が得られるわけである。証券化された変動金利商品でもその点は同じであり，こうしたキャッシュフローのヘッジによって，時価ないし公正価値の変動が生じない投資ポジションの，金利や為替のリスクが回避されるといわれている。このとき，もし時価会計を適用し，ヘッジ目的の金利スワップ契約を時価で評価して差額を利益に反映させたときは，既に述べたように，ヘッジする側の時価に将来のキャッシュフローをヘッジする分が先取りされ，それに伴う時価評価損益が投機による現在の成果と同様のものとして開示され

---

[5] 米国基準や国際基準では，これをキャッシュフロー・ヘッジとして処理することを認めていない。

るだけでなく，固定したはずの将来の金利収益が変動金利のままで計上される結果となる。

　この金利スワップの時価は，フェアな取引なら当初の契約時点ではもちろんゼロである。その後は市場金利とともに変動し，時価は正負どちらの値になることもある。それがプラスなら資産，マイナスなら負債である。市場利率が下がれば変動金利の支払いが減り，相対的に高い固定金利を受け取れるこのスワップ契約を，その時点で再構築するコストが高くなる。結果として，同じ契約を売買する価格もそれだけ高くなり，その期のスワップ差額を除いた期末の時価で資産が認識されるとともに，時価の増分がその期の利益を増やす要素になる。市場利率が上がれば反対に変動金利の支払いが増え，引き換えに受け取る金利が固定された契約の時価は下がって，下落分はその期の損失として認識される。下落の結果としてストックがマイナスになれば，このポジションは負債に計上されることになる。このように，金利スワップ契約は資産にも負債にもなりうるのである。

　しかも，この契約の時価は，契約の期限がくれば当然ながらゼロになる。つまり，そこで認識された時価評価損益は，次期以降のスワップ損益によって取り崩されていくことになる。時価評価益であれば，将来のスワップ利益（支払う変動金利が契約時の市場期待より下がる分）を見込んだ大きさだから，これを清算して換金しない限り，次期以降にその見込みがキャッシュフローとして実現するのに伴って減っていくのは自明であろう。その取り崩し分は，結局のところ将来のスワップ利益を相殺する結果となる。本来は各期のスワップ損益によって変動金利のキャッシュフローをヘッジしようとしていたわけだから，これでは意図されたヘッジをわざわざ打ち消すことにもなる。このように，キャッシュフロー・ヘッジのポジションを時価で評価して時価ないし公正価値のヘッジのように処理したのでは，投資の実態とかけ離れた成果が開示されるわけである。

　しかし，この場合のヘッジ取引が変動金利の貸付債権を固定金利に変えたというだけなら，市場金利の変動に伴って金利スワップ契約に生じた時価評価損益は，市場価格変動のリスクを負うのと引き換えに金利のキャッシュフローを固定させた選択の結果でもあろう。その意味ではヘッジというより投機の成果

でもあり，それによって生じた株主持分の価値変動は，その時点で株主に帰属する損益の要素とみることもまた可能である。時価の変動をすべて認識するのが重要であって，投機もヘッジも包括利益との関係では区別する必要がないと考える論者はもとより，利益の意味内容を深く考える人たちにとっても，金利変動のリスクをスワップ契約でヘッジするというだけでは，ただちにそれを投機と区別できるわけでもなく，リターンを時価の変動から切り離して金利のキャッシュフローでとらえる確証が得られるわけでもないのである。

5 ■ 全面公正価値会計とヘッジ会計

　前節でみたように，金利や為替に連動するキャッシュフローを固定させたヘッジ取引の評価と損益認識は，取引の結果として生じた変動金利商品と派生金融商品（デリバティブ）のそれぞれをみているだけでは決められない。当面の例でいえば，変動金利の貸付債権と金利スワップ契約をセットにしたポジションが，ヘッジ取引といいながらも投機のための固定金利商品と，外形上は区別できないからである。将来のキャッシュフローを見込んだポジションの売買によるリターンの獲得と，キャッシュフローとして期間ごとに実現するリターンのヘッジとの，どちらのケースでもその取引は使われうる。したがって，取引の目的がわからなければ，投資の成果を時価の変動で測るのか，キャッシュフローを待ってとらえるのかも定まらないのである。公正価値会計（時価会計）のほかに，ヘッジ会計という特別な手法が必要かどうかわからないということである。

　もちろん，取引の目的が投資の実質的な性格を左右することはわかっても，それを観察される事実から確かめるのは，誰もが指摘するとおり困難な課題である。しかし，だから取引の実質と関係なく画一的な会計ルールを適用しようというのでは，「実質優先」どころか「形式優先」になりかねない。投資の性質までを含めて問題の所在を探るには，上記の例でいえば変動金利債権と金利スワップとの合成ポジションだけで資産評価と利益認識を考えずに，とりわけ負債との関係にも視野を広げてみるのが有益である。わかりやすいのは，この変動金利債権のキャッシュフローで，満期の等しい固定金利債務の元利金が支

払われるケースであろう。変動金利の利息収益と固定金利の利子費用とが，期間ごとに対応している場合である。この利息収益をもし固定金利にスワップすれば，利受けと利払いが固定金利のもとで対応する関係に入れ替わる。

その結果は，変動金利債権を金利スワップでヘッジした合成ポジションが，固定金利の負債との間で市場金利の変動に伴う時価ないし公正価値の変動を相殺し合う関係にもなる。キャッシュフローでみても公正価値の変動でみても，収益と費用とがおのずから対応するヘッジ関係が成立するのである。したがって，これを時価会計で処理すれば，債権と債務の時価評価損益が相殺され，相殺差額はヘッジされなかった価格変動リスクということになる。各期のキャッシュフローも，固定金利にスワップされた利息収益と固定金利の利子費用とが相殺され，リスク・ヘッジの結果がそのまま利益に反映される仕組みになるわけである。これなら，時価ないし公正価値のヘッジとキャッシュフローのヘッジとを，無理に区別して考えるまでもない。全面公正価値会計がすべてを解決するようにみえる典型的な例である。

しかし，この例は，金利スワップ契約という取引の性質が，変動金利債権との関係だけでなく，固定金利負債との関係でも問われるケースである。つまり，ヘッジ取引が，毎期の固定的な利子支出に対して利息収入が変動するリスクを回避したものか，あるいは市場金利の変動に伴う負債の価格変動をヘッジするため，それでまかなった貸付債権の価格を市場金利に連動させようとしたものか，そのいずれに当たるかが，固定金利負債の評価と利益認識に時価会計を適用するかどうかと結びついている。それは，結局のところ，負債が市場価格でいつでも自由に清算される（マイナスの）金融投資に当たるポジションなのか，あるいは事業との関係で償還までは原則として清算されないのかという，債券投資のケース（前章）でみたトレーディングと満期保有の違いにも対応する。両者を区別せずに時価会計を適用してよいか，ここでも同じ問題に逢着するわけである[6]。

負債の評価をめぐる会計基準は，少なくとも海外の主だった基準設定主体の

---

6 話題になりやすいのは，生命保険の責任準備金を，固定金利債権のキャッシュフローでカバーするようなケースであろう。

情報発信に限れば，市場金利のリスクだけでなく，借り手企業自身の信用リスクも含めて，公正価値とその変動をそのまま反映させて評価する方向へ進んでいるようにみえる。それは証券化された社債などに限られない。社債ならばその時点の市場価格で評価し，市場性のない営業債務であれば，将来のキャッシュフローを予測して借入資本のコストで割り引いた現在価値が評価の基準として主張され続けている。しかし，バランスシートでの評価はともかくとして，それが投資の成果である利益に与える影響を考えたとき，時価ないし公正価値による評価差額の損益認識に合理性が認められるのは，調達資金が事業に拘束されていない負債だけであろう。見合いのポジションが金融投資ならばそれが時価評価されており，しかも自由に換金して負債の償還に充当することができるからである[7]。

　しかし，負債で調達した資金が事業に拘束されているときは，見合いの資産が時価評価されていないというだけでなく，それを換金して償還資金をまかなう自由がない。資金は借り換えで調達するほかはないのである。もちろん，事業から回収した部分は償還支出に充てられようが，負債の全額をいったん時価償還したと想定して償還差額を認識するには，その全額を償還できるオンバランスの資産がなければならないであろう。この場合，仮に市場金利の上昇による負債の値下がりで償還差益に相当する利益が出たとしても，それは借り換えに伴う利払いの増加という将来の損失で満期までに相殺されていく。時価償還を可能にする条件と関係なく負債だけ時価評価して償還差損益を擬制してみても，時価評価されない事業用資産との間でミスマッチが生じ，今度は時価評価を事業用資産に拡大してその解決を図るという話になりかねない。

　確かに「負債はいつでも時価で償還できる」のだが，それは「資産はいつでも時価で売却できる」から時価評価せよというのと同じ理屈である。アップ・フロントの時価評価益が利子費用の増分で打ち消されていく上記のケースは，

7　事業に拘束されない負債であっても，現在の時価ですべてを償還できるという想定には疑問が残る。本章の補論で述べるように，他社の負債証券を売買するのと違って，自社の負債を償還する取引は，発行済み証券の一部でなく全部の買い戻しであり，時価を動かす可能性がはるかに高いからである。仮に償還を擬制するにしても，現在の時価はその評価にとって意味がないというべきであろう。

売らずに使用し続ける事業用資産の時価評価益が，その後に減価償却費の増える分で相殺されるのと会計上の仕組みは変わらない。要するに，換金（清算）と再投資（再構築）を擬制した評価替えは，換金や清算による利益を目的としないポジションには意味がないということである[8]。そうした負債は償却原価で繰り越すのが現在の会計基準であり，仮に時価で評価する場合でも，償却原価との差分を投資の成果から除くうえで，いずれにしても償却原価の情報が必要になる。負債が時価評価されていない限り，それでまかなわれている資産は時価評価されても評価差額に特別な処理（ヘッジ会計）が必要とされるわけである。

ヘッジ会計の方法については次章でもふれるが，ヘッジ手段が時価評価されているときは，その評価差額をヘッジ対象であるキャッシュフローと同じタイミングで投資の成果に反映させる。通常は先行して認識されるヘッジ手段の時価評価差額を繰り延べて，ヘッジされたキャッシュフローと合わせて成果に繰り入れるのである。ここでいう投資の成果は，包括利益（株主取引を除いた純資産の増分）のなかから特に純利益（米国ではearnings）として抽出されてきた指標だが，デリバティブなどのヘッジ手段に生じた時価評価差額は，その他の包括利益（OCI）に含めて繰り越され，その後の評価替えに伴って増減させられるとともに，成果としての要件を満たした部分は純利益の要素にリサイクルされる（繰延ヘッジ）。これと反対に，ヘッジ手段のほうに合わせてヘッジされているポジションを時価評価し，両者の評価差額と相殺する手法（時価ヘッジ）もある[9]。

6 ■ おわりに

本章の目的は，さまざまな金融商品への投資が，本来の金融投資に該当するものだけでなく，事業からの制約を受けたものも含んでいることを念頭に，そ

---

[8] セール・アンド・リースバック取引でも，売却によって実現させられた時価評価益が，その後のリース料の一部で取り崩されていくことになる。
[9] それぞれの方法の詳細については次章を参照されたい。

の成果を測定するうえで，いわゆるヘッジ取引にどのような考え方と会計ルールが適用されるかを検討することであった。デリバティブを含む金融商品の時価評価を原則としながらも，それがどこまでヘッジの効果を利益に反映できるのか，そもそもヘッジされるリスクにはどのようなものがあり，時価会計ではそのどれがとらえられないのか，ヘッジ会計はどのようなケースで必要とされるのか，両者はどのように使い分けられるのか，それらの問題をごく大雑把に考察してきたわけである。その際のキーワードになったのが，資産や負債の価値変動には包摂できないキャッシュフローのリスクとか，あるいはキャッシュフローのヘッジという概念であった。

　時価ないし公正価値の変動を目的とする投資やそのリスク・ヘッジといった時価会計の主題とは別に，この概念は，ヘッジされているリスクがポジションの価値を変動させない金融商品や，オンバランスのポジションをもたない予定取引の，将来のキャッシュフローに着目するものであった。それが変動するリスクをヘッジする金融商品を時価評価しても，キャッシュフローを固定させた効果は投資の成果に反映されず，むしろそれ以前に投機の結果と区別できないような数値を生み出すことになる。その場合には，ヘッジするものとされるものとの間で，時価や公正価値の変動よりも，キャッシュフローに即して損益認識をマッチさせる特別な工夫が必要であった。それこそがヘッジ会計の主題であった。ヘッジがリターンの変動を回避する行為だとすれば，その効果を時価の変動とキャッシュフローのどちらでとらえるのかは，投資の成果がそのどちらで測定されるかに依存するわけである。

　繰り返し指摘してきたように，ある取引が投機とヘッジのどちらに当たるのか，ヘッジという場合でも時価ないし公正価値とキャッシュフローとのどちらのリスクをヘッジしているのか（前者ならば投機と同じである）は，その取引やそれが生み出したポジションの外形だけでは決められない。それらを見分ける必要のない時価会計ないし公正価値会計は，ヘッジ会計という特別な手法を予定としない点で確かに便利な方法かもしれないが，しかしトレーディングを目的としないキャッシュフロー・ヘッジのケースでは，ヘッジ関係にあるポジションの間で，時価の変動ではなくキャッシュフローを対応させるヘッジ会計が必要になる。まだポジションのない予定取引のヘッジでも同様である。重要

な点で実質の異なる取引に画一的な会計ルールを適用したのでは，いくら「経営者の意図の排除」「基準の単純化」「監査の便宜」などを大義名分にしていても，肝心の問題を未解決のまま残していることに変わりはない[10]。

補論■リスクの開示と公正価値会計

　金融商品の時価ないし公正価値による評価と利益認識は，リスクの開示という観点から主張されるのが通例である。本章でみた公正価値会計とヘッジ会計の相互補完は，ここでいうリスクがどのようなリターンの変動か（公正価値かキャッシュフローか）にかかわるものであった。しかし，もっと重要な問題は，そもそもリスクの開示と会計上の評価とのかかわりである。投資のリスクといったときは，一般に収益率の予想分布の平均値からの散らばりを意味するが，バランスシートはそうした変動の可能性ではなく，むしろ最悪の場合に負担する損失の限度を表しているようにみえるからである。

　しかも会計基準では，個々の金融商品ごとに測ったこの意味での「リスク」を，いわば単純に積み上げて企業のリスクをとらえようとする。もし価格変動の可能性をいうのなら，個別商品のリスクを単純に足しても平均しても，ポートフォリオのリスクにはなりえない。それぞれの価格変動の相関が，全体のリスクを変えてしまうからである。単純な足し算で済んでいるのは，このように最大損失でリスクを測るバランスシートの性格によるものであろう。保有資産を失えば現在の市場価額に等しい経済的損失が生ずる以上，ストックの公正価値評価に関心が向けられたのも特に驚くような話ではない。

　しかし，会計の仕組みでは，ストックの評価は利益（特に包括利益）に連動する。仮に時価で測った最大損失が金融商品のリスクを表わすとしたところで，その意味のリスクを期首と期末と比べた正味の増減が，どのような意味で投資の成果になるのかはあきらかでない。もっとも不利な条件で資産の換金や

10　取引の実質が同じか違うかというのは，断るまでもなく相対的な程度問題である。当面の文脈では，投資家が投資判断上，2つの取引の違いに対して無差別なら「同じ」とみるほかはないであろう。それは先験的に決められるものではなく，最終的には実証に俟つべきことがらである。

契約の履行をしたときの予想損失が，期間中に減った分を利益だというならまだしも，増えた分を利益というためには，投資をいったん回収して従来と同じ機会に再投資したという，資産・負債の認識と評価だけで利益を測る立場には危険なフィクションを持ち出すほかはないのかもしれない。

　また，ストックの面に視野を限っても，時価評価のために市場取引を擬制する合理性は資産と負債の間で異なっている。証券化された金融資産なら，保有者が時価ですべてを売却する取引は，とりあえず想定しても構わない。それが市場での取引量に比べて十分小さければ，市場価格を所与として資産の評価に使うことは許されよう。しかし，自社の負債証券を時価評価するため市場取引を擬制するときは，発行した全部の買い戻しを想定する必要がある。それが時価に及ぼす影響を無視して時価償還が可能だといっても，時価評価の論拠にはならないであろう。売却に代えてデット・アサンプションを擬制する場合でも，そこで預託される無リスク債券の時価総額は，リスクのある自己の社債の時価と同じになるわけではない[11]。

　金融商品のリスクを開示するのが本当の目的なら，むしろバリュー・アット・リスクのような，一定の信頼水準で予想されるポジションの価格変動のほうが有用な情報になるとみられている。それは個別の金融商品でなくポートフォリオのレベルでとらえたリスクであり，時価の変動といっても財務諸表に組み込まれる実績値でなく，もはや利益の測定に関係のない予測情報である。公正価値会計でも，あるいはヘッジ会計でも，投資のリスクを開示する可能性は，投資の成果を測るという企業会計の基本的な役割の副産物と考えたほうがよい。利益がすべてではなくても，その情報に経験的な意味がなければ企業会計は成り立たない。

11　トレーディング・ポジションでない負債の時価評価については，倒産のリスクが上がると時価が下がって利益をもたらすといったパラドックスが指摘されている。この問題については第13章で再論する。

第12章
キャッシュフロー・ヘッジ

1■はじめに

　前章でみたとおり，金融商品の会計基準については，時価ないし公正価値による評価と利益認識（時価会計ないし公正価値会計）を原則としながら，特定のヘッジ取引に適用されるヘッジ会計の意義とあり方が重要な論点になっている。もちろん，トレーディングを目的とした本来の金融投資において，そのリスク要因が生み出すポジションの価格変動をヘッジしているケースなら，ヘッジする側の取引もトレーディングの性格を有するはずだから，ヘッジの対象と手段の双方を原則どおり時価会計で処理すればよい。時価の変動が投資の成果として認識されているときは，それが変動するリスクをヘッジしている取引の成果も，同じように時価の変動に即して測られることになる。あらためて確認するまでもなく，時価会計ないし公正価値会計を適用できるケースであれば，もともとヘッジ会計は必要ないのである。

　問題は，(1)保有するポジションの時価ないし公正価値の変動ではなく，そこから生ずる将来のキャッシュフローを期待している投資で，その成果が変動するリスクをヘッジしているケースと，(2)会計上はまだ認識されたポジションをもっていない予定取引の，将来のキャッシュフローを確定させているケースである。(1)は既になされた投資のリスク要因が保有資産の価値を変動させないか，あるいは変動させるときでも，それが投資にあたって期待された成果とはみられない場合，(2)は将来に予定した取引が行われるまで，ヘッジかどうかも確定できない場合である。この両者はしばしば予定取引のヘッジとしてひと括りにされてきたが，(1)のケースでヘッジされるのは，単に予定された取引である前に過去の取引の結果であり，前章で説明したように，むしろキャッシュフローのヘッジという面に着目してこれをとらえたほうがわかりやすい。

確かにどちらの場合にも，ヘッジされるポジションの損益は，ヘッジ項目（典型的にはデリバティブ）の時価の変動よりも遅れて現れる。当面の関心をヘッジ会計の手法に限るなら，それに合わせてヘッジ取引の損益を繰り延べる（つまり繰延ヘッジによる）ときの(1)と(2)は同型のルールに帰着しよう。しかし，(1)ではヘッジされるポジションの価値変動が認識されず（リスク要因が価値を変動させないか，変動する場合でも差額が利益に反映されない），将来のキャッシュフローを待って損益が認識される状況のもとで，ヘッジする側の損益とのどちらに合わせて両者を対応させるのかという（繰延ヘッジか時価ヘッジかという）ヘッジ会計の方法に争点が残っている。それに対して(2)では，ヘッジされる取引が現れるまで，そのヘッジを目的とした取引の時価評価差額を，暫定的に繰り延べるしか方法がない。本章では会計上の検討課題が多い(1)を中心に，キャッシュフロー・ヘッジの概念と方法を検討する。

2 ■ キャッシュフロー・ヘッジの原型

　議論の出発点として，ごく初歩的なケースをとり上げよう。たとえば保有する現物債券の値下がり損失を減殺するため，債券先物を売り建てているとする。原資産である債券の価格と先物の価格とは同じ方向に動くから，先物を売っていれば損益は反対方向になる。つまり，現物の値下がりによる損失は，値下がりの前に先物を相対的に高く売っておいた利益で減殺され，また現物の値上がりによる利益は，値上がりの前に先物を相対的に安く売ってしまった損失で減殺されるわけである。リスクというのは損益どちらの方向であれリターンが変動する可能性だから，それをヘッジしたときは損益のどちらが減殺されても不思議はない。この場合には，現物債券の時価変動によるリターンの変動が，あらかじめ売値を約定した先物の時価の変動による反対方向の損益によって減殺されている。これが一般にいう時価ないし公正価値のヘッジである（下記の補注を参照）。

　　［補注］　ここで，ヘッジされるリスク（リターンの変動）をいうときの公正価値（時価）のヘッジと，ヘッジ会計の方法としての公正価値（時価）ヘッジとは，まったく次元の違う概念であることに注意したい。前者と

対比されるのはキャッシュフローのヘッジであり，後者と対比されるのはキャッシュフロー・ヘッジとか繰延ヘッジといわれる会計処理の方法である。公正価値のヘッジをヘッジ会計としての公正価値ヘッジと一緒にする議論も散見されるが，本来なら公正価値のヘッジに適用されるのは公正価値会計であり，ヘッジ会計という特別な手法は特に必要とされないはずである（前章の**表11.1**）。

公正価値ヘッジという方法は，ヘッジ対象の公正価値変動が投資の成果（純利益ないし純損失）であるにもかかわらず，なにかの理由で公正価値測定されていない場合に，その変動の影響をヘッジするため，ヘッジ手段に生じた公正価値変動を純利益に反映させる一方，同じ額をヘッジ対象の簿価に加減した損益でこれを相殺する[1]。それに対してキャッシュフロー・ヘッジは，キャッシュフローの変動が投資の成果に与える影響をヘッジするため，ヘッジ手段の公正価値変動を純利益から除き，ヘッジ対象のキャッシュフローが実現するまでOCIに含めて繰り延べるやり方である（本章第3節をあわせて参照）。ただし，ヘッジの非有効部分は損益となる。

しかし公正価値評価されない資産や負債は，もともと公正価値の変動ではなく，それらの利用から生じるキャッシュフローで投資の成果がとらえられるはずである。したがってそのヘッジは，ヘッジ手段の公正価値変動をいったん純利益から除いたうえ，ヘッジ対象のキャッシュフローを待って純利益に戻し，両者を相殺するキャッシュフロー・ヘッジの方法で処理すればよい。予定取引をヘッジしていて，その実行に伴って資産や負債が生じたときは，当初認識額に加減（ベーシス・アジャストメント）してそれらを使った将来の成果に及ぼす影響を確定させることになる。

このケースで，現物債券と先物ポジションをそれぞれ時価で評価して損益を認識すれば，ヘッジ取引の正味の成果はそのまま利益に反映されることにな

---

[1] この方法は，ヘッジ対象の公正価値変動のうち，ヘッジ手段によってヘッジされたリスク要因に基づく部分しか認識しない点で「公正価値評価まがい」であり，しかもヘッジ手段のないポジションについてはそれすらも適用しない点で公正価値会計の代わりにはならない。

る。いうまでもなく，そこで必要なのは時価会計であって，現行の会計基準でも時価会計を適用するのが原則である。この債券がトレーディング・ポジションから除かれて，それを時価評価したときの差額が純利益と区別されるようなことがあると，先物の時価評価差額と利益認識のタイミングを合わせるのにヘッジ会計が必要となるのかもしれないが，実務上はともかく概念上は考えにくいケースである。時価の変動するリスクをヘッジする以上，ヘッジされる金融商品も価格変動のリスクを負っているはずであり，時価の変動がそのまま成果となる金融投資のポジションに該当する。その場合はトレーディングに含めて時価評価し，差額をその期の純利益に反映させるのが理屈であろう[2]。

　投資の成果は一般に将来のキャッシュフローだが，上記の現物債券がトレーディングの利益を目的にしているときには，それをヘッジする金融商品も含めて，市場金利の変動に伴う債券の値上がりや値下がりが，そのまま成果としてのキャッシュフローとみなされる。それに対して，この債券を売買せずに満期まで保有するケースだと，自由に換金されない債券の価格変動は，投資のリターンと関係のない事実になる。その場合には，約定された毎期の利息収入と満期の償還額とが，ヘッジ取引を合わせた債券投資の成果を決めるキャッシュフローということになる。したがって，その合計から債券の取得原価を差し引いた額が，満期までを通算した投資のリターンになる。デフォルトの損失を除けば，満期までのリターンは債券の取得時に確定する。あとは時価と関係なく満期までの各期にこの額を配分すればよい。それが第10章でみた償却原価法であった。

　この償却原価法で債券を評価するときは，当初の実効利率をベースに毎期の利息収益が計上され，それが各期の市場利率にてらして評価されていく[3]。これは将来のキャッシュフローが約定されている債券を，満期まで保有し続けることで価格変動のリスクを回避し，あらかじめ投資のリターンを確定させる

2　事業目的で保有したあと将来に売却を予定していて，そのキャッシュフローをあらかじめ確定させている場合などは，公正価値ヘッジが意味をもつ例かもしれないが，それについては後記の補注（212頁）および本章末尾の付記を参照されたい。
3　その意味で，償却原価法が市場金利の動向を無視すると考えるのは正しくない。また，デフォルトのリスクに対しては，見込み損失が引き当てられることになる。

ケースである。満期以前に換金すれば成果としてのキャッシュフローは変動するが，満期まで保有すると決めればそのリスクは避けられる。保有し続けるのを取引と呼べるのであれば，それは将来のキャッシュフローを確定させてリターンの変動するリスクをヘッジする取引であり，一般にキャッシュフローのヘッジといわれるものの原型をなしている。会計上，こうした取引が常にキャッシュフロー・ヘッジとして処理されるわけではないが，その基本は，価格変動にかかわりなく，キャッシュフローを確定させて投資のリスクを回避している点にある。

ただ，現物債券を満期まで保有するというだけでは，少なくとも取引の外形上，ヘッジとはみないのが通念かもしれない。ヘッジするものとされるものとが揃っていないからである。しかし，第10章でもみたように，ある特定の債券を満期まで保有するのは，毎期の金利収入がそれと等しく，満期がもっとあとに来る別の債券を保有する一方，これを前者の債券の満期日に満期償還額で先物売りしている場合と変わらない。貸し倒れのリスクを別にすれば（これを無視しても市場金利の変動に伴う価格変動のリスクをヘッジしている当面の状況には影響しない），前者の債券を満期まで保有し続けるという決断は，それより満期が遅い後者の債券を，前者の満期と満期償還額に合わせた先物売り契約でヘッジしてキャッシュフローを確定させ，その実現まで保有するポジションに置き換えることができるのである。

そのように考えれば，債券を満期まで保有することは，ヘッジ取引と無関係な事象なのではなく，むしろキャッシュフロー・ヘッジの性格を共有するものといってよい。確かにヘッジ会計を使えるのは，ヘッジするものとされるものとがあって，しかもヘッジされる側の価格変動が認識されないか，認識されてもそれが投資の成果とされないケースであった。前述した債券の保有と先物売りとの組み合わせも，債券が金融投資の性質をもつ場合なら双方が公正価値評価されてヘッジ会計の要件を満たさないことになる。その合成ポジションと実質的に同じなら，満期保有債券も公正価値で評価しなければ概念上は首尾一貫しないということにもなりかねない。しかし，これまでの会計基準は，金融投資に当たる前者に公正価値会計を適用する反面，満期保有の債券についてはキャッシュフローのヘッジに準じてヘッジ会計と同様の方法を適用してきたの

である。

　これを不整合とみるのは，ヘッジを取引の実質より外形でとらえるからであるが，いずれにせよ，ある取引がキャッシュフローのヘッジに該当するかどうかを決めるもっとも本質的な必要条件（むろん十分条件ではない）は，不確定な将来のキャッシュフローがそれによって確定され，その取引の成果つまり損益が，取引の結果として保有するポジションの価格変動ではなく，そこで確定されたキャッシュフローに基づいて決められることである。債権や債務からの満期までのキャッシュフローをあらかじめ確定させたときには，満期までを通算した結果も（デフォルトの損失を除いて）この時点で決まってしまうから，そこから後の事象とは関係なくこのキャッシュフローを配分すれば，各期間の損益が決まることになる。その間の市場価格の変動は，ポジションを処分してヘッジを解消しない限り結果に影響することはないのである（なお，下記の補注を参照）。

　　［補注］　こうしたキャッシュフローのヘッジを目的とするものは，上述した債券の満期保有や，以下で検討する金利スワップ契約で利息収支を固定させるケースだけではない。国際会計基準などでは公正価値エクスポージャーのヘッジと考えられていても，ヘッジされる側が金融投資の性質をもたずに，通常は公正価値評価されていないものもありうるからである。たとえば保有する資産に将来の売却時点と売却価格を確定させた先渡し契約を付している場合や，確定した購入契約を先渡しの売り契約でヘッジしている場合などである。

　　　これらは，いずれも将来の売却時点におけるキャッシュフローを確定させる取引としての側面をもっている。もちろん，これらのポジションがキャッシュフロー・ヘッジの要件を満たすのは，契約の期限まで保有することを予定していて，しかもそれが確認できるケースであり，先渡し契約の期限が来る前に自由に清算するようなものであれば，当然ながら公正価値のヘッジとして，ヘッジされている保有資産や購入契約等と，それらの価格変動をヘッジする先渡し契約とを，いずれも公正価値で評価することになろう。ヘッジ会計というより公正価値会計である。

3 ■ 金利スワップ契約とヘッジ会計の方法

　さて，前述したキャッシュフローのヘッジに当たる取引では，取引時に確定されたキャッシュフローが，一般にはそのまま，ヘッジされたリターンの帰属する満期までの個々の期間に配分されることになる。満期保有債券の場合なら，利息収入と償還による収入から取得のための支出を引いた額が，満期までの投資の成果として規則的に期間配分されるのである。貸し倒れによる損失を別にすれば，満期までのキャッシュフローも損益も，いずれも債券を取得して満期まで保有すると決めたときに確定し，その後の金利変動に影響されることはない。その一方，たとえば変動金利債権の利息収入を固定金利に変える金利スワップのような取引では，満期までのキャッシュフローは契約時に確定するが，損益は各期の変動金利が決まるまではわからない。変動金利は自社を「素通り」してキャッシュフローには影響しないが，固定金利との差額が損益に影響するからである。

　この金利スワップの契約は，変動的な金利収支（上記の変動金利債権では金利収入）を固定させる点でヘッジ取引の性質をもつ一方，金利変動に伴って価値が変動するリスクのない債権ないし債務の時価を，わざわざ市場金利に応じて変動させる点では投機の性質をもっている。したがって，単に金利を固定させた取引というだけなら，固定金利の債権と同じく時価会計で処理するのが原則であろう。いくらキャッシュフローを固定させていても，その契約自体を売買するつもりなら，売買の価格によってキャッシュフローの価値が変わりうるからである。この金利スワップ契約がヘッジ取引とみられるのは，契約期間の最後までそれが保有され，固定されたキャッシュフローがそのまま実現すると期待される場合に限られよう。それをどのような事実で確認するかは別にして，概念上はその期待がヘッジ会計の必要条件になる。

　前章から使ってきたのは変動金利債権の金利収入を固定するケースであったが，今度は債権と債務を入れ替え，金利収入と金利支出を入れ替えて，変動金利で借り入れたときの利払いを固定金利にスワップするケースにしてみよう。想定元本に対する変動金利の利息を受け取り，固定金利の利子を支払う契約を

考えるのである。その後，市場金利が上昇すれば，正味で受け取りが増える分を満期まで見込んだ額の現在価値だけ，スワップ契約の時価が上昇する。他方で借入金の利払いは変動金利だから，市場金利が変わっても債務の時価ないし公正価値に変動はない。これらに時価会計を適用すれば，スワップ契約の評価益だけが，投機の成果として計上されることになろう。しかし，この金利スワップ契約を変動金利の借り入れとセットにして満期まで保有すれば，前節での満期保有債券と同じく，金利変動に伴う評価損益が成果として認識されないポジションになる。

このケースで利払いを固定しているのは，借り入れ資金を投下した事業から期待される将来のキャッシュフローが，市場の金利水準に応じて変動するものではないからであろう。市場金利が上がって利払いの支出が増えても，それにみあって事業からの収入が増える保証はない。そのため，市場金利との連動を断ち切ることで利払いを固定し，キャッシュフローのリスクをヘッジしているわけである。その場合にはスワップ契約を時価評価する意味はなく，毎期のスワップ差額（固定金利と変動金利の差に当たる正味キャッシュフロー）を利子費用に加減していけばよい。もちろん，借り入れた資金を事業投資でなく金融投資に充てたときは，固定金利にスワップした債務も，いつでも清算できる負の金融投資として時価評価することになる。その場合には，金融投資のポジションと金利スワップ契約との間で，時価評価損益が自動的に相殺されるはずである[4]。

これと債権・債務が入れ替わったケース，つまり変動金利債権の利息収入を固定金利にスワップする前章の契約も，基本的にはこれと同じである。流動化されていない債権ならば，固定金利の満期保有債権と同じポジションになるからである。典型的には，貸し付けた資金を固定金利の借り入れや預金などで調

---

[4] いうまでもなく，このケースの金利スワップ契約は「変動受け，固定払い」であるから，時価（公正価値）が正の値をとる資産のポジションでは，市場金利の上昇とともに時価が上がって，簿価切り上げによる評価益が生ずる。時価が負の値をとる負債のポジションでも，上昇に伴って負の値が小さくなるため簿価の切り下げになるが，評価益が生ずることに変わりはない。その一方，ヘッジされている金融資産は，市場金利が上昇すれば値下がりして評価損が生じ，金利スワップの評価益で埋め合わされることになる。市場金利が下落すれば，すべてこの反対である。

達し，固定的な利払いのパターンに合わせて毎期の利息収入を固定させているケースであろう。そこでは，金利収支（と同時に損益）のミスマッチを引き起こすキャッシュフローのリスクが，固定金利収入への変換によってヘッジされている。金利スワップ契約によって市場金利の変動に伴う時価変動のリスクを負ったようにみえても，この貸し付けがキャピタル・ゲインを期待した金融投資ではない以上，それをまかなった借入金とともに，ヘッジ取引の成果を時価の変動に基づいて測る意味はないであろう。

この金利スワップ契約をキャッシュフローのヘッジとみたときのヘッジ会計には，これまでにもいくつかの方法が工夫されている。たとえば金融商品に関する日本の会計基準では，デリバティブをすべて時価評価する原則のもとで例外的に金利スワップをオフバランスとし，毎期のスワップ差額，つまり固定金利と変動金利を交換した受払い差額を，期間ごとに利息収益ないし利子費用に加減する方式が認められてきた。変動金利の債権や債務には市場金利の変動に伴う時価の変動は生じないし，固定金利の債権や債務も，減損などの保守的な評価があるだけで一般には時価評価でなく，たとえ時価で評価をしたときでも評価差額は純利益に反映させないはずだから，この例外的な方法であっても，金利スワップ契約の成果は毎期のキャッシュフローに基づいてとらえられることになるわけである。

他方，原則どおりデリバティブをすべて時価評価するときは，それに伴う時価評価差額を，ヘッジ対象の成果が認識されるのと時期を合わせて利益（純利益）に反映させる必要がある。既に述べたように，それには大きく分けて2つのやり方があった。すなわち，繰延ヘッジでは，デリバティブの時価評価差額をその他の包括利益（OCI）なり株主持分なりに含めて繰り延べ，ヘッジ対象の利益認識とともに，それにみあう分を取り崩して純利益に振り替える（リサイクルさせる）。もうひとつの方法である時価（公正価値）ヘッジは，ヘッジ対象の時価が変動した額のうち，ヘッジされたリスクにみあった分（金利のリスクをヘッジしているときは金利変動に伴う時価の変動分）だけを認識して例外的に純利益に反映させ，ヘッジ手段であるデリバティブの時価評価損益とマッチさせるのである。ヘッジされているリスクに限って，時価会計を適用しようというものであろう。

当面のケースに繰延ヘッジ会計を適用したときは，繰り延べられた金利スワップ契約の時価評価差額が，毎期の金利交換によって受け払いされた正味の額だけ取り崩されていくことになる。その分がスワップ契約の時価からいわば分離されて純利益に反映される一方，新たな変動金利のもとで契約の残価が再評価され，評価差額が OCI に加減されていくわけである。それに対して時価ヘッジ会計は，ヘッジされているリスク要因（金利）がポジション（変動金利の債権または債務）の時価を変動させないこのケースでは使いようがない。まだポジションがない予定取引のヘッジでも同じことである。時価会計が意味をなさない状況で必要とされるヘッジ会計を時価会計に引き戻しても，問題の解決に資するとは思えない。時価のヘッジには時価会計を適用すればよいが，ヘッジ会計をキャッシュフロー・ヘッジのケースに限ったときは，繰延ヘッジに一般性があるのはあきらかであろう（本章補論を参照）。

4 ■ 外貨建てポジションの為替リスク

　前節でみた金利スワップのほかにも，キャッシュフロー・ヘッジの問題になりうるものとして，外貨建ての営業債権ないし債務の為替リスクをヘッジする先物為替予約（外貨の先渡し取引）などがある。わかりやすいのは外貨建ての貸付金である。この債権の回収に伴う自国通貨建て（円建てとしよう）のキャッシュフローは，支払期限が到来したときの為替レートにも依存する。円高になれば，それだけ円ベースでの回収額が減少するわけである。そのリスクを避けるには，回収の期限に合わせて，回収予定の外貨を先物で売っておけばよい。この売り予約によって，回収した外貨を円に換えるレートは固定され，自国通貨による将来のキャッシュフローが確定するのである。貸付金が回収を待たずに自由に売買されるものなら，その為替リスクをヘッジするのは時価のヘッジだが，回収と円転を予定しているケースではキャッシュフローのヘッジに該当する。

　ちなみに，すべての外貨建て項目を期末レートで換算するという現行基準の原則に立つ限り，この貸付金は直物レートで，また為替予約は先物レートで，期末日ごとにそれぞれ換算替えされることになる。ヘッジする側とされる側と

が，ともに外国通貨の公正価値にあたる直物と先物の期末レートで評価されるわけである。その面だけをみていれば，この取引は時価ないし公正価値のヘッジであって，キャッシュフローのヘッジではないということにもなる。先渡し契約はいつでも反対取引で実質的に手仕舞えるし，貸付金のような営業債権にも特別目的会社（SPE, SPC）を利用した証券化の仕組みがあるではないかといわれれば，確かにこれは自由に清算して損益を確定できる金融投資のポジションとみることもできる。要するに，ヘッジ会計を適用するまでもなく，時価会計（と整合的な方法）を適用すればよいという立場である。

しかし，債権の保有者と証券化商品を引き受ける市場との間で債務者の情報に非対称性があるときなど，それを売らずに自ら回収したほうが有利なケースは少なくない。資金が必要なときは，その債権を担保に借り入れることもできる。いずれにせよ，支払期限を待ってこの貸付金を外貨で回収するときは，上記の為替予約によってそれを円転したキャッシュフローが確定されている。先物取引ないし先渡し取引では，満期の先物価格と現物価格が等しくなるから，回収期日に合わせて為替予約をしていれば，期日より前に手仕舞わない限り，予約時の直物レートと先物レートの差（ベーシス）によってその間の損益が決まることになる。そこでは，回収までの為替レートの変動が，投資の成果に影響を及ぼさない。債券を満期まで保有するケースと同様，貸付金を期限まで保有する投資の成果が，外貨での貸し倒れリスクを除いて投資時点に確定するわけである。

このように，満期での実行を予定した為替予約は，キャッシュフローを確定させて利益に対する為替リスクの影響を遮断している点で，間違いなくキャッシュフロー・ヘッジの性格を備えている。したがって，その面に着目したときは，期末ごとに直物と先物をそれぞれのレートで換算替えすることなく，予約時の直先差額（ベーシス）を経過利息として満期までの各期間に配分するのが，利益の指標を歪めない方法ということになろう。仮に換算替えしたときでも，差額を純利益から除いてOCIで処理すればよい。もちろん，この換算差額を純利益に含めても，予約時点のベーシスが期間配分されることに変わりはないが，その場合には先物レートを決める内外金利差の期間ごとの動向が配分の結果を左右し，期待と比較できない利益情報を生み出すことになる。満期ま

でを通算した成果が予約時に決まる以上，経過期間に応じてそれを規則的に配分すれば十分である。無関係なリスク要因に基づいてその配分に加工する合理的な理由は見当たらない。

　外貨建ての債権・債務に付された為替予約をこの方法でとらえるのが，日本の基準（外貨建取引等会計処理基準）で許容されてきた「振当処理」である。要するに，回収時点の為替レートを固定した債権や債務をその予約レートで換算して回収期限まで繰り越す一方，予約時の直物レートによる換算額との差額を繰り延べて各期に配分する方法である。為替予約をオンバランスにして時価評価するものではないが，確定している損益を為替の変動と切り離したうえ，経過日数などに応じて規則的に期間配分する点で，それは繰延ヘッジと同型とみることができる。そこでは，貸付金や売掛金，あるいは借入金や買掛金などの外貨建て営業債権や営業債務が，いつでも自由に換金ないしは清算される本来の金融投資から区別され，その決済に付随する為替リスクのヘッジが，キャッシュフロー・ヘッジの考え方で処理されているのである。

　その一方，米国の基準（SFAS第133号）などは，上記のケースをヘッジ会計の対象から除外する。外貨建ての債権・債務も為替予約も期末日のレートで換算することになっている以上，もともとこのヘッジ取引は時価会計で処理される公正価値のヘッジに該当するというのが，おそらくは米国基準の理屈なのであろう。しかし，それは，債権・債務の外貨での評価と自国通貨への換算とを分離し，外貨の表示が原価でも時価でも換算は期末レートに統一した現行基準の建て付けを，いわば機械的に解釈したものでもある。満期に合わせて為替予約を付し，将来のキャッシュフローを確定させた債権や債務のように，ポジションを契約の期限まで保有し続ける意図が確認されるケースでは，そうした意図を事実として取引の成果に反映させた情報が意味をもつ可能性が高い。本来ならそれを換算だけでなく外貨での評価にも一貫させればよいが，テンポラル法が放棄された経緯からすれば，その点は時間を要する検討課題ということであろう。

　ちなみに振当処理は，必ずしも日本だけの特異な方法ではない。米国でも，現行基準に変わる前は，ヘッジを目的とした為替予約を，ヘッジ対象である外貨建てのポジションとともに同じ直物レートで換算したうえ，両者を期末ごと

に換算替えする方式が定められていた（SFAS第52号）。為替予約を予約時点に直物レートで換算すれば，そこで計上された先物レートとの差が繰り延べられて，その後の期間に配分されることになる[5]。振当処理は，直物レートで換算替えする代わりに，ヘッジ対象を予約レートで換算したままにするものだが，純利益への影響はどちらもまったく変わらない。ここでも予約時点の直先差額が繰り延べられたうえ，各期の損益に配分されるだけである。この方法を否定した現行の米国基準では，ヘッジ目的の為替予約を，すべて公正価値のヘッジとして時価会計ないし公正価値会計（と整合的な方法）で処理している。

5 おわりに

　ヘッジ会計をめぐる議論では，時価（公正価値）のヘッジかキャッシュフローのヘッジかという，ヘッジされるリスクの違いと，時価ヘッジか繰延ヘッジかという会計ルールの違いとがしばしば混同されてきた。時価（公正価値）のヘッジと時価ヘッジ，それに時価会計（公正価値会計）の関係も曖昧であった。さらに加えてキャッシュフローのヘッジと予定取引のヘッジとが交錯し，両者を区別しない議論がある一方，後者のなかから時価のヘッジに当たるケース（確定約定のヘッジ）を分離してキャッシュフロー・ヘッジの範囲を制限することも試みられてきた。その底流にあるのは，ヘッジ会計をやめて時価会計に一元化しようという動きだったと思われる。金融商品会計が複雑にすぎるからというのが大義名分であったが，海外の基準設定主体に浸透した「公正価値イデオロギー」の影響は否定できないであろう。

　しかし，上述してきたように，過去の取引の結果としてオンバランスで認識されているポジションをヘッジしたケースでも，時価のヘッジでなく，キャッシュフローのヘッジに該当するものはあった。変動金利債権の利息収入を金利スワップ契約で固定した場合とか，外貨建ての債権を回収して自国通貨に換え

---

[5] ヘッジの対象と手段の双方を同じレートで換算替えするわけだから，双方の換算差額が相殺し合ってその分は利益に影響を与えない。双方の残高が外貨ベースで同額という極端なケースなら，換算差額も同額となって正味はゼロになる。

た将来の収入を為替の売り予約で確定した場合などである。それらは、たとえば借り入れ予定の外貨建て資金に為替の買い予約を付して自国通貨での収入を確定する場合など、認識されたポジションのない将来の予定取引から生ずるキャッシュフローをヘッジしたケースなどとともに、時価会計でなくヘッジ会計を適用したうえ、繰延ヘッジで処理するほかはなかったのである。本章ではオフバランスの予定取引に詳しくふれなかったが、それは時価会計との区別が曖昧なオンバランス項目のキャッシュフロー・ヘッジに注意を喚起したかったからである。

　日本の会計基準は、満期まで保有する営業上の債権・債務について、金利のキャッシュフローを固定する金利スワップ契約や、為替のリスクをヘッジする外貨の予約取引などを、キャッシュフローのヘッジとしてとらえることで概念上の整合性を図ってきた。その一方、満期保有の意図を変えてそれらをトレーディングに転用するときは、ヘッジ会計をやめて時価会計に切り替えざるを得なかった。取引や保有するポジションの外形だけでなく、経営者の意図を反映させて情報価値を高めるか、それとも主観的な意図を排除して外形上の比較可能性を高めるか、その選択にあたって画一的な基準を模索するこの間の国際動向よりもやや前者にウエイトをおく結果になっていた。比較可能性は、経営者の有用な私的情報を市場に伝えるという、ディスクロージャー制度の本来の役割にてらして考えられる必要がある。画一性が有用性を損なったのでは意味がないであろう。

補論 ■ 金利スワップとキャッシュフロー・ヘッジ

　この補論では、金利スワップ契約を例にして、キャッシュフロー・ヘッジの会計処理を確かめておく。金融商品のキャッシュフローによって（公正価値の変動によってではなく）投資のリターンが変動するリスクをデリバティブ取引でヘッジするケースは、おそらくこの例で理解するのがもっとも簡単であろう。それでも問題の性質上、多少の技術的な議論は避けられない。

　いま、第1期のはじめに変動金利の債券（額面 B、償還期限は第 n 期末）を額面で発行したとする。発行当初の変動金利は r_0 である。この利払いの

キャッシュフローが変動するリスクを避けるため、発行と同時に債券の満期に合わせて「変動受け、固定払い」の金利スワップ契約（名目元本 B、固定金利 r）を組んだとしよう。固定金利 r はこの契約期間の当初で変動金利 r_0 といわば等価であり、契約時点における金利スワップ契約の公正価値 S_0 はもちろんゼロである。

ここで、第1期末に変動金利が r_0 から r_1 に上昇したと想定する（便宜上 $r_0 < r < r_1$ とする）。この新たな金利環境下で、残余期間の等しいアット・ザ・マネーの金利スワップ契約を構築するときの固定金利（これはイールド・カーブの形状に依存する）を r' とすれば、保有している金利スワップ契約の第1期末における公正価値 S_1 は、

$$S_1 = \sum_{t=1}^{n-1} (r' - r) B (1 + r')^{-t} \tag{12.1}$$

となる。FASBスタッフがSFAS第133号のレビューを目的に作成したインストラクター用マニュアル（FASB [1998], Section 5）では、$(r_1 - r_0) B$ をイールド・カーブに沿った各期のスポット・レート r_t で割り引く代わりに上記の便法を使っている。

いうまでもなくこれは、上昇した変動金利が第2期以降も持続するとみて、その場合のキャッシュフローを第1期末まで割り引いた現在価値である。契約時の変動金利 r_0 と等価な固定金利 r と、上昇した変動金利 r_1 と等価な固定金利 r' との差額 $(r' - r) B$ を、金利の上昇に伴う各期の利益と考え、残余期間にわたるその期待で金利スワップ契約の価値をとらえるのである。支払いが固定されたまま受け取る変動金利だけが高くなるわけだから、このときの公正価値はプラスであり、その分の資産が認識されることになる[6]。契約時の価値はゼロであったから、第1期末には S_1 の評価差額が計上される。

その結果、第1期には、固定金利にスワップされた利払い、

利　子　費　用　　　　　rB　／　現　　　　金　　　　rB　　（12.2）

6　マイナスであれば負債になる。

が計上されて（rB を変動金利の部分とスワップ差額とに分けるかどうかは二義的な問題）純利益にチャージされる一方、金利スワップ契約の評価替えから生じた正の残高が資産となり、評価差額が（従来の支配的な会計基準であれば）純利益と区別した「その他の包括利益（OCI）」の要素として、

  金利スワップ契約 S_1 ／ その他の包括利益 S_1 (12.3)

のように処理されるのである（さしあたり税効果は考えない）。

次の第2期には変動金利 r_1 が適用されるが、この金利が期末にも変わらないとすると、第2期末における金利スワップ契約の公正価値 S_2 は（割引率に r' を使うとして）、

$$S_2 = S_1 - (r'-r)B + r'S_1 \tag{12.4}$$

のように表される。金利変動による1期間分の利益 $(r'-r)B$ が実現して分離される一方、変動金利の上昇がもたらす将来の利益を第1期末まで割り引いた S_1 を、今度は第2期末へ1期間分だけ割り戻した $r'S_1$ が加算されるわけである。第2期のキャッシュフロー・ヘッジは、純利益の部分が、

  利 子 費 用 $r'B$ ／ 現   金 rB
            ／ スワップ損益 $(r'-r)B$ (12.5)

となる一方、金利スワップ契約の評価替えは、

  その他の包括利益 $(r'-r)B - r'S_1$ ／ 金利スワップ契約 $(r'-r)B - r'S_1$ (12.6)

のようになるであろう。

ここで（12.5）にあるスワップ損益（このケースでは利益）は、変動金利の上昇に伴う将来の利益を見込んで第1期に計上された評価益のうち、第2期に実現した（金利スワップ契約から分離した）部分であったから、（12.6）と合わせてみれば、その部分が OCI から純利益へリサイクルされていることがわかる。金利スワップのように、最終的に価値がゼロになるものは、評価差額を純利益から区分していれば、期末ごとの評価替えによってリサイクリングは自動的に行われる[7]。割引価値を時の経過に伴って割り戻す分の $r'S_1$ は、OCI

に加減されて残高の調整に充てられる。それにより，毎期リサイクリングを繰り返した後のOCI残高は，金利スワップ契約が終了する時点でゼロになるのである。

ここでもし純利益を区分せずに，包括利益だけを開示するというのであれば，第2期については（とりあえず評価差額を別立てにして），

| 金 融 費 用 | rB | 現 金 | rB |
| 評 価 差 額 | $(r'-r)B-r'S_1$ | 金利スワップ契約 | $(r'-r)B-r'S_1$ | (12.7)

とすればよいであろう。ただし，その場合にはOCIのカテゴリーはないのだから，金利スワップ契約の評価差額は（評価益も評価損も）他の損益項目と区分される必然性はない。区分はもはや便宜の問題である[8]。また，OCIのリサイクルに相当するスワップ損益も，特に利子費用と区別される理由はない。ここでは金融費用としてまとめておく。

【付記】

キャッシュフロー・ヘッジは，金融商品の全面公正価値会計という教義から概念すら否定されかねない時期もあったが，IASBが新たな体制で進めた概念フレームワークの検討作業において，2013年4月のボード会議に提出された討議資料案によると，認識された広義の収益や費用のうち，OCIに反映させたうえでリサイクルさせるものとして認知されていた。それは，同年11月に確定した改正IFRS第9号にも受け継がれた。

キャッシュフロー・ヘッジと公正価値ヘッジが並存するわけだが，一時期はヘッジ手段の公正価値変動をOCIで認識するキャッシュフロー・ヘッジの方式に統一して簡素化を図ることも検討されたようである。しかし公正価値のヘッジでは，ヘッジされる資産・負債が存在し，その価値変動による利得・損失が認識されるため，キャッシュフロー・ヘッジとは別の類型が必要だという

---

7 満期以前に清算するなど，価値がゼロとなる前にポジションが消滅するような場合には，リサイクリングの処理をしなければ残額がいつまでもOCIにとどまることになる。もっとも，リサイクリングをしないというのは，OCIを純利益から区別しない（包括利益として一括する）ということだから，その立場からはそれで問題はない。

8 金融費用と合計した$r'(B-S_1)$では，なにを意味するのかわからない。

結論になったと記されている（IFRS第9号，BC6.353〜6.361）。ただ，キャッシュフロー・ヘッジでも，認識されたポジションのない予定取引だけでなく，上述した変動金利の債権・債務を金利スワップで固定金利に変える例など，ヘッジされる資産や負債が存在するケースはある。

　そもそも投資の成果（純利益）として認識される公正価値の変動は確定したキャッシュフローと変わらないという前述（第3章および第9章）の観点からすれば，その変動を公正価値とキャッシュフローに区分すること自体が疑問である。公正価値で測定され利益認識されるポジションのリスク・ヘッジが公正価値会計の問題だとすれば，公正価値で測定されていない（ポジションが認識されていないものも含む）対象のヘッジは，キャッシュフローのヘッジとしてヘッジ手段の公正価値変動を繰り延べれば済む。繰り延べずにその額をヘッジ対象の簿価に加減しても，公正価値測定したことになるわけではない。要するに，ヘッジ会計はキャッシュフロー・ヘッジだけで完結する。

第13章
金融負債および非金融負債

1 ■ は じ め に

　第2部の冒頭から前章まで，4つの章を割いて検討した金融商品会計基準の基本論点は，資産と負債のいずれにも共通に当てはまるものが多かった。特にデリバティブ取引の正味のポジションについては，資産でも負債でも，会計上の評価と利益認識に基本的な違いはない。同一のデリバティブ契約でも，そこから生ずるポジションは原資産価格の動向等によって資産にも負債にもなりうるからである。しかし，時価（公正価値）会計の適用範囲を拡大しながらも，ポジションの性質に応じていくつかの違った評価と利益認識のルールがある金融資産に比べて，事業投資の資金を賄う金融負債は償却原価で測定されるものが大半である。公正価値会計の全面適用を追求する動きはここでも顕著には違いないが，その検討には金融資産のケースと違った問題点も含まれる。本章では，次節でそうした金融負債に特有の論点をごく簡潔に概観しておきたい。

　金融負債を取り上げると，今度はそれ以外の負債（非金融負債）にもふれざるを得なくなろう。そこには，これまで引当金と呼ばれて，負債性そのものが繰り返し問われてきた偶発債務の問題が含まれる。かつて費用配分思考のもとで拡大が図られたこの非金融負債は，資産・負債アプローチのもとでも，認識と測定をめぐって基準の設定に困難な課題を与え続けている。将来の資源流出が蓋然性に大きな幅のある不確定な条件に依存するとき，そのリスクをどう開示するかは，事実の開示を期待される企業会計の限界的な検討課題のひとつといってよいであろう。引当金に限らず，予測を伴うその他の非金融負債も含めて，それらの基準改革は概念フレームワークのような前提となる参照枠との間で新たな緊張を生み出しているが，そうした不確定要素のある負債の会計基準も，本章で検討することを求められる課題のひとつである（第3節）。

2 ■ 金融負債の評価と利益認識

　はじめにまず金融負債をめぐる会計基準だが，そこではこれまで，デリバティブを除いて時価による評価やそれに基づく損益認識が求められてこなかった。証券化されている社債も，満期までのキャッシュフローを固定させた金融商品として，借入収入と償還支出との差額を期間配分する償却原価法のような方法で評価されているのである。この問題を考えるには，ほんらい，金融負債が資金の調達と運用のどちらのポジションなのかを分けておく必要がある。資金を運用するポジションであれば，その負債はいわば負の金融投資であり，運用目的の金融資産と同じように，時価評価して損益を認識するのが理屈に合っている。それに対して，事業資金を調達している負債の場合には，事業投資と切り離して金融の成果だけをとらえたのではおかしな結果になりかねない。その資金でまかなわれている資産を自由に換金できなければ，負債だけを清算してキャピタル・ゲインを獲得するわけにいかないからである。

　ごく簡単な数値例で考えてみよう。ある期間の期末に金利4％の1年物社債100億円を額面発行し，その直後に市場金利がたとえば5％に上昇したとする。貸し倒れのリスクが変わらないとすれば，その時点で社債の時価は約99億円（104÷1.05）に下落し，1億円の時価評価益が生ずることになる。それは，発行した社債を即座に時価で償還したときの償還差益に相当する。調達した資金がいつでも100億円で現金化できる資産（換金しても企業価値を変えない金融投資の残高）に投下されている限り，この1億円の時価評価益は現金化されていてもいなくても実現した利益と考えてよい。しかし，社債発行で調達した資金が事業投資に拘束されているときは，この社債の買い戻しに必要な99億円は新たな借り入れ（借り換え）でまかなうしかないであろう。

　この金額を上昇した金利5％で借り入れると，結果として当期末のキャッシュフローは借り入れの収入と償還の支出とが相殺され，借り換えによる社債償還をしなかった場合と変わらない。返済期限の翌期末には新たな負債の元利金104億円（99×1.05）が支出されるが，借り換えで社債償還をしないときの支出も同じ104億円（100×1.04）であり，キャッシュフローにはなにも違いが

生じないことになる。利益については，社債を償還していれば，差益の約1億円が借り換えに伴う翌期の利子費用増分1億円（99×0.05−100×0.04）で相殺され，償還を擬制した簿価切り下げでも，それに伴う差益が翌期の簿価調整（額面へのアキュムレーション）で相殺されるだけである。キャッシュフローを変えずに将来の利益を先取りする帳簿上の評価益にどのような意味があるのか，もっとも単純なこの例で説明できなければ一般化は難しい。

　この例を2年物の社債に変えて，上記と同様，発行と同時に金利が上昇したと仮定すると，その時点の社債の時価は約98億円（$4÷1.05+104÷1.05^2$）になる。この金額で借り換えをした後のキャッシュフローは，翌期末の利払いがその5％で5億円（4億9千万円），社債の満期に当たる次期末の元利金支出が103億円となって，借り換えをしなかったときの4億円，104億円とは異なってくる。しかし，この場合でも違っているのはキャッシュフローのパターンだけで，それらを5％で割り引いた現在価値は，どちらも約98億円である。自由な換金・清算を制約されたまま，自分にとって価値の等しいキャッシュフローを交換しても，それによってただちに損益が生ずることはないはずであろう。借り換えやスワップに伴って生ずるアップ・フロントの現金収支が利益の実現を保証しないのは，資産の買い戻し条件付売却やセール・アンド・リースバックで売却益の実現が認められないケースと同様である。

　国際基準や米国基準でも，金融負債は原則として償却原価で評価されてきたが，関連する資産・負債の認識および測定のミスマッチを回避ないしは軽減するために，当初認識時に指定すれば公正価値で測定し差額を損益認識する方式も認められる[1]。いわゆる公正価値オプションである。この方法では，市場金利の上昇に伴って負債の価値が下がると，負債がなかった場合に比べて資金コストの上昇による損失を債権者にも負担させたという意味で，それを株主の利益とみる結果になる。反対に市場金利が下落して負債の価値が上がれば，資金コストの低下による利益が債権者にも帰属するという意味で，株主の損失とみられるわけである。しかし，そうした機会利得・機会損失は，負債を清算しな

---

[1] IAS第39号およびSFAS第159号。この場合は，当初認識時に指定した金融資産・金融負債がその後も公正価値で測定され，差額が損益として認識されることになる。

い限り，市場金利よりも低い（高い）資金コストを負担することになる将来の損益として現れるはずであり，それを先取りした利益や損失がその期の業績を表すとは思えない。

　また，ひとくちに負債価値の変動といっても，金利水準の変動によるものもあれば，自社の信用リスクの変動によるものもあろう。この後者による負債価値の下落が結果として利益の認識に結びつくと，会社が倒産に近づくほど利益が出るというパラドックスに陥ることになる。財務的な危機に瀕した会社に対する債権が放棄ないし減額されることはあるにせよ，そうした合意もないまま自社の負債を切り下げて利益を認識するという基準にはさすがに懸念する向きが多く，金融商品の全面公正価値測定と一律の利益認識を追求するIASBも，IAS第39号を部分的に置き換えてきたIFRS第9号の2010年の改正において，上記の公正価値オプションにより指定した金融負債の公正価値変動のうち，自社の信用リスクの変動に起因する利得ないし損失を，純利益から切り分けてOCIに移すこととなった。ただし，リサイクリングは認めていない。

　そもそも自社の業績が悪化して負債のデフォルト・リスクが高くなれば，通常は負債と同時に持分の価値も低下し，両者を合わせた企業価値は下落する。識別可能な個別資産の価値に特段の変化がなければ，それだけこの会社ののれん（自己創設のれん）は縮小するわけである。このとき負債を公正価値評価して切り下げれば，株主持分には認識されない自己創設のれんの変動が，負債についてだけ認識されることにもなる。しかも，自己創設のれんは資産として認識されないから，その変動を負債に反映させた分だけ，株主持分は反対方向に変動するしかない。バランスシート上の資産総額が変わらないまま負債だけを切り下げれば，同じく価値の下がった株主持分が逆に切り上げられるという奇妙な結果になるわけである。その切り上げ分に当たるのが，負債価値の切り下げに伴って認識された利益の留保分であることはいうまでもない。

　もちろん，業績が悪化して倒産リスクが高まっているような場合には，負債だけでなく資産の側にも価値の下落が生じているはずであり，その減損損失が負債の切り下げによる利益を相殺するから問題はないという主張も繰り返されてきた。借入金でまかなった投資なら失敗しても損得ゼロという不思議な話だが，その場合でも，反対に倒産リスクが下がって負債の価値が上昇したとき

は，それによる損失が資産の切り上げによる利益で相殺される保証がない。米国や日本の会計基準は継続企業における事業用資産の切り上げを認めないし，それを許容する国際基準のもとでも再評価が継続的に行われているわけではない。2010年のIFRS第9号改訂で，金融負債への公正価値オプションの適用が再評価される資産とのミスマッチが生じるケースに限られたが，信用リスクに起因する負債価値の変動は資産側の価値変動と関係なく（ミスマッチもマッチもない），自己創設のれんの混入という問題は解決されていない。

3 ■ 非金融負債の認識と測定

　金融商品に該当しない非金融負債には，前受金のような財・サービスを引き渡す義務も含まれるが，それについてはわざわざ取り上げるほどの論点は見当たらない。むしろ会計基準との関係で話題になるのは，条件付き債務とか偶発債務といわれてきたような引当金の類いであろう。理論上どれほど本質的な意味があるかはともかく，実務への影響の大きさに鑑みて以下ではこの問題に簡単な検討を加えておくことにしよう。周知のようにIASBとFASBは，共同プロジェクトの成果として2005年6月にIAS第37号「引当金，偶発負債および偶発資産」を改訂する公開草案を出し，引当金を「非金融負債」に呼び換えたうえ，認識を制約する蓋然性要件の削除と，測定における期待値方式への統一を提案した。その後の細かな動きは本書の守備範囲を超えてしまうが，この新たな提案は現在に至るまで多くの議論を引き起こしている。

　従来の会計基準では，資源流出の蓋然性によって負債認識の可否を決め，蓋然性の高いものについてそれが生起する確率分布を想定しつつ，基本的には最頻値をもって引当金の測定値とすることが多かった。もちろん，金融保証債務や資産除去債務のように，必ずしも蓋然性が認識要件とされるわけではなかったケースや，測定においても退職給付債務のように勤務年数や給付額の期待値をベースにして見積もられたもの，あるいは資産除去債務など期待値を使う可能性が否定されず，むしろ十分に合理性な選択肢と認められてきたものもある。しかし，損害賠償債務などのように偶発性が高く，少なくとも個別企業レベルでは大量観察による確率分布の経験値に乏しいものについては，生起確率

の低い場合も含めた金額の加重平均値を開示しても意味がなく，従来から期待値よりも最頻値が使われてきたのは確かである。製品保証債務などのケースもそれに近いかもしれない。

　それに対して上記の公開草案は，条件付きの債務を，(1)条件が満たされたときに履行の義務を負う債務（無条件の債務）と，(2)履行の条件となる将来の不確実な事象との2つの部分に分解し，会計上は(1)の債務に基づく現在の負債を認識すると主張する。(2)の要素は認識そのものには影響せず，その生起確率が認識された負債の測定に影響するというのである。蓋然性要件は適用されず，(1)の無条件債務（待機中の債務）の履行に伴って将来に流出する経済的便益の金額を，(2)の条件が生起する確率とあわせて加重平均した期待値で測定するということになる。IASBの概念フレームワークでは，資産や負債など財務諸表の構成要素の認識に当たって経済的便益の流入や流出の蓋然性を不可欠の要件としてきたが，この提案はそれを否定するものでもあった。2018年の改訂フレームワークでも蓋然性要件は外されたが，それに代わって無意味な認識を制約する工夫はみられない。

　しかし，その前に，このルールで生み出される情報の意味についても，よく考えてみる必要はありそうである。たとえば損害賠償支出が確率1％で100億円，残り99％はゼロという「負債」を，期待値の1億円で開示した情報が，いったい誰にどう役立つのであろうか[2]。投資家が知りたいのはむしろ確率分布であり，最頻値だとゼロになって負債の計上ができなくなるから期待値を使うというのでは，どうみても有用な情報になるとは思えない。蓋然性のきわめて低いケースまでを予測し，期待値で負債を計上するということになると，今度はビジネスのあらゆるリスクを網羅して認識する話にもなりかねない。例外的にしか顕在化しないようなリスクの当該企業に固有の確率分布を，誰が責任をもって予測できるのであろうか。いうまでもなく，業界平均をベースにした開示では，自社のリスク管理の質が市場に伝わらず，経営者のモラル・ハザー

　2　そこまで蓋然性が低いケースを除くという対応は可能だが，100億円かゼロかがほぼ等しい確率の偶発債務でも，それを期待値の50億円で開示する意味は同じように疑問である。むろん，最頻値でも100億かゼロかになって意味はないが，それは蓋然性の規準として50％が適当かという問題でもある。

ドを招くだけである。

　このように負債の範囲が一見したところ無原則に広がり出したのは，よく知られているとおり，企業結合の会計基準が直接の契機になっている[3]。結合対価の額を承継する資産や負債に割り当てるうえで，買収価格に影響したすべての識別可能な要素を認識する試みが結合時だけで終わらないようにするには，継続企業でも同様のルールが必要と考えられたのであろう。事実，それは負債だけでなく，資産の側でもイン・プロセスの研究開発費や実質的には自己創設のれんの性格をもつとみられるものにも影響を及ぼしてきた。従来はのれんや負ののれんに一括されてきた要素をひとつずつ切り離して認識し，それを結合後にも引き継ぐことで整合性を確保しようという試みが，企業結合とは関係のない負債にも向けられたということであろう。それは，市場の価格形成における当事者の評価と，それに必要な情報を開示する会計上の評価とを混同したものでもあった。

　そのほかの非金融負債にも，未認識項目が新たにオンバランス化される退職給付債務や，原発事故でにわかに関心が高まった資産除去債務など，話題性に富んだものは少なくない。ここでは，たまたま選んだこの2つの負債の測定方法の違いに着目し，その違いがいかにして統一的な概念のもとで両立可能となっているか，それが概念フレームワークを見直す過程でどのような問題に直面するとみられるかを，ごく簡単に検討しておくにとどめよう。測定の違いというのは，金利分の割り引きや割り戻しの操作を除くと，見積もった将来の資源流出が，資産除去債務では当初からそのまま負債の額となるのに対して，退職給付債務では期間配分された分が期間ごとに累積される点である。後者は将来の支出を，いわば総体としてとらえたものではない。ひとくちに負債といっても，そこには性質を異にする二種の負債が併存しているようにみえる。

　もちろん，費用配分の観点に立てば，この2つの負債認識は完全に整合する。どちらも資本支出がその回収よりも後になる投資（Schneider［1961］にいうtype IIの投資）であり，資産除去支出のケースでは見積もり額が資産の原価に加算されたうえで減価償却を通じて期間配分され，資産が認識されない

　3　この点についての詳しい説明は川村［2007］などに譲る。

退職給付支出の場合は，各期の費用に直接配分されるだけである。しかし，それでは資産・負債が費用配分に先行して認識されるという原則は満たされない。負債の概念（定義もしくは認識要件）そのものによって，二通りの違った測定ルールを統一的に説明する必要があるということになる。FASB や IASB のこれまでの概念フレームワークにおいてかろうじてその役割を担ってきたのは，資産や負債の定義に加えて，認識される経済的便益の流入・流出を制限した「過去の取引または事象の結果として」という限定詞であろう。

つまり，退職給付支出のうち未経過の勤務期間にかかわる分は，勤務サービスの費消という過去の取引の結果ではないから現在の負債に含まれないが，資産除去のための支出は資産の取得そのものに起因するという意味で，使用を待たずに当初からその見積もり額が負債として認識されるというわけである。しかし，資産・負債アプローチを宣言しながら過去の取引を認識の決め手にするのでは矛盾があるとみられたのか，IASB と FASB による概念フレームワークの共同プロジェクトでもこの限定詞の削除が主張されていた。過去の事象の結果であるのは自明という理由だが，しかし，過去の事象はともかく取引と切り離したときは，退職給付債務の額は将来の予想支出をそのまま割り引いただけの値になって勤務費用はすべて第1期に配分され，第2期以降には割り戻しに伴う金利費用だけが計上されることになりかねない。2018年の IASB 概念フレームワークでは，過去の事象との関係だけは残されている。

4 ■ おわりに

既にみたように，調達資金が事業投資に拘束された金融負債では，市場金利の変動から生じた時価評価差額を実現させても，その後の利払いと償還に要するキャッシュフローの現在価値はなにも変わらなかった。もしこの負債を評価替えすれば，金利の変化分を満期まで見込んだ損益がその期に一括して計上される一方，その後の各期には，評価替え後の負債額に対する市場金利相当分の利子費用が利益にチャージされていく。しかし，現行のルールでは，負債を評価替えしないまま，その額に対して当初の実効金利にみあう利子費用を計上し続ける。市場利率と違う利払いのキャッシュフローが，市場金利という機会費

用にてらして評価されるのである。その結果が事業投資の価値の評価に反映されていくのはいうまでもない。むろん，この負債が事業に拘束されていなければ，それを切り離して時価評価した額が事業の価値に加算されるだけのことである。

　他方，市場金利の変動とは別に，自社の信用リスクの変動に伴う負債価値の変動を認識する再測定は，全面的な買入償還か，さもなければ負債契約の改定を待たなければ実際には生じない損益を，一方的に先取りするものでしかない。しかも，このケースでは，自己創設のれんの認識という会計上のいわば「禁じ手」を，負債についてだけ適用する結果にもなっていた。倒産リスクの変動によるのれん価値の変動を資産総額に反映させないまま，それを分担する負債と持分の一方だけ変動を認識すれば，その影響はもう一方に加減して吸収させるほかはない。両者とも価値が下落しているにもかかわらず，負債のほうだけにそれを認識して簿価を切り下げれば，その利益が加えられて会計上は持分価値が増えるという，逆説的な状況にならざるをえなかった。負債を公正価値で評価してみても，債権者と株主の間での企業価値の分配をとらえられるわけではないのである。

　いずれにせよ，事業に拘束された金融負債の時価（公正価値）評価と損益認識は，将来の利得や損失を当て込んで利益の期間帰属を歪めるものでしかない。かつて，金融商品の全面時価会計の一環として金融負債についても時価評価が主張された折，同じ負債証券の保有者と発行者で評価が違っていてよいのかという不思議な理屈を聞かされたこともあったが，それなら資本勘定も株主の投資勘定を合計した株価総額に合わせろというのだろうか。既に述べたように（第11章補論），債券を保有する側ではその保有量が一般に市場の取引量と比べて十分に小さく，時価による売却を想定して現在の価値を測ることに意味がある反面，債務者が負債を清算するには流通する債券をすべて買い戻すしかなく，それが時価に影響するのは避けられない。ポジションを清算するうえで時価が所与ではない以上，それを債権者の評価に合わせて開示する意味はない。

　非金融負債の話題では，引当金の認識にあたって蓋然性要件を削除し，測定においては最頻値をやめて期待値に統一するという，国際的な会計基準の動向

を概観したうえでその問題点を検討した。それが生み出す引当金情報の意味には重大な疑問が残ったが，同時に資産や負債の認識を蓋然性要件等で制約してきた FASB や IASB の概念フレームワークにも，新たな難しい問題を持ち込んでいることが確かめられた。また，引当金とは別に非金融負債には，測定の操作が発生ベースでの期間配分に基づくものとそうでないものが併存することに着目し，この二種類の違った負債（典型的には退職給付債務と資産除去債務）が，資産・負債アプローチのもとでいかにして統一的に理解されうるかを検討した。それもまた，IASB における概念フレームワークの検討作業との関係で，基本概念の根幹にかかわる問題を含むものであった[4]。

---

4 なお，負債の会計基準をめぐる争点を整理した徳賀［2011］を参照されたい。

第14章
事業投資と収益認識

1 ■ は じ め に

　ここまでのいくつかの章では，主として金融商品を素材に，金融投資としての実質をもつものと事業に拘束されたものとのそれぞれについて，投資の成果をとらえる企業会計の考え方を検討してきた。今度は，事業投資の性質を有する非金融資産（実物資産）に目を移して，資産価値の変動と利益認識（収益および費用の認識）との関係という，古くて新しい問題を考えてみることにしたい。古くて新しいという意味は，資産や負債の認識・測定と利益ないし収益や費用の認識・測定との関係が，事業用資産と金融商品とでウエイトを変えながらも，一貫して会計基準の中心問題に位置づけられて今日に至っているということである。かつては価値の評価を否定した費用配分のパラダイムが事業用資産の認識と測定を制約し，最近では金融商品を梃子に価値の評価への回帰が図られている。

　そうしたパラダイムの変革に伴って揺れ動く資産・負債と利益（収益・費用）との関係を，この章では特に収益サイドの問題を中心に検討する。会計上の収益認識は，既に久しい間，いわゆる稼得過程に基づく利益実現の概念に依拠してきた。それは，リスクのある企業成果の期待が，実際のキャッシュフローとして確定することでリスクから解放される過程でもあった。販売による市場のテストといってもよいが，具体的な識別の規準としては，事業の成果であれば財やサービスの引き渡しと，対価である金融資産の取得とが一般に受け入れられてきた。そこでは，資産や負債を測定した結果にさらに要件を加えて収益が導かれることもあれば，収益認識の結果として，バランスシートに資産性や負債性の疑わしい繰延項目（いわゆる what-you-may-call-its）が含められることもあった[1]。

他方，バランスシートに重点を移したといわれる昨今の会計基準ないし会計基準論では，稼得過程のような要件を追加することなく，資産と負債の認識・測定の結果が，機械的に利益なり収益・費用なりを決める仕組みが模索されるようになっている。包括利益の概念を導入したのもそのためだが，それと同時に収益認識についても，資産と負債が決まれば測定値までがそのまま決まるような，ある意味で原理的な資産・負債アプローチによって一元的に処理しようとする試みが，国際的にも大きな関心と懸念を引き起こしているようにみえる。そこではまた，契約のある取引の権利や義務を，金融商品のように構成要素へ分解して評価する工夫が大きなウエイトを占めている。工事契約における進行基準も含め，以下でその試みを先行する理論モデルとあわせて簡単に概観しておこう。

2 ■営業利益と保有利得

　資産の評価に基づく利益の測定を整った形で提示したのは，周知のエドワーズ＝ベルのモデル（Edwards & Bell [1961]）であろう。それは，生産工程へのインプットを取得してからそれをアウトプットへ変換し，最終的に販売するまでのプロセスに沿って資産価値の変動を追跡し，営業による利益と保有に伴う利得に分けながら意味のある利益（利潤）の概念を導く試みであった。そのアイディアを，当面の考察に必要な範囲まで簡略化するためには，彼らのモデルを図14.1のように再構成してみるとよい。時間の経過を表わす横軸には，インプットの取得，アウトプットへの変換（生産），およびアウトプットの販売がそれぞれ瞬間的に行われるとみた「点」がプロットされ，それらの点が保有の「期間」で結ばれている。縦軸はインプットないしアウトプットの市場価値である。

　取得したインプットは保有期間を通じて価値が変動し，保有利得または保有損失を生み出していく（この図では一貫して値上がりしているので損失はな

　　1　たとえば Sprouse [1966] を参照。ちなみに what-you-may-call-its というのは，米国のスラングで，なにかわけのわからないものを表すようである。

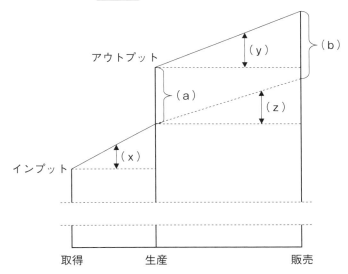

図14.1 営業利益と保有利得

＊インプットの取得からアウトプットの販売までを通算した利益は，
　　実現可能利益：実現可能営業利益(a)プラス保有利得(x)と(y)の経過分
　　事 業 利 益：当期営業利益(b)プラス保有利得(x)と(z)の経過分
　　営業利益と保有利得への分類は異なるが，通算した利益の総額は同じ

＊期首が購入時点より前，期末が購入時点より後で生産時点より前のとき，
　　どちらの利益も保有利得である(x)の経過分

＊期首が購入時点より前，期末が生産時点より後で販売時点より前のとき，
　　(x)＋(a)＋(y)の経過分が当期の利益，(y)の未経過分が次期以降の利益
　　(x)＋(z)の経過分が当期の利益，(z)の未経過分＋(b)が次期以降の利益

く，保有利得しか生じない）。生産時点では，それがアウトプットに変換されて新たな価値を付与される。この時点での価値の変化（インプットの価値合計とアウトプットの価値との差）で営業利益をとらえた概念が，彼らのいう「実現可能営業利益」である。このアウトプットは販売まで保有されて，その間に再び保有利得を生み出すのはいうまでもない。それらの保有利得を合わせた総額は，インプットもアウトプットもすべてを販売価格（機会原価）で測定しているときは「実現可能資本利得」と呼ぶことができる。また，それと実現可能

営業利益を合わせた総額は「実現可能利益」と呼ばれている[2]。

その一方，生産しただけでは営業利益を認識せず，販売時点まで待ってそれをとらえる考え方もある。アウトプットに変換された後でも，変換される前のインプット要素の価値でそれを継続的に評価して保有利得を認識するとともに，販売されたときにアウトプットの販売価格との差額を営業利益とする概念である。この場合の営業利益は，「当期営業利益」と呼ばれている。そこでは生産した後も販売するまでアウトプットをインプットの価値に基づいて評価する関係上，もはや機会原価に当たる販売価格は意味がなく，その再取得に要する現在の購入価格（カレント・コスト）で測定される。保有利得もカレント・コストの変化でとらえられ，販売時点よりも安くインプット要素を購入した「原価節約」としての意味を付与されている。これと当期営業利益の和は「事業利益」と呼ばれている。

この2つの系統の概念は，いずれも資産価値の変動に基づく利益とともに，その基礎となる収益認識を説明するものでもある。伝統的な会計の利益概念は，営業利益と保有利得のどちらにも実現基準を適用してきたが，上記の実現可能利益はどちらにも実現可能基準を適用し，また事業利益は営業利益に実現基準，保有利得に実現可能基準をそれぞれ適用することになる。資産の評価では，実現可能利益が保有する資産を現在の形態で販売できる価格によって継続的に評価するのに対して，伝統的な実現利益は購入時点の，また事業利益は評価時点の購入価格にそれぞれ依存する。最近は生産の前に契約時点をおいて，契約の価値を評価した収益認識の可能性も検討されているが，とりあえず上記2系統の利益で，当面の考察に必要な類型は出揃っている。

この2つのうち，資産の評価からそのまま利益が決まるという点では，実現可能利益が資産・負債アプローチにより忠実な概念といってよいであろう。事業利益は，その要素である営業利益の認識に，アウトプットの販売といった利益の稼得ないしは実現の追加的なテストを必要とし，しかもそのアウトプット

2　機会原価というのは，現在の事業に資本を拘束することと引き換えに放棄した投資機会の価値であるが，それは必ずしもその時点の販売価格（資産を処分すれば得られるはずの現金額）と同じではない。拘束されている資本のコストも，現在の事業に投資をしなければ避けられた費用という意味で，機会原価の重要な要素である。

の保有利得も,当該資産そのものの価格ではなく生産にあたって消費されたインプット要素の価格変動で測定される以上,少なくとも資産価値の変化を利益認識の十分条件とみる立場からは(これが資産・負債アプローチの正しい理解かどうかは別にして)受け入れられない概念であろう。反対に実現可能利益はそうした観点にも適合し,実現可能性の規準を定着させるその後の概念フレームワークに道筋を与える役割を果たしたのではないかと思われる[3]。

しかし問題は,これらの利益概念が,それぞれどのような情報ニーズに適合するのかである。著者たちの分析はその後の実証研究と異なり,もっぱら概念レベルの作業であったが,それでも適合する利用目的について興味深い洞察を与えている。それによると,機会原価の増分として定義される実現可能利益は,その事業が短期的な営業費用を回収したかどうかを確かめるものであり,期首の機会原価に対する利子の額を超えていれば,期首に資産を売却せずに事業を続けた意味があることを示している(下記の補注を参照)。しかし,それはあくまでも短期の概念であり,実現可能利益もその要素である実現可能営業利益も,資産の寿命を越えて現在の生産過程を延長するかどうか,つまり資産を更新しながら現在の事業を継続するかどうかの意思決定にはほとんど情報を与えないとされている[4]。

  [補注] 念のため解説を加えよう。図14.1を利用するには,期首を購入時点に揃え,期末を生産時点より後におくのがもっとも簡単で,しかも一般性を損なわない。実現可能利益はアウトプットの価値とインプットの価値とを生産時点で比べた実現可能営業利益に,購入時点から生産時点までのインプット要素の保有利得と,生産時点から後のアウトプットの保有利得とを加えたものであった。ここで想定しているケースなら,それは期末におけるアウトプットの価値から,期首におけるインプットの価値を差し引いた大きさに一致する。これが期首時点でインプット要素に投下された資金の利子(資本コスト)を超えていれば,とりあえずその期に限って投資をする意味はあったということである。

---

 3 この点については,なおSFAS第5号,83-84項を参照。
 4 Edwards & Bell [1961], pp.98-101.などをみよ。

インプット要素の使用に伴う価値の低下分は，生産時点の価値がゼロになるこの図では取得時点（期首）の価値に等しくなる。これを期末資産（ここではアウトプット）の価値から引いた結果は，実現可能営業利益にインプット要素とアウトプット要素の保有利得を加えた額と一致するはずである。それが投下資金に対する利子を上回っているというのは，インプット要素を期首に売却処分して得た資金を別の投資機会に充てていた場合に比べて，それを期末まで保有して生産に利用した意思決定が，より望ましい結果をとりあえずもたらしたと解釈されるのである。しかし，事業の長期的な収益性は，販売に即して成果を測定する当期営業利益に表れるというのが彼らの見解である。

それに対して，事業利益の要素である当期営業利益は，アウトプットの売り上げによる当期の収益が，その生産にあたって消費されたインプット要素のカレント・コスト（現在の再調達コスト）を補償するかどうかを示している。その値が期首資産のカレント・コストに対する利子の額を超えるときは，保有する資産とは別に当該企業の事業過程を継続させる価値があるということである。それは，現在の事業プロジェクトとその基礎条件が続くとしたときに，事業収入が長期の営業費用を補償するかどうかを教えるという点で，企業を継続事業（ゴーイング・コンサーン）として評価する指標にほかならない。いわば１回限りの投資を想定している実現可能利益と違って，それは現在の事業を将来も続けるかどうかを含めた将来の予測に適用される長期の概念である[5]。

さらに外部の潜在投資家にとっても，彼らの資本を効率的に配分するうえで，当期営業利益は企業の相対的な収益力を測るのに実現可能（営業）利益よりも適した情報とされている[6]。要するにそこでは，資産・負債アプローチに立った，あるいはそれを先取りした収益認識のモデルが提示される一方で，企業評価の面ではむしろ実現ベースの営業利益に目的適合性が認められていた。もちろん，保有利得に実現基準は適用されないが，彼らのモデルの核心は保有

5　Edwards & Bell［1961］, pp.98-101. そこでは，特定の事業にかかわる資産を継続保有するかどうかの意思決定と，その事業を継続するかどうかの意思決定とを分け，前者には実現可能操業利潤が，後者には当期操業利潤が適合するとされている。

6　詳しい説明は Edwards & Bell［1961］, p.103ff. をみよ。

利得と区分した営業利益の概念にあった。その分析が示していたのは，資産の評価から機械的に導かれる利益より，アウトプットの販売という市場のテストに基づく利益情報に優位性があるというものであった。収益認識の規準を稼得過程から切り離して資産評価に一元化させる試みは，この段階で既に理論上は否定されていたわけである。

3 ■ 工事契約における進行基準

　前節でみたように，資産・負債アプローチを機械的に適用した収益認識の原型は，既にエドワーズ＝ベルの古典的なモデルでほぼ完成されていたが，同時にそこでは，その概念に基づく利益の情報が，企業の長期的な収益性の評価という，投資家や経営者の利用目的にあまり役立たないことがあきらかにされていた。特に事業の収益性を評価する投資の意思決定にとっては，アウトプットの販売という市場過程に即していわばリスクからの解放を確かめる営業利益の情報が，保有資産の価値増分をとらえるだけの収益認識に対して，依然として優位性をもつことが示唆されていたのである。もちろん，情報のレリバンスは，最終的には実証を待って評価されるべき問題に違いないが，とりあえずそこでは，概念的な考察によってその後の実証成果を先取りした結論が得られていた。

　しかし，利益の実現が，繰り返し説明してきたリスクからの解放，つまりリスクのある投資成果の期待からもはやリスクのない確定した（とみられる）事実に次元が移ることを意味しているとすれば，販売という事実しかそのメルクマールになりえないのかどうかは検討の余地がある。特に請負契約のある長期工事については，販売の約定に加えて工事の進行に基づく生産ベースの収益認識（工事進行基準）が，周知のとおり会計の基準にも実務にも定着してきた。事業のアウトプットを引き渡す前に収益を認識する点では，それは販売の完結を待たずに利益の実現を認める方法といわれることもある。工事の完成と引き渡しを要件に収益を認識するルール（工事完成基準）との間で選択適用が認められてきた日本の会計基準でも，一時期，コンバージェンスの観点から進行基準を原則的な方法に変えた経緯がある。

あらためていうまでもないが，請負工事のようなケースでは，当初の契約によって既に販売は成立しているとみることもできる。少なくとも工事の成果を引き渡す取引の相手は確定しており，契約に定められた義務の履行に伴って取得する売上債権の金額も，原則として契約時点で決められている。販売という市場のテストがそこで終わっているとすれば，債権の回収に伴うリスクを別にして，収益は既に主要なリスクから解放されているということにもなる。請け負った工事の完成と引き渡しを待たなくても，費用サイドも合わせた正味の成果の確定を妨げるリスクが消滅すれば，それに応じて工事収益を認識することが望ましいというわけである。工事進行基準は，請負契約後になお残存する主要なリスクが生産の進捗に伴って消滅するとみるものにほかならない。

もっとも，それは，工事の完成までの技術的な過程に不確定性があって，それが工事の進捗とともに部分的に確定していくという話ではない。請け負った義務の履行そのものにリスクがあるということなら，それは義務の履行をすべて終えるまで消滅しない[7]。工事の完成と引き渡しを待って対価としての売上債権が確定する限り，それまではこの意味のリスクから解放されようがないのである。もし工事の段階ごとに引き渡しと対価の確定があって，それぞれの段階でリスクの部分的な消滅を認めるというのであれば，それは部分完成基準とでも呼んだほうがよい。進行基準をめぐる最近の議論には，そのような契約を想定しているものもみられるが，それだけのことなら工事完成基準の適用の問題であって，わざわざ別の概念を持ち込む必要はない。

請負工事の収益を，販売のリスクが実質的に消滅する契約時に一括して認識しないのは，工事を完成し引き渡すという契約上の義務の履行にリスクがあるからというより，多くの場合は，むしろ完成までにかかる費用の額にリスクがあるからとみたほうがよい。もちろん，工事費用の総額は契約にあたって見積もられているが，長期の工事では見積もりをたえず修正しなければならないことが多く，そのため進捗度にみあう収益を認識して実際の発生費用を対応させ，リスクから解放された利益をとらえる進行基準が意味をもつことになるわ

---

[7] 工事の完成そのものに重大な技術上のリスクがある請負契約の場合は，工事進行基準が意味をなさない可能性もある。

けである。したがって，この観点からすれば，工事の進捗度は発生した費用（の不確定な期待総費用に対する比率）によって測るのでなく，本来はそれと独立な方法で見積もらないと費用負担のリスクに着目した意味がないということにもなる[8]。

　主要な費用が発生した後に販売基準が適用される通常の例と異なり，費用が販売契約の後から生ずるこのケースでは，それが発生し確定するのに合わせて収益を認識することが，リスクから解放された正味の成果をとらえる結果になる。それは，工事が進むのに応じて資産の価値変動を測った収益認識というよりも，むしろ投資の成果を稼得するプロセスに即して利益を測るひとつの手法である。前掲した**図14.1**の生産時点を連続したいくつかの点に分ければ，それぞれの生産時点でプロットされるアウトプットの価値は，その時点における半成工事の価値ではなく，約定された販売価格を工事の進捗度に基づいて配分しただけのものである。販売が済んで引き渡されたものと擬制しているわけだから，そこでは半成工事を保有資産として評価する余地はない。

　工事進行基準に基づいてとらえられる各期の利益は，エドワーズ＝ベルの概念でいえば，進捗度に応じて半成工事に配分された販売価格からインプット要素のカレント・コストを引いた当期営業利益と，インプット要素に生じた保有利得としての実現可能原価節約とが区分されずに合わさった事業の利益である。前節でみたように，企業経営者や外部投資家の意思決定にもっとも重要な意味をもつのは，この保有利得を分離した当期営業利益の情報であった。その観点からすれば，会計基準の課題は混在している2つの要素を切り分けることであろう。収益の認識に資産の評価を持ち込んでも，継続事業の評価に役立たないといわれた実現可能利益が得られるだけである。国際的な基準改革の大きなテーマとされてきた工事進行基準は，資産・負債アプローチをことさら強調すべき問題ではない[9]。

　8　完成までの予想費用総額に対する発生費用の比率で工事の進捗度を測ると，予想以上にコストがかかったときは進捗度も高く計算され，将来に配分されるべき収益を先取りして計上する結果になるからである。完成までの費用総額をたえず見積もり直すことで，その問題を部分的には解消できるのかもしれない。

4 ■ 契約資産の概念と収益認識

　請負工事に限らず，顧客との間に契約のある取引について資産や負債の価値の変動から収益を認識しようという工夫は，IASB と FASB の共同プロジェクトで試行錯誤が続けられていた。その考え方は，大雑把にいうと，契約上の権利と義務の正味として契約資産または契約負債を認識し，契約資産の増加または契約負債の減少として収益を定義しようとするものである。契約上の権利は，販売取引であれば一般に対価の請求権であり，契約上の義務は，もちろん財の引き渡しやサービスの提供である。義務の一部もしくは全部を履行すれば，未履行の残高が減る分だけ権利の未行使残高との間に差額が生じ，それが契約資産を増加（あるいは契約負債を減少）させて収益が認識されるという仕組みである。契約上の権利や義務の評価額が変動したときも，同様に契約資産または契約負債が増減する。

　その詳細には立ち入らないとして，問題は契約資産や契約負債の基礎となる契約上の権利と義務を，どのような方法で測定しようとするのかである。ひとつの考え方は，契約で引き受けた権利および義務の未履行分を，たえず各時点の公正価値（出口価格）で測定ないし再測定するというものである。それは，未履行の権利や義務を第三者に譲渡したり肩代わりさせたりするときに，公正な市場で付される価格を見積もった値とみられている。権利と義務はそうした市場価格を想定できる構成要素に分解されたうえで独立に評価され，それに伴う契約資産の増加または契約負債の減少が収益認識を帰結するというわけである。さまざまな財やサービスが複合したものは取引されうる単位ごとに，また工事など時間的に連続する履行義務は対価が確定する段階ごとに評価されることになる。

　この方法は公正価値モデルとか測定モデルと呼ばれているものに対応する

9　工事進行基準では収益にみあう売上債権が計上されるが，契約上の義務の履行に伴って確定した債権でない場合は，むしろそれ自体が収益認識に伴う擬制的な資産ということになる。

が，そこでは契約上の権利と義務が独立に評価されるため，契約と同時に契約資産が認識されて収益が計上されることになりかねない。たとえば履行義務の市場価格が請け負った価格より低い通常のケースであれば，その差額はただちに契約資産と収益とに反映されるほかはないからである。それは意図せざる結果ではなく，公正価値を規準にして企業のパフォーマンスを測るという理屈の，ある意味では避け難い帰結とみたほうがよい。しかし，実際にこの価格で履行義務を移転させてそれ以上にリスクを負わないケースならともかく，自ら事業のリスクを負って契約上の義務を履行している以上，公正価値をオーバー・パフォームする機会があるというだけでは，市場をビートしたことにはならないであろう。

　ここでいう契約資産の公正価値は，その契約を履行して得られる市場平均の利益とみてもよい。金融商品に喩えれば，先物の売り契約に生じる価値に近い性質をもつのかもしれない。それは契約を譲渡する価格であるとともに，同じポジションを再構築するコストでもある。金融商品であれば，それがいつでも自由に市場価格で売買され，期待価値の実現は，市場価格による差金決済でも現物の受け渡しでもまったく変わらない。だから，価値の変動は保有している間も利益に影響する。それに対してここで検討している事業上の取引契約では，自ら義務を履行することで市場価格より高い価値を実現する機会がある。そのときには，認識されている契約資産が事業上の理由で自由な換金を制約されたポジションと共通の性質をもち，それに伴って計上される収益は，リスクから解放されていない期待次元の要素にとどまっている。

　そうした収益認識は，契約上の義務の履行に伴う契約資産の増加（もしくは契約負債の減少）に基づいて，市場平均の利益が先取りされた後の超過収益を実現させていくプロセスでもある。そこでとらえられる正味の利益は，契約の義務を（下請けに出さずに）自ら履行することで節約される費用の額に等しくなる。これらの操作を，契約当初だけでなく，その後も未履行分の契約残高に継続して適用していくのが，公正価値モデルと称する方法の基本的な仕組みである。そのようにして認識された契約資産の価値には，超過利益を得たければ手放せないものを，仮に手放すとしたときに期待される結果が混入する。分解して価値を加算できる金融商品と違って，無形ののれん価値を含んだ事業投資

はのれんの部分だけを切り離して処理するわけにはいかないのである。市場平均の利益といっても，無形価値が実現した超過利益と一体のものを，リスクを負ったまま分離して認識するのは疑問である[10]（下記の補注を参照）。

　　［補注］　無形の要素も企業価値の一部だが，それらには，個々に識別して市場価格で評価できるかどうかという問題がある。財やサービスのすべてに，それぞれ単独で取引される市場があれば，それらの市場価格を合わせたものが企業の価値であり，その変動で測った利益がすべての株主にとって共通の意味をもつことになる[11]。つまり，どの株主にも，利益（率）の高いほうが常に望ましい。

　　　　しかし，市場の完備性が保障されない以上，市場があるものの価格だけですべてが決まるわけでないのは自明であろう。だから市場のない要素の価格を市場と同じ手法で推定すればよいというのは，基本的に情報を利用する側の話であって，それに役立つ情報を開示する側の問題ではない。市場における価格形成の形式だけを模倣して，市場の豊富な情報を反映しない一面的な指標を開示しても，利用者に役立つ保証がないことは広く指摘されているとおりである[12]。履行義務の公正価値の推定も同じ問題を抱えている。

　契約上の権利と義務を公正価値で測定する立場に対して，特に契約と同時に販売収益が計上されるという上記の問題点を回避するひとつのアイディアは，権利と義務をいずれも契約当初に約定された金額（顧客対価）で測定しようというものである。顧客対価モデルとか配分モデルと呼ばれるこの方法では，同額の権利と義務を両建てする結果，契約当初は契約資産や契約負債が生ずる余

10　超過利益の期待を，期待だけで（実現を待たずに）利益に含めるのは，自己創設のれんを計上してその分を利益とすることになる。
11　Beaver [1981], Chap.4 および本書第 3 章注 9 をみよ。
12　市場における価格形成がキャッシュフローの予想と資本コストによる割引の過程だとしても，その背後には無数の市場参加者がもつ豊富な情報を組み込む局面がある。それを無視して市場による評価の形式だけを模倣しても意味のある数値は得られないこと，その数値は信頼性に乏しいというだけでなく，仮に信頼できるものであれば公表されるときには既に証券価格に組み込まれていて，いずれにせよ投資家の役には立たないこと，それと保守的な評価の切り下げとは区別して考えたほうがよいことなどは，これまでにも指摘されてきた（Watts [2006] および本書の補章 2 を参照）。そうした指標と証券価格の関連性が事後的に検出されても，それは企業価値を評価する事前の用途とは関係がない話である。

地がない。識別可能な単位に分割された契約上の履行義務には，それぞれの販売価格に基づいてこの顧客対価が配分され，履行に伴って減少する分がそれに割り当てられた対価の額だけ契約資産を増加させて（あるいは契約負債を減少させて），収益の認識をもたらすことになる。市場平均の利益が超過利益から分離して先取りされることはなく，財やサービスの顧客への移転に伴って営業利益として実現するのである。

いずれにせよ，契約上の履行義務の要素については，公正価値でなく約定された対価の額に基づいて当初に測定されていることから，その後もそれを公正価値で再測定するのは理屈の面で難しい。義務の履行に伴う契約資産の増加（契約負債の減少）も，稼得過程に即した収益の実現と変わるところはないということにもなる。事実，IASBおよびFASBによるその後の共同作業は，契約に含まれる別個の履行義務を識別したうえでそれらに取引価格を配分し，履行義務を果たしたときに売上収益へ振り替えるという方向に進んだ（2014年のIFRS第15号）。ここで義務の履行というのは，契約により提供される製品やサービスに対する顧客側の支配の獲得とされており，その時点で顧客から受け取る対価に基づく収益が認識されることになる。そこではもはや，契約上の権利と義務をネットした資産や負債のストックとその公正価値は収益認識の決め手になっていない。

ちなみに，工事契約の収益もこの支配の移転でとらえた義務の履行に即して認識されるが，それは必ずしも完成基準に限られるわけでなく，一定の条件が満たされれば従来の進行基準に準じたやり方で収益を認識できる。その条件というのは，(1)義務の履行による資産の創出ないし増価に伴って顧客がそれを支配するか，または(2)義務を履行しても他に転用できる資産が創出されず，かつ，（2-a）履行による便益を同時に顧客が受け取って消費できるか，（2-b）便益を消費できない場合でも残りの義務を他の企業が履行する場合に既に完了した作業をやり直す必要がないかのいずれかとされていた。わかりにくい条件だが，おそらくは進行基準を認めるために後から考えられた理屈だからであろう。もともとIASBが進行基準への統一を推し進めながら，後になってそれを逆転させた混乱の副産物というほかはない[13]。

5■おわりに

　本章では，事業投資の成果に関心を移して，稼得ないし実現という伝統的な収益認識の基準から脱却し，資産と負債の認識・評価だけで利益をはじめ会計情報のすべてが決まる仕組みに作り変えるという，依然として混乱を残したままの試みを検討した。リスクのある収益（事業投資を回収するキャッシュフロー）がリスクから解放されて確定する稼得過程を，基本的にはアウトプットの販売といった市場のテストで裏づける実現のルールは，収益ないし利益を必ずしも資産や負債の変動から独立にとらえるわけではないが，それでも追加的な要件を設けている点で資産・負債アプローチとしては不徹底ということだったのであろう。利益の認識にとって（資本取引によらない）純資産の変動が必要条件というだけでなく，十分条件でもなければならないというのなら，確かにそうした議論が出てきても不思議はない。

　しかし，利益認識のプロセスに資産の継続的な評価を組み入れて営業利益と保有利得の認識を切り離したエドワーズ＝ベルの古典的なモデルでも，企業評価に有用な利益情報とされる営業利益は実現ベースのものであった。販売されたアウトプットの価値（販売価格）に，インプット要素のカレント・コストを対応させる営業利益の測定において，重要なのはそれを販売時点でとらえるという認識のタイミングであった。その結果，保有資産の継続的な再測定は，アウトプットに変換されたものにではなく，変換された後もそのインプット要素に適用されることになる。したがって，そこから生ずる保有利得は，もはや公正価値の変動ではない。資産の評価から出発しながら，利益の意味を洞察する過程で一部に実現基準を選択し，それが資産評価の観点を制約する結果になっ

13　ある時期までIASBは，工事契約に関する収益認識を進行基準へ統一することにこだわっていた。契約があるのだから進捗に応じて利益にみあう資産が取得されており，それを認識するのが資産・負債アプローチだと説明されたように記憶する。日本でもコンバージェンスの観点から，それに従って基準を変更した。しかし，その後，利益はともかく収益を裏づけるのはどのような資産・負債の変動なのかを模索していくうちにIASBの方針が逆転して完成基準が復権した結果，今度は進行基準に余地を残すための苦しい理屈を考えることになったものと思われる。

ていたわけである。

　契約資産ないし契約負債を認識して，その変動から収益認識を導く最近のアプローチも，じつはそれとあまり変わらない結果に行き着く可能性もある。契約資産または契約負債は契約上の権利と義務の正味として生じ，権利と義務の一方もしくは双方が変動することによって変動する。したがって，この契約資産や契約負債を公正価値評価するには，契約上の権利（売り手であれば顧客対価）と義務（履行義務）をそれぞれ独立に公正価値評価しなければならないが，これは契約と同時に販売収益を認識する結果になりかねなかった。それを避けるには顧客対価に依拠して履行義務を評価するしかないが，そうなると今度は利益の測定が必ずしも資産・負債の評価に依存せず，稼得過程とあまり変わらない話に舞い戻ってしまう結果となっていたのである。

　このように，とりわけ事業上の収益の認識は，資産評価の観点を機械的に適用するのが難しい問題である。これまでに取り上げた金融商品でも，金融投資の実質を有するものと違って，事業に拘束されたポジションでは価値の評価が投資の成果に直結していなかった。事業投資の一環をなすものは，貨幣性の金融商品でも非貨幣性の実物資産でも，あるいは本章でみた契約上の資産や負債でも，意味のある成果の測定と公正価値評価が両立しないのである。それでも金融投資の範囲を越えて時価ないし公正価値による評価と利益認識が拡大しているのは，ひとつには資産・負債アプローチそのものの理解に問題があるのかもしれない。同じことを繰り返すようだが，資産や負債の変動は利益認識の十分条件なのではなく，むしろ必要条件とみたうえで実現ルールの見直しを図るほうが生産的ではないかと思われる[14]。

【付記】

　基準の動向に関する記述のアップデートは本書の役割ではないが，2014年のIFRS 第15号「顧客との契約から生じる収益」を受けて，日本でも収益認識の会計基準が2018年に確定した。顧客との契約における履行義務に取引価格を配分したうえで，履行義務の充足に応じてそれを販売収益へ振り替えるという，

14　リスクからの解放という本書第2章（第4節）の概念は，そうした試みの結果である。

IFRS第15号に定めるルールを基本的にすべて取り入れている。いうまでもなく，履行義務の充足を一括して認識する場合（完成基準）も，部分ごとに認識する場合（進行基準）もある。また，国際的な比較可能性を大きく損なわない範囲で，代替的な取り扱いをいくつか追加的に定めている。

第15章
減価償却と価値減耗

1■はじめに

　前章のテーマは,事業投資における収益認識の会計ルールであった。そこでは,販売という稼得過程に基づき収益の実現をとらえる伝統的なアプローチに対して,資産や負債のストックの評価から収益のフローを導く最近の試みを,特に契約によって収益の確定した取引における給付義務の部分的な履行のケースで,整理するとともに批判的に検討した。そこで今度は費用の認識だが,事業投資の成果を測定するうえで,古くから関心を集めてきたのは固定資産の減価償却であろう。会計上の減価償却は,事業に使われて消費された資本設備の用役を測る操作であり,通常は当該資本設備の取得に要した支出(いわゆる資本支出)の額を,一定の方法で各期の費用に配分する。資本設備から生み出された正味のキャッシュフローは,設備のコストとして各期に配分された減価償却費を差し引いたあと,はじめて投資の成果となるわけである[1]。

　他方,そうした減価償却は,資本設備の使用に伴って,その価値が低下していく過程に対応したものとみることもできる。そう考えたときは,資本設備の価値を評価して毎期の変動を測る操作を減価償却と呼ぶことになろう。事業に使い続ける資産の価値をどう測るかは難問だが,概念上は中古市場における売却価額あるいは再調達価額とか,同一資産の新品価格から過去の使用による推定減耗分を引いた額とか,将来に期待されるキャッシュフローを資本のコストで割り引いた現在価値などの,さまざまな価値の指標が想定されている。それ

---

[1] 後述するように,それはまた,資産の寿命を超えて同じ事業を継続したときの,いわば永続的な投資の成果を予測するうえで,その資産の更新に必要な投資の額を近似して,現在の正味事業収入から控除するものでもある。

らのいずれかの指標を選んで設備資産の価値を評価し，一定期間に価値が低下した分を減価償却の測定値と考えるのがこの観点である。価値が増えていればマイナスの減価償却費，つまり評価益が認識されることになる。そこでは減価でも増価でも，事業用資産の価値の変動がそのまま投資の成果に組み込まれるのである。

　このように，資産評価と費用配分とが表裏の関係で結ばれた企業会計の仕組みのもとで，資本設備の価値と使用に伴うコストを測る減価償却にも，いずれか一方から他方を決める対立的な2つの観点がある。もちろん，いずれの観点に立っても，投資が現金支出である以上，使用期間の減価償却費を合計して廃棄時の残価を加えた額は，当初の資本支出額と同じになる。しかし，個々の期間ごとにみれば，費用に配分されて利益から控除される額と，資産としてバランスシートに繰り越される額は，どちらを先に決め，どちらをそれに依存させるかで違ったものになる。19世紀末葉から20世紀の前半，いわゆる近代会計の確立過程で資産評価から費用配分への重点移行を避け難いものとした減価償却は，昨今の資産・負債アプローチを掲げた基準設定環境のなかで，再び資産評価の観点から見直しが図られているようである。

　もちろん，会計基準におけるそうした見直しの動きが，今後どのような方向へ発展するのかはまだわからない。減価償却を減損処理や公正価値評価に置き換えようという主張が一部にみられるのは周知のとおりだが，それらを取り上げて検討するのは本章の課題ではない。ただ，資産価値の評価によって費用を測る観点が，資本設備の価値減耗をとらえる経済的な減価償却の考え方としばしば結びついて主張されることから，ここでは第5章でみた経済的所得とそこにおける資本減耗控除の概念にてらして，企業会計上の減価償却が有する特質を検討してみることにしたい。それと同時に，測定の方法をめぐるいくつかの工夫が，会計上の減価償却に潜むどのような問題をどのように解決しようとしているのか，その試みがどれだけの意味をもち，なにを未解決のままに残したのかを，経済的な概念を参考に考えてみることにしよう。

2■経済的所得と資本の価値減耗

　減価償却を投資額に基づく費用の期間配分とみたときは，資本設備の取得に要した額が取得資産の価値となり，使用に伴って費用化された額が，そこから分離して各期の収益にチャージされていく一方，残った額が将来の費用に振り分けられてそれぞれの時点での資産価値を形成する。資本設備の価値が取得原価からその時点までの減価償却を引いた額で測定され，バランスシートに繰り越されていくわけである。それに対して，バランスシートにおける資本設備の評価を優先する立場では，取得原価が資産の価値を代理できるのは市場価格で取得した当初の時点だけであり，その後は市場の公正価額であれ期待キャッシュフローの現在価値であれ，経済的な価値を継続的に測定し直す必要がある。こうして再測定された資本設備の価値減耗を償却前利益に相当する正味のキャッシュフローから差し引いたのが，経済的所得と整合する概念だと主張されるのである。

　しかし，第5章でも詳しく述べたとおり，経済的所得の概念は，価値の評価に混入するウィンドフォールの要素を除外したものであった。資産価値を評価するだけでは，将来に対する期待の変化が生み出すノイズを排除できない可能性があるということである。それでも経済的な概念と比較したければ，さしあたり，時間を通じて期待が変わらない状況を想定するしかない。そうした状況で期待形成にフィードバックする情報が必要かどうかはともかく，以下ではまず投資の成果にリスクがなく，期末時点に評価した期末の資産価値が期首の情報に基づく事前の予測と一致し，期首時点で評価した期首の資産価値が，期末の情報に基づいて見積もり直した事後の評価に一致するという，いわば期待と事実を区別する必要のない世界で，会計上の減価償却を経済的な概念と比較しておくことにしよう[2]。期待の変化が生むウィンドフォールは，それを済ませ

　2　第5章の表記に従えば，期首に見積もられた期末の価値 $E_0(V_1)$ と，期末に実現した実際の価値 V_1 とが等しく，また，期首における実際の価値 V_0 と，期末に見積り直した期首の hindsight value $E_1(V_0)$ とが等しいということである。期待したとおりの事実が生ずる点で価値に不確実性はないが，価値を測ってもそれで将来の期待は変わらないのだから情報としての意味はない。

てから第4節で考える。

　いま，資本設備を取得するのが第1期の期首であるとして，それを時点0で表わしておく。また，第1期末（つまり第2期の期首）を時点1，第 n 期末を時点 n のように表わし，各期末つまり1から n までの各時点において，それぞれ C_1, C_2, …, C_n の償却前利益に当たる正味キャッシュフローが生ずるものとしよう。ただし，最終期間の C_n には，資本設備を処分して得られる現金収入を含めておく。資本コスト r を一定とすると，時点0における資本設備の価値 V_0 は，第 n 期までの正味キャッシュフローをこの r で割り引いた

$$V_0 = \sum_{i=1}^{n} C_i(1+r)^{-i} \tag{15.1}$$

また，時点1における価値 V_1 は，第1期のキャッシュフローが実現して資本設備の価値から分離し，第2期以降のキャッシュフローが1期だけ近づくから，

$$V_1 = \sum_{i=2}^{n} C_i(1+r)^{-i+1} \tag{15.2}$$

である[3]。したがって，両者の差額である第1期の価値減耗 D_1 は，

$$D_1 = V_0 - V_1 = C_1 - rV_0 \tag{15.3}$$

で表されることになる。

　ここで，この資本設備からもたらされる第1期の成果 Y_1 は，

$$\begin{aligned}Y_1 &= (C_1 + V_1) - V_0 \\ &= C_1 - (V_0 - V_1)\end{aligned} \tag{15.4}$$

であるから，(15.3) により，

$$Y_1 = C_1 - D_1 = rV_0 \tag{15.5}$$

---

[3] 第5章で定義した第1期末の資本価値 V_1 は，ここでの V_1 に第1期のキャッシュフロー C_1 を加えた値である。ここでは企業資本の価値ではなく，資本設備の価値だけをみればよいから，そこから分離した C_1 は期末の価値に含めていない。

となる。つまり，資本設備の価値減耗を控除したあとの正味の成果は，資本設備の期首の価値（期首の資本価値）に資本コストをかけた，いわば利子の額（利子としての所得）になっている[4]。そして（15.3）で定義される資本設備の価値減耗は，この利子に当たる投資の成果を，償却前利益としての正味キャッシュフローから控除した大きさとして与えられているのである。それと同じことは，第2期以降の各期についても同様に成立する。投資の成果を決める資本減耗控除と，事前に想定された成果である資本コストとの関係に注意しよう[5]。

このように，資本設備の価値減耗という経済的な概念においては，期首の価値に対する一定率の成果（利益）が，期間ごとにあらかじめ想定されている。第t期には，この資本設備から$Y_t = rV_{t-1}$の成果が期待され，しかも当面の前提のもとではそれが事後的にも実現するのである。これに第t期の価値減耗を足し戻したものがその期のキャッシュフロー（償却前利益）であり，仮にその全額が分配（消費）されてしまえば，いうまでもなく期末における資本設備の価値V_tが次の期に引き継がれるだけである。一方，毎期の正味キャッシュフローから価値減耗に相当する額を再投資して，資本コスト（利子）にみあう成果を稼得し続けるなら，すべての期間において当初の資本価値に当たるV_0が維持され，毎期一定額の成果rV_0がキャッシュフローの裏づけを伴って計上されていくことになる。設備の廃棄時には，V_0の全額が他の財に置き換わっているはずである。

こうした資本設備の価値と価値減耗の測定は，それが生み出す正味キャッシュフローの毎期の動向と，それを現在に割り引く資本コストないし利子率の水準とによって，当初の資本設備の価値V_0——これも，むろん正味キャッシュフローと割引率の関数だが——を，廃棄に至るまでの各期の費用に配分する結果にもなる。配分される総額が資本設備の取得に要した支出額でなく，無

---

[4] なお，Lindahl [1933], pp. 400-403, Kaldor [1955], pp. 58-62 を参照。
[5] 上記のように資本価値の減耗は，期待されたキャッシュフローが実現して分離する分と，その先のキャッシュフローが近づいたことで価値の増える分との正味だが，後者は期首の資本価値（将来キャッシュフローの割引現在価値）を割引率で割り戻した資本コストの額に相当する。

形ののれんを含む取得時の価値である点を除けば，基本的には会計上の減価償却に対応した操作になっている。ただし，そこでは，資本設備の価値から毎期「分離」される正味キャッシュフロー系列のパターンが，価値減耗のパターンと同時に，設備を使う費用の期間配分のあり方を決めている。したがって，その配分が会計上の減価償却のようにある定まったパターンに従うというのは，償却前利益の系列が定まった型に従って生ずる特殊なケースでない限り困難である。

いま，もっとも単純な例として，資本設備から生み出される正味のキャッシュフローが毎期一定であるケースを考えてみよう。(15.1)，(15.2)式で $C_i = C$ とすれば，第1期の価値減耗 D_1 は，

$$D_1 = V_0 - V_1 = C(1+r)^{-n} \tag{15.6}$$

同様にして第2期以降の価値減耗 D_t ($t = 2, 3, \cdots, n-1$) も，

$$D_t = V_{t-1} - V_t = C(1+r)^{-n+t-1} \tag{15.7}$$

もちろん，最終期間 ($t = n$) の価値減耗は，

$$D_n = V_{n-1} - V_n = C(1+r)^{-1} \tag{15.8}$$

である。減価償却相当額の価値減耗は，あきらかに毎期逓増する。費用として配分される総額が当初の資本支出額でなく資本価値 V_0 であるという前述した点を除けば，会計上の複利法ないし年金法による減価償却と同じである。もし資本のコストを考えずに割引率をゼロとすれば，直線的な定額償却になる。仮に毎期の正味キャッシュフローが一定でなく逓減的になれば，それにつれて価値減耗＝減価償却費は直線的になり，さらには逓減的な定率償却に近い型を示すことにもなるであろう（**図15.1**を参照）[6]。

---

6 なお，Lutz & Lutz [1951], p. 224 以下を参照。

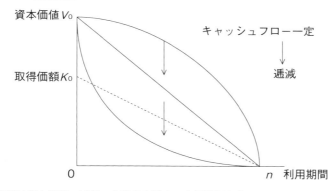

図15.1 キャッシュフローのパターンと価値減耗

実線は資本価値の減耗，点線は会計上の定額償却を表す

3 ■ 企業会計における減価償却

　では，こうした資本設備の価値減耗という経済的な概念に対して，会計上の減価償却はどこまでそれを近似し，また，どのようにそれと異なっているのであろうか。企業評価の基礎となるフリー・キャッシュフローは，営業上のキャッシュフローから新規の投資額を控除したものだが[7]，企業会計では，現在の生産能力に対する過去の投資額を投資期間に配分した（減耗分に相当する）減価償却費を，営業キャッシュフローから控除して投資の成果をとらえている。会計情報が，将来のフリー・キャッシュフローを予測する投資家のために，事後の企業成果を測定・開示する役割を担っている以上，それは別に不思議なことではないが，費用配分のあり方を含めて会計上の仕組みと経済的な概念との関係は，古くから多くの論者の関心を集めてきた[8]。以下，この節で

---

[7] 投資額を控除しないと，それが生み出す成果がその先のキャッシュフローに算入されるため，価値を二重に計算する結果になるからである。念のため。

[8] 上記 Lutz & Lutz [1951], Chaps. 8, 19 のほか，Parker & Harcourt [1969] に収録された Hotelling [1925], Prest [1948-50], Wright [1964], Harcourt [1965] などを参照。

は，当面の考察に必要な限りでその点をみることにしよう。

 前述のように減価償却では，各期の費用に配分される額の合計が，資本設備を取得するのに支出した額（資本支出額；K_0 で表わす）であって，取得時の主観的な資本価値 V_0 ではない。ここで V_0 と K_0 との差額は，その時点で資本設備が（正確にはそれを使用する投資プロジェクトが）もつ無形ののれん価値に相当する。会計上はこれを各期の費用に配分しないのであるから，その減価償却費を控除したあとの各期の利益には，当初ののれん価値が配分されて算入されることになる。当然ながら，この利益をすべて配当として分配したあとに維持される資本には，のれんの価値は含まれない。資本設備の価値減耗分を投資の成果から控除する経済上の概念では，無形ののれん価値が成果から除かれて有形の資産に置き換えられていくが，会計上はその分の利益を留保しない限り，のれんが設備の廃棄時までに分配（消費）されてしまうのである。

 このように，各期へ配分する費用の総額において経済的な概念と異なる会計上の減価償却では，その配分の仕方においても，資本設備の価値が減耗していく経路をなぞっているわけではない。前節でもふれたとおり，毎期の価値減耗の大きさは，期待されたキャッシュフローが実現して資本の価値から分離することによる低下分と，時の経過によって将来のキャッシュフローが近づくことによる増加分との正味として与えられていた。それを差し引いたあとの成果が期首の資本価値に対して常に一定率になるような，価値の減耗が想定されていたのである。それに対して会計上の減価償却は，この価値減耗の過程によって存立の基盤を与えられながらも，その過程から独立した認識と測定の仕組みをもっている。それは，資本設備の価値よりも，むしろ潜在的な用役の減耗を費用配分の基礎にしようとしているものといってよい。

 もちろん資本設備は，一般に取得から廃棄までの間，その物理的な能力の総体をもって使用される。つまり，使用に伴ってその生産能力が部分的に消滅していくといった性質のものではない。したがって，そこでは，実際には分割不能な資本設備をあたかも分割可能な用役の束のようにみたうえで，それが経済的な耐用期間にわたって部分的に消費されていく過程を擬制し，用役単位あたりの価格で評価するという手法がとられている。それは技術革新に備えて経済的な耐用期間を想定する点でも物理的な減耗を近似しているのではないが，さ

りとて毎期の経済的な価値の低下を測っているものでもない。減価はあくまでも便宜上の擬制であって，人々の間の合意として制度化されることを通じて，誰が測っても似たような結果が得られるという意味での，間主観的ないし客観的な測定可能性（操作性）が確保されているだけである。

その場合，用役の消費パターンとして人々が共有する擬制は，必ずしもひとつに限られない。観察不能な事実を可視化するルールである以上，複数のコンベンションがあっても不思議はない。とはいえ，おそらくもっとも単純なのは，毎期同じだけの物理的な用役が失われていくとする擬制であろう。このパターンに基づいて当初の資本支出を耐用期間に配分するのが，いうまでもなく定額償却である。そのほかにも定率償却とか逓減残高償却と呼ばれる方法が広く使われてきたが，これらは均等額を各期の費用に配分する減価償却が実務にも定着したあと，技術革新や市場競争によって資本設備の収益性が低下する前にできるだけ投資を回収する観点から工夫された加速償却の方法である。会計上の減価償却は，各期の収益動向に依存することなく，用役の消費を毎期一定した大きさに割り振ったうえ，固定した単価でそれを評価する定額償却に代表されるといってよい。

この会計上の減価償却における資本支出の期間配分は，特定の限られたケースであれば，経済的な意味での価値減耗のパターンと比較してみることができる。費用化される総額の違いを除くには，第1期の期首時点でのれんに相当する V_0-K_0 だけ資産が切り上げられる一方，切り上げ後の簿価から同じ額が償却され，評価益と相殺されていると想定すればよいであろう。この資本設備からもたらされる正味のキャッシュフローが毎期一定となる場合なら，前に述べたとおり価値減耗は会計上の年金法ないし複利法に近似する逓増的なパターンをとり，減耗控除後に残る価値は右上に凸な曲線を描いて下降することになっていた。それと直線的な定額償却との違いは，わざわざ比較してみるまでもなくあきらかであろう。このケースであれば，会計上の減価償却による費用の配分が，価値減耗を上回る早い速度で資本設備の簿価を切り下げていくことになる[9]。

しかし，このようにして価値減耗と減価償却を比較できるのは，資本設備から生み出される正味キャッシュフロー（償却前利益）の毎期の系列が，ある定

まった型に従う特殊な場合だけである。資本設備の価値と毎期の減耗が，そこから得られる償却前利益の系列に依存する以上，それと償却前利益の動向を離れた企業会計の費用配分とは一般に比較可能でない。会計上の減価償却は，経済的な価値減耗の過程を基礎としながらも，その事実の近似的な測定値を得ようとする操作とは異質なものである。むしろそれは，設備の価値や価値減耗が生み出される成果によって決まるのに対して，成果に依存して費用を配分する一種の「利益償却」を否定した概念でもある。歴史的にも減価償却は，利益償却たることを自ら否定することで利益処分性を否定し，利益から控除される費用としての地位を確立してきたといってよいであろう[10]。

4 ■ 時価ベースの減価償却

前節までのところでは，資本設備から得られる成果（正味のキャッシュフロー）の期待に時間を通じた変化がなく，事実が事前の期待どおりになる状況で，会計上の減価償却を経済的な価値減耗と比べて両者の関係を探ることを試みた。そうしたリスクのない世界を想定することで，資産価値の評価に混入するウィンドフォールの要素をとりあえず排除しようとしたのである。しかし，それだけプリミティブな状況を想定しても，もともと減価償却が価値減耗を近似的に測定する操作でない以上，両者を比較できるのは，毎期のキャッシュフローが決まったパターンに従う特殊な場合だけであった[11]。また，会計上の減価償却では，資本設備を用役の束と擬制したうえ，その部分的な消費を評価する用役単位当たりの価格を，使用期間を通じて固定させていた。そのため，ここでも取得時の価格を引き継ぐ取得原価ベースの減価償却を考えてきたのであ

---

9 ただし，ここでは，会計上の減価償却計算において用いられる耐用年数と，資本設備が実際に廃棄もしくは更新されるまでの年数（経済的耐用年数）との違いを無視している。後者についての詳細は，Hotelling [1925]；Lutz & Lutz [1951], Chaps. 8, 9；Schneider [1961], Chap. 3 などをみよ。廃棄時の残存価値についても，ここでは考慮しない。

10 減価償却の歴史にふれることはここでの課題ではない。さしあたりは Littleton [1933], Chap. 14；May [1943], Chaps. 7-9 などをみよ。

11 それはわれわれの分析の不備ではなく，両者を関係づけて規範的な帰結を導こうとする一部の議論に無理があるということであろう。

る。

　そこで今度は，消費した資本設備の用役を，取得時点の原価ではなく消費時点の時価で評価する減価償却を取り上げ[12]，それが取得原価ベースの償却と比べてどのような意味をもつかを考えてみよう。いわゆる時価償却が経済的な価値減耗をよりよく近似するという議論が，どこまで成り立つのかを検討するためである。それには，これまで無視してきた期待の変化を部分的に組み入れ，価格の面でウィンドフォールの要素を明示的に考慮するのが有益である。これまでどおり資本設備の価値を V で，期首と期末を添え字の b と e で表わし，期末の期待に基づいて見積もり直した期首の価値（第5章でみた仮想的な hindsight value）を V_b' で表わすと，ウィンドフォールを除いた各期の経済的価値減耗 D（事後）は，

$$D = (V_b - V_e) - (V_b - V_b') = V_b' - V_e \tag{15.9}$$

と表わすことができる。いうまでもなく，これをその期の正味キャッシュフローから引いた額が事後の所得（Y で表わす）である。

　ここで，資本設備を用役の束とみた前節の擬制に従って，設備の価値を用役の物量 q と単位価格 p の積で表わせば，上記の価値減耗は，

$$\begin{aligned} D &= V_b' - V_e = p_b' q_b - p_e q_e \\ &= (p_b' - p_b) q_b + (p_b q_b - p_e q_e) \end{aligned} \tag{15.10}$$

と書くこともできる[13]。ただし，会計の数値と比べるうえで，上記の単位価格はいずれものれん価値に当たる額を含んでいない（取得時に償却済み）とする[14]。他方，取得原価に基づく減価償却 $\mathit{\Delta}_a$ と期末の時価に基づく減価償却 $\mathit{\Delta}_m$ も，それぞれ

---

[12] ここでいう時価は再取得に要するコストを想定するのがわかりやすいが，利益情報の利用目的に対応して，さまざまな類型を考えることができる。Edwards & Bell [1961], Chap. 3 をみよ（なお，本書第14章第2節もあわせて参照）。
[13] この第2項の $(p_b'-p_b)q_b$ がウィンドフォールに当たる。なお，ここでは価格の変動に着目すればよいから V_b' を $p_b'q_b$ で表しておく。
[14] 前述のように，資本設備を取得した時点でそれを取得価額 K_0 から経済価値 V_0 へ切り上げる一方，ただちに取得価額 K_0 まで償却したと想定する。いうまでもなく，この分の減価償却費は評価益と相殺され，その時点の利益には影響がない。

$$\Delta_a = p_b(q_b - q_e), \quad \Delta_m = p_e(q_b - q_e) \tag{15.11}$$

と表わしておく。当面の比較のため，期首の単位価格 p_b については，取得時の原価と期首の時価が等しいと仮定する[15]。会計上の減価償却は，用役の消費パターンを事前に想定した規則的な配分だが，将来の生産に寄与しうる用役の残りをたえず確かめて過去の費用配分を修正しているから，その操作を含めると，期末の物量残高は事後に測った q_e になっているはずである。これらを経済的な価値減耗 D と比較しつつ，取得原価による減価償却と時価による減価償却の関係を検討してみよう。

まず，取得原価ベースの減価償却 Δ_a と経済的な価値減耗 D とを，それぞれ正味のキャッシュフローから引いて，利益 Π_a と事後の所得 Y を比べると，

$$\begin{aligned} \Pi_a - Y &= D - \Delta_a \\ &= (p_b{}' q_b - p_e q_e) - p_b(q_b - q_e) \\ &= (p_b{}' - p_b) q_b - (p_e - p_b) q_e \end{aligned} \tag{15.12}$$

となるが，これは第 1 項のウィンドフォール（$= V_b{}' - V_b$）と，第 2 項が示す期間中の用役単価の変動を期末の用役残高に乗じた額との正味だけ，取得原価ベースの減価償却費が，経済的な意味での設備の価値減耗と乖離することを表わしている。他方，時価ベースの減価償却 Δ_m を控除した利益 Π_m を Y と比べると，

$$\begin{aligned} \Pi_m - Y &= D - \Delta_m \\ &= (p_b{}' q_b - p_e q_e) - p_e(q_b - q_e) \\ &= (p_b{}' - p_e) q_b \\ &= (p_b{}' - p_b) q_b - (p_e - p_b) q_b \end{aligned} \tag{15.13}$$

になるから，取得原価ベースの場合と同じ第 1 項のウィンドフォールと，ここでは期中の用役単価の変動を期末でなく期首の用役残高に乗じた額との正味だ

---

15 つまり，期首の簿価 $p_b q_b$ は取得原価と q_b の部分が違うだけであり，同時に，それが期首の時価にも等しいことを仮定する。

け，時価による減価償却額が経済的な価値減耗額から乖離する。要するに，取得原価ベースでも時価ベースでも，会計上の減価償却に紛れ込んだウィンドフォールが，(15.12) 式と (15.13) 式の第 2 項の範囲でそれぞれ相殺されるのである。

ここで，2 つの式の第 1 項でウィンドフォールの大きさを決めている p_b' は，期末の p_e が期首にわかっていたと仮定したときの期首の用役単価を，事後的に振り返って推測した hindsight value である。それは期末になって与えられる用役単価の情報に依存する値であり，仮に両者が同じ値（$p_b'=p_e$）なら $\Pi_m - Y = 0$ となるから，Y との距離（両者の差の絶対値）については，もう一方の Π_a のほうがそれより常に大きくなる。このケースであれば，減価償却を時価で測った利益が，取得原価で測った利益よりも経済的所得に近くなるのである。また，p_b' と p_e の差がゼロでなくても，ごく小さい値なら実質上は同じような結果になろう。つまり，期首と期末を通じて用役単価がほとんど変わらないと想定され，期間中に期待外の変動が生じても，もし期首に知られていればその関係に影響はなかったといえる状況なら，前章のエドワーズ＝ベルのモデルにいう当期営業利益のように，インプット要素のカレント・コストを，販売したアウトプットの価値から引いた利益が意味をもつのかもしれない。

しかし，そうした特定のケースを除くと，経済的所得 Y（したがって経済的な価値減耗 D）との距離は，$p_b < p_e < p_b'$ または $p_b' < p_e < p_b$ のいずれかの場合には時価ベースの減価償却 Δ_m に基づく利益 Π_m が，そうでなければ反対に取得原価ベースの減価償却 Δ_a に基づく Π_a が，相対的に近くなることがわかる程度である。これらのケースのうち，経験的にみて特に重要なものを選び出せるならともかく，そうでないとすれば，結局は $p_b' = p_e$（ないし $p_b' \fallingdotseq p_e$）でない限り，Π_a と Π_m のどちらが経済的所得に近いかは決められない。もちろん，期首と期末の価格が事後的にも同じ（$p_b = p_e$）ならば $\Pi_a = \Pi_m$ となり，またすべてが期待どおりでウィンドフォールの生じないケース（$p_b' = p_b$）ならば，$q_b > q_e$ である限り，Y との距離は p_b と p_e の値にかかわらず Π_a が小さくなるが，それらは当面の文脈では無視しても構わない。いずれにせよ，経済的所得の概念で利益情報の意味を論ずるだけでは，時価償却の優位性は一般には保証

されないのである。

 そもそも経済的所得や、そこでの価値減耗の概念が、会計ルールを選択する規準として果たす役割には制約がある。ビーバーが指摘したように[16]、経済的所得が会計上の利益を一義的に決めるには、市場の条件についてかなり厳しい仮定が必要である。会計学の研究者が経済的所得にしばしば言及してきたのは、会計のルールがもつ特性を分析し記述するための道具としてであり、いずれかのルールが望ましいことを主張する根拠ではなかった。経済現象間の関係を分析するうえで、重要な変数のひとつである所得とはなにかを問う経済学と、企業の成果を測るために使われる利益や減価償却の概念を解明しようとする会計学とでは、類似する概念であっても測定操作の望ましさを共有できる保証はない。いわゆる資産・負債アプローチを経済的所得と結びつけて主張する議論もみられるのは確かだが、それは方法的に正しくないだけでなく、その論旨も疑問である[17]。

 むしろ、時価（再調達価格）による減価償却の意義は、保有資産の寿命を超えて現在の事業プロジェクトを続けたときの恒久的な利益を推定するため、その資産の更新に必要な現在の投資を近似して現在のキャッシュフローから差し引くという点にある。有限期間のプロジェクトから生ずる事業成果を無限期間に延長するには、当然ながら、更新のための投資を控除したフリー・キャッシュフローを基礎にして将来を予測しなければならないが、減価償却は、その再投資額を近似することで永続的な事業成果を推定させる役割を担っている。更新される資産が複数の期間にわたって利用されるときは、投資額を期間配分する操作が必要になるわけである。そうした役割を果たすには、配分される投資額をその期の時価で修正すれば予測性が高まるのは確かである。それは時価による資産価値の評価とは性質の違う手法であり、これまでにもしばしば検討されてきた[18]。

　16　Beaver [1981], Chaps. 3-4 をみよ。
　17　本書第5章を参照。そこで述べたように、資産と負債を個々に時価評価して得られる包括利益が経済的所得に当たるのは、ヒックスの近似概念のうち所得第1号にとどまって、ウィンドフォールをのれん価値の変動に限る場合か、そうでなければ将来の予測が完全で事後の事実が事前の予想どおりに生起する特殊な状況を仮定する場合であろう。

5■おわりに

　繰り返し述べてきたように，会計上の減価償却は，資本設備の価値減耗という経済的なプロセスを裏づけとしながらも，その事実を忠実に表現しようとしているわけではない[19]。したがって，減価償却分を控除したバランスシート上の簿価に，資本設備の経済的な価値を正しく測る役割を期待しても意味はない。しかし，そのことは，設備の価値やその減耗をとらえる経済的な概念と，事業成果のキャッシュフローによる投資の回収を跡づけている会計上の減価償却が，本質的に違った事実に着目しているという意味ではない。資産の価値が将来に期待されるキャッシュフローに依存している以上，経済的な価値減耗は，その一部が（期待どおりであってもなくても）実現して期待キャッシュフローの束から分離された結果である。それと，実現したキャッシュフローで回収された資本支出額（投資額）をとらえる会計上の減価償却とは，基本的に共通の事実に目を向けたものといってよい。

　つまり，将来の成果とは別に資産の価値を想定するのでなければ，経済的な価値減耗と会計上の減価償却との違いは，認識する事実の違いによる概念上の問題というより，それを測定する会計上の操作から生まれた問題とみるべきであろう。しばしば指摘されるのは，資産の取得原価を償却のベースとする企業会計の慣行が経済的な価値との関係を断絶させているという点だが，減価償却のベースを取得原価から償却時の時価に置き換えても，経済的価値減耗からの乖離そのものは基本的には変わらなかった。減価償却の操作は実体のない価値

18　もちろん，繰り返し検討されても使われないのは，それなりの理由があるからであろう。時価ベースへの調整に伴って認識される事業用資産の未実現保有利得が，利益情報の有用性を損なう可能性を排除しきれないということかもしれない。いずれにせよ，現在の未実現保有利得は将来の営業利益をいわば犠牲にして認識されたものであり，当該資産を使い続ければ営業利益の減る分で相殺されることになる。その過程をオンバランスにする特段の意味が認められない限り，事業用資産についてはフローであれストックであれ時価評価はされていない。

19　IASBとFASBの共同作業になる概念フレームワークの2010年改訂版では，会計情報の質的特性として，「信頼性」の代わりに「表現の忠実性」を掲げていたが，その概念はこの例をみても疑わしいというほかない。

の鬼火を追い求める資産評価の観点を放棄し，キャッシュフローの配分による発生ベースの費用認識に道を開いたものであり，価値の減耗を対象としながら，その過程とは独立のフィクションを設けてそれを測るものであった。価値との断絶という指摘が，測定以前の認識対象に戻って資産に内在する価値の概念を問う話なのか，検討の余地を残している[20]。

ただ，減価償却が価値を離れた規則的な費用配分の操作だとして，そのスケジュールに基づいて繰り越される資本設備の簿価が，経済的な価値を考えて修正されるケースがないわけではない。収益性の低下によってもはや簿価の回収を見込めなくなったときに，その簿価を回収可能な水準にまで切り下げる「減損」の処理である。そこでいう回収可能額については各国基準の間に違いがあるが，日本の基準では，予想されるキャッシュフローの割引現在価値（正確にはそれと正味売却価額とのいずれか高いほう）である。それよりも簿価が高いときは，この意味での価値まで切り下げてその額を当該期間の損失とする一方，逆に簿価のほうが低ければ切り上げずにそのまま据え置くという，上下非対称なルールが例外的に適用されるわけである。損失のみを早期認識するこの保守的な会計手法について，次章で簡単な考察を加えることにしよう。

---

20 この点については，とりあえず本書の補章2を参照されたい。

第16章
事業用資産の減損

1 ■ は じ め に

　前章では，会計上の減価償却が，資本設備の用役の費消を，経済的な価値の減耗過程とは独立に測定していることを確認した。期待キャッシュフローを資本コストで割り引いた資本設備の価値は，実現して分離したキャッシュフローの額からその間の資本コスト相当額（期首の割引現在価値にその間の割引率をかけた値）を引いた分だけ減少するが，その意味の価値減耗は会計上の減価償却を基礎づける経済過程であるとしても，それによって近似的な測定の目標を与えるわけではなかったのである。会計上の利益にチャージされる減価償却費は，資本設備の取得に要したコストが，規則的なパターンに従って利用期間に配分されたものであった。その期間配分を決めるのは個々の投資プロジェクトを超越したコンベンショナル（規約的）なルールであり，投資案件ごとに価値の減耗パターンを近似しようとしているものではない。

　その結果，減価償却後に繰り越される資本設備の簿価も，その経済価値を反映しているわけではない。もともと期待価値よりも低い投資額（そうでなければ最初から投資は実行されていないはずである）から，価値減耗の測定値とはいえない減価償却費を差し引いたのが会計上の簿価である以上，バランスシートに計上される設備の額に，価値との関係を求めるほうが無理というものである。しかし，期待される成果の経済価値とは関係のない会計上の簿価でも，投資の収益性が低下してそれを回収する見込みがなくなったときには，回収できる額にまで切り下げるのが現在のルールである。それは資産の価値を開示するというよりも，バランスシートに繰り越される資産を，投資プロジェクトから生ずる将来のキャッシュフローで回収できる範囲に限るという趣旨である。経済価値が簿価を下回ったときだけ減損損失を認識する，上下非対称な保守的評

価である。

　もちろん，そうした処理は資本設備に限られない。在庫品のケースでも，時価の下落によって簿価を回収できないと判断されたときには，回収可能な時価にまで切り下げる低価基準が適用されてきた。それに対して資本設備のような長期性資産の減損では，必ずしも時価ではなく，それを含めた回収可能額が切り下げ後の簿価になる。短期間で売却される棚卸資産の場合には，現在の市場価格が売却によって回収される額を近似するとみられるが，事業に使われて製品やサービスに変換される長期性資産では，そのものの市場価格が製品やサービスの販売による回収可能額の指標にはならないからである。資本設備を換金するような特殊な場合を除くと，事業用の固定資産にとって，時価は減損の規準としてもバランスシートの評価に馴染みにくい。そこでは，売らずに使い続けたときに期待される回収額が直接の関心事になる。

　ただ，収益性が低下して簿価の回収が見込めなくなったケースに限るとはいえ，時価のように観察可能でない「価値」を，開示する側が推定してバランスシートに反映させるというのは，なかば無原則に予測の要素を混在させた現代の会計基準でも，やはり例外的なこととみるべきかもしれない。回収できなくなった簿価を切り下げて将来の損失を先取りしなくても，過大な簿価の償却負担によって利益が減れば，即座にそれが投資家の評価に影響すると考えることもできるからである。本来は投資家の判断に俟つべき領域に，遠い将来にわたる経営者の主観的な見積もりを介入させたのは，回収不能な簿価を資産として繰り越すことによるバランスシートへの不信を懸念し，その場合に限り回収可能額という内部情報の開示を求めたと理解すべきであろう[1]。そうした事業用固定資産の減損損失を認識する会計基準について，この章では検討を加えてみよう。

　1　企業会計には，古くから，回収可能という意味で有用（useful）なコストを繰り越すという観念があった。May［1946］を参照。

2 ■ 事業用資産と会計上の評価

　繰り返し確認してきたように，資産の価値というときは，基本的には将来に期待される投資の成果，つまりキャッシュフローを資本のコストで割り引いた現在価値が想定されている。余裕資金を運用する（金融投資に当たる）金融資産であれば，どの企業が保有していてもその価値は時価に等しいとみてよいが，事業に拘束される（事業投資の性質をもつ）資産の場合には，個々の企業が市場の平均的な期待を超えて見込む成果の分だけ，現在価値に無形ののれん価値が含まれている。それは資産を使用する企業の継続事業価値を反映したものであり，資産の取引価格である時価はその価値の指標にならないのである。それらの時価をバランスシートに並べても，あるいは時価の変動で利益を測っても，企業の価値を自ら評価しようとする投資家の役には立たないということになる。時価の変動はともかく，少なくとも時価が情報価値をもつ金融投資との違いである[2]。

　しかし，換金が事業目的に制約されない金融商品に始まった時価評価と時価による損益認識（いわゆる時価会計）が，事業目的で保有するものも含めてすべての金融商品にまで拡大されようとする現在，その流れは，事業用の資産も視野に入れた全面時価会計（全面公正価値会計）を，少なくとも究極の目標に掲げないと議論の体系が維持されないところまで来てしまった感がある。企業会計の認識対象となる量的概念と，それを具体的に測る操作とが公正価値によって統一的に説明されているわけではなく，なにを測っているのか不明なまま公正価値測定が自己目的化している現状では，一律に公正価値を適用するしか混乱を逃れる方法はないのであろう。その淵源は，かつてFASBが概念書で「対象の測定されるべき属性」に着目しながら，認識対象としての属性をその測定値（属性値）である原価や時価に置き換えてしまったところに潜んでいるのかもしれない[3]。

　2　たとえばBarth［1994］は，銀行の投資有価証券について時価情報の有用性を確認する一方，時価評価損益の情報価値はむしろ否定する結果になっていた。

それはともかくとしても，金融商品の一部だけに時価会計（公正価値会計）を適用したのでは，結果として利益に偏った影響が出るのは避けられない。たとえば社債を発行して調達した資金を債券に投資し，文字どおり金融投資として運用したとしよう。その後に市場金利が上昇して保有債券が値下がりすれば，時価評価に伴ってその分だけの時価評価損がただちに発生する。しかし，そこでは社債もまた値下がりしているから，必要ならば債券を売却した資金で社債を償還することもできる。つまり，債券の時価評価損は，負債である社債の時価評価益で相殺されるはずであって，負債を時価評価しなければ，資産である債券の時価評価損だけが利益を一方的に減らすことになる。さしあたりは金融商品について，すべてを時価ないし公正価値で評価して評価差額をその期の利益に反映させようというのは[4]，そうした利益の歪みを回避する試みともいえる。

　しかし，負債で調達した資金は，必ずしも金融資産に投資されるわけではないし，また金融投資として運用されるわけでもない。事業会社では，むしろ大部分が事業用の資産に投資されている。これらの資産は一般に時価では評価されないから，負債を一律に時価で評価したときは，そこから両者の間に評価と利益認識のアンバランスが生ずることになる。金融商品の全面時価会計という大方針を変えずにその歪みを解決しようとすれば，結局のところ金融商品以外にも，さらに時価会計を拡大してバランスをとるほかはないであろう。ただ，事業投資のポジションは，キャッシュと同等の金融投資と違い，その価値を時価で測って開示する意味はない。時価に意味があるのは投資を続けるかどうかを決めるために期待される成果の価値と比較するときであり，その決定が済んで繰り越された事業用資産にとって，時価は価値と同じかそれより低いというだけのものにすぎない[5]。

　となると，あくまでも資産の価値を開示したければ，金融投資の性質をもたないものは時価でなく現在価値で評価するしかない。期待される将来のキャッ

　　3　SFAC 第1号，2項。なお，この問題については本書の補章1で再論する。
　　4　金融商品について全面時価会計（全面公正価値会計）を主張する文献は，現在では特に注記を要しないと思われるが，歴史的にはJWG［2000］などが注目を集めた。

シュフローを経営者が自ら予測して，その投資のリスクにみあった資本コストで割り引くという話である。市場の取引価格ではないが，これも公正価値の一種だから会計上の評価目的に適合するはずだというのが，最近よく聞かれる主張である。もちろん，それは情報を開示する側の予測にすぎないだけでなく，資本コストの推定までを含めると，そもそもどこまで信頼できるかという批判は少なくない。また，仮に信頼できる見積もりだとしたら，それが開示されるときには既に証券価格に組み込まれていて，投資情報としては役に立たないとみたほうがよいであろう。そうした企業価値の評価は投資家が自己の責任で果たす固有の役割であり，そのリスクを経営者に肩代わりさせるのでは開示制度の意味がない[6]。

　要するに，事業用資産の価値は，企業価値ないし持分価値を評価した結果として決まるものであって，その評価の過程に必要な情報を与えるものではない。ディスクロージャー制度に求められる役割は，投資家が企業の価値を評価するのに役立つ情報を市場に伝えることであり，経営者が自ら評価した企業価値を投資家に教えることではない。金融投資を時価で評価し，それと企業価値との差額を事業投資の要素に割り振ってバランスシートに開示するというのでは，結局のところ，そうした制度のいらない（したがって会計情報のいらない）世界に行き着くだけであろう。情報を開示するまでもなく，資本市場が企業の評価を決めているからである。さもなければ，市場がなくても会計情報だけで企業価値が決まるということになる。会計と市場との役割分担は，事業用資産の評価に通常は時価も現在価値も使わない実務を定着させてきた[7]。

5　そうした判断は経営者の役目だが，支配株主などが経営者と同じ問題を判断するうえで同じ情報を要求することはあるのかもしれない。ただ，一般の投資家は，経営者の判断を所与としたうえで，その結果に基づく企業価値の評価に従って会社の証券を売買するしかない。個々の事業用資産の時価は，そこでの意思決定には無関係な情報である。

6　なお，Ball [2006]，Watts [2006] などを参照。

7　Beaver [1981]，Chap.4，特に注16，および Christensen & Demski [2003]，Chap.1 をみよ。そこに述べられているようなことが十分に理解されていれば，市場における企業価値の評価と，そのために情報を与える会計上の評価との混同は，大半が避けられたはずであろう。本書第 3 章注 9 もあわせて参照。

3 ■ 収益性の低下と事業用資産の減損

　上述したように，事業用資産の会計上の評価では，時価とか現在価値といったいわゆる公正価値の尺度が一般には適用されていない。事業投資の性質をもつものは，実物資産であっても金融商品であっても，公正価値では評価されずに通常は取得原価で繰り越される。資本設備のような長期性資産では，そこから毎期の減価にみあう分が控除されていくのである。しかし，そうした事業用の資産にも，バランスシートに繰り越された簿価の回収をもはや見込めなくなったときには，それを回収できる額にまで切り下げて損失を認識するルールがあった。評価益は認めず評価損を認識する非対称な会計処理にはさまざまな例があるが[8]，収益性の低下した資産を時価や現在価値にまで切り下げる在庫品の低価評価や長期性資産の減損処理などは，利益の実現（リスクからの解放）という基本概念との関係で，整合性が問われかねないケースである。

　つまり，投資のリスクから解放されたという意味で実現した利益を測定する企業会計では，投資の成果であるキャッシュフローが生じなければ，期待される成果が増えて資産の価値が上がってもその評価は変わらない。成果が事実として確定しない限り，期待だけで利益が生ずることもないのである。にもかかわらず，なぜ価値が下落したときに，成果の確定を待たずに期待だけで利益が影響されるのかという疑問である。物理的な損傷や減耗はともかく，将来のキャッシュフローを予想して収益性の低下をいっているときに，そうした単なる期待の変化を事実に先だって認識するのが，実現とかリスクからの解放という考え方とどこまで整合するかは確かに問題であろう。昔から繰り返される保守主義の理念も，損失を先取りした簿価切り下げの根拠までは説明できていない。キャッシュフローが生じなければ，本来は利益も損失も実現しないはずである。

　となると，売却による値下がり損失の実現が間近い在庫品の低価評価はとも

　8　在庫品（棚卸資産）では損傷や品質低下に伴う評価減，固定資産では物理的損耗や見積耐用年数の短縮に伴う臨時償却などがそれに当たる。

かく，事業用に使う固定資産について減損を認識するルールは，もともと利益の測定とは関係なしに，もっぱら資産の価値をバランスシートに開示しようとしたものであろうか。利益概念との整合性は後回しにしてまず資産の評価を優先させ，その結果を機械的に利益に反映させているにすぎないのだろうか。資産・負債アプローチという標語に示されるとおり，最近の会計基準は，近代的な会計制度の根幹をなしてきたキャッシュフローの期間配分に基づく利益の測定から，ポジションないしストックの評価によるバランスシートのリアリティーという，かつては否定した観点に回帰しているのだとされることも多い[9]。概念の内実を問わないスローガンの請け売りならともかく，その検討は減損だけでなく，会計基準全体の展望にかかわる問題である。

ちなみに，海外の会計基準にいう資産の減損は，ある時点の簿価のうち，そこから先の将来に期待されるキャッシュフローでは回収を見込めなくなった部分であり，現行の米国基準 SFAS 第121号であればその時点の時価（公正価値）を，また国際基準 IAS 第36号であれば現在価値（正確には回収可能額，つまり使用に伴う期待キャッシュフローの現在価値と正味売却価格とのいずれか高いほう[10]）を，それぞれ簿価が超える額で測定されている。簿価の回収が見込めないというのは，将来に得られる成果が簿価に基づいて測った資本のコストを下回ることだが，その損失がなぜ将来ではなくて現在の利益を減らすのか，それが減損会計の難問のひとつといってよい。減損を将来の損失の先取りとみるのでなく，あくまでも現在の損失とするためには，収益性の低下に伴う資産価値の下落を，そのまま当期の損失として性格づける理屈が求められるのである。

キャッシュフローの期間帰属をいうよりも，保有する資産の価値を評価してその変動を利益とみる会計観（資産・負債アプローチ）は，そうした問題を一挙に片づける道具だてを与えるものとみられている。価値の変動さえ認識できれば，それに伴う純資産の変動が自動的に利益に反映される仕組みになってい

---

9 かつて近代会計制度の確立期には，バランスシートをあたかも一時点のスナップ・ショットのようにみる立場の否定に立って，利益への重点移行が強調されていた。May [1943], Chap.2 などを参照。

10 この概念については Bonbright [1937] を参照。

るからである。しかし、その会計観に基づく理屈では、当然ながら資産価値の下落だけを認識する非対称な評価は説明のしようがない。資産価値が上昇したケースであっても、その観点に立てば評価替えをして利益を認識することが必要になるはずだからである。現行の米国基準でも、減損を認識する資産については、おそらく投資を清算したうえでただちに同じ資産を取得したものと擬制して、簿価を公正価値まで切り下げることになっているようだが、それは資産価値が上がっていても成り立つ擬制であろう。減損にだけ適用するには別の理由が必要である[11]。

そればかりでなく、減損が収益性の低下に起因する資産価値の減少をいうのだとしたら、はたして簿価の回収可能性がそのテストになりうるのかという疑問もある。現在の簿価を将来のキャッシュフローで回収できないという見込みが、はたして減損認識の必要十分条件になるのかという疑問である。特に償却性資産の簿価は減価償却による費用の配分にも依存するから、将来に回収を見込めなくなった過大な部分には、過去の償却計算の影響が混在している可能性もある。事前に決められた減価償却のスケジュールよりもキャッシュフローの回収が早く進むケースでは、収益性は当初の予想と変わらなくても、取得原価を上回っていた資産価値の減耗が、減価償却による取得原価の減額を追い越して簿価を下回ることもありうるからである（図16.1）。資産の価値を評価替えして簿価と比べるだけでは、収益性の低下による減損部分を分離して測定できないのである。

4 ■ 減損の概念：簿価の回収と投資の回収

前節の末尾で述べたように、資産の価値が償却後の簿価を下回るケースには、収益性の変化とは関係なく、はじめから予定されているものもある。減価償却が定額法によらずに定率法によっている場合でも、キャッシュフローが早

---

11 投資を清算したうえ再投資をしたというなら、場合によっては従業員も解雇したうえ再雇用したとみなければならないこともある。問題は資産の評価にとどまらず、退職給付債務にも及ぶかもしれない。同質的な状況を擬制して整合性を追求するのはよいが、それを都合のよい範囲に限るのでは説得性がない。

図16.1　価値と償却後原価の逆転：減損に当たらないケース

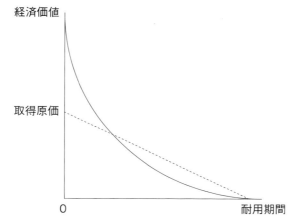

曲線は資産の経済価値（回収可能額），直線は減価償却後の原価（簿価）。収益性が低下していなくても（減損に当たらないケースでも），交点より右側の期間では，簿価がその後のキャッシュフローでは回収されない。

い期間に集中して回収される投資では，同じことが起きる可能性を一般には排除できないのである。簿価が常に価値を下回るような減価償却のスケジュールは，これまでの会計基準では工夫されていない。したがって，繰り越されている固定資産の簿価が，そこから先の将来に回収を見込める額に比べて過大でも，そのすべてが収益性の低下に伴う当期の減損だと決めつけることはできそうにない。なかには当期の損失とするよりも，むしろ過去の減価償却を新たな情報に基づいて修正したほうがよい分も含まれている。ある時点の簿価を基準に，回収不能な分をすべて減損による損失とするのは，測定の便宜はともかく概念上は疑問である。

　他方，これも前節でみたように，収益性の低下した減損資産の簿価を切り下げて現在の損失を計上するのは，その資産から生ずる将来の損失（ないしは利益の減少）を予測して先取りする処理との区別がつきにくい。もともと事業用の資産には，投下資金のコストを超える将来の成果が期待されているはずだが，収益性の低下がもしその期待の変化をいうのであれば，その期待に基づいて簿価を切り下げる処理は，将来に実現する利益の不足を先取りして見込み計

上するものでしかない。収益性の低下を資産価値の評価に結びつけて現在の利益に負担させるには，本来は将来の事業成果をめぐる期待の変化を，単に期待の次元にとどまらず，なによりもその期待を実現させる事実に即して識別する基準が必要と思われる[12]。しかも過去でも未来でもない，まさしく当期に生じた事実によって，それをとらえなければならないのである。

　米国基準でも国際基準でも，固定資産の減損というときには，ある時点の簿価が，そこから先の将来に期待されるキャッシュフローの価値（資産の処分を想定する場合にはその時点の時価）と比べて過大な状況をさしている。しかし，投資の収益性を評価するときに成果の期待価値と比較されるのは，どの時点でも簿価ではなく，投資に拘束される資金としての資産の時価，つまり，その投資をやめれば他の投資機会に振り向けることのできる資金の額であろう。期待される成果の価値よりも時価が高ければ一般には資産が売却されてしまうから，処分されずに繰り越されている資産は，時価が価値より低いということになる。そうした比較が簿価との間で成り立つのは，投資が継続し資産が保有されている期間中の任意の時点ではなく，簿価が時価と等しかった投資の開始時点，つまり資産の取得時点に限られよう。そこまで戻らなければ，簿価が過大かどうかはわからない。

　もちろん，将来に生ずる成果（キャッシュフロー）の見積もりが従来の期待よりも低くなれば，どの時点であっても収益性は低下したものと考えてよい。ただ，期待が変わった後の現在価値が簿価より低くなってもならなくても，それ自体は投資の評価と関係のない事実である。それに対して資産を取得したときは，簿価はその時点の時価を反映しているだけでなく，まだ減価償却にも影響されていないから，その時点で期待される投資価値との比較は経済的に意味がある。事業投資では取得する資産にその取得価額を超える無形の価値を期待

12　資産の減損は，米国基準では簿価が公正価値を上回る状態（FAS第144号，7項），国際基準でも簿価が回収可能額を超過する場合（IAS第36号，8項）として定義されている。こうなると，減損は収益性の低下を認識するものというより，単に資産を公正価値もしくは回収可能額でとらえた経済価値以下で評価する仕掛けにすぎないとみられているのかもしれない。規則的な減価償却も，簿価がその経済価値を常に下回る限りで意味をもつということになるのであろう。減価償却が時価以下評価の手法でない以上，それは，概念上の一貫性を後回しにしたパッチワークの可能性が高い。

しているから，取得後に生じた事実や予想の変化など，新しい情報に基づいて取得時の投資価値を評価し直した結果，それが取得価額と比べてどうなったかは，投資の成否にとって重大な問題である。特に当初に期待した無形価値がマイナスになった場合は，投資は回収を望めないという意味で失敗に終わったことになる。

　ここでのキーワードは，投資成果の実績や将来に対する期待の変化など，新しい情報を入手したときに，もし最初からそれを知っていたとすれば投資時点の価値はこうだったであろうという，第5章に述べた意味でのhindsight valueである。資産の取得後に評価し直したその価値が当初の評価より低ければ収益性は低下しているはずだが，その場合でも減損に当たるのは，それが取得価額を下回って，もはや投資額の回収を見込めなくなったケースである。そこでは当初に期待した資産の無形価値（のれん価値）が消滅し，さらにマイナスに転じたことで投資の誤りが事後的に確かめられている。それに伴う資産価値の低下は，その後の営業努力でも回復させられない損失であり，不可逆的な過剰支出という意味において，その事実が判明した期間の利益から除かれるわけである。減損会計の核心は，事後に判明した負ののれんを取得原価から取り除く操作といえる[13]。

　このような，将来だけでなく過年度も含む投資期間を通じた投資額の回収可能性という観点は，ある時点の簿価の，その後の回収可能性という観点に比べると，実現利益の概念と資産の減損認識とを両立させやすい。それは投資額のうち，もはや成果を生まないことが確定したという意味で，リスクから解放された部分といってよい[14]。現行基準が定める減損処理では，その時点の簿価のうち回収不能な額が切り下げられているが，回収不能と判明した過剰投資の切り捨てという上記の概念を前提にしたときは，新たな情報に基づく当初のhindsight value（したがって切り下げられた取得価額）にまで戻って，現在ま

---

[13] こうした考え方については，たとえば勝尾［2000］，米山［2001］，斎藤［2001］，辻山［2001］などをあわせて参照されたい。

[14] 営業努力にかかわらずもはや成果を見込めない状況と，将来の成果は見込めてもなおその実現は営業努力に依存する状況では，事前の期待にみあう事実の確定（リスクからの解放）という面で，会計上の評価は非対称にならざるをえない。

での減価償却を従来の償却パターンに従ってやり直した結果が減損後の簿価ということになる。もちろんそれはあくまでも概念上の議論にすぎず，オペレーショナルな測定基準は，海外の会計基準を含めて別途に検討される必要がある。

5 ■ 減損の測定と過年度減価償却

このように，取得時点における資産の価値を，取得後に生じた事実や改訂された期待を反映させて評価し直したとき，そのhindsight valueが取得原価を下回った状態をもって収益性の低下による減損とみる観点は，投資の回収にあたるキャッシュフローを規約的な方法で期間配分する減価償却の問題を切り離して，資産簿価の切り下げと実現利益からの損失控除を可能にする。減損処理後の期間にではなく投資期間全体を通じて回収できない額を取得時点に遡って原価から取り除けば，そこから減価償却累計額の違いを差し引いた正味が，減損時における簿価切り下げ額のうち，過年度減価償却の修正に相当する部分を除いた本来の減損になるからである（詳しくは後述を参照）。減損前の減価償却パターンを変えずに引き継げば，切り捨てられる過剰投資の未償却分が，本来の減損処理をした後に繰り越されるはずの簿価ということになる。

したがって，この概念に依拠したときの減損後の簿価は，原理的には当初の投資額から回収不能分を取り除き，残りをそれまでと同じ減価償却方法で各期の費用に配分し直した結果になる。その大きさは，いうまでもなく減損を認識する時点での，資産の公正価値や現在価値とは関係がない。減損は認識時点における資産価値の評価をそのまま反映させた損失ではなく，むしろ収益性の低下による損失を利益にチャージした結果として，資産の簿価を切り下げるものといってもよい。新たな会計基準を模索する国際的な潮流のなかで，配分から評価へ，収益・費用から資産・負債へという重点移行がどれだけ強調されていても，現行の企業会計で事業用資産の評価を決めているのは，基本的には成果が生ずる前の投資支出（つまり取得原価）の期間配分であり，現在のところ，減損もそれと同じ方法で認識されるほかはないのである。

ここで減損を控除した後の簿価がその時点の現在価値と一致しないのは，新

たな情報に基づいて事後的に取得原価を切り下げ，取得時に戻って減価償却をやり直そうとするときに，定額法や定率法といった会計上の規約的（コンベンショナル）なルールをそのまま引き継いでいるからである。もし会計基準の制約を離れ，こうした hindsight value からの毎期の価値減耗を直接に評価して減価償却に代えれば，価値減耗を控除した後の簿価は当然ながらその時点の現在価値と一致する。それは，減損を認識するにあたって評価したその時点の現在価値と，減損時の情報に基づいて評価し直した取得時点の価値との差額が，減価償却の累計額に等しくなる特殊なケースである。しかし，一般には会計上の減価償却が，経済的な価値減耗の過程を追跡するわけでないことは繰り返し説明したとおりである。その違いだけ，減損後の簿価も現在価値とは違ってくる。

　上述の関係は，記号に置き換えたほうがわかりやすい（図16.2を参照）。時点 0 に取得した償却性固定資産の取得原価，つまり取得時の簿価を B_0 で，また，時点 0 に評価した将来キャッシュフローの，時点 0 における現在価値を V_0 で表わすことにする。いうまでもなく，$B_0 \leqq V_0$ でなければ投資は行われていない。減損が問われている時点 t の簿価を B_t とすると，簿価の回収可能性に着目する通常の減損概念では，時点 t に見積もり直したそこから先のキャッシュフローを，時点 t まで割り引いた現在価値 V_t' と，この B_t を比較する。それに対してここで仮説的に示す減損概念は，時点 t の情報，つまり時点 t までに生じた実際のキャッシュフローと，時点 t に見積もったそこから先のキャッシュフローとに基づいて評価し直した時点 0 の現在価値 V_0'（時点 t の現在価値 V_t' でなく）を，取得価額 B_0（時点 t の償却後原価 B_t でなく）と比較するものである。

　すなわち，V_0' が V_0 よりも低くなれば当初の期待よりも収益性は低下しているわけだが，減損が生じたといえるのは V_0' が B_0 を下回る水準まで下がったケースである。時点 t の情報による限り，投資期間の全体を通じて投資額 B_0 の回収が見込めなくなるからである。このときの $(B_0 - V_0') > 0$ は，いわば取得時点における負ののれんに相当する（ことが判明した）過剰投資分であり，それを切り捨てて取得原価を B_0 から V_0' へ修正するのが減損会計の核心である。それに伴って経過期間の減価償却累計額も修正され，その正味の額だ

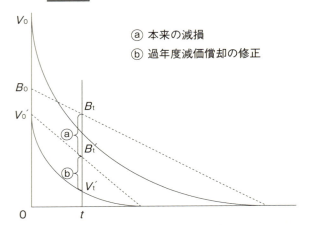

図16.2 減損と過年度減価償却の修正

ⓐ 本来の減損
ⓑ 過年度減価償却の修正

B_0：取得原価（取得時の簿価）
V_0：取得時に評価した取得時の価値
t：減損を認識した時点
B_t：減損認識前の t 時点の簿価
V'_t：t 時点に評価し直した t 時点の価値（＝回収可能額）
V'_0：t 時点の評価に基づいて見積もり直した取得時の価値
B'_t：取得原価を V'_0 に代えたときの t 時点の償却後原価

け時点 t の簿価が切り下げられることになる。結果として得られる簿価 B'_t が，回収可能額に当たる時点 t の（時点 t で評価した）現在価値 V'_t と同じでないことはあきらかであろう。両者が一致するのは，前述したように，会計上の減価償却を経済的な価値減耗と同一視できる例外的なケースである。

しかし，一般にいう減損会計は，そこから先の将来に回収を見込める額（回収可能額としての現在価値）まで簿価を切り下げる処理とされている。そこでは，時点 t の簿価 B_t を B'_t へ切り下げるだけでなく，さらに V'_t へ修正する作業が加えられているわけである。その部分は，収益性の低下に起因する資産の減損というより，もはや回収を見込めなくなった簿価をバランスシートに繰り越さないという観点に立って，過去の減価償却を修正するものとみたほうがよいであろう（**図16.2**を参照せよ）。投資期間の途中で簿価が回収可能額を超えるというだけなら，収益性が低下していなくても，キャッシュフローのタイミ

ングと減価償却のスケジュールとの関係によって，不可避的に生じてしまうことがある。投資の成果（キャッシュフロー）と比べて減価償却が遅れている分を，投資期間の途中で修正する簿価の修正は，本来の減損から区別したほうがよい。

6 ■ 減損の測定と減損後の利益

　このように既に回収した分を含めて，いわば投資期間全体を通じた投資の回収可能性を見直す減損概念は，収益性が低下して営業努力による回収が見込めなくなった過剰投資を，それがあきらかとなった期の損失として切り捨てようとするものであった。それは簿価の回収可能性に着目する内外の現行基準とは異なるが，よく考えれば目新しいものではないことがわかる。たとえば金融商品の会計基準では，減損した貸付債権が，見積もり直した将来のキャッシュフローを当初の実効利率で割り引いた額により評価されてきた。それは貸付時点まで遡って割り引いた減損債権の額を，同じ利率で現在にまで割り戻したものといってもよい。資産の取得原価を取得時点に遡って切り下げたうえ，減価償却のパターンを変えずに現時点まで割り戻すのは，これと基本的に同じことである。債権の場合は，利息法による割り戻しが価値の変動と等しくなるだけであろう[15]。

　棚卸資産の低価評価も基本はこれと同じである。短期間でそのまま販売される在庫品については，時間価値を割り引かずに将来の売価を現在の価格で代理させ，販売による将来キャッシュフローの価値を現在の時価に置き換えるのが現行の会計基準であった。過大な簿価をその額まで切り下げるのは，取得時の価値を見積もり直して，そこまで取得原価を切り下げるのと変わらない。その意味で，在庫品の低価評価は，上述してきた減損概念のもっともプリミティブな適用形態とも考えられるのである。減損の処理にあたって，このように将来キャッシュフローの割引現在価値を現在の時価で代理させるやり方は，将来に

　15　そのほか，退職年金債務でも，基礎率の変更などに伴う給付見込額の変化に対応して，同じような評価替えの方法が使われている。

回収される投資成果の見積もりが見積もり期間末の残存価額（ターミナル・バリュー）に大きく依存する土地などについても使われてきた[16]。ここでいう減損の概念は，そうした実務のなかで既にはぐくまれたものでもある。

ところで，減損した資産を時価まで切り下げずに，それよりも高い現在価値にとどめたときは（時価のほうが高ければ売却されているはずだから，保有されている限り原則的に現在価値が時価を上回る），時価を超える無形ののれん価値が簿価に含められることになる。しかし，減損のケースでは，たとえのれんが含まれても，資産の簿価が取得価額の範囲を超えるということはない。したがって，それによって必ずしも自己創設のれんが計上されるわけではない。また，減損後の簿価に含まれるこののれん相当額が償却されてその後の費用に配分されると，将来に実現すると予想される利益は，原理的にはフェア・リターンに相当する資本コストの額になる。それに対して，減損資産を時価にまで切り下げたときは，減損時に認識される損失がのれん相当額だけ大きくなる反面，減損以後の将来に期待される利益はフェア・リターンに加えて超過リターンを含んだ値になる。

こうした減損の測定がその後の利益に与える影響は，会計情報を受け取る側がみたときにどのような意味があるのだろうか。投資家の企業評価にとって，企業が保有する資産に減損が生じたという事実は，その資産の収益性が低下してもはや超過リターンを望めなくなったこと，しかし，その資産を処分する状況ではないという点で，時価を超える価値を有する資産から，資本コストにみあうフェア・リターンは期待できること，この2つの点を含意しているはずである。投資家は減損した資産の現在価値を知るとともに，その資産が稼得すると期待されている将来のフェア・リターンがどこまで実現するかを確かめて，再びそれらの情報を資産の評価にフィードバックさせようとする。フェア・リターンを期待する一方で，超過リターンを期待しない減損資産から超過リターンが計算される時価評価は，そうした投資家の利用目的からみて原理的には意

---

16 減価償却による費用配分がないことも，減損した土地や在庫品を公正価値で測るのを容易にする。なお，事業に拘束されていない投資不動産等については，切り上げも含めて時価評価を想定することが可能だが，ここでは減損がテーマなので言及しない。

味がない。

　もちろん，収益性の低下は既に確定した不可逆的な事実であって，資産の減損そのものは，将来の意思決定にとって埋没原価のようなものであろう。しかし，それをどの期間に帰属させるかは，企業価値を評価するうえで，パーマネント・インカムの推定に使われる利益の情報価値に影響する可能性がある。資産の簿価を回収可能額まで切り下げたときの損失には，上述のように収益性の低下を反映したその期の減損だけでなく，過去の期間の減価償却を遡及して修正する要素が含まれている。ここでは減価償却をめぐる会計方針の変更と見積もりの修正とをあえて区別しないが，いずれにしても当期の減損損失と過年度損益の遡及修正とを分けて認識できないと，それが利益の期間帰属を混乱させて，投資家による持続的・反復的な成果の予測と企業価値の評価を妨げることにもなる。ここでの減損概念は，その観点から評価と配分の関係を考え直そうとしたものであった。

7■おわりに

　本章の考察の要点は，企業会計の現行基準が，金融商品に時価会計が取り入れられた後も，実現利益（投資のリスクから解放された成果）の測定と両立する資産評価のルールを堅持していること，収益性が低下してもはや投資の回収が見込めなくなった事業用資産を切り下げる減損の処理は，期待された成果にみあう事実が確定したという意味では投資のリスクから解放された部分の認識に当たること，費用の期間帰属が異なる過年度減価償却の不足と区別するには，減損の概念をある時点における資産の簿価と価値（それより先の将来における回収可能性）との関係からではなく，むしろ投資期間の全体を通じた投資の回収可能性に基づいて構築し直す必要があると思われること，減損させた後の利益情報がもつ意味を考えると，減損資産をとりわけ時価にまで切り下げる処理には理論的な難点があること，などであった。

　もちろん，この意味での減損と過年度減価償却不足との区別は，資産の簿価が常にその価値（回収可能額）を下回るようにする規則的な減価償却の方法があれば，さしあたって問題になることはない。しかし，前章でも述べたよう

に，もともと減価償却が資産の価値減耗を忠実に測定するものでない以上，その条件を常に満足する標準的なスケジュールは，あるとしても極端に加速的な償却になる。規則的な償却をやめて，のれんに限らず事業用資産のすべてを減損処理に一元化すればよいという極論も，そうした資産評価の難しさを解決できないことの結果ともいえる。そこまで行けば，減損という下方のみの評価替えに限らず，切り上げも含めた公正価値会計の全面適用という話になるが，それは資本市場が作り上げてきた開示制度の歴史を，すべて清算して1世紀ほど昔に後戻りさせるだけなのかもしれない。

第17章
株式報酬の費用と潜在持分

1 ■ はじめに

　労働サービスなどの対価として日本でも使われるようになったストック・オプションは，将来の一定期間に，一定数の株式を，一定の価格で買い受ける権利（発行会社からみれば交付する義務）である。それは通常，インセンティブ報酬として自社の役員や従業員に付与される。権利を付与された者は，あらかじめ決められた買受価格（権利行使価格）を実際の株価が上回れば，権利を行使して時価より安く株式を買い受け，時価との差額にみあう利益を得ることができる。もちろん，株価のほうが低ければ権利を行使する意味がなく，定められた期限（権利行使期限）が過ぎれば権利は失効する。権利を付与された側は，それだけ株価の上昇という株主の利益に沿って行動するように動機づけられるわけである。

　こうした株式報酬取引は，現金給与に代わる報酬の一形態として費用認識をめぐる利益測定上の問題を生み出すが，それとともに，株式を発行するかどうかが将来における権利者の権利行使に依存する（権利が行使されなければ株式は発行されない）オプション取引である以上，それが決まるまで権利（新株予約権）を付与した会社にとって資本に対する影響が決まらない点をどうするのかという，資本会計上の難問を投げかけるものでもある。このうち前者は，労働報酬の支払い手段が現金か新株予約権かで，そもそも費用や利益が違ってよいのかという話である。それに対して後者は，費用を認識するときに，貸方側の相手勘定（offsetting entries）となる新株予約権を，負債と持分（資本）のどちらに分類するかという問題として論じられることが多い。

　しかし，前者を利益の測定問題としながら，後者を単なるバランスシートの分類問題と位置づけるのは，両者の相互関係を無視してそれぞれを独立にとら

える結果にもなりかねない。前者が利益にかかわる問題だというなら，後者についても同じ観点からその性格を検討する必要がある。ストック・オプションが権利行使を条件とする潜在的な株主持分であって，権利者の権利行使とともに株主の拠出資本として顕在化するものである以上，これはむしろ，権利行使に伴う株式の発行があるかどうかで資本と利益がどう影響されるのか，それが決まるまでのオプションの価値変動を会計上はどうとらえたらよいのか，という問題とみたほうがよい。資本会計で負債と持分の分類が問われるのは，それが資本と利益の区分にかかわるからである。

2 オプションの付与と報酬費用

はじめにストック・オプションの付与に伴う費用認識の問題から取り上げよう。株式を所定の行使価格で買い受ける権利には，将来の不確定な事象ではあるが，株価がその行使価格をどれだけ上回るかという期待に応じた価値が発生する。そうした価値のある権利を役員や従業員に付与するのは，現金や現物で労働の報酬を支払うのと同じことであり（同じだという主張は間違っているが[1]），同じように労働サービスを消費しながら，対価が現金だと費用が認識され，対価が新株予約権だと費用が認識されないのでは，結果として得られる利益情報の比較可能性が損なわれるのではないかというのが，古くからたびたび指摘されてきたこの問題の発端である。要するに，労働サービスが消費に先立って有償取得されている事実に目を向けようということである。

それに対して，時価よりも低い価格とはいえ，自社の株式を発行するだけで，なにも財産を流出させる必要のないものである以上，会社側からみればこれは報酬の支払いとは違う事実だとする反論も，これまでに繰り返し主張されてきた。付与された権利に価値があるとしても，付与した側の会社から価値のある財産が失われる契約でなければ，会社に費用ないし損失は生じないという

---

[1] 現金による支払いと同じといえるのは，投資銀行などの第三者が発行した（自社の株式を対象とする）オプションを買い入れて付与するような，自社の株主が希薄化のリスクを負わないケースである。

のがその理屈である。そうした主張は，たとえば新株を時価以下で有利発行するときに，わざわざ時価で発行したものと擬制して，発行価額との差額を損失とするような処理をしていない現状と整合するであろう。ストック・オプションが株式の有利発行を伴うというだけなら，現金報酬と比較できなくても当たり前ということになるわけである[2]。

したがって，付与した権利の価値を費用に含めるかどうかは，ストック・オプションをどのような面でとらえるかにかかっている。なにが事実かの争いというよりも，要は事実のどの側面を認識するかの選択である。それは情報利用者のアド・ホックなニーズに従って決まる問題であり，選択の規則性を実証的に確かめる問題でもなければ，まして普遍的な真偽を先験的に論ずべきことがらでもない。周知のように，企業会計をめぐる国際的な環境は，これを有利発行としてではなく，労働サービスへの公正な対価の支払いとみなす方向へ動いてきたし[3]，日本でもその方向で会計基準が整備されてきた。ここでは，その方向をさしあたり所与として話を進めよう。もちろん，それがどれだけの合理性をもつかは，依然として議論の余地を残した問題である。

その場合には，取得した労働サービスが，対価として付与されたストック・オプションの価値によって測定され，その消費に伴って報酬費用が利益から控除されることになるのであろう[4]。問題はこの売り建てたオプションの評価だが，権利行使期間が到来するまで付与した側では清算できないポジションである以上，利益に対する影響はその行使または失効によって会社がどれだけの経済価値を失うかに依存する。価値犠牲がないというなら，労働サービスを無償で取得したとみて消費に伴う費用と同額の収益を認識し，あるというなら将来

---

[2] 日本の商法でも，以前はストック・オプションの効果が株式の有利発行として整理されていた。労働サービスを対価とする新株予約権の交付が，対価のない無償交付と区別されなかったのである。資本充実の観点から労務に対価性を認めなかったものと思われるが，その場合でも問題が対価性の有無なのか，それとも対価の価値の評価なのかは，必ずしもあきらかではなかった。なお，江頭［1998］などを参照。

[3] 会計基準はもとより，文献上でも，たとえば Bernard, Merton & Palepu［1995］, Bodie, Kaplan & Merton［2003］, Kaplan & Palepu［2003］, Hull & White［2004］などが啓蒙的な役割を果たしした。

[4] 消費した労働サービスの価値を対価の価値から独立に測っても，両者の差額はどこかで利益に影響する。その測定の違いは，利益の期間帰属を変えるだけで，期間ごとの利益を通算した総額には影響しない。

の企業成果に対する不確定な持分権を付与したとみて資本の拠出に当たる取引を想定することになる。現行の米国基準や国際基準では，後述のように株式で決済されるオプションの付与を株主取引（資本取引）とみて，付与と同時に出資があったと考える。

しかし，最終的に行使されるかどうかわからない新株予約権と，既に権利が行使されて株式となった持分とでは，会社の資本や利益との関係は同じではない。株式購入オプションは，行使されても失効しても株主の持分になるのは間違いない（権利が行使されれば株式が発行されて新たな資本となり，失効してもその分が会社にとどまって既存株主に帰属する）が，それが利益を経由するのかしないのか，つまり利益が留保された株主持分なのか，それとも利益から除かれる拠出資本なのかは，そのオプションが最終的に清算されてみなければ本来は決められないはずである。それが決まる前にストック・オプションの費用を認識するには，権利の行使に伴う会社の価値犠牲を想定し，その見込み額により，オプション付与の対価として会社が取得し消費するものを暫定的に測定するとともに，資本と利益の区分に関しても暫定的に処理するほかはないであろう。

オプションの行使に伴う株式の時価以下発行は，時価発行をすれば得られるはずの額に比べて，現金収入が不足する分だけ会社に損失を与えることになる。会社自体にとっては一種の機会損失にすぎないが，それは既存株主の持分に価値の希薄化をもたらし，その分をオプションの行使によって会社に加わった新たな株主に帰属させる。この新旧株主間の富の移転に伴って既存株主が失う価値を，会社が取得した労働サービスの対価と考えれば，株主となる前の役員や従業員に対して会社が自社株式のコール・オプションで支払う報酬を，その価値犠牲によって測定することもできるはずであろう。権利行使を待たずにこの損失を予測して，消費した労働サービスのコストを認識したときは，それを最終的な結果にてらして修正し，資本と利益を確定させることになる（図17.1を参照）[5]。

---

[5] この考え方がわかりにくいのは，単純な有利発行では持分の希薄化が認識されないのに，価値の確定しない対価を取得していると，価値の修正を伴ってそれが会計上の認識対象となる点であろう。

図17.1　株主持分の希薄化とストック・オプションの費用

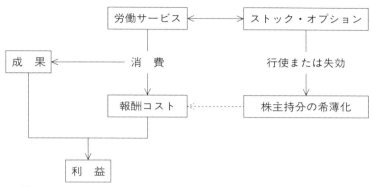

注）報酬コストは，受け入れた労働サービスの対価となる株主持分の希薄化を見込んで計上され，オプションの行使または失効等により希薄化が確定した段階で修正される。それは，対価が未確定のままで認識した財の受け入れと消費を，対価の確定を待って測定し直す通常の会計ルールと同じである。確定した希薄化分が，権利行使に伴ってオプションの価値と相殺されるのはいうまでもない。

　問題は既存株主の持分が希薄化した分（あるいは希薄化しなかった分）をどう測るのかだが，最終的にリターンが確定してもはやリスクが残らない権利行使時点では，その時点の株価が行使価格を超える額で一義的に決められる。それ以前であっても，行使日までの不確定要因を含めた最終的なリターンの期待に基づいて，オプションの公正価値が決まるはずである[6]。もちろんその価値は，市場要因だけでなく，付与された側のパフォーマンスによっても変動する。いずれにしても，株価が上がればオプションの価値も上がるわけだが，株価が行使価格を超えなければ価値はゼロになり，結果として「ただ働き」になる可能性もある。会社側からみれば，消費した労働サービスが無償で取得されたことになるケースに該当する。ストック・オプションがインセンティブ報酬として設計されたものである以上，それは避けようのない事態である。

6　一般的なオプション価格の決定はもとより，譲渡に制約のあるストック・オプションの価値測定についても，ここでは立ち入らない。Cox & Rubinstein [1985] などの標準的なテキストのほか，会計上の測定問題について海外の基準書等を概観した與三野 [2002]，野口 [2004] などを参照。

このように変動するオプション価値のうち，いちばん早くわかるのは，いうまでもなく権利を付与した日の公正価値である。そのため労働報酬の大きさは，とりあえず付与日の公正な単価と付与した権利の数の積として測られる。もっとも，権利の確定に条件がある場合は，権利の数をその条件が充たされて確定した分に修正して，労働報酬の額（したがって付与したオプションの価値）が再測定されることになる。その後の価値の変動は別問題とすれば，労働サービスの消費に伴う費用の総額が，権利行使に伴う既存株主（と会社）の最終損失を見込んだ当初のオプション価値で測定されるわけである。この総額を，会社の役員や従業員に対するインセンティブ効果が及ぶとみられる期間に，発生ベースで配分したものが各期の報酬費用として認識されることになる[7]。

3 ■ オプションの価値変動と再測定

　上記のようにストック・オプションの費用が権利付与日の公正価値で測定されるとして，では，その後に公正価値が変動した分はどうなるのであろうか。特に行使期間になっても株価が行使価格を上回らないまま，オプションの価値がゼロとなって権利が行使されずに失効するという極限状況は，費用認識の根拠とされた株主持分の価値の希薄化が，結果として生じなかったことを最終的に確認するものといえよう。その一方，権利が行使され，持分に希薄化が生ずる場合でも，それに伴って「出資」されるオプションの価値がこの希薄化を埋め合わせることになる[8]。いずれにせよ，権利行使時におけるオプションの価値が，そうした資本取引によって補償される持分価値の希薄化を最終的に確定

---

[7] 米国基準では，公正価値を合理的に見積もれないケースで，過去のボラティリティーを使った計算値や本質価値で評価する方法も例外的に認められている（SFAS第123号(R)，23-25項）が，原則はあくまでも権利付与日の公正価値による測定である（10項）。これを通常は権利付与日から権利確定日までの期間に費用として配分するわけだが，どれだけの期間にわたってどう配分するのかについては，理屈の面で検討の余地が少なくない。

[8] 要するに，オプションが適正な価格で発行されている限り，権利が行使されてもされなくても取引を総体としてみれば株主の持分に希薄化は生じないが，その内訳をなす資本と利益への振り分けが異なるというのが会計問題の本質である。

するのである。権利付与日の公正価値はあくまでもその見込みであって[9]，事実を決めるのは行使日（あるいは失効日）の価値である。

　周知のように，利益を事後的に測定する企業会計では，不確定な費用や損失を見込んで計上することはあっても，それらが事実として確定すれば，事実に基づいて見込みを修正する。消費した労働用役が予想される持分の希薄化損失を補償すると見込んでストック・オプションの費用を計上したのであれば，その損失が確定したときに，過去に遡って利益を修正するか，確定した期の利益で事後的に調整するのが企業会計の仕組みと整合するやり方である。そのためには，費用の相手勘定としてオンバランスされたストック（つまり，売り建てたコール・オプションのポジション）を，当該ポジションが消滅する時点の価値で評価替えする必要がある。権利行使がないまま失効したときには，簿価をゼロまで切り下げて全額を利益に戻し入れる。消費された労働用役が無償と判明した事実を，それによって認識するわけである[10]。整合性の観点からは，少なくともそれが理屈であろう。

　ただ，それはあくまでも事実が確定したときの修正であり，権利を付与した側が，権利行使期間の来る前から，この売り建てオプションのポジションを継続的に（決算日ごとに）公正価値で再測定するということではない。少なくとも現状では，ストック・オプションを付与した会社が，そのポジションを自由に清算することができないからである。デリバティブを原則として公正価値評価する現行会計基準の解釈は別にしても，権利行使に伴う会社側の損失を第三者に移転する契約が市場で取り引きされていないのであれば，これを継続的に時価評価して評価差額を損益認識する積極的な意味はないと思われる[11]。費用認識の際に相手勘定として計上されたストック・オプションは，公正価値で再

9　付与日以降，行使日までの公正価値の変動も，同様に権利行使時の最終的なペイオフについての事前の見込みでしかない。この点については後述する。

10　権利が消滅したときに費用の相手勘定を利益へ戻し入れるのは，有償取得として処理した労働サービスが，結果的に無償と判明した事実を認識して修正するものにほかならない。一般に無償で取得した財を公正価値などで記録したときは，同額の受贈益を認識することで，その消費に伴って計上される費用を相殺する。無償取得である以上，利益に影響はないはずだからである。このケースも，それと同じように過去の費用認識を相殺する処理である。

測定するとしても（再測定自体が大きな問題だが）清算されるときでよいはずであろう。

　しかし，米国の会計基準や国際会計基準は，少なくともこれまでのところ，これとは違った考え方に立っている。そこでは，現金決済のストック・オプションを負債とみる一方，株式で決済されるものを，権利が行使されてもされなくても，最初から株主取引（資本取引）とみて株主持分の要素とする。権利が行使されずに失効しても，持分のストックに含めたまま利益に戻し入れることはない。それは，権利行使という停止条件付きの株主持分を，その条件が充足されるかどうかにかかわらず確定的な株主持分とみるものでもある[12]。たとえ権利行使がなく，価値がゼロになっていても評価替えをしないのだから，ゼロにならない範囲で価値が変動しても，付与日の公正価値のままで評価替えは行われない。株主の出資として資本勘定に含めた以上，それを再測定しないのは当然の結果だという考え方である。純資産の変動は，資産か負債の変動によってしか生じない。

　米国基準等のこうした方式は，新株予約権付社債（ワラント債）を分離処理したときのワラント部分にも適用されている。分離されたワラントはその時点で株主持分に含められ，権利行使がない場合でも株主の出資として処理される。普通社債にくらべて低い利払いは，既存株主の持分に見込まれる価値の希薄化を代償としたものであり，結果として希薄化が生じなければそれだけ会社（株主）の利益になるはずだが，その事実は無視して，権利行使の有無を問わずに普通社債の場合と同じ利益を計上するのが，米国基準や国際基準の現在の立場である。新株予約権（ワラント）は株式を時価より低い価格で買い受けるオプションであり，オプションを保有する側の権利行使を条件として株式とな

　11　自社株コール・オプションの売り手である会社が，同時にそれを買い建てる反対ポジションを組んで取引を清算することも，新株の時価以下発行による損失を補償すべき保険契約を購入することもできない状況では，ストック・オプションは付与した会社にとって金融投資の性質を持つ金融商品とはいえないであろう。一般に自社の株式コール・オプションをトレーディング・ポジションとして保有するというのは違和感が残る。

　12　米国基準では SFAS 第123号(R)，5項，39項，国際基準では IFRS 第2号，7項などをみよ。ただし，この考え方は，次章の補論で述べる FASB の予備的見解（2007年）では否定されている。

る金融商品だが，この条件付きの潜在株式を，無条件に株式と同一視しているわけである[13]。

しかし，そこで株主持分として確定するための必要条件が無視されるのは，米国基準や国際基準の「概念フレームワーク」が，株主持分を資産と負債の差額とするだけで，その要素を無差別に一括しているからであろう[14]。現金決済型のオプションと違って，自社株を引き渡す契約は将来における経済的便益の流出という負債の定義に該当せず，自動的に株主持分となるだけのことだというわけである。権利が行使される（あるいは権利行使期間にイン・ザ・マネーとなる）という必要条件を無視して株主持分とした以上，その条件が成立しなくても持分として確定していることに変わりはなく，権利が行使されないからといって利益に戻し入れる必要もなければ，価値が変動したからといって再測定（評価替え）をすることもないという趣旨のようである[15]。

それに対して日本の基準では，新株予約権は負債でないという意味で純資産つまり株主持分とされるが，条件付きのいわば未確定部分である以上，条件の充足を待ってから確定部分である「株主資本」の要素に移される。それまでは，性格の未確定なポジションとして株主資本とは区別されるのである。純資産の要素であるから，当初に計上された額はそのまま再測定されずに固定され，清算前はもとより，清算時の価値がそれと違っても原則として評価の修正はない。例外は，権利行使がないまま失効したときにその金額をゼロまで切り下げ，全部を利益へ戻し入れる点だけである。それは，なにより会社法が拠出資本を株式への払い込み額で決めているからであろう。権利不行使で新株への払い込みがなければ，新株予約権に対する払い込みも拠出資本にならず，反対

---

13 ただし，最近の動きについて次章の補論を参照。
14 FASBの概念書（SFAC）第6号，213項ならびにIASBの概念書49項をみよ。ただし，2007年にFASBが公表した，金融商品の資本と負債への区分に関する予備的見解（FASB［2007］）では，まず資本を確定して残余を負債とするアプローチが提示されている。その場合には，自社株買い受けオプションが一転して負債とされる可能性がある。次章の補論を参照せよ。
15 株式決済のオプションが負債ではないというために，会社が経済的便益を流出させるわけではないとする主張と，株式報酬の費用が会社に生じていることをいうために，労働サービスの対価として価値のあるものを引き渡しているとする主張とは，あきらかに理屈が一貫していない。権利を付与する側とされる側の観点が，その場の都合で恣意的に使い分けられている。

に新株が発行されたときは,権利行使価格分の払い込みとともに,新株予約権への払い込みが拠出資本に振り替えられるというわけである[16]。

4 ■条件付きの持分と確定した持分

前節でみたように,ストック・オプションを付与した後の価値の変動と利益への影響については,海外の会計基準でも日本の会計基準でも,それぞれ対処に苦慮している様子がうかがえる。大雑把にいえば,米国等の基準は新株予約権をはじめから持分とみて価値の変動を認識せず,日本基準は権利行使がない極限のケースに限って価値の変動を認識する。米国等の基準を制約しているのは,株主の請求権と無関係に資産を認識したうえで,その総額に対する請求権のうち,負債の定義をみたさないものはすべて持分として同質とみる彼らの概念フレームワークと,条件付持分でもデリバティブとみて負債に含めたときは,決済を待たずにたえず時価で再測定しなければならないという,金融商品会計基準からの制約であろう[17]。日本基準には,前記のとおり会社法の払込額主義が働いている。

ただし,海外の基準では,このようにストック・オプションが付与当初から株主の出資とされる一方で,株価目標などを除く権利確定条件を達成できずに失効した分は,相当額を利益に戻し入れることとされている[18]。条件付の持分

---

16 新株を引き受ける際に分割払い込みが認められる場合,払い込まれたままで引き受けのなかった株式申込予約金は資本として処理される。オプションが行使されずに失効した新株予約権もそれと変わらないという主張はある。しかし,新株を引き受けた後になって権利が放棄されたケースは,むしろ予約金相当の自社株が株主から会社に贈与された場合に近い。こうした引き受け後(いわば権利行使後)の失効を行使前の失効と同じだとみるのは,便宜的なフィクションであって必ずしも理の当然というわけではない。

17 前節で述べたとおり,ストック・オプションを付与した側にとって,それは金融投資の性質を持った金融商品ではない。制度上,これに通常のデリバティブ商品と同じ時価会計が適用されるのであれば,金融商品に関する会計基準の不備というべきであろう。

18 米国基準では,権利確定条件のうち株価目標など市場条件を達成できずに失効した分については報酬コストを認識し,勤務条件などを充足できずに失効した分については報酬コストを認識しないこととされている(SFAS第123号(R),19項)。国際基準でも基本的に同じである(IFRS第2号,19-21項)。

を無条件かつ確定的に持分＝資本としながらも，条件が満たされなかったケースの一部分に限って，確定したはずの資本から利益へ事後的に振り替える処理をしているのである。権利を付与されながらも決められた条件を充足できずに失効した分は，付与された側が主体的に権利を放棄した分，あるいは逆に統制不能な株価水準によって失効を余儀なくされた分，とは性質が異なるということかもしれない。しかし，持分価値の希薄化に基づく損失を会社（＝株主）が免れた事実はどれも同じであり，権利者の事情で資本と利益の区分が変わるのは奇妙である。

　要するに，米国基準や国際基準では，付与されたストック・オプションの価値を，その単位数と1単位当たりの単価に分けたうえ，単価は権利付与日の金額（公正価値）のまま固定する一方で，それに乗じる単位数のほうは権利確定日までオープンとし，権利の確定を待ってオンバランスになるオプションの価値も確定させるという考え方がとられている。権利行使日を待たずに，権利確定日でオプションの評価を打ち切る意味は別の論点として検討するが，単価を当初の付与日で固定し，その後に権利が確定した単位数と組み合わせて公正価値とするのも，資本の要素とはいえ歴史的原価評価のような仕組みが働いていてやや唐突である。おそらく，契約で決められている条件と，統制不能な市場価格の影響とを区別しようしているのであろう。いずれにせよ，そこでは，予測値でとらえたオプションの額が，事実が確定しても修正されないルールになっている。

　上述したとおり，株式決済型のストック・オプション取引では，付与された側が権利を行使しても会社は自社の株式を発行するだけで，財を引き渡したり役務を提供したりする義務を負うわけではない。だからこそ，そのようなオプションを付与したところで，費用にも負債や持分にも影響はなく，会計上の認識は必要ないという主張が繰り返されてきた。しかし，そうした主張を退けて株式を時価以下発行する義務を認識した以上，この義務を履行する取引は，時価以下発行を見込んだオプション価値でなく，最終的には権利行使に伴って実際に発行された株式数に，その時点の株価と行使価格との差額を掛けた値で測られるのが理屈であろう。その値がオプションの清算価値になる。義務である限り，負債でも持分でもその履行を対価の価値で測るのは同じである。

もちろん，前述のようにストック・オプションが金融投資の性格をもったポジションでない以上，負債と持分のいずれであれ，最終的にオフバランスされるときまでは，それを継続的に再測定しても意味はない。必要なのは，最終的な結果を見込んだ予測値でオンバランスにしていたポジションを，結果が確定して消滅する時点の価値で清算し，過去の見積もりを事後的に修正することである。その場合の問題は，どの時点で最終的な結果をとらえたらよいかである。新株予約権は権利の行使がなければ株主持分として確定しないから，通常は権利の行使または失効という法律的な事実が取引の結果をとらえる規準となりやすいが，タイムリーな情報開示という会計上の観点に立ったとき，それが唯一の選択肢かどうかは検討の余地を残しているように思われる。

　ごく一般的にいえば，付与したストック・オプションが会社の資本と利益にどのような結果をもたらしたか，その最終的な結果が決まるのは，権利を付与された役員や従業員が投資家の立場に変わるときである[19]。新株予約権であれ新株であれ，彼らが投資家の立場に変わった後の価値の変動は，旧来の株主にも共通する投資の成果であって，もはや新旧株主間の関係を変えるものではない。このように考えたときは，権利行使といった資本取引で補償される持分の希薄化を会社の損失に置き換えている当面の文脈でも，それは会社の利益や資本に影響を与えないのかもしれない。影響があるのは，彼らが実質的に投資家となる前の事象である。確かに法律上は権利行使時点がクリティカル・ポイントとみられるが，それより前に権利行使が可能になれば，オプション保有者は投資家の立場に変わり，実質的にはその時点で結果が決まるとみることもできそうである。

　この選択肢は，権利行使期間になってから実際に権利が行使されるまでの間，あるいは権利が行使されずに失効するまでの間，に生じたオプション価値の変動を，投資家の立場となったオプション保有者が，旧来の株主と共有する投資の成果とみるものでもある。ストック・オプションの付与に伴う既存持分の希薄化は，権利行使が可能となった時点で確定し，それ以降における価値の

　19　正確には，オプションの買い手（権利保有者）だけでなく，売り手（発行会社ないし株主）もトレーダーの立場になっている必要がある。

変動は，株価の変動と同様，会社の資本や利益に影響するものではないというわけである。この場合，行使期間の当初にイン・ザ・マネーでありながら最後まで権利行使されずに失効したときは，株主から会社への自社株の贈与に準じて解釈され，また行使期間の当初にアウト・オブ・ザ・マネーでありながらその後に逆転して権利が行使されたときは，通常の有利発行に準じて解釈されることになるであろう。

さらに，権利行使が権利の確定と同時に可能となる標準的なケースであれば，この観点は，権利確定日のオプション価値で最終的な結果を決めることになる。前述した海外の基準のように，権利が確定した単位数に付与日の単価を掛けて評価したストック・オプションを持分に計上しながら，権利を確定できずに失効した分を利益に戻し入れるというルールも，単位数だけではあるがこのやり方と整合するものであろう。かつてのＧ４＋１のペーパーのように[20]，単価も単位数も権利確定日で揃えたオプション価値で，最終的に資本と利益を確定させる主張もあった。権利が確定したというだけでは結果を確定できないが，それと同時に権利行使期間が始まるのであれば上述した条件は満たされる。実際の権利行使日とともに，この時点を規準にするのもひとつの選択肢にはなりうるであろう。

とはいえ，たとえその場合でも，オプション価値の確定に伴って当初の暫定的な評価を修正したときは，評価差額の解釈に難しい問題を引き起こす。労働サービスに対する報酬としてのストック・オプションであれば，当初に認識したサービスの対価が修正されたとみればよいのかもしれないが，資金調達のための新株予約権のように，現金を対価として発行されているときは，評価の修正に伴って損益が計上されることになる。前述したように，それは株主の払い込みで資本の額を決め，有利発行でも損失を計上しない現行制度と矛盾する[21]。

20　Ｇ４＋１［2000］, paras. 7.4 以下および 8.8 以下をみよ。
21　有利発行に限らず，資本取引を利益に影響させないのが企業会計の基本ルールである。ここにも，評価差額の性格が，それを実現させた取引によって一義的に決まる企業会計の特質（本書第１章）が表れている。したがって，このケースでも権利行使を資本取引から分離し，まずオプションを現金決済して損益を計上した後（継続的な再測定によって損益が認識されているときは現金決済でそれを確定した後），その現金がただちに払い込まれて拠出資本になるという擬制が必要とされるのであろう。

その観点からは，オプションを当初の評価で固定する方法が主張されることになるが，他方でそれは失効分を分けて処理しない限り，株主でない者の払い込みを拠出資本とする結果になりかねない。特に資本の概念は各国の会社法制に依存するところが大きく，会計ルールとの調整や国際的な一元化には多くの問題を残している。

5 ■おわりに：資本会計の検討課題

本章では，役員ないし従業員の報酬コストを株主から彼らに支払われる財産価値とみたうえ，そのうち株式決済型のストック・オプションで支払われるケースについて，株式の時価以下発行に伴って既存株主から移転される持分価値，つまり既存株主の持分に生ずる価値の希薄化で報酬コストをとらえてきた。株式が時価より低い価格で発行されることに伴う既存株主の損失が，権利を行使して株主となる前の，いわば旧株主から報酬の支払いを受ける立場であった役員・従業員の（現金対価を伴わない）労働サービスで補償される交換取引とみて，その分の報酬コストを認識しようとしたのである。それは，あくまでもオプションの行使を前提とした労働報酬であり，権利を行使して株主（投資家）の立場にならなければ，事後的にはそれが彼らに帰属しなかったという話になる。

その観点からすれば，ストック・オプションを付与した時点の公正価値で労働サービスのコストを認識する会計処理は，そのサービスの提供がなければ株主持分に生ずると思われる希薄化をあらかじめ見込んで会社の費用にするとともに，付与したオプションを株主資本となる可能性をもったポジションとして，とりあえずバランスシートに計上するものといえよう。この見込みの費用を最終的に確定した結果に基づいて修正するには，当初の評価で繰り越されているオプションを確定時の価値で評価替えし，評価差額を利益に加減すればよい[22]。

---

[22] 権利が行使されたときは，評価替えした後のオプションが権利行使価格と合計され，新株が時価発行されたのと同じ結果になる。権利行使がないケースならオプションの価値はゼロ，もちろん払い込みもゼロである。

費用認識の相手勘定として，しばしば負債か持分かが争われるこのオプションは，少なくとも確定した事実に基づく修正＝評価替えが可能な項目でなければならないことになる。

となると，結果が確定する前からそれを持分（しかも払込資本）とする議論には無理がある。組織再編など企業の継続性を中断させるケースでもない限り，株主持分の評価替えをしないのが現行の会計ルールだからである。しかし財を引き渡す義務がない以上，これが負債の概念に合わないのも自明である。条件付持分は条件が満たされるまでは潜在的な未確定の持分だが，条件付きであっても持分の性質を有する以上，本来の負債とはいえないこともはじめから含意されている。持分でも負債でもないものをどちらか一方へ無理に分類しようとするのが，FASBやIASBのフレームワークかもしれないが，前述したように，これは負債か持分かの問題というよりも，潜在的な株主持分がどこでどのように確定した持分になるのかという，利益との関係も含めた持分会計（資本会計）の問題と考えるべきであろう。

一般にストック・オプションは，行使時点の株価が行使価格を超える分に相当する額を株式で決済するから資本であり，現金で決済するケースであれば負債ないしは条件付きの負債になるといわれることがある。従来の米国基準や国際基準は，基本的にはこの立場であろう[23]。しかし，株式決済のオプションでも，会社は決済にあたって新株を発行せずに自社の株式を時価で市場から買い入れ，同時にそれを行使価格で売り渡す決済の方式を選ぶこともできる。外形は株式による決済だが，会社にとって実質上は現金決済と変わらない。逆に現金決済を予定した株式増価受益権（SAR）でも，株式で決済すると同時にそれを時価で買い戻せば結果は同じであろう。条件付きの潜在的な持分を負債か資本かに二分する議論は，その点でも資本会計論として疑問が残る[24]。

本章で述べたのは，実際のキャッシュフローをアンカーに利益を測定する現行GAAPと，概念的にもっとも整合しうるストック・オプションの会計ルールであった。そのルールを考えるうえで論点になったのは，株主持分の希薄化

---

23 SFAS第123号(R)，29項以下；IFRS第2号，30項以下などをみよ。

にみあうオプションの費用が付与時の価値で決まる一方，資本と利益の関係は行使時（失効時）まで決まらないという問題であった。前者だけに着目すれば米欧の現行基準のようになるし，後者に着目するとそれが決まるときに新株予約権を評価替えする必要があった。しかし，この評価替えの根拠が，オプションを付与された側と株主とのリスクの共有という問題に結びつけられてしまうと，今度は株主持分の時価評価という，会計上は意味のない主張まで話が拡張されることにもなりかねない。理論面だけでなく会計基準への応用という面でも，この問題にはまだ解決を要する点が残されている。

---

24 最終的な結果を待たずに負債か資本のいずれかに分類するのが難しいとすれば，結果が確定するまでは仮勘定としておくか，そうでなければ負債でも資本でもないメザニンを設けるほかはないであろう。最初から持分＝資本だと決めつけるのは，会社法の資本制度との調整だけでなく，たとえばオプションの条件を変更したときの変更前ポジションの処理など（SFAS 第123号(R)，51項以下，IFRS 第2号，26項以下）を含めて，理屈の一貫しない主張に結びつくことが多い。前述のように日本の基準はこれを純資産のなかで株主資本から区別し，最近の FASB [2007] は株式決済型も含めて自社株の購入オプションを資本から負債へ移す試みも提示している。

第18章
株式購入オプションと資本会計

1■はじめに

　前章では,役員や従業員に対するインセンティブ報酬としてのストック・オプションを素材に,自社株購入オプションの売り建てを潜在的な(条件付の)株主持分の会計問題として考察した。基本論点は,オプションの対価として受け入れた財や用役について,その消費にかかわる費用をどう認識するかという利益測定の問題と,未決済のオプション価値の変動をどうとらえるのか,そして後者との関係でオプションをバランスシートのどこに分類するのか,という資本会計上の問題であった。これらについては,制度としての会計基準レベルで米国基準や国際基準と日本基準との差異が問題とされやすいが,重要なのは制度化に先立つ事実の理論的な解釈と,会計基準に基づく事実認識との関係ないし距離であろう。

　ここでいう条件付持分は,株式を購入するかどうかが将来の株価に依存して決まる請求権(コール・オプション)であるが,その会計上の性質をめぐる学界の理解は,必ずしもひと通りに収束しているわけではない。現在までに公表されている論文からあえて代表的なものを選ぶとすれば,ひとつは米国財務会計基準審議会(FASB)や国際会計基準審議会(IASB)の現行基準を大枠では支持する結果となっている Kaplan ＆ Palepu ［2003］(以下 Kaplan-Palepu),もうひとつはそれらの基準に批判的な立場をとる Ohlson ＆ Penman ［2005］(以下 Ohlson-Penman)の2点であろう[1]。本章では,これらの論旨と帰結を検

1　これらのほかにも,Bernard, Merton ＆ Palepu ［1995］; Bodie, Kaplan ＆ Merton ［2003］; Hull ＆ White ［2004］をはじめ若干の文献が挙げられるが,会計基準との関係で経済的な事実認識のあり方を検討する作業は,昨今の学界では必ずしも多くない。

討しながら，とりわけ資本会計の問題を中心に理論的な争点を整理し，それにてらして内外会計基準の差異と共通点を考えることにしよう[2]。

2 ■ 対立する見解の概観

　順序として，上記2点の論稿を概観しよう。もとより，当面の目的に直接かかわる部分だけに範囲を絞る。ストック・オプションに視野を限ったKaplan-Palepuでは，その費用認識に反対する論者への回答を与えることが課題になっている。すなわち，反対論者は，将来の事象に基づく財務諸表上の見積もりが，一般にはその項目の確定値に合わせて修正されること，付与日で見積もったストック・オプションのコストは誤差が大きく，現在のところそれを修正するメカニズムが存在しないこと，したがって費用認識を，むしろ権利の行使や失効ないし消滅による確定まで繰り延べることを主張してきた。この主張に対してKaplan-Palepuは，費用は収益と対応するものであり（米国基準や国際基準の資産・負債アプローチに合わない理屈のようだが），オプションの公正価値で費用を修正していけば，当初の見積もりを最終的には事実に合わせて修正することになるという。

　Kaplan-Palepuの想定する方法では，まず付与日時点の公正価値で測ったオプションのコストを前払費用として資産に，また同額のオプション勘定を払込資本に計上する（株式決済型のケース；現金決済型の場合は負債とされる）。前払費用は権利確定期間にわたって償却し，オプションの勘定は権利確定日まで公正価値の変化に応じて評価替えする。その両者の影響をあわせた額が，毎期のオプション費用になる。権利確定日に会社は確定したストック・オプションの公正価値（それが実現した報酬費用に等しい）と，上記の方法で計上してきた費用の総額との差異を，損益計算書で最終的に調整する。バランスシート上のオプションは，もちろん権利確定日の公正価値で表示（かつ確定）され，これによって見積もりに基づくすべての誤差は，確定した事実に合わせて修正

---

[2] 本章では，これら2つの論稿に即した論点の整理を優先し，理論的に検討すべき課題については補章1で補足的に言及する。

されることになるはずだというのである。

　こうした費用認識を支持する主張には，上述したオプションの評価替えを，権利確定日までに限らず，その後も権利の行使や失効，あるいは消滅の時点まで続けるべきだとする立場もある。しかし Kaplan-Palepu は，少なくとも利益への影響を権利確定日ないしその直後までにとどめようとする。権利が確定すれば，その時点でオプションの取得を妨げる条件（取得の要件として履行すべき義務）がなくなって，未確定の権利保有者は（それまでとは別種類の）持分権者に変わるのだからという，いかにもわかりにくい理由が掲げられている[3]。その後における権利の行使や失効ないし消滅は，株主持分や現金ポジションには影響しても，損益計算書には影響を与えないというのが Kaplan-Palepu の主張である。ただし，彼らがオプションを最初から払込資本（株主持分）としながらも，権利確定までの価値の変動を利益に影響させている点との不整合には言及がない。

　これに対して Ohlson-Penman は，従業員ストック・オプションも含めて，ペイオフが株価に依存して決まる請求権ないしは証券一般を対象にする。そこでは，まず財務諸表が既存普通株主の観点から作られること，したがってバランスシートで持分といえば普通株主の持分だけであり，その持分の変動をとらえた包括利益は，普通株主との取引を除くすべての取引に影響されることが指摘される。この観点に立てば，株価の動向によってペイオフが決まる請求権（証券）は株主持分ではなく，経済的資源を引き渡す義務を負わないにしても，負債に分類されたうえ公正価値で測定されることになる。公正価値が変動した分は，この負債に対する利子を除き，普通株主の持分における予期されなかった未実現の変化として，純利益とは区別された包括利益の要素（その他の包括利益：OCI）になるというのである。

　ここで株式に対する請求権（オプション）を，その決済を仮定した公正価値へ継続的に更新していくのは，ポジションの最終的な清算が持分価値に与える影響を，たえず新しい情報に基づいて見積もり直す過程でもあるという。たとえばオプションやワラントが行使されて，株式がその公正価値以下で発行され

　　3　これについては Kaplan & Palepu [2003], p.2 をみよ。

た場合には，既存株主の持分価値に希薄化が生じ，それがオプションの対価で相殺される。反対に株式が発行されなければ，消滅した権利の対価は既存株主の利益となろう。そうした株主の損失や利益の認識は，最終的には普通株式へ転換する権利の行使や不行使を待たねばならないが，それより前にもその見積もりが毎期の公正価値評価によって true-up されるというわけである。したがって前述の Kaplan-Palepu と異なって，ここではオプションの評価替えと損益認識が，権利確定後も継続されることになる。

そこでの公正価値の変動は，負債計上したオプションの経過利息（利子費用）に当たる部分を除いて，事前には予期することのできないウィンドフォールの要素といってもよい。公正価値の評価にバイアスがなければ，この大きさは，毎期の変動も累積残高も平均的にはゼロになると予測されよう。負債に対する上記の利子費用が，オプションの対価として取得した財やサービスの消費に伴う費用と合わせて純利益にチャージされるのに対し，このウィンドフォールに当たる額は純利益から除かれて前述のとおり OCI に含められ，契約の残存期間にわたって純利益へリサイクル（再分類）されていく。オプションを公正価値で評価替えした後の毎期の OCI 残高が，権利行使日までの各期に配分されて純利益に振り替えられ，最終的にはすべてが実現してゼロとなるのである。これが Ohlson-Penman の構想である。

問題は，最終的な結果が確定したときの処理である。オプションが行使されても，不行使のまま消滅しても，負債とされてきた請求権はその時点で清算される。権利行使の場合なら資本に振り替えるが，公正価値で評価替えされたオプションをそのまま振り替えるから，結果として資本の増加は，権利行使価格相当の払い込みを加えて時価発行増資と同じ額になる。その一方，権利が行使されないまま消滅した場合には，オプションの勘定残高を利益に振り替える。Ohlson-Penman に掲げられた数値例から判断する限り，オプションの評価差額である OCI の累積残高にみあう分はその相殺に充当され（上記のリサイクリング），それを超える分がもしあれば純利益の要素にされるものと考えてよい。いずれにせよ，売り建てた株式購入オプションにかかわる利益と資本の見積もりは，請求権の行使または消滅という最終的な結果に基づいて確定値に修正されることになる。

3 ■ 争点の整理と検討

　このようにKaplan-Palepuは，株式購入オプションを付与された者が，その時点で持分権者になると考える。ただし，持分といっても暫定的なものであり，付与日の公正価値も権利確定日における価値の見積もりでしかない。したがって，それは継続的に公正価値へ評価替えされていくが，権利が確定するとその時点で確定的な持分となり，同時に簿価も確定して，それ以降は公正価値が変動しても評価替えされることはない。以前からも持分権者であったオプション保有者が，ここで別の持分権者になるということだが，おそらくその趣旨は，株式購入の選択権が確定していつでも行使できる状態になれば，それまでの権利者は株主と同等な投資家の立場に変わり，その後の権利価格の変動は株価の変動と同様，会社との取引（資本取引）によるものを除いて会社のバランスシートに関係ない事象になるということであろう。

　もちろん，株式購入オプションを純資産に分類しなければ，バランスシート上の金額を確定させる最終処理までの間，（継続的かどうかはともかく）その評価替えは可能である。それに伴う差額は，一般には利益に影響することになる。Ohlson-Penmanにおいては権利の行使ないし消滅まで，公正価値の変動が継続して認識され，金利に当たる価値の増分が純利益から控除される一方，予測不能なウィンドフォールの部分がOCIに反映させられる。それに対してKaplan-Palepuでは，株式オプションを純資産に含めながら権利確定まで継続的に評価替え（再測定）し，その時点で評価替えを停止する。このように，対立するいずれの見解も，付与時のオプション価値をその後も（いつまでかは別にして）公正価値に評価替えしたうえ，差額を利益として認識するところは共通である。とりあえず，その点に注意しておこう[4]。

　問題は，どこまでこの評価替えを続けるのかである。Kaplan-Palepuでは

---

[4] Hull & White [2004] なども参照。ただし，重要なのは事実が確定したときの評価替えであり，継続的な毎期の評価替えに意味があるかは別問題である（前章をみよ）。いずれにせよ，この点は，オプションを付与時（ないし権利確定時）の公正価値に固定してその後の評価替えを認めない現行の会計基準と大きく異なっている。

権利確定までだが，Ohlson-Penmanでは権利の行使や放棄ないしは失効による事実の確定までと考えられている。実際に行使されるときの権利の価値が既存株主の持分に生ずる希薄化を表し，それが会社にとってもコストになるとみられているのであろう。ちなみにKaplan-Palepuでも，株主持分の希薄化によってオプションのコストをとらえている点は同じである[5]。違っているのは，Kaplan-Palepuでは権利（新株予約権）が確定して行使できる状況なら権利者（新株予約権者）は株主と同じ立場になるものと考え，その直前までの株主に生じた持分の希薄化だけを費用とみるのに対して，Ohlson-Penmanは権利が行使されるまで権利者と株主を区別し，それまでの株主に生じた持分の希薄化をすべて費用と考える点である。権利の公正価値が，どこで確定するとみるかの違いでもある。

この違いは負債と資本の関係にも影響する。権利が確定した新株予約権者を株主とみるKaplan-Palepuでは，少なくとも確定したオプションは資本になるが，権利行使まで新株予約権者を株主から区別するOhlson-Penmanでは，確定してもそれが資本から除かれて負債に分類されている。権利確定後のオプションは，Kaplan-Palepuでは権利確定時の価値のままで評価替えされず，価値が変動しても利益に影響は生じない。オプションの価値がゼロになって権利が行使されずに失効するケースでも，ゼロまでの簿価切り下げや利益への戻し入れは行われない。それに対してOhlson-Penmanでは，権利行使時まで評価替えと損益認識が続き，失効分は原因に関係なく利益に戻し入れられることになる。権利が行使されたときの資本の額は，Kaplan-Palepuでは権利確定時，Ohlson-Penmanでは行使時におけるオプションの公正価値に，権利行使に伴う払い込み額を加えた額とされている。

ただKaplan-Palepuでは，株式購入オプションを付与した当初の時点から，つまり確定する前からこれを暫定的であっても株主持分とみて資本に分類する。権利確定期間中は公正価値に合わせて評価替えし，差額は失効による分を含めて利益に影響させるが，それでも負債でないものは資本とするしかないと

5　Bodie, Kaplan & Merton [2003], p.68を参照。いずれにせよ，持分の希薄化はオプションの価値で表されるから，両者を相殺した正味の値は常にゼロである。

いうのであろう。しかし，評価差額が利益の要素となるのは，それが資産や負債の評価替えによるものだからであって，資本ないし純資産を評価替えしても利益は生じない。そもそも現行の企業会計には，純資産の要素を個別に評価替えするルールはない[6]。評価替えを予定したオプションをKaplan-Palepuが資本としているのは，会計の仕組みと整合しない便宜的な処理とみるべきであろう。純資産の要素でありながら価値の変動が利益になるというのは，理論的な帰結と区別しておいたほうがよい。

いずれにせよ上記で検討した2つの論稿は，自社の株式に対するコール・オプションを発行した場合の会計問題に，理論的な分析を加えた代表的な文献である。次節ではワラントやストック・オプションをめぐる内外の会計基準を比較検討するが，それにはこの2つの共通点と対立点をあらためて整理しておくのが便利であろう。まずオプションを付与してから権利が確定するまでの間は，どちらも毎期末にそれを公正価値へ評価替えしたうえで，評価差額をその期の利益に反映させている。権利が確定しなければ，全額が利益に戻し入れられる。Ohlson-Penmanではそれが包括利益の要素になるとともに，権利行使までの各期間にわたって純利益へリサイクルされていく。Kaplan-Palepuには明示的な記述がないが，付与時に計上した前払費用の償却分を合わせてオプションの費用とする以上，権利確定までの間，評価差額も同じカテゴリーの利益に反映されることになるのであろう。

他方，ひとたび権利が確定した後では，Kaplan-Palepuがオプションの簿価を固定したままその評価替え（再測定）を考えないのに対して，Ohlson-Penmanでは権利の行使もしくは不行使による失効まで，評価替えとそれに伴う損益認識が続けられる。確定した権利がたとえ行使されずに失効しても，Kaplan-Palepuでは資本と利益の関係に影響は生じないが，Ohlson-Penmanではオプションがゼロへ評価替えされるため，繰り越されてきた額が利益に振り替えられる結果となる。その違いはバランスシートにおけるオプションの表

---

6 米国には，純資産を一体として評価替えしながら内訳を調整する準更生（quasi-reorganization）のルールは古くからある（AIA［1939］を参照）。この概念と歴史についてはSchindler［1958］などをみよ。

示に影響し，Kaplan-Palepu ではそれが資本に分類され，Ohlson-Penman では資本でない（結果的に負債）とされている。ただ，Kaplan-Palepu においてそれを資本とする根拠が理論上も明確なのは，権利が確定して行使可能となった後の局面であり，権利確定までの期間については理屈が曖昧である。

4 ■ 内外会計基準の比較

　前節でみた学界の支配的な見解に対して，ストック・オプションをめぐる現行会計基準は，付与時点の公正価値を権利確定期間の費用に配分するとともに，反対勘定であるオプションを同額で純資産に計上したまま，その後の評価替えは権利が確定する前であっても認めていない。その点は，米国基準，国際基準，日本基準のいずれにも共通する。米国基準と国際基準はそれを最初から資本に分類し，日本基準では資本と区別した純資産の要素にしているが，権利確定条件を充たさずに失効した分を利益に戻し入れる点も含めて，権利確定期間の処理は基本的に同じである。オプションの評価替えを認めないのは，それを負債でなく純資産に分類したことと表裏の関係にあり，各基準に共通する失効分の利益への戻し入れは，価値の再評価と関係のないオプション数の修正として位置づけられているようである[7]。

　もっとも，そこで失効分を利益へ戻し入れるのは，結局のところ付与時点における価値の見積もりを確定した公正価値へ修正する作業の一環であり，価値の再評価かオプション数の修正かを区別する特段の理由はない。この区別が意味をもつのはオプションを付与された側であり，発行した側では，いずれにしてもオプション価値に表われる株主持分の希薄化がコストの大きさを決める点に変わりがない。原因がオプションの単位数の変動でもその単価の変動でも，問題になるのは両者を掛け合わせた結果である。これを純資産に含めながら，評価替えして損益を認識するのでは企業会計の仕組みに適合しないため，失効

---

[7] 権利確定期間に限れば，その点は現行の米国基準，国際基準，日本基準の間で基本的な違いはない。SFAS 第123号(R)，B167-168項；IFRS 第2号，19-20項；企業会計基準第8号，7項(3)など。なお，これについては前章を参照せよ。

分の戻し入れをオプションの単位数だけにかかわる見積もりの修正と解釈しているのかもしれない。資本と利益の区分という基本原則のもとで資本を利益へ振り替えるには，それだけ特別な（というか苦しい）理屈が必要だったのであろう。

　すなわち，当初に付与したオプションの単位数をそこで確定値に修正するのは，当初の付与が，いわば新株予約権の予約にすぎないという理屈に支えられている。ストック・オプションのように権利確定条件の付されているものは，その条件が充たされて新株予約権の付与が確定されたときに，確定した事実にてらして当初に計上した付与数を修正するわけであろう。付与が決まれば資本の確定に必要なすべての事実が決まるかどうかはともかく，そこでは新株を購入するオプションの確定が，それを売り建てた会社の資本を確定するクリティカル・イベントとされている。付与した権利を取り消せる条件が消滅し，オプションの売り建てがいわば不可逆的な取引として完結すれば，あとはその権利を行使してもしなくても，事実はなにも変わらないはずだと考えられているのである。

　しかし，その理屈でも，予約した権利付与が確定する前から資本が確定するかどうかは別である。上述したとおり，米国基準や国際基準でも，権利確定条件が充足されずに取り消された予約は利益に戻し入れられる。権利付与（の予約）と同時に確定した資本とされながら，事実上，資本としてはまだ確定されていないのである。もちろん，資本でも利益でも株主の持分となることに変わりはない。権利が確定せずに消滅したオプションを利益に戻し入れたところで，結局はそれが留保されて株主資本の要素となるのは説明するまでもない。問題は，株主資本のどの要素かという，企業会計のもっとも本質的な問題とされる資本と利益の区分が，この段階ではまだ決められない点である。それが決まる前に拠出資本の要素である資本金ないし資本剰余金とするのは，概念上も制度上も大きな疑義があるといわなければならないであろう。

　ただ，こうした差異はあっても，権利確定までの会計処理は，基本的にはどの基準でも大きく違っているわけではない。違いが出るのは，権利が確定した後である。米国基準や国際基準では，権利確定とともに拠出資本の大きさを確定させ，付与条件の変更がない限り，その後のオプション価値の変動を無視す

るだけでなく，権利が行使されずに消滅しても権利確定時の処理に修正を加えない。それに対して日本の基準では，権利が行使されるまでオプションを資本に含めずに純資産の一部にとどめ，権利不行使による消滅の場合には，それを利益へ戻し入れることになっている。権利が確定した後はどの基準もその評価替えを認めないが，権利が消滅して株式への払い込みが行われない場合，日本の基準ではオプションの簿価を利益へ振り替え，同じ株主資本の要素でも拠出資本ではなく留保利益に含めるのである。

　要するに日本の基準は，米国基準や国際基準と同じく，付与した株式購入オプションを純資産に分類することで評価替えを排除する一方，他の基準と違ってそれを純資産のなかで株主資本から除き，行使されずに消滅した分を利益へ戻す可能性を残している。負債に含めない点ではどの基準も結果的にKaplan-Palepuの立場と近いが，日本基準は，権利の行使（または不行使による消滅）まで資本を確定させない点でOhlson-Penmanの観点に近い。というより日本基準は，資産総額にみあう資金の調達源泉を負債か資本のどちらかに分類する海外基準の単純な二分法を，コンバージェンスの観点からとりあえず所与としたうえ，いずれ株主資本（拠出資本または留保利益）に含められる[8]株式決済型の売り建てオプションを，資本か利益かが確定するまでは株主資本から区別した純資産の要素としているわけである。その限りで，それは負債にも資本にも含まれない。

　このように，米国基準および国際基準と日本基準との最大の違いは，消滅したオプションの利益への戻し入れを，権利確定期間の失効分に限るのか，それとも確定後の権利不行使による消滅分まで広げるのかにある。その点は，オプションの評価替えをどこまで続けるかについての，Kaplan-PalepuとOhlson-Penmanとの観点の違いにも対応する。評価替えを権利確定時までとするKaplan-Palepuは，既に述べたように，その時点でオプション保有者が株主

---

[8] 権利行使に伴ってオプションが拠出資本となればもちろん，不行使による消滅に伴って利益に振り替えられても，前述したように利益が留保されて結局は株主資本の要素となる。しかし，だからといってはじめから留保利益としたのでは，権利消滅時に利益へ戻し入れることもできないし，権利行使を理由に拠出資本へ振り替えることも難しいであろう。しかも日本の会社法では，後述のように利益の資本組入れが禁止されている。

と同質的な投資家の立場になり，それ以降に生ずる価値の変動は，会社との資本取引を除いて会社には関係がないとみているようである。権利の確定と同時に行使も可能にならない限り株主と同質かどうかは疑問だが，特に海外のストック・オプションでは，確定後すぐに行使できる例が多いのであろう。消滅したオプションを利益へ戻すのも，それと同じ理屈で整理すれば権利確定までということになる。

　それに対して日本でみられるストック・オプションには，権利確定という概念がないものや曖昧なものが少なくない。そのため，日本の基準では，権利確定日があきらかでない場合，権利行使期間開始日の前日を権利確定日と推定する旨が定められている[9]。権利確定よりも権利行使に着目しているのは，ひとつにはそうした事情によるのかもしれない。また，権利付与時点でただちにそれが確定する新株予約権（ワラント）など，権利が確定していても行使可能となるまでに相当の期間があるケースでは，その間のオプション保有者は少なくとも株主と同等ではない。自己の責任において，いつでも権利を行使して株主になれる状況にはないからである。権利行使（や不行使による消滅）までかはともかく，少なくとも権利行使が可能となるまでは資本の確定を待つのが，その状況では合理的な考えとみることもできる[10]。

　日本の基準が資本の確定を権利行使まで待つのは，商法ないし会社法との関係もあるようである。従来の商法でも新しい会社法でも，そこでいう資本の概念は株主の払い込みをベースにしたものであり，株主としての拠出でないものは，株主資本（拠出資本もしくは留保利益）になることがわかっていても，利益として認識したうえで留保利益に振り替えるのが原則である。株式購入オプションでも権利を行使して株主となるケースなら，それに伴う行使価格相当分の払い込みと合わせてオプションの残高も拠出資本の要素とされるが，失効し

9　ASBJの企業会計基準第8号，第1項(7)。
10　株主資本の確定を，権利行使時ないし不行使による権利消滅時とするか，あるいは権利行使期間の当初とするかが本質的な違いにならないとすれば，権利行使時か権利確定時かの違いも，理論上は必ずしも重大な対立にならず，基準レベルでの「決め事」として解決されるべき問題になるのかもしれない。現行基準では権利確定時に資本を確定させている米国FASBも，最近は権利行使時まで待つ考え方も検討しつつあるようにみえる（本章補論を参照）。

て払い込みのないときまで拠出資本を増やす処理は，少なくとも予定されていないと思われる。しかも，会社法に基づく会社計算規則では利益の資本組み入れが否定され（第51，52条），拠出資本がますます株主の払い込みに純化されているようである。

5 ■おわりに：日本基準の考え方

　この章では，自社株購入オプションの資本会計上の理解について，経済的な事実の認識をめぐる理論レベルでの見解の対立を，内外会計基準の差異に投影させる方法で問題の所在を探ってきた。既にみたとおり，権利が確定した後も行使されるかどうかが決まらないオプションを，そもそもどこで確定した株主資本とみるのかは，理論的には権利の確定から行使に至る過程の（どの時点かは別にして）どこまで評価替えがありうるかという，価値変動の認識をめぐる見解の差異と表裏の関係をなしている。しかし，会計基準上，それは直接には価値の評価にかかわる論点に結びついていなかった。権利確定後のオプションの評価替えにもっとも典型的に現れた理論的な対立も，一般にはその評価替えを想定しない現行会計基準間の差異と直接の関係をもたないのである。それが本格的な争点になるのは，おそらくこれからであろう。

　しかし，権利行使がないまま消滅したオプションを，権利確定までと同じ原理で利益に戻すかどうかの違いに限れば，それは評価替えと利益認識をめぐる理論上の争点に結びついていた。資本と利益の関係をみる限り，権利確定前に失効したオプションの処理は内外の会計基準で特に違わないが，海外の基準が確定後の権利不行使による消滅にはそれと同じ処理を適用しないのに対して，日本基準では権利確定後にもその原則が適用されていたのである。現行の米国基準や国際基準が本章で概観した Kaplan-Palepu の見解に近い立場だとすれば，日本基準はある面で Ohlson-Penman に似通った立場と考えることもできた。もちろん，オプションを負債でなく純資産に分類するなど，違っている点も少なくはないが，背後の理屈に限れば共通項が多いことに異論はないと思われる。

　そうした立場を選択した日本基準が，オプションを純資産のなかで株主持分

から除いたのは，なによりも資本と利益の区分という，企業会計の基本原則との関係を重視しているからであろう。行使期間が過ぎるのを待って，行使された分を拠出資本に，行使されずに消滅した分を利益に振り替えるためには，それまでの間は暫定的に拠出資本でも利益でもない要素（したがって株主資本と区別された要素）にオプションを含めておくほかはない。拠出資本でも利益（留保利益）でも株主資本であることに変わりはないが，両者の区分が会計上の本質的な要請だとすれば，その区分が確定するまではいずれの要素にも含められないという考え方である[11]。負債か持分かという機械的な二分法にこだわり過ぎる議論が会計基準に持ち込んできた無理な理屈を，避ける役割もそれに期待されている。

　いずれにせよ，発行した自社株の購入オプションを持分ないし純資産の要素としたときは価値の変動が無視されるが，そうでないときは，継続的であるにせよ権利行使時に限るにせよ，評価替えが利益に影響することになる。株価の上昇に伴ってオプションの時価も上昇したときは，それだけ費用が増えて利益が減るという逆説的な状況がここでも生ずるが，オプションの評価を切り上げた分は，負債の時価評価益と違い，権利行使に伴って資本に振り替えられることになる。利益の期間配分にとどまらず，資本と利益の関係を変えるのである（権利行使がなかったときは利益の配分のみ）。そこでは利益と資本が反対方向に増減し，時価変動は純資産に影響を与えない。利益の年度間配分が変わるだけの負債の時価評価に比べても，資本と利益の関係が変わるこのケースには，合理的な意味のある経験的解釈が不可欠である[12]。この問題は，関連する論点と合わせて補章1で再び取り上げる。

11　純資産の表示を定めた日本の会計基準（企業会計基準第5号）でも，新株予約権は純資産のなかで株主資本から区別されることになっているが，それは株主以外の持分だからではなく，資本か利益か（拠出資本か留保利益か）が定まるまでの当座の分類にすぎないとみたほうがよいであろう。一般に価値の変化が利益に影響する要素を株主資本から除けば，さしあたってその後の資本と利益の区分を混乱させないが，それが負債とはいえないときにどうするかが難問である。

12　オプション価値の上昇に伴う費用が株主持分の希薄化による会社の損失だとするなら，価値の上がったオプションが出資に充当されて希薄化が解消すれば，いったん認識された損失を埋め合わせる利益を計上すればよいはずで，それを資本とする合理的な理由はないという異論も想定される。

補論■資本の範囲の見直しと株式購入オプション

　本章で述べた株式購入オプションの会計上の性格については，その後，FASBにおいて検討が進められ，現行の米国基準や国際基準の考え方が見直されてきた。2007年11月には，FASBから資本の特徴をもった金融商品に関する予備的見解（FASB［2007］）が公表され，どの金融商品を資本に分類するかという観点から，「基本的所有（basic ownership）アプローチ」や「所有‐決済（ownership-settlement）アプローチ」など，3つの案が検討されたうえで，予備的結論として基本的所有アプローチという考え方が採用されていた。

　この考え方は，企業に対する請求権のうちで，もっとも優先度の低い残余請求権（most residual claim）を資本とするものである。こうした請求権のある金融商品を，そこでは基本的所有商品と呼んでその保有者を企業の所有者とみるとともに，この基本的所有要素と他の負債ないし資産の要素を併せもつ金融商品については，分解したうえで基本的所有要素のみを資本に分類することとしている。劣位の普通株式のほか，償還されうる株式であって償還金額が残余に近いものが資本になるとみられている（16項以下）。

　その結果，株式購入オプションについては，現金で決済されるものだけでなく，株式で決済されるものも基本的所有商品の要件を充足せず，資本から除かれて負債に分類されることになる。先物契約やオプション契約は，たとえ基本的所有商品の授受を伴うものでも負債または資産とみなされるのである。デリバティブに属するそれらの金融商品は原則として公正価値会計で処理されるから，負債とされる株式購入オプションも，継続的に公正価値で再測定され，再測定差額は利益に含められることになる（35項以下）。

　このアプローチは，株式で決済される株式購入オプションの売り建てが，「資産の譲渡または用役の提供を伴う経済的便益の犠牲」という負債の定義には該当しないから資本だとしてきた従来の米国基準を覆し，まず資本を厳格に定義したうえで残余を負債とするものであり，結果的には本章でみたOhlson-Penmanの主張にきわめて近いものになっている。負債となる現金決済型と区別する必要がないといった技術的な理由だけでなく，おそらく彼らの批判の理

論的な優越性が，FASB 内の少数意見に支持を与えた結果であろう。

また，この残余請求権を資本とみる観点は，最終的な権利行使ないし失効以前の継続的な評価替え（再測定）を除けば，コンバージェンスを優先した結果かなり歪められているとはいえ，日本基準の基礎にある考え方にも近い面が少なくない。前述のように，現行の日本基準は，負債とも資本ともいえない株式購入オプション（新株予約権）を，純資産に含めたうえで株主資本から区別するとともに，最終決済時にも失効分を利益に振り替えるだけで，純資産の要素には馴染みにくい評価替えは避けている[13]。

このように，まず資産と負債を確定させた後，その正味として機械的に資本を導く現行の資産・負債アプローチに対して，資本の確定を負債に先行させる考え方は，資産総額を負債と資本のいずれかに分ける単純な二分法の枠内で，従来の資本概念に含まれる欠陥を解決しようとするものといってよい。ただし，そうした試みは，資産・負債アプローチがどこまで基準開発の基本原理であり続けるかを不透明にする可能性もある。負債の定義にもよるが，資産に一元化した概念の再構成が必要かもしれないし，資産も負債も資本から独立でないとすれば，むしろ資本ないし持分に一元化した体系に戻るかもしれない。

いずれにせよ，そこでいう残余請求権の概念は，とりわけエイジェンシー問題における所有権の意味を検討するうえで，古くから経済学や法律学で論じられてきた[14]。組織成員の大半が負うリスクを，固定報酬や特定の業績指標に結びつくインセンティブ報酬として事前に契約で定めたとき，その約定された支払いと確率的な資源の流入との差分に当たる残余リスクを負担するのが残余請求権者であり，その意味で彼らは，組織の所有者として組織のリスクを最終的に負担するとみられている。株式会社であれば，普通株主の立場がその典型と

---

13 現行の日本基準のような仕組みでも，継続的な評価替えはともかく，権利行使時点でオプションを公正価値に評価替えする選択肢はある。前述したように，結果としてそれは時価発行増資と同じ処理になる。アウト・オブ・ザ・マネーとなって失効した場合も簿価をゼロに評価替えすれば，その分が利益に戻ることになる。しかし，海外の基準がこの要素を資本に分類したうえ資本の他の要素と区別しない立場をとる限り，そうした方法を使う余地はない。

14 Jensen & Meckling [1976], Jensen [1983], Fama & Jensen [1983], Demsetz [1983], Williamson [1983], Grossman & Hart [1986], 有賀 [1993], 柳川 [2006] などをみよ。

いえる。

　しかし，普通株主が会社の存続期間にわたる残余リスクを負担するとしても，残余請求権者が常に彼らだといえる保証はない。たとえば新株予約権者は，一定期間かつ一定範囲でしか残余リスクを負担しない点で普通株主とは違っているが，株式による決済なら会社資産の流出に当たらないという従来の主張が変わらなければ，約定された支払いを受けるステイクホルダーには分類されず，普通株主との差別化には別の理屈が必要になる。債権者や従業員の請求権もすべてが事前に確定しているとは限らないし，優先株主との関係や，普通株式に劣後的な部分がある場合など，誰が組織のリスクを最終的に負担するかは理論的にも検討すべき問題が多いことに注意したい。

【付記】

　資本の性質をもつ金融商品をめぐる負債と資本の区分については，引き続きIASBとFASBの共同プロジェクトで検討された後，2018年にIASBから討議資料が公表されている。そこでは資本を負債に先行して確定させるアプローチが再び否定され，報告企業に対する請求権が，(a)清算時以外の所定の時点に経済的資源を移転する回避不能な義務，(b)報告企業の利用可能な経済的資源から独立した額の回避不能な義務，の少なくとも一方を含む場合は，それを報告企業の負債に分類する予備的見解が示された。結果を先取りして後から理屈をつけたような面もあるが，IFRS第32号を基本的に維持しながら，指摘されてきた根拠の不備を補うことを優先した結果かもしれない。

　周知のようにIFRS第32号では，(1)現金もしくは他の金融資産を引き渡す義務，(2)可変数の資本性金融商品を引き渡す義務，は金融負債に分類されるが，上記の討議資料は引き渡すべき資本性金融商品の数量が変動するかどうかでなく，その額が企業の利用可能な経済的資源と独立に決まるかどうかに金融負債の概念を依拠させている。企業の支払能力と収益性の評価には，(2)の要件よりもそうした金額特性(b)に着目した情報が利用者の目的に適合するからであり，この観点からの分類も，大部分の種類の金融商品についてIFRS第32号に基づくこれまでの結果とおおむね同じになると，討議資料では主張されている（2.26項〜2.31項および3.13項）。

第19章
資本と利益の区分と剰余金の区分

1 ■ はじめに：資本剰余金からの配当

　株式購入オプションをめぐって前の2つの章で検討したのは，資本と利益の区分という企業会計の根幹をなす資本会計の問題であった。そこでの関心事は，いわゆる拠出資本や留保利益を合わせた純資産ないし株主持分のストックと，それが生み出す各期の利益との区分であった。利益が留保されれば純資産が増えるのはいうまでもないが，企業の所有者である株主（場合によっては新株予約権者のような潜在株主を含む）との間の資本取引による変動を除かなければ，純資産ストックの変動は，それが生み出す成果としての利益といえないはずである。利益がもっとも重要な会計情報の少なくともひとつであるとすれば，この意味の資本と利益の切り分けは，会計基準にとって出発点であるとともにゴールでもある。株式オプションについて負債か持分かが問われるのは，前者ならその価値の変動が利益の要素となり，後者なら利益でなく資本の要素になるからである。

　他方，利益から区分された資本が上記のような純資産の意味であれば，そこには株主の出資した拠出資本と，現在までの利益が分配されずに累積した留保利益とが含まれており，今度はその両者を区分するという問題が生ずることになる。会社法の配当規制に使われることで，会計の情報開示を強く制約してきた純資産区分である。一般に会社法の制度では拠出資本の一部が法定の資本金として拘束されることから，これは拠出資本の残余部分である資本剰余金と，留保利益である利益剰余金との混同を避ける剰余金区分の問題になる。資本取引の要素と利益を切り分けるフローの区分に対して，その源泉区分の延長上にある純資産ストックの区分が，そもそも会計上どのような意味をもっているのかを，本章では資本剰余金を原資とする配当の，受取側の処理を定めた日本の

基準を手がかりにして考えてみることにしよう。

　企業会計基準適用指針第3号（2002年；最終改正2005年）では，保有株式について発行会社の資本剰余金（具体的には「その他資本剰余金」）から配当を受けた場合，売買目的のものであるときを除き，原則として受取配当額を当該株式の簿価から減額することを定めている。売買目的であればその株式は時価で評価され，時価の変動分がその期の利益に反映されるから，受取配当額もそのまま利益に加減すればよい。時価のある株式を時価まで減損させたときも含めて，配当収益が値下がり損失と相殺されるだけである[1]。この適用指針は，2001年の商法改正で法定準備金の減少制度が設けられ，差益が減資差益と合わせて資本準備金から除かれたことに伴うものであった。債権者保護手続きを経て取り崩した資本金や法定準備金を，ふたたび債権者保護規制のかかる法定準備金にする必要はないという理由だが，それにより資本剰余金の一部が配当可能となったからである。

　しかし，その一方で上記適用指針は，そうした会計処理を支える理屈に無理があることも示唆していた。すなわち，留保利益（その他利益剰余金）の処分による配当でも，その原資が投資以前に投資先企業が計上した留保利益の額を超えているときなどは，支払側の配当の原資に従って受取側が処理しても，必ずしも投資成果の分配と投資そのものの払い戻しを整合的に区別できないこと，こうした支払側と受取側の不整合は，売買目的でないすべての株式を持分法で評価しなければ避けられないことを，特に断っていたのである（第13項）。以下では，こうした投資の払い戻しと配当収益を区別する上記適用指針の基本原則が，そこに定める受取配当の処理でどこまで保証されるかを検討するとともに，その処理の背後にある支払側の配当源泉（剰余金）についても，資本と利益の区分という企業会計の中心テーマにかかわらせて問題を提起しておくことにしたい。

　1　両者を相殺すれば，株式の評価は配当がなければ値上がりしていたはずの額，もしくは値下がりを避けられたはずの額になる。むろん，配当のシグナリング効果などを無視してファンダメンタル・バリューに限った話である。

2 ■ 受取配当金の利益認識

　時価評価しない株式について，資本剰余金を原資とする配当（拠出資本の払い戻し）を株主が投資の成果から除外して投資元本を減額させる上記の処理は，会社設立時の出資によって株式を原始取得した株主については，それ以後に増資がなければわかりやすい話であろう。しかし，設立後の時価発行増資に応じた株主や，株式を流通市場で取得した株主からみれば，取得時の会社純資産を原資とする配当（つまり，会社純資産が株式取得時の額を下回る結果となる配当）は，その内訳が拠出資本か留保利益かにかかわらず，投資の成果というよりもむしろ投資の払い戻しに該当する。上記の企業会計基準適用指針第3号第13項にいうとおりである。となると，株式取得時の会社純資産額が維持されている場合に限り，それ以降に稼得された留保利益からの配当を株主は利益として認識し，払込資本からの配当は投資勘定の減額として処理すればよいという理屈になる。

　そこから上記の適用指針は，配当を受け取る側で売買目的でない株式すべてに持分法を適用することが，支払側の配当原資に基づく受取株主側の処理によって投資成果の分配と投資の払い戻しを整合的にとらえるための必要条件とみるのである。そうならないのは，時価評価されない株式をすべて持分法で評価するのが困難だからであり，原価評価されるものについては資本剰余金からの受取配当を便宜的に利益から除くことにしたというわけであろう。しかし連結財務諸表に限れば[2]，現行基準のもとで株式が原価評価されるのは，持分法で評価するのが困難だからでなく，むしろ時価で評価するのが困難だからである。関連会社株式などと違い，それらは売買目的ではないが売買可能な「その他有価証券」に分類され，損益認識は別にして，バランスシートでの評価はす

2　企業会計基準第1号は，直接には個別財務諸表を対象として連結はそれに準ずるとしているが，ここでは配当規制の影響を排除して，投資家による企業評価の観点から会計基準の役割を考えるうえで連結開示に視野を限ることにする。したがって，原価評価される株式というときには，個別財務諸表上の子会社・関連会社株式を含めず，「その他有価証券」に分類される非上場株式を想定する。

べて時価ないし公正価値によるのが原則になっている。原価評価はその便法ないし例外である。

　つまり，連結決算が適用される子会社の株式や，連結の便法として持分法が適用される非連結子会社および関連会社の株式は，他社に対する支配や影響力の行使を通じた事業上の成果を目的に保有されているのに対して，それ以外の株式は，トレーディングをはじめ少なくとも原則上は違う目的のために保有されるものであり，その性質の違いを反映して評価の尺度も違うというのが現行基準の考え方である。もちろん，なかには持分法適用の基準を充たしていなくても事実上は事業目的のものも含まれており，それが株式の評価と利益認識における最大の難問を惹き起こしているのは事実だが，原価で評価される株式の多くは保有目的の面で原理的に持分法を適用する意味がない。そのため，持分法を近似しても受取配当を含む投資の利益がより整合的にとらえられるわけではないのである。それらについては，むしろ時価評価されるものとの関係が問題になる。

　保有株式が時価で評価され，時価の変動がその期間の損益に反映されているケースでは，前述のように配当収入は支払った側の原資にかかわりなくそのまま収益として認識される。株価の裏付けとなる発行企業のファンダメンタル・バリューは配当として払い出された分だけ下がり，同じ額だけ株主の保有する株式の時価評価益を減らす（時価評価損を増やす）とみられるからである。当然ながら株式の時価は，その配当が会社純資産のどの部分から払われているかとは関係がない。拠出資本が原資なら株価が下がり，留保利益が原資なら株価に影響しないということにはならないし，そもそも過去の企業取引の結果を集約したバランスシートと，将来の期待によって決まる株価との間に直接の関係はない。配当支出を純資産のどの要素から控除しても，株価は期待される成果（資本コスト）の大きさとそのリスクの，一方または双方の変化によって変動するだけである。

　時価評価が困難で便宜的に原価で評価される株式が，時価評価されている株式と同様な成果を期待した投資のポジションだとすると，この事実は，受取配当を支払側での原資に基づいて処理しても，投資の成果についてなにか意味のあるメッセージを伝える結果にはならないことを示唆している。だから配当原

資がどうであれ，投資原価を維持して収益を認識するのがよいとはいえないが，資本剰余金からの配当が留保利益の配当よりも投資の価値を損なうとみる処理が，この種の株式についてより適切に投資の実態を反映するともいえないのである。配当が株主所得の内訳を変えるだけで総額は変えないことを想起すれば，便宜的に原価で評価されている株式については，むしろ配当原資に関係なく受取配当を収益認識する一方，同じ額だけ投資勘定を減少させて損失を認識する（利益を純額では変動させない）極端な方法さえ，理屈上は考えられないわけではない[3]。

そのほか，受取配当をOCI（その他の包括利益）に含めて売却時に純利益へ再分類する方法もありうるが[4]，それらを比較しても，どれかを選ぶ決め手はないであろう。いずれにせよ，株式投資の成果をとらえるうえで，受取配当と支払側の原資との関係は，限られた状況を除くと一般には本質的な問題にならないのである。持分利益相当額だけ投資勘定を切り上げる持分法が適用される場合，支払側で利益認識されない純資産変動は，もともと投資する側で株式の評価にも持分利益にも反映されないから，配当を受け取っても，その収入が過去に認識した投資勘定の増分を相殺するわけではない。だから投資勘定の減額という結果に終わるだけの話で，必ずしも受取配当を支払側の原資に基づいて処理しているのではない。持分法を規準にしたところで，その処理は配当源泉としての留保利益をいう前に，利益認識の時点で既に決まってしまうのである。

3 ■ 剰余金区分とその根拠

さて今度は，配当の支払側における剰余金の区分を考えよう。「企業会計原則」は，一般原則の三で「資本取引と損益取引とを明瞭に区別し，特に資本剰

---

3 この方法では持分利益を加算せずに配当収入を簿価から差し引くため，投資を継続している間にその簿価が投資の価値にくらべて著しく低い値（あるいはゼロ）になることもある。しかし，簿価と価値の乖離というだけなら，取得原価評価や持分法評価とは程度の差にすぎないかもしれない。

4 時価評価しても差額をOCIに含める株式については，配当収入も同じようにOCIで処理する方法が考えられても不思議ではない。

余金と利益剰余金とを混同してはならない」としている。剰余金の分類が強調されたのは，草案執筆者といわれる黒澤の解説[5]を読む限り，この当時は資本取引の概念が未成熟で，制度や実務にも株式発行プレミアムや減資差益を利益とする観点がみられたという事情もあったようである。黒澤自身も利益剰余金からの配当を損益取引とみることで，利益の稼得と分配を共通の概念でとらえようとしていた。現在のように資本取引が基本的には株主との取引とされていれば[6]，むしろ源泉としてのフローが損益取引でも，それが留保されて累積したストックの分配は資本取引となる意味が，剰余金に固有の，しかし理論的にはよりマイナーな問題として論じられていたのかもしれない[7]。

ちなみに，米国の近代的な会計基準の端緒となった1934年のAIA（米国会計士協会）五原則は，利益の負担を資本剰余金に肩代わりさせてはならないという，純資産のストックよりフローに焦点を合わせた剰余金区分を強調していた。AAA（米国会計学会）による36年以降の会計原則書も剰余金区分の原則を掲げたが，そこでは特に，(1)自己株式の取得を含む株主への払い戻しは当該株主の拠出資本部分を超える分を利益剰余金の分配とみること，(2)法や契約に基づくリザーブの設定または処分は利益に影響させてはならないこと[8]，が強調されていた。この(2)もまた，剰余金分類というよりは利益と純資産との勘定区分であろう。また，FASB（米国財務会計基準審議会）の概念書第6号は，拠出資本と留保利益の分類が，株主への分配や株式配当がないか，あっても利益から配当される場合なら資本と利益の関係を損なわずに持分の源泉を反映するが，株式配当（株式による配当）や自己株取引はその関係を混乱させる可能性があることを指摘していた。

このように，概念書を含めた過去の会計基準でも，純資産のストックを拠出

---

    5   黒澤［1954/63］，とりわけ78-88頁を参照。
    6   基本的にはといったのは，株式購入オプションの取引などにも，全面的または部分的に資本取引の概念が適用されているからである。
    7   黒澤も上記の解説のなかで，剰余金原則が「わが国の会計制度の統一改善という観点からいって最も重大な意義を有する」（78頁）としながら，それは「結局明瞭性の原則の一部分をなすもの」であり，しかも「損益計算書原則のうちに…包含せられて」いると述べていた（67頁）。
    8   ここでいわれたリザーブの概念は，その後「リザーブと留保利益」と題するAAAのサプリメンタリー・ステートメント第1号（1950年）で放棄された。

資本と留保利益(特に資本剰余金と利益剰余金)へ明確に分けるという観点は一貫して受け継がれているが,問題はそうした純資産ストックの分類と,純資産の変動(フロー)を資本取引の要素と利益に影響する要素に切り分けるという,企業会計の根幹をなす「資本と利益の区分」との関係である。純資産のストックが過去のフローの集計値にすぎないのに,なぜフローの次元だけで資本と利益の区分が完結しないのか,なぜ拠出資本と留保利益といったストックの次元でわざわざその区別を問い直さなければならないのか,ということである。それは上記 FASB の概念書でもいわれているとおり,配当や自社株買いなども含めた株主との間の資本取引が,利益には影響しなくても純資産のストックには影響し,それが拠出資本と留保利益の間で新たな分類問題を引き起こすケースがありうるからであろう。

　純資産のフローを資本と利益に切り分けるのは資本取引を排除した利益の測定問題だが,剰余金の分類は,もっぱら資本取引の要素を,留保利益を含む株主持分のストックにどう反映させるかという問題である。株主への会社財産の分配を純資産のどの要素に(つまり拠出資本と留保利益のどちらに)チャージしたらよいかは,フローの次元における資本と利益の区分から自動的に導かれるわけではない。資本や利益の概念だけでは,会社財産の分配が出資の払い戻しなのか,それとも利益の配当なのかは決まらないのである。株主の観点に立てば,拠出資本も留保利益も持分のストックであり,それらを減らす会社財産の分配はどちらであっても持分の払い戻しに変わりはない。となれば,両者を区別した資本勘定が株主持分の価値(ファンダメンタル・バリュー)を評価する人々の投資情報としてどれだけ役に立つかは,必ずしも自明ではないということになる。

　一例として自己株式の取得を考えよう。現在の基準では,この取得額が資本の総額から控除されるだけで,拠出資本と留保利益への割り振りは決められていない。売却したときに差損益を資本剰余金に分類するが,それまでは剰余金区分に直結させない方式である。しかし,それは考えられる唯一の方法ではない。分配規制上,自社株買いも配当も扱いは同じだから,それを留保利益から控除するという考え方もありえよう。他方で,前述した AAA 会計原則書のように,比例案分で拠出資本を減額したうえ,残りを留保利益にチャージするや

り方もある。どの方法をとるかで売却時における拠出資本と留保利益の関係が異なるが[9]、現行基準は選択を自己株式の処分まで先送りし、その間は消却の場合を除いて剰余金区分を規制していない[10]。取得と売却を一連の取引とみるということだが、法の制約を別にすればどの方法でも情報価値に大差はないとみたのかもしれない。

となると、なぜ会計基準は、その一方で厳格な剰余金区分を要求しているのであろうか。投資家による企業評価のために有用な情報を開示する（させる）という会計基準の目的のもとで、それはどのような根拠に支えられているのであろうか。従来は商法の配当規制が会計基準にいう剰余金区分におおむね依拠してきたこともあって、この根拠を掘り下げる誘因はあまり大きくなかったのかもしれない。しかし、純資産のストックを分類する規準が、純資産のフローを資本と利益の要素に切り分ける企業会計の基本原則からただちには導かれないとすれば、後述のように法の配当規制と会計上の利益剰余金との関係が希薄になった現在、剰余金区分の根拠はあらためて会計制度の側に問われているのである。投資情報としてどのような有用性があるのか、あるいは別の目的に役立っているのか、だとしたらそれはどのような役割か、これらは（わが国の「企業会計原則」も含めて）概念書や基準書に書いてあるかないかで済む話ではない[11]。

---

9 自己株式の売却収入が取得時の価額を超える分だけ拠出資本を増やす現行日本基準のような方式にくらべると、AAA原則書に示された方法では、取得額のうち留保利益の分配として処理された額が、売却（再発行）に伴って拠出資本に振り替えられる結果になる。また、取得額を留保利益から控除する方法では、いうまでもなくその全額が留保利益から拠出資本に振り替えられることになる。

10 消却した場合についても、企業会計基準第1号は自己株式の簿価を純資産のどの要素にチャージするかを決めずに会社の意思決定に委ねていたが、会社計算規則（47条3項）が優先的にその他資本剰余金から減額することと定めたため、2006年の改正でそれに合わせることになった。

11 商法・会社法が、留保利益を超える配当を制限するという観点を完全に放棄したとみるのは正しくない。留保利益を除く純資産のすべてを拘束する規制が、債権者保護という上位の理念によって部分的に修正されたとみるべきであろう。それでも、拠出資本の配当が認められた新たな制度のもとで、配当規制から独立に剰余金区分を徹底させる会計基準の根拠は提示される必要がある。

4 ■ 剰余金区分と配当規制

　前述のように，純資産のフローを資本と利益の要素に区分しても，ストックを拠出資本と留保利益に区分しきれないのは，利益に影響しない資本取引が，場合によって留保利益には影響しうるからであった。利益の配当や自己株式の取得などに伴う会社財産の分配がその例である。また，損失が留保利益を超えたときは，源泉の異なるストックの要素間で振り替えが生ずる結果になる。そうしたケースでは，純資産のフローを区分する規準だけではそれと整合したストックの区分を決められないのである。では，なにが後者の区分を決めるのか。配当源泉が留保利益に限られるときは配当額が利益剰余金から控除されるとしても，利益剰余金を残したまま資本剰余金の一部を配当できる制度のもとではどうなのか，前述の自己株式を購入したり消却したりするケースでは，それを純資産のどの要素に影響させるのか，そのルールや根拠がどこにあるのかが問題である。

　こうした純資産区分（直接には剰余金区分）のルールは，企業会計の基準というよりはむしろ，会社法制など周辺の規制に依拠してきたようにみえる。法の配当規制は国や時代によって異なるが，最近までの日本では，元手に当たる拠出資本を拘束したうえ未分配の成果である留保利益に限って配当を認める原則が，ほぼそのまま法制化されてきた。この資本制度のもとで，いわば拘束のない余剰の払い戻しが，利益の分配として利益剰余金にチャージされてきたのである。株主の拠出資本は法定の資本（金）もしくは資本準備金として拘束され，そこでいう資本準備金は，会計上の資本剰余金と外延がほぼ重なっていた。配当規制の観点から拠出資本と留保利益の区分が原則として堅持され，留保利益の要素である利益準備金の配当制限など，例外はあっても軽微であった[12]。契約などはともかく，法律上は留保利益が配当限度のデフォルトとされてきたのである。

　その原則を崩したのは，前述のように，拠出資本の一部を資本準備金から除

　12　そのほか，繰延資産やのれんなどについての配当制限には言及しない。

外し，配当可能とした2001年の商法改正である。新たに定められた手続きに基づく法定準備金の取り崩し差益や，従来の減資差益（資本金減少差益），それに取得が緩和された自己株式の売却に伴う差益がいずれも資本準備金から除かれ，これらを源泉とする会社財産の分配が，剰余金区分の意味をめぐる潜在的な疑問を顕在化させることになった。分配を制限されてきた資本剰余金の一部が，配当規制上は利益剰余金と区別されなくなった結果，どちらも株主持分のストックである両者を厳格に区分する会計基準の根拠が，あらためて問われたというわけである。その合理的な理屈を解明しようとせずに，商法に批判の矛先を向けて資本剰余金の一部を配当可能にしたのがそもそもの間違いだったというだけでは，答えにならずに法律家やエコノミストを失望させるのは自明であろう[13]。

　もちろん，法律上は留保利益を超える配当が可能になっても，それを配当限度の目安とみる通念が投資家に共有されている限り，資本剰余金をあえて配当する「例外的な」事象に市場が反応しても不思議はない。配当が株主と債権者への企業価値の分配を変える以上，その限度額が事前の市場期待と異なれば，もともと配当による債権価値の希薄化リスクを予想して形成されている証券価格に影響するのは当然であろう。2001年の商法改正後も，留保利益の額に情報価値を認める実証結果が出てくることは十分に予想される[14]。しかし，その情報と証券価格との有意な相関を確かめただけでは，配当限度をめぐる（暗黙の市場慣行を含めた）外的制約の作用なのか，企業価値評価のための期待形成という会計情報の本来の役割に内在する問題なのかはわからない。分配の源泉を明瞭にすべきだから分類が必要だという常識論以上の理屈は，これだけでは出てこないのである[15]。

---

[13] 商法上で減資差益などの配当制限が解除された理由は前述のとおりだが，それを批判するのであれば，配当制限の根拠となる商法（会社法）の資本制度を，債権者保護という目的に対する合理性の観点から検討する必要がある。

[14] たとえば首藤［2008］で検証された留保利益情報の役割は，もっぱら配当政策の評価にかかわるものであった。なお，留保利益の大きさと配当との有意な関係を確かめた H. DeAngelo *et al.*［2004］がいうような，よい投資機会のない資金を経営者に委ねず，むしろ適正な借り入れを維持して市場規律を働かせるという筋書きは，資金コストを超える投資のリターンが得られるかどうかの問題であり，資金の源泉が留保利益でも拠出資本でも同じことである。

会社法制上の分配規制と開示制度上の会計基準がほぼ矛盾なく両立してきた従来の状況を，会計人は後者が前者を決めることで成立した秩序とみていたのかもしれない。資本を維持した余剰を利益とする企業会計の仕組みのもとでは，拠出資本を拘束して留保利益を分配可能とするのが，合理的に考えられる配当規制の姿だったのであろう。しかし，会社法制にとって，それが唯一の選択肢でないことは2001年の法改正で明白になった。資本と利益の区分という会計上の概念も，前述のAIA五原則が資本剰余金と利益の混同を排除する一方，AAAの原則書が利益剰余金と利益の混同を排除したように，核心は資本剰余金と利益剰余金の区分というより，両者を合わせた剰余金と利益との区分にあるとみたほうがよい。剰余金区分は利益に影響しない取引の結果を分類する問題であり，分配規制という外的環境の側から会計基準が動かされてきた面も少なくないのである[16]。

5 ■おわりに

　本章は，拠出資本と留保利益の区分（資本剰余金と利益剰余金の区分）という会計人の通念に意味がないと主張しているのではない。まして，企業会計の根幹ともいうべき資本と利益の区分に疑義を唱えるものでもない。純資産の変動（フロー）を資本の要素と利益の要素に切り分ける規準は，会計上の概念を根幹において決める不可欠の要素であるが，それは要するに利益の要素を利益の勘定に集め，資本剰余金や利益剰余金などの勘定との混同がないようにしようという基本原則と表裏をなしていた。この基本原則を前提として共有したとき，剰余金ストックの区分がそこからは導かれない本質的な情報をどれだけ加えるのか，それを考えなければならないというのが本章の趣旨にほかならない。周辺の諸制度を離れて会計基準がなにを根拠に剰余金区分を要求するの

15　ちなみに，経済学における所得の理論を参照しても，資本ストックの一部である留保利益を切り分けるのに役立つと思えない。そこでの関心は，資本価値の基礎となる所得＝利益のフローである。本書第5章をみよ。
16　早い時期に剰余金分類を強調したSHM原則も，利益剰余金とそれ以外の剰余金（資本剰余金）への二区分が当時の会社法の要求であることを指摘し，それに該当する州会社法を注記していた（Part III-VIII-C-2）。

か，会計研究者が自ら解明しなければということである。

したがって，その合理的な根拠が解明されない限り，会社財産の分配を純資産ストックのどの要素にどうチャージするのか，分配を受けた側でそれをどう処理するのかについて，いえることはほとんどないということになる。となると，資本剰余金を源泉とする配当について，受取側がそれを投資勘定の減額に充てることを求める現行の会計基準は，少なくとも現状では合理的な論拠を十分に提示できていないことを認めるほかはないであろう。もちろん，それは現行基準に異を唱えるものでもなければ，その設定時の審議が不十分であったなどというものでもない[17]。決め手のない代替案のどれかに決めなければならない場合，とりあえず関係者の間に定着している概念やルールと整合する（その意味で合意を得やすい）ものを選択し，引き続き根拠を検討しつつそれに基づく選択の見直しを将来の課題とするのは，基準設定の作業ではしばしばみられる例である。

---

17 いうまでもないが，著者はこの基準設定時に企業会計基準委員会の委員長であった者として，もし基準やその設定過程に問題があれば，誰にもまして責任を負わなければならない立場にある。現行基準は，想定される代替基準のほうがベターだといえない以上，おそらく現状ではベストであろうが，将来もそうであり続けるかどうかは，その根拠を突き詰める不断の営みにかかっていることを銘記したい。

第20章
企業結合の会計基準

1 ■ は じ め に

　企業の組織再編は，金融商品の公正価値とともに，近年における会計基準改革の中心的なテーマのひとつであった。特に企業結合は，いわゆるコンバージェンスをめぐる論議でも，米欧と日本の違いを象徴するものとしてポレミックな論点を提供することが多かった。アメリカでは，会計原則審議会の意見書APB第16号のもとで，持分プーリング法を制限しながらパーチェス法と並存させる方式が30年もの間，変更されずに続けられた後，新世紀に入った2001年にSFAS第141号が持分プーリング法の乱用を理由にそれを廃止してパーチェス法への一元化を図り，さらにSFAS第142号がそこで生ずるのれんの償却を禁止して減損処理のみに限定する，変形パーチェス法ともいうべき方式を作り出すことになった。それは連邦議会まで巻き込んだアメリカのローカルな政治的妥協の産物であったが[1]，国際会計基準にもそのまま取り入れられている（IFRS第3号）。

　他方，日本では，そうした国際動向を受けて検討を続けた企業会計審議会が，2003年に企業結合の会計基準を新設した。それは前世紀末から続いた会計制度改革（いわゆる会計ビッグ・バン）の仕上げにも当たる基準であったが，理屈上は全廃が難しい持分プーリング法を厳しい制限のもとで残す一方，のれんについては，規則償却を残して減損処理と並存させることになった。パーチェス法が大半の企業結合に適合するとしても，それと実質の異なる企業結合

---

[1] よく知られているように，FASBの新しい基準が，当初の草案で要求していたのれんの償却を撤回したのは，その負担を嫌ってパーチェス法への一本化に反対していた勢力との，政治的な取引であったといわれている。たとえばWatts [2006], p.56などをみよ。

が存在するとみられること（その点は FASB や IASB でも認識されている），乱用を防げないというのが海外で禁止された理由なら，乱用を防ぐ基準を工夫するのが先決と考えられたこと，などから持分プーリング法が温存され，パーチェス法については，そこで計上されるのれんが取得側企業の投資の一部であって，その価値が期待超過利益の実現に伴って減ることから，従来の常識どおり規則償却が残されたのである。

　しかし，その後のグローバル・コンバージェンスの動向，とりわけ欧州連合（EU）による第三国基準の同等性評価[2]との関係で，内外基準の差異の象徴とみられていた企業結合についてルールの調整が図られ，日本でも持分プーリング法を廃止することになった。この方法が適合する同規模企業の対等合併は，上場企業の間では予定した大半が終わっていて今後は多くないだろうという判断も，経済界が態度を一変させる原因のひとつだったかもしれないが，いずれにせよ持分プーリング法を維持するコストが，便益より高くなったということである。もとより，代替的な方法のどれを採ってどれを捨てるかは，論理を超えた社会的な合意と選択の問題であって，本章もその是非を直接の主題とするものではない。ここでの関心事は，当面する制度の動向を超えて，背後にある理屈を掘り下げながら制度の根幹をなす概念の体系にてらしてそれらを分析することである。

2■企業結合会計の基本類型

　最初に持分プーリング法とパーチェス法の本質的な特徴を確認しておこう。この2つが歴史的にも実際に使われてきた方法であり，制度上は後者に一元化されても，両者を比較してそれぞれの考え方を理解することが，基準設定者のバイアスを排除するうえで不可欠と思われるからである。基準設定主体やその関係者から伝えられる基準の解説等は，もっぱら選択したルールを正当化し，

---

[2] 欧州連合が域外からの上場企業に対して，域内企業に要求される国際会計基準か，あるいはそれと同等の会計基準に従った連結開示を求めていることから，特に日米の会計基準について国際基準との同等性を評価する作業が欧州連合側で続いていた。

選択しなかったルールを批判する「後講釈」であることが多く，現実に機能してきたルールの「存在の理屈」を解明しながら，その合理性を新たな環境条件にてらして評価するには，道具となる概念や類型の意味や特質を，それに必要なレベルまであきらかにしておく必要がある。そこでは，被取得会社から承継される資産や負債の評価だけでなく，それと合算される取得側の資産や負債の評価にも着目して，そこに一貫する理屈を探ることが重要であろう。

まず持分プーリング法（以下，プーリング法）だが，これは被取得会社の適正な簿価を単に引き継ぐだけのものである。適正というのは，減損など未認識の要素があれば，それらを反映させるという趣旨である[3]。資産と負債がいずれも簿価で引き継がれるのは，対価である株式の交付に伴って増加する取得会社の資本が，被取得会社から資本勘定を引き継ぐ方法で決められるからである。その元になった被取得会社の資産と負債が，そのまま引き継がれるわけである。そこでは，被取得会社株主のもつ被取得会社株式が取得会社株式に入れ替わるだけで，会社の資本はなにも変わらない。ちょうど，企業分割により分離設立した子会社の株式を，分割した会社の株式と引き換えに株主に交付するスプリット・オフの場合と対照的な姿になっている[4]。要するに，株主の持分が継続したまま，それを表章する株式が名目的に入れ替わっただけというとらえ方である。

他方，株式を対価とする企業結合にパーチェス法[5]を用いると，取得会社の資本勘定は新株の時価発行と同じ結果になり，資産と負債の承継はそれで調達した資金による新規の投資として処理される。交付した株式の公正価値が，引き継いだ資産・負債の取得原価となるわけである。企業結合時の公正価値で純資産の増加が認識される以上，資産と負債もその意味の公正価値で引き継がれ，差額が残れば正もしくは負ののれんとして処理される。それは取得時の公

---

[3] 企業会計審議会による2003年の「企業結合に係る会計基準」前文などを参照。
[4] したがって，そこでは被取得会社の株主が，企業結合前からの取得会社株主と同質的に扱われているとみることもできる。
[5] 2007年に改訂された企業結合に関する米国の新基準 SFAS 第141号(R)では，パーチェス法が取得法（acquisition method）と呼びかえられているが，名称を変えているだけなので，ここでは広く定着しているパーチェス法という表現を使うことにする。

正価値による評価であり，時価評価というよりは取得原価による評価の一種である。プーリング法が被取得会社の取得原価を引き継ぐのに対して，パーチェス法は取得会社にとっての取得原価で引き継ぐわけである。それは新規事業への投資を，その事業に必要な資産や負債[6]を個別に取得する方法で行う場合と，会社として組織化されたものをまとめて取得する場合との間で整合的に処理するものといってよい。

この2つの方法は，それぞれ実態の違う企業結合に適用されることになっていた。ひとことでいえば，パーチェス法は結合当事企業のひとつが他を買収したとみられるケース（取得）に，プーリング法は買収の実態がなく，各社（各社株主）の投資が続いたままでそれらの成果とリスクがプールされるケース（持分の結合）に，それぞれ適用されるものと考えられてきたようである。しかし，その使い分けを現実の企業結合に当てはめるのは，概念に具体性が乏しいだけに容易ではない。実際，合併対価としての取得会社株式の時価が，被取得会社資本の簿価を超える場合には，パーチェス法を使うと資産の切り上げやのれんの計上が生じ，それらの償却負担が結合後の利益を圧迫する。企業の経営者にはパーチェス法を避ける誘因が生じ，それがプーリング法の乱用を引き起こすと考えられてきた。そのため，企業結合の実態に応じて2つを使い分ける規準が，従来の大きな関心事であった。

そうした工夫のうち，もっともプリミティブなのは，取得対価の種類を規準とするものであり，対価が現金のケースにパーチェス法を，また対価が株式のケースにプーリング法を適用するという考え方であろう。しかし，対価が現金ならパーチェス法を使うしかないが，株式を対価とする企業結合のすべてをプーリング法で処理するのは，連結にあたって対価に関係なく子会社を評価替えする現行の会計基準と整合しない。連結はパーチェス法が適用される企業結合の代表例である。他方，長年アメリカの実務を支配してきた上記の旧基準APB第16号は，大雑把にいえばほとんどすべての持分を一度に取得したケースに限ってプーリング法を認め，その条件に該当しなければパーチェス法で処理する考え方をとっていた[7]。しかし，買収の実質は一括取得か段階取得かで

---

6 もちろん，それらの資産や負債を事業に活かす無形の資源も含む。

は決まらないから,それも概念の整合性を犠牲にして便宜性を優先したものでしかない。

このような便宜的な規準では,企業結合の実態に即して2つの方法を使い分けるのは困難である。それらは,使い分けの乱用を防げないという前に,事実にあった規準になっていない。企業結合の実態との対応が保証されない概念では,そもそも乱用かどうかも決められないであろう。確かに,プーリング法の廃止に対して政治的な反対運動があるというのは,それを使う誘因が大きいことの証左であり,そこからプーリング法の乱用を推定するのは一面で直感に合っている。しかし,それだけなら,仮にパーチェス法の廃止を提案しても,政治的な反対運動に遭遇するのは間違いない。債務超過などの危機にある企業が上場停止を回避したりするために,いわゆる救済合併とパーチェス法の会計処理を乱用し,継続企業には許されない評価替えと名目的な資本増強を図ってきたのは,少なくとも日本では周知の事実であろう[8]。乱用をいう前に,概念の整備が先決である。

3 ■ 投資の継続と持分の継続

そこで問題は,企業結合という事象を,どのような概念によって互いに背反的な2つの部分集合に分割し,プーリング法とパーチェス法に対応させたらよいのかである。前節でふれたプリミティブな概念ないし規準よりも,もう少しソフィスティケートされたものがこれまでになかったのかどうか,まずそのあたりの整理から議論の糸口を探っていくことにしよう。しばしば目にするの

---

[7] そこでは,持分の重要な一部がプールされない企業結合を,結合された過半数の持分が分離して売買されたケースとみていたようである。残りの少数株主持分を後から取得したケースとともに,それらはパーチェス法で処理されることになっていた。問題はどこまでプールすればよいのかだが,APBの基準では,実質的に単一の取引で普通株式の90%以上を取得したときに,持分の結合を認めてプーリング法を適用することにしていた。ただし,それ以外に,結合する会社の自律性・独立性など,付帯的な条件を加えてプーリング法の適用を厳しく制限していた。

[8] 日本ではパーチェス法という類型を明示的に定めた基準はなかったが,現物出資に準じた方式など,それに近いルールのもとで,必要な範囲の(その点では恣意的な)評価替えが行われてきた。具体的な事例については,斎藤[1990a],[1990b],[1991b],[1992a],[1992b]などを参照。

は，プーリング法が企業結合を当事会社株主の間の取引とみるものとしたうえで，当事会社間の取引という観点からパーチェス法を主張する論調である。すなわち，株主間取引とみたときの企業結合では，当事会社の株主持分がそのまま結合され，それぞれの成果とリスクが持分比率に応じて共有されるだけであるが，実際の企業結合は，取得会社が被取得会社の資産と負債を総体として買収する会社間取引だから，持分に着目して概念を組み立てるのは正しくないという主張である。

確かにプーリング法では，結合当事会社株主の持分は清算されずに継続し，したがって彼らの投資は結合後もそのまま継続すると擬制する。しかし，その擬制は，会社の投資がいずれも継続し，清算と再取得を擬制した資産・負債の評価替えが必要ないことを裏から支える理屈でしかない。事業への投資が継続していればその事業に使われる資産の簿価は減価分を別にしてそのまま引き継ぐとしても，企業そのものが取引の対象となる企業結合のケースでは，投資の主体である企業が組織再編によって消滅ないしは変質する。そのため，当事企業の所有者である株主にまで戻って持分の継続性を確かめないと，主体の入れ替わった投資の継続性を確かめる手だてがない。株主持分が清算されずに継続しているとみられる場合は，会社の投資の継続性を擬制することで簿価を承継する根拠としているのである。すべてが会社間取引か株主間取引かという，二者択一の話ではない。

企業結合は，結合する企業のうちのいずれかが，他の企業（の資産と負債）を包括的に引き継ぐ点では企業間取引である。しかし，引き継ぐ主体がどの企業かは，結局のところ株主のレベルまで返ってみなければわからない。結合後の企業を結合前のどの会社が支配するかは，どの会社の株主が支配的な持分を取得するかで決まるからである。仮にA社とB社が結合して，議決権株式を旧A社株主のほうが旧B社株主より多く取得したときは，A社によるB社の取得（パーチェス）とみなされる。持株数の差を覆す実質的な支配力があればB社が取得側になるが，通常は株式の保有比率が支配力を決める最大の実質規準になる。企業結合はA社とB社との取引であると同時に，A社株式を交付するA社とB社株式を引き渡すB社株主との取引であり[9]，さらには旧A社株主と，B社の資産・負債を伴ってA社に加わる旧B社株主との株主間取引

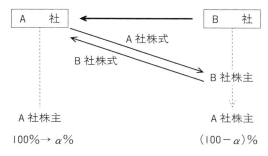

図20.1 企業結合における取得会社

$\alpha > 50$であれば一般にはA社が取得会社

でもある（**図20.1**を参照）。

　ここで，A社がB社を取得することになる場合，B社の投資はそこで継続性を断たれたものとみられ，その資産・負債はA社の取得原価に評価替えされて受け継がれる。投資が継続していれば保有する資産や負債の簿価が繰り越されるが，清算され換金されたときは簿価が消滅し，その取引価格が新たな投資額として引き継がれていくからである。それに対してA社の投資は，B社を取得しても清算されるわけではない。従来の投資（と簿価）を継続したまま，新たな投資がなされるだけである。こうした企業結合取引がA・B両社に与える影響を株主側からみると，会社の投資が継続性を断たれるB社では株主の投資も清算され，会社の投資が継続するA社では株主の投資も継続するということになる。会社の投資は株主間における持分の売買とは関係なく継続するが，会社そのものが買収されて消滅するときには，会社の投資とともに株主の投資も清算されるのである[10]。

　ただ，通常の企業買収のような会社間取引だけで取得会社が識別されるケースでは，投資の継続や清算を株主まで戻って確かめる必要はない。結合当事会

9　この場合の被取得会社であるB社が株式を発行して，実質上の取得会社であるA社の株式を取得する（形式上はB社がA社を取得する）ケースもある。
10　その場合には，被取得会社側で株主の投資が継続性を断たれ，会社の資産・負債が取得会社に現物出資されることになる。

社の一方が保有する資産・負債を他方に引き継がせて消滅する以上，株主持分の継続・清算をいうまでもなく，会社による投資の継続・清算がわかっているからである。会計上，この例ではA社を取得会社としてパーチェス法を適用すればよい。しかし，もし上記のケースで，B社がA社に買収されて法的には消滅しながら，実質的にはその反対にB社が結合後の会社を支配することになるとしたらどうであろうか。いわゆる逆買収である。この場合には，B社を取得会社としてパーチェス法の処理をするのが現行会計基準の定めだが，資産・負債をすべて譲渡して消滅するB社の投資が実質的に継続するというためには，背後の株主に戻って彼らの投資が総体として継続することを示すほかはないであろう。

　この，法的には消滅するB社が実質的な取得会社になるケースとともに，取得会社にはならないが被取得会社にもならない対等合併（mergers of equals）も，これと同じような問題に逢着するはずである。要するに，いずれが取得する側に該当するかを決められない企業結合であり，そうした事実の存在が否定されない限り[11]，そこではA社・B社双方の投資が，いずれもそのまま清算されずに継続するとみるほかはない。したがって，B社についてもA社の場合と同じく株主の投資が継続するとみて，会社の投資が継続する事実を資産や負債の評価に反映させることになる。法律的にはA社によるB社の取得でも，実質的には取得に当たらない企業結合とみて，両社の簿価を結合後に引き継ぐ持分プーリング法が適用されてきたわけである。パーチェス法において取得会社が自社の簿価を引き継ぐのと，それが首尾一貫した理屈である。

4 ■取得会社と被取得会社

　それでは，企業結合にあたって株主の投資（株主持分）が継続するケースと清算されるケースを，どのように識別したらよいのであろうか。上述したA

---

[11] そのようなケースが存在することは，パーチェス法への一元化を決めたときのFASBでも認識されていた。あっても稀だというのが，その事実を識別するルールを廃止した理由である。稀でも存在する限り無視できないという考え方とは対照的である。

社が自社の株式を対価にB社株主からB社株式を取得する例で考えよう。この企業結合取引によって，B社株主はA社の株主に変わることになる。A社とB社のいずれが実質的な取得会社かを決めるのは，当然ながらいずれが結合後の会社を支配するかを決めることであり，それは基本的にはいずれの株主が結合後の会社の支配的な持分をもつかを確かめることでもある。したがって，ここでは，旧A社株主と旧B社株主とを総体で比較して，どちらが結合後のA社を支配する持分を取得しているかを確かめることになろう。3社以上になると数値規準は必ずしも自明でないが，2社の企業結合であれば，持分比率で過半に当たる議決権株式を取得した側が通常は取得会社である[12]。

　もちろん，一方が過半数の議決権を取得したといっても，その会社の株主があくまでも総体として取得しているだけであり，議決権の行使をめぐる株主の意思が統一されているということではない。したがって，過半を取得した側が，結合後の会社を支配するという意味での実質的な取得会社になるとは限らない。たとえばその会社の株主が広く分散している一方，他方の会社に有力な大株主がいるようなケースでは，時として支配が逆転することもあるといわれてきた。そのような場合には，なんらかの方法で実質的な支配関係を確かめて[13]，パーチェス法を適用するうえで必要なら取得会社を入れ替えることがあってよいのかもしれない。取得や支配にも実質を優先するということだが，しかし，議決権の取得は単なる法的な形式の問題ではなく，通常はそれが最大の実質規準になるはずである。実質的支配のさまざまな指標は，それを補完する要因でしかない。

　このように考えれば，企業結合の大半のケースでは取得会社と被取得会社が一義的に決まり，会計上はそれらにパーチェス法が適用されることになるであろう。仮に当事会社が対等合併のつもりでも，2社の合併なら，どちらかの株主が総体として過半の持分を取得するからである。しかし，上記の例で合併後のA社株式を，旧A社株主と旧B社株主がもしちょうど50％ずつ取得してい

12　3社以上が結合するケースでの数値規準については，たとえば2003年に企業会計審議会から公表された日本の「企業結合に係る会計基準」を参照。
13　実質的支配を判断するルールについても，上記の「企業結合に係る会計基準」および万代［2004］などを参照。

たらどうなるのであろうか。当然，補完的な実質規準によってどちらが取得会社であるかを判断することになるが，それでも決められないときは，パーチェス法の適用を断念するしかないであろう。そうしたケースは確かに稀ではあろうが，しかし論理上はもとより，実際にもたとえば2社がそれぞれ分離した事業を統合する共同新設分割において，計画的に持分を50％ずつ保有しているときの新設会社の処理など，想定しておかねばならない事態は少なくないと思われる。

　この2社の持分が同数になる限界状況だけなら，それでも滅多にないから無視しようという主張はあるのかもしれない。仮に持分比率が同じでも役員を1人でも多く出した側が取得会社であり，それ以前に1株でも多くもっている側を取得会社にすればよいというのが，しばしば聞かされた議論である。しかし，持分比率の差がごくわずかなら，株式交換比率（合併比率）を調整して取得会社を逆転させることは容易である。それが実益を伴うとすれば，余分に株式を交付する実質的な取得会社の株主も，持分の希薄化による損失を補償できるかもしれないし，合併対価が自由化された現在ならその分を現金で受け取れば損失は生じない。いずれにせよ，株式交換比率を調整するコストを便益が上回る範囲内であれば，パーチェス法に一元化して裁量の余地をなくしたつもりでも，取得会社を変えるという裁量の余地が，依然として残されることになるわけである。

　では，なんのために取得側と被取得側を入れ替えようとするのであろうか。その選択がパーチェス法の適用結果に与える影響は，既に述べたとおりである。企業結合にあたって承継される資産・負債は，取得会社のものについては簿価のままであるが，被取得会社のものについては取得した側にとっての取得原価，つまり結合時における結合対価の時価によって評価される。対価として株式を交付するケースなら，その株価総額で被取得会社の正味資産が引き継がれるわけである。識別可能な資産や負債はそれぞれの時価ないし公正価値で個々に評価され，その純額が対価の額に満たない分は無形ののれん価値を取得したものとして資産に加えられる。そのため，結合当事会社の資産構成によっては，どちらを取得会社とするかが，結合後に引き継がれる資産の額や，その後の償却に伴う利益の額に無視できない影響を与えることになるのである。

とりわけ前述した救済合併においてパーチェス法を活用するためには，累積した欠損を企業結合時の評価替えによって一気に解消できるよう，評価差額が大きくなる資産構成の会社を被取得側にするのが望ましい。しかも，土地のような，結合後に当座の償却負担を与えない資産であればなお好都合である。取得会社は企業結合にかかわらず投資が継続するゴーイング・コンサーンであり，パーチェス法のもとでも事業用資産の簿価切り上げは認められないが，被取得会社になれば清算と再投資を擬制した評価替えの利益に与かれるというわけである。かつて野放しだったこのパーチェス法の乱用は，実質的な取得会社を識別できる限り現行基準では使えなくなったが，それでも持分比率で対等に近い企業結合では，相対的に低いコストで取得会社と被取得会社を入れ替えて，本来なら資本市場から退出しなければならない企業を救済する裁量に余地を与えている。

5 ■ 取得会社を識別できない企業結合

　前節でみたパーチェス法の乱用は，いわゆる対等合併に限れば，結合当事会社すべての投資が継続すると擬制し，簿価の切り上げを認めずに資産・負債を引き継ぐプーリング法によって結果的には回避されるであろう。それは，取得会社と被取得会社を識別できないという意味で，パーチェス法が該当するものとは実態の異なる企業結合に適用される方法であった。ひとくちにM&Aと一括される企業結合のうち，従来から取得とか買収（acquisition）と区別して合併（merger）といわれてきたもので，真の合併とか対等合併というのもそれを補完する概念であったといえる。しかし，その方法は，資産の切り上げやのれんの計上に伴う純資産の増分を利益から除いて資本に組み入れ，他方ではそれらの償却負担を利益にチャージするパーチェス法より結合後の利益を高くするため，実質的には買収に該当する企業結合にも乱用されやすいといわれてきた。

　プーリング法が海外で禁止されたのは，その乱用を従来の会計基準が防げなかったからとされている。実態が同じ取引には同じ会計ルールを適用し，実態の異なる取引には違う会計ルールを適用するのが実質優先原則の趣旨だとすれ

ば，取得会社を識別できない企業結合については，投資家にとって他の企業結合と本当に無差別かどうかチェックするのが先決だが，おそらくはそういう機会もないままに，日本でも国際的なコンバージェンスの観点からプーリング法が廃止されることになった。そのこと自体は二種類の方法を維持するコストと便益を比較した基準設定上の選択問題であって，少なくとも理屈の面で検討を加える必要はないのかもしれない。しかし，プーリング法が当てはまる企業結合の存在を確認しながら，もっぱら乱用を懸念して区別をやめるという話なら，いずれ新たな方法が工夫されることも視野に入れておかなければならないであろう[14]。

　取得会社を識別できない企業結合が存在することは，プーリング法を廃止するに至った海外の基準設定主体でも十分に認識している模様である。そのケースでは，プーリング法に代えてフレッシュ・スタート法を採用し，パーチェス法と使い分けることが模索されているようである。この方法は，昔から一部で主張されながら，どこの国の会計基準でもまだ採用されたことはなく，想定されている姿もさまざまで明確に記述するのは難しいが，大雑把にいえば，結合する会社すべての資産・負債を，結合時の公正価値に評価替えして引き継ぐやり方である。どの会社でも投資が継続するとみて簿価を引き継ぐプーリング法，取得会社の投資が継続するとみてその簿価を引き継ぐ一方，被取得会社については投資が清算されるとみて評価替えするパーチェス法に対して，これはどの会社も投資を清算して結合するとみる方法といってもよい[15]。

　企業結合のなかには，フレッシュ・スタート法のそうしたフィクションが適合する例もないわけではない。しかし，少なくともその方法は，投資が継続す

14　米欧の動向にもかかわらず日本の基準がプーリング法を残していたのは，一部でいうような「日本には対等合併が多い」という理由ではない。国内外のいずれを問わず，取得会社を識別できないという意味でパーチェス法の適用に無理がある企業結合が存在する以上，プーリング法に代わる方法に見通しがなければ軽々にそれを廃止できないからである。取得会社を識別できない企業結合が普遍的に存在しうる以上，プーリング法をやめてみても問題そのものは消滅せずに残っていく。それは，結合される企業が実質的に事業を継続したまま評価替えされ，資本と利益の関係に混乱が生じる第1章でみた問題である。

15　この方法が，しばしば「ニュー・ベイシス会計」などといわれるのはそのためであろう。なお，フレッシュ・スタート法を含む類似の概念については Wyatt［1963］，FASB［1991］など，その理論的な分析は川本［2002］，第8章などを参照。

る主体に着目しながら企業結合をとらえるパーチェス法と，概念的に両立させるのが困難である。すべての企業結合を，新たなエンティティーの形成とみてフレッシュ・スタート法で処理しようという主張はともかく，パーチェス法を原則とする現行基準の体系のもとで，どの会社の投資も企業結合の前後で継続しないとみるこの方法は，プーリング法に代わる役目を担うものではないであろう。プーリング法は，取引の主体であるゴーイング・コンサーンがひとつに絞られない例外的なケースを想定したものであって，取引の主体がすべて消滅して新たな主体に入れ替わるというフレッシュ・スタート法の擬制は，単にプーリング法だけでなくパーチェス法も排除する結果になりかねない。

　いうまでもなく企業結合は，それに加わる会社の投資と株主の持分を大きく変質させる取引である。投資の規模やリスク・プロファイルが，日常的な企業取引と比較にならないほど大きな影響を受けるのは間違いない。しかし，だからそれを契機に従来からの投資が清算されて再投資されたと考え，保有する資産や負債をすべて評価替えしようというのであれば，同じことは企業結合に限らず，実質的にそれと同様の結果をもたらす事業資産の取得や大規模な資金調達などでも問題になるはずであろう。会社が新規の事業へ進出するときには，その事業に必要な資産やそれを動かすノウハウを個々に取得しても，既にある会社を丸ごと買収しても，どちらでも投資の実質は変わらない。その行く先にあるのは，企業結合とは関係なく，継続している投資プロジェクトの資産や負債もすべて継続的に評価替えする全面公正価値会計であろう。

　ちなみに，企業結合の局面で投資の継続とか清算といってきたのは，結合取引に加わる会社を比較した相対的な概念であることに注意したい。取得会社であれ被取得会社であれ，それぞれを独立にみている限り，投資は継続するといえば継続しているし，継続しないといえば継続していない。ゴーイング・コンサーンとしての実質は，結合後の会社に対する支配力を当事会社間で比較したものでしかないであろう。前述したＡ社とＢ社の２社間の結合取引において，法律上の存続会社（したがって結合の対価となる株式を発行する会社）であるＡ社の株式を，旧Ａ社株主と旧Ｂ社株主とがそれぞれ総体としてどれだけの比率で保有する結果になるかに着目したのも，結局はそれによって，両社の投資が継続するか清算されるかを決めるしかないという趣旨であった。もち

ろんそれはオペレーショナルな次元の話だが，概念上も取得会社の決定にはそれだけ難しい論点が含まれる[16]。

6 ■取得のれんとその償却

　企業結合の会計基準，特にパーチェス法の適用において忘れてはならないことのひとつに，のれんの償却と減損にかかわる問題がある。前述のように，企業結合に伴って生ずるのれんは，識別される取得資産から負債を控除した正味資産の額を，対価として交付した額が超える分である。取得対価の額を所与とすれば，その大きさは取得した資産と負債をどこまで識別し，どのような額で評価するかに依存する。とりわけ識別される無形資産の範囲が狭いと，それだけのれんには多様な要素が含まれることになる。また，識別される資産の額が公正価値と異なるときも，その違いはすべてのれんの額で調整されるしかない。その意味で，パーチェス法のもとで認識される会計上ののれんは，文字どおりの差額概念である。それは企業取得の原価と，取得した資産や負債の認識および評価とから得られるものであり，のれんそれ自体を直接に評価したものではない。

　いずれにせよ重要なのは，のれんも識別可能資産も，それらの評価額は企業結合取引における取得原価の一部であって，取得した企業からみればどちらも投資額の一部だということである。投資額の一部である以上，それは投資の成果であるキャッシュフローないし収益によって回収されていく。価値が永続するものでない限り，通常は規則償却の操作によって費用化されるのである。上記のように，会計上ののれんは多様な要素を含む可能性があるが，その価値は資本コストを上回る超過リターンの期待から生じている。そうした期待は競争者の参入でいずれ消滅し，少なくとも一般には永続的でありえない。永続的でなければ，期待が実現して消滅した分は，期待の価値から分離してそれを減価させていくはずである。もちろん，企業は追加投資によってたえず新たなのれ

　16　だから単純なルールに一元化せよというのがフレッシュ・スタート法の主張でもあるが，それだけならプーリング法でも同じことである。

んを形成し，減価したのれんを埋め合わせるが，それは取得分とは別の自己創設のれんである。

　このようなのれんの性格に鑑み，従来のアメリカ基準 APB 第16号ではその規則償却を求めてきた。新しい基準 SFAS 第141号および第142号が決まる過程でも，当初（1999年）の公開草案では同じように規則償却を定めていた。しかし，プーリング法の廃止とパーチェス法への一元化を進めるにあたって，FASB はそれに反対する勢力に妥協してのれんを償却しない方針に転換し[17]，今度は規則償却を禁止して減損処理で代替することになった。のれんの計上と資産の切り上げがもたらす将来の償却負担が，パーチェス法の最大の難点とされたからであろう。のれんは減価しないとか，新たなのれん形成に費用を支出しながら，同時に取得したのれんを償却するのは費用の二重計上になるとか，いろいろな理由が列挙されていたが，それも理由というよりは口実に近く，いずれにしても価値が下がって減損が認識される事態にならなければ，のれんは原価（取得時の簿価）のまま繰り越されることになったのである[18]。

　[補注] 取得のれんの規則償却を否定する論拠としては，これまでのところ大きく分けて3つぐらいが主張されてきた。①目に見える有形資産と違い耐用期間の合理的な見積もりが困難，②のれん償却費には情報価値がなく，アナリストは分析に際してそれを利益に足し戻している，③そもそものれんは減価しない，というものである。

　　しかし①は有形資産でも同じことである。有形・無形を問わず，資産の経済的な耐用年数は期待リターンが資本コストを上回る期間，つまり資産ののれん価値が消えるまでの期間である。資本コストを上回るリターンが期待される他の投資機会があるときは，当該資産ののれん価値がその代替的な投資機会ののれん価値を上回る期間である。資産の経済的な耐用期間は，のれん価値の評価に基づいて見積もられるのである。したがって，取得のれんの耐用年数が見積もれないというなら有形資産

17　さしあたり前記の Watts [2006]，p.56 などを参照。
18　ちなみに，超過リターンが遠い将来にまとめて期待されていて，当面は期待されない特殊なケースなら，取得の当初にはのれんの減価がなく，むしろ将来の期待が近づいた分だけ価値が上がることもある。

の耐用年数も見積もれない。

また②も,企業価値を決めるのが利益でなくキャッシュフローであり,そのために非現金項目の償却費用を足し戻すという話なら,有形資産の償却費でも同じことである。ただし,正確にいうと企業価値の評価には,マクロの経済要因とは別に,この営業キャッシュフローから投資支出を引いたフリー・キャッシュフローが使われる。投資の価値は投資支出のコストを引いた正味であり,それを引かずに成果だけを見込んで価値を評価するわけではない。設備でものれんでも,償却分を再投資して同じ収益力を維持していくと想定したときは,足し戻した償却費をそのまま再投資の予想支出に置き換えてまた差し引くしかない。

最後の③は,期待される超過収益が無限の期間にわたって続く特殊なケースにしか該当しない。超過収益を見込めるのが有限期間なら,期待の一部が(期待どおりかはともかく)事実に変わってもはや期待でなくなれば,期待の価値であるのれんは低下するしかない。もし,それでものれんが減価しないというなら,それは創り出された自己創設のれんが,取得のれんの減価分を補っているだけのことである。一時期,のれんの償却は費用の二重計上だと主張されたが,のれんを新たに自己創設する費用と,過去に有償取得したのれんを償却する費用は別のものである。

問題は,のれんの減損をどうやって測るのかである。被取得会社から取得したのれんの減損を測るのに,結合後の企業が現時点でもつのれん価値を規準にしたのでは意味がない。後者には,前者に加えて,取得会社が結合前から築いていたものや,結合後の会社が新たに築いたものが含まれる可能性があるからである。自己創設の分も含めた結合後企業ののれん価値総額から,企業結合の際に取得したのれんの部分を分離しなければ,バランスシートに繰り越されたのれんの減損を評価する規準にはなりえないであろう。それでは比較できないものを比較しているだけで,結局は自己創設のれんを計上することになりかねない。取得後も費用を負担してのれんの価値を維持しているのだから,維持されている間は減価を認識しなくてよいという上述の主張と重ね合わせれば,減価したのれんを埋め合わせている自己創設のれんを,会計上も認識する結果になることは否めない(次章末尾の付記を参照)[19]。

もちろん，価値の減損を合理的に測定できるなら，規則償却よりも望ましいのは自明であろう。のれんに限らず，有形の実物資産でもそれは同じである。どのような規則償却のスケジュールでも，個々の資産の価値減耗をとらえることはできないし，価値が消滅するまでの償却期間の見積もりに誤差を伴うことは避けられない。しかし，それでも事業用の実物資産について，その価値を継続的に測定する会計ルールが制度化されたことはいまだない。事業と切り離して自由に換金されるものでない限り，利用する期間を通じた費用の総額をとりあえず投資額で確定し，その規則的な配分によって期間帰属を決めるとともに，誤差は事後に修正するというのが無意味な評価替えを避けるために工夫された近代会計の手法であった。のれんも実物資産も企業投資の一部である以上，それらは投資の回収過程で，費用に配分されて成果から控除されるほかはないのである。

　のれんの償却・非償却をめぐる問題は，アメリカにおける近代会計の成立期に，広範にみられた歴史的事実を想起させる点でも興味深い。周知のように19世紀末葉から20世紀初頭，マージャー・ブームを経て形成された大企業の多くは，多額ののれんを資産に含めたまま，十分に償却できない状況にあったといわれている。それは市場の不信を招いて資本コストを高め，結局は償却を余儀なくさせていくが，そのときには償却しようにものれんの額が利益に比べて既に過重となっていた。そのため，各企業は有形資産を切り上げて評価益を創出し，のれんを償却する資産再評価の実務を乱用して再び市場の不信を招くことになる。近代会計の出発点を画した1934年のAIA五原則は，その第2原則で剰余金の区分を謳い，利益へのチャージを資本剰余金で肩代わりすることを禁止した。そこでいう資本剰余金は，資産の評価益を念頭においたものであった[20]。不十分なのれん償却の後始末が，近代的な会計制度の重要な契機だった事実は，現在の状況への警句にもなっている（下記の補注）。

19　自己創設のれんの計上を認めるというのであれば，偶然出てきてしまったものを許容するのでなく，統一的な概念のもとでそれを認識するルールの体系を構築し，そのうえでそうした会計情報にどのような価値があるかを検討すべきであろう。

20　この点については，May [1943], p.206をみよ。メイはAIA五原則の起草メンバーの一人であった。なお，斎藤 [1984]，第2部もあわせて参照されたい。

［補注］ 本章とは観点が異なるが，Watts［2006］は，のれんを償却しない新種のパーチェス法を，のれんの額だけ総資産が増えたパーチェス法のバランスシートと，のれん償却の負担がないプーリング法の利益とを，同時に保障するものだと手厳しく批判していた（p.56）。事実，のれんの減損を認識するには，企業のレント（超過利潤の価値）に相当する総額をまず報告の単位に配分しなければならないが，報告単位間にシナジーがあるような場合だと，決め手になる配分の方法は考えにくい。

　そのため，経営者は取得したのれんを多額の未認識のれんがある報告単位に傾斜配分し，将来に減損が生じる可能性を大幅に減らすこともできる。償却できないのれんは，過大評価されたままバランスシートに計上され続けるのである。歴史的にみて米国の基準設定をめぐる政治的な均衡がもたらしたのは，早期に損失を認識する保守性の伝統であり，そこから乖離した米国基準（国際基準も）のルールは，「現在の形では長く続かない」とワッツは指摘している（pp.56-58）[21]。

7 ■ おわりに

　この章では，投資の継続と清算をキーワードに，従来からの企業結合会計の基本類型を体系的に整理しようと試みた。そこでは，投資の継続する取得会社が識別されるケースとされないケースを分けた類型の対比とともに，海外の会計基準からは姿を消したのれんの償却が当座の主題とされていた。もちろん，企業結合については，ほかにも重要な問題が少なくない。株式を対価とする企業結合取引の取得原価，無形資産や不確定債務の識別と評価，負ののれんの処理などをはじめ，未解決の論点を残した多くのテーマは，ここでは検討されていないのである。また，ここでは企業合併に焦点を絞ったが，事業分離ないし企業分割はもとより，連結にかかわる問題のなかにも，本来であれば企業結合という観点に立って統一的に考察すべき論点が多い。それらについては，別に機会を得てあらためて考察することにしたい。

21　日本基準がのれんの規則償却を求める根拠は，もっぱら保守性を強調するワッツの見解と同じではない。

企業結合に限らず会計基準にかかわる研究は，対象となる会計基準が市場環境の変化に応じて変わるだけでなく，最近はコンバージェンスの名のもとに，ローカルな政治状況に起因する基準の変化が国際的にもすぐに波紋を広げるため，どれほどそれらを客観化した分析に徹していても，得られた成果が長期にわたって斯界に寄与し続けるのは容易でない。基準が変わったり，基準変更の動きに大方の関心が集中したりすると，それまでの基準を直接の対象にした議論は，分析そのものの理論的な普遍性とは関係なくレリバンスを失うことになりやすいのであろう。しかし，だから時論に徹するのか，あるべき基準に向けた争いに加わるのか，それとも一歩引いてその基礎を掘り下げるのかは，この分野の研究にかかわる者の価値観の問題でもある。ここでとり上げたのは，会計基準が次々に変わっても，繰り返し検討されなければならないと思われる論点である。

補論■連結主体と非支配株主持分[22]

　企業結合の会計基準は，連結との関係でも新しい動きを作り出している。他社の株式の一部を取得しないまま残した連結のケースでは，特に非支配株主（子会社少数株主）に帰属する子会社の持分と利益，および少数株主との取引（株式の買い増しや一部売却，子会社の増資に伴う親会社持分の変動など）をどう処理ないし開示するかが繰り返し論じられてきた。それを決めるには，連結情報を株主（潜在株主を含む）のために開示するとして，それが親会社の株主なのか，それとも子会社の少数株主までを合わせた連結企業集団の株主全部なのかという，いわゆる連結主体観が問われることになる。親会社株主の観点に立てば，親会社の資本が連結資本であり，連結利益は少数株主に帰属する子

22　現行の国際基準（IFRS）では，少数株主持分という従来の表現が非支配株主持分に改められている。結果としてそれは，子会社の非支配株主を親会社の非支配株主と同質化し，両者の持分をいずれも連結資本に含めるとともに，いずれに帰属する利益も連結利益に含めるという考え方を支える役割を果たしている。しかし，本章のこの補論では，そうした考え方も相対化して検討の対象とするために，あえて少数株主という表現を使い続けることがある。次章ではコンバージェンスの観点から非支配株主持分に表現を統一するが，多少わかりにくくなるというだけで特段の不都合はない。

会社利益を除いた分になる。

　2007年に改訂されたFASBの基準SFAS第141号(R)では，連結主体がエンティティーそのものであり，連結情報は親会社株主と子会社少数株主を合わせた出資者の観点から作られるという立場がとられている。その結果，連結資本には少数株主持分が含められ，連結利益には少数株主利益が算入されることになる（ただし親会社帰属分とは区分して表示される）。また，連結のれんには，対価を払って取得した持分に相当する額だけでなく，取引のない少数株主持分にみあう額も，その時点の公正価値に基づいて計上される。俗にいう「全部のれん」である。さらに，子会社株式の追加取得や一部売却など，親会社と少数株主との取引は，すべて株主取引とみて連結利益には影響させないこととされている。

　その根底をなしているのは，被取得会社から取得したものをすべて取得時の公正価値で測定するのが，他社に対する支配の取得という企業結合の性質に適合するという考え方である。そのため，取得した資産や引き継いだ債務だけでなく，結合対価を交付していない被取得会社の非支配株主持分（少数株主持分）も公正価値で測定し直し，それを結合対価（取得原価）に加えたうえで承継純資産との差額をのれんとして計上しようというわけである。いうまでもなく，その背後には，被取得会社の少数株主も非支配株主というだけで，連結企業集団の出資者としては親会社の株主と変わらないとする理解がある。パーチェス法に貫徹する取得原価評価を払拭したいのかもしれないが，この議論にはどうしても無理がある。

　なによりも子会社少数株主は，親会社の非支配株主と違って，親会社の純資産に対する請求権をもっていない。親会社がどれだけ成果を上げても子会社の少数株主が利益を得るわけではなく，親会社が損失を被っても，それが子会社の成果に影響しなければ彼らには直接の関係がない。彼らに関係があるのは，あくまでも彼らが請求権をもつ子会社の成果である[23]。その点で，彼らは連結財務報告の対象ではない。逆に，もし彼らを連結主体の株主とみたときは，取引のないまま継続しているその持分を結合時の公正価値に評価替えすることで，自己創設のれんを計上する結果になるのは避けられない（次章第2〜3節をみよ）。企業結合時だからという理屈は，継続企業での評価もそれと一貫さ

せるという話に発展して,既に述べた継続的再評価の混乱した議論に行き着くであろう[24]。

また,子会社少数株主との取引を株主取引とみて利益に影響させないルールも,子会社株式の追加取得や一部売却などが営業の成果に与えるバイアスを区別する意味では実益があるが,たとえば子会社の範囲から除かれるところまで持分を売却すれば簿価との差額がすべて利益となる一方,子会社の範囲内にとどまる分とそれを超える分とに取引を分けて二段階で売却したときは,前者が利益に影響しないという非対称性をどう補正するか疑問が残されたままである。上述のように子会社少数株主の請求権が親会社に及ばないという点で親会社株主と異質であることを考えれば,彼らとの取引を株主取引とするのでなく,むしろ取引差額をのれんで調整するか,あるいはOCIで処理したうえ子会社の範囲から外すときに純利益へリサイクルする方法も,検討の余地を残しているように思われる[25]。

---

23 だから米国基準でも,1株当たりの連結利益には,少数株主に帰属する子会社利益や少数株主が保有する子会社株式を反映していない。なお,子会社株式を,子会社の成果にだけ請求権をもつ親会社のトラッキング・ストックと同じだとする主張を聞くことはある。しかし,親会社の株式である限り,いくら子会社にしか請求権がないトラッキング・ストックでも,法律上は(もちろん実質上も)他の親会社株式と共通の制限を受ける場合があるなど,子会社株式と完全に同じになるわけではないであろう。
24 企業結合との関係を考慮するまでもなく,歴史的原価と公正価値の混合がレリバンスと表現の忠実性,それに比較可能性を損なうというのであれば,取得会社について従来の簿価を引き継ぐパーチェス法(取得法)はもちろん,継続企業で事業用資産の切り上げを認めない現行基準は,すべて不適当とされなければならないことになろう。
25 追加取得か一部売却かにかかわらず取引差額をのれんで処理するのが,連結開始時の処理と整合する方法であろう。のれんが減るケースでそれを利益にしようというのであれば,最近の国際動向とは合わないがOCIを活用する余地があるのかもしれない。

第21章
企業結合における公正価値会計と自己創設のれん

1 ■ はじめに

　これまでの各章でみてきたように、現代の会計基準では、その改革はもとより、それに伴う混乱も、多くが公正価値というキーワードから生み出されている。企業の資産や負債を公正価値で測定し、その変動によって利益を測る考え方は、金融商品だけでなく、事業用資産や非金融負債の評価にも、組織再編に伴う資産・負債の承継にも、いまやあらゆる会計基準に重大な影響を与えている。事業の継続性が中断される企業再編（特に企業結合）の局面では、従来も資産・負債の評価替えや新たな認識をめぐってさまざまな問題が提起されてきたが、最近の基準ではさらに識別可能な要素を切り出して個々に公正価値で評価する傾向が強められ、しかも公正価値の意味や適切な適用範囲が十分に検討されないまま、それを継続企業におけるバランスシートの評価にも首尾一貫させようとする動きが加速されている。

　もともと公正価値は評価する時点の市場価格を意味していたが、活発な市場の取引価格がある資産や負債は限られるため、それを補う市場価格の推定値が新たに加えられてきた。推定といっても、観察可能な市場のインプット・パラメーターを利用できるものもあればできないものもあり、客観性や信頼性に大きなばらつきがある。しかし、それより重要なのは、資産の市場価格やその集計値を開示する観点と、期待される成果の価値を評価する観点を、同じ公正価値評価としてひと括りにしている点である。それがどのような問題を引き起こすかを、本章では企業結合を素材に検討する。話題が前章と重複しても、本章の観点から必要とされるときは反復をいとわない。なお、国際基準（IFRS）が少数株主持分を非支配株主持分と呼び換えたため、その基礎にある考え方に

賛同できないままここでもそれに従うが，わかりにくくなる点はコンバージェンスの精神でご海容願いたい[1]。

2 ■非支配株主持分の公正価値評価

　連結や合併など企業結合にあたっては，取得会社の保有する被取得会社の株式（投資勘定）を被取得会社の資産・負債に入れ替える。そのために投資勘定を被取得会社純資産と相殺するのである。被取得会社に外部株主がいるときは，その純資産のうち，取得会社の持分比率に相当する分だけを投資勘定と相殺する。相殺差額は，それまで株主の立場から株式投資として評価していた被取得会社を，報告企業の観点から事業の評価に切り替えることで認識されたのれんである。それは，被取得会社の期待超過リターン（資本のコストを超える期待収益）が資本化されて投資勘定に含まれていたものにほかならない。企業結合で取得した会社を株式への投資としての評価から自社の事業としての評価に替えるうえで，この先取りされた成果の期待が分離されることになるわけである。

　そのさい，取得会社の投資勘定に入れ替わる被取得会社の資産・負債は，企業結合時の公正価値で評価替えされる。結果として，被取得会社純資産の値も個々の資産や負債の公正価値に依存する。この公正価値純資産のうち，取得会社の持分比率に当たる分は，上記のように取得会社投資勘定から差し引かれて残りがのれんの値になる。他方，そこで公正価値評価された被取得会社純資産のうち，取得会社以外の株主の持分比率に相当する部分（少数株主持分，非支配株主持分）は，従来，そのままの額で結合後に引き継がれてきたが，最近の国際的な基準は，これを被取得会社株式の公正価値に基づいて評価し直すことを強制（米国基準）もしくは許容（国際基準）している。その結果として，非支配株主ののれんが追加計上されるのである（次節を参照）。

---

[1] 国際基準が少数株主持分を非支配株主持分という表現に変えたのは，少なくとも結果において子会社の非支配株主を親会社の非支配株主と同質化し，両者の持分をいずれも連結資本に含めるとともに，いずれに帰属する利益も連結利益に含めるという考え方を支える役割を果たしている。

公正価値評価した被取得会社純資産の一部を，それとは別の公正価値に引き直すという話だが，要するに非支配株主持分は，取得会社持分と逆に，個々の資産・負債の評価ではなく，それらを総体として評価した被取得会社株式の公正価値に入れ替えるということであろう。この非支配株主ののれんを，取得会社投資勘定の消去差額に当たる取得のれん（部分のれん）と合わせたものが，いわば全部のれんとして認識されるのである。しかし，これをのれんの公正価値というためには，それが被取得会社持分の2つの公正価値（つまり資産・負債を個々に評価した純資産額と，一体として評価した株式の価値）の相殺差額でなければならず，取得のれんの額を決める取得会社の投資勘定も支配獲得時の公正価値で評価されていることが必要になる。

　つまり，取得のれんが取得会社の投資勘定簿価と，それにみあう被取得会社の公正価値純資産とを結合当事会社間取引として相殺した差額である以上，前者を公正価値に揃えて差額を公正価値とするため，以前からの保有株式を支配取得時の公正価値に評価替えするのである（第6節の段階取得）。その結果，のれんの計算上は取得会社の投資も非支配株主の持分も被取得会社株式の価値という意味の公正価値評価で一貫するが，のれんを除いたストックは，その両者が違った意味の公正価値で結合後に引き継がれることになる。すなわち，取得会社の投資は報告企業の観点から個別に評価した資産・負債の価値合計に置き換えられる一方，非支配株主の持分は反対に株式としての評価に切り替わって連結純資産を構成するのである。それにどのような意味があるかは不明である。

　そもそも非支配株主持分は，資産でも負債でもない。取得会社の資本と同じ意味で連結企業集団の資本といえるかどうかはともかく，少なくとも純資産の一部とされているのは確かである。それを資本市場における公正価値に評価替えするというなら，取得会社の資本もその時点の公正価値に評価替えしなければならなくなる。特に取得会社以外の持分を単なる非支配株主持分として取得会社の資本と同質化するFASBやIASBの立場からすれば，両者のこの非対称性はいかにも唐突である。被取得会社の資本（純資産）を取得会社持分と非支配株主持分で区別し，違った観点に基づく評価額で結合後のバランスシートに反映させる意味について，合理的な理屈が求められるところである。それが

以下に述べる自己創設のれんの認識に行きつくとすれば，財務報告の目的からは本末転倒である。

3 ■非支配株主に帰属するのれん

　被取得会社の資産・負債を個別に公正価値で評価した純資産（公正価値純資産）のうち，非支配株主の持分を今度は会社から株主の側に立場を変えて評価をやり直すという前節で概観したルールは，評価替えに伴う差額だけのれんに影響する。持分の評価を切り上げれば，新たな資産が識別されない限り，のれんを切り上げるしか方法がない。しかし，このれんは，投資勘定の消去差額として認識される取得のれんとは性質を異にする。非支配株主の持分に対応する投資勘定が結合当事会社のバランスシートにない以上，後者を前者の公正価値に入れ替えようにも最初からその余地はなく，したがって本来，差額としてのれんが出てくる余地もない。にもかかわらず，最近の米国基準や国際基準では，上述したようにこれが非支配株主持分にかかわるのれんとして認識されている。

　ここで，非支配株主持分の公正価値評価から新たなのれんが導かれるというこの因果を逆にすると，取得会社の持分比率が100％に満たないときでも被取得会社ののれんを100％認識して公正価値評価することにより，非支配株主の持分にみあったのれんが生じて取得会社分ののれんに追加され，その結果として同じ額が非支配株主持分に加えられるという話になる。それによって，公正価値純資産の比例割合で評価されていた非支配株主持分が，株式としての公正価値で評価されることになる。取得会社以外の株主がいてもいなくても，被取得会社の資産・負債をすべて認識して公正価値評価する以上，のれんも取得会社分に限るのでなく，非支配株主分も合わせた全部のれんでなければならないという理屈である。連結でいえば全面時価評価法を採用したこととの整合性であろうか。

　しかし，そういう理由であれば，なぜ取得会社ののれんも取得会社の資産と同じように認識・測定しないのであろうか。自己創設の自社のれんは，もともと取得会社のバランスシートに計上されていないからだというなら，それは被

取得会社についても同じことではないのか。企業結合時に被取得会社の資産・負債に適用される公正価値評価は、その時点で被取得会社のバランスシートを適正に調整する操作であり、脱落している識別可能な資産・負債（や取得のれん）を追加計上することはありえても、自己創設のれんを追加認識するというのはまったく別の話である。企業結合にあたって生ずるのれんは、前述のように取得会社が保有する[2]被取得会社株式の評価を、いわば投資者の観点から報告企業の観点に切り替えた結果であり、結合当事会社が保有しない株式についてそうした操作を加える余地はない[3]。

このようにみてくると、非支配株主持分にかかわるのれんや、それを含めた全部のれんを認識して公正価値で評価するというのは、会計情報開示のあり方としてはかなり奇妙な、少なくとも概念的な整合性に欠けたルールといわなければならない。混乱の原因となったのは、個々の資産（や負債）の市場価格ないしはその推定値と、それらが有機的に結びついた総体としての企業価値（または負債を引いた持分価値）という、観点の異なる2つの公正価値の違いも曖昧にしたまま、公正価値評価を理屈抜きに拡張してきた米欧会計基準設定主体のイデオロギー性であろう。タブーとされてきた自己創設のれんを被取得会社について認識しても、取得会社のそれを（当然ながら正当に）無視したバランスシートでは、結合後の企業価値を代理しないことに変わりはない。

あらためていうまでもないが、識別可能な資産と負債をそれぞれの公正価値で評価したバランスシートでも、企業価値の決め手となるコア・コンピタンスは、一般に人的資源と分かちがたく結びついたまま、対価を払って取得した場合を除き識別不能なのれんとしてオフバランスになっている。識別された資産価値が増えたとしても、企業価値がどうなるかは、識別されないのれん価値の動きにかかっている。このれん価値をオンバランスにするため、被取得会社ののれんを取得会社分以外もすべて認識・開示するのが全部のれんの趣旨なら、上述したように取得会社側ののれん（つまり自己創設のれん）もすべて認

---

[2] 一般には結合当事会社のいずれかが保有する、といったほうが正確である。
[3] 要するに、公正価値に評価替えされている被取得会社の資産・負債も純資産も、株式発行企業の観点からする評価を既に終えている。

識するほかはない。他方，被取得会社の非支配株主持分を取引する人々のために，その持分価値を開示しようということなら，それは被取得会社（連結子会社）の財務報告の問題であって，取得会社（親会社および企業集団）の財務報告とは別である。

4 ■ のれんの償却・非償却と減損

上記でみた企業結合に伴うのれんの資産認識と公正価値評価の混乱とともに，他方では資産として認識されたのれんの切り下げ（規則償却および減損）をめぐる公正価値評価の観点も，この10年来の重要な会計問題となっている。特にパーチェス法への一元化を進めるための政治的な取引としてのれん償却の免除を図った米国 FASB の基準は，結果としてそれに従った国際基準とともに，公正価値評価にとって規則償却には意味がなく，のれん価値が減ったときに減損処理をすればよいという新たなルールを設けることで，結合後の事業によって価値が維持されている限り，価値の源泉を問うことなく，のれんをそのまま繰り越すことを許容どころか強制するものであった。それは，一部にもせよ被取得会社の自己創設のれんを資産に含めて認識する結果を招くことになった。

つまり，資本コストを上回る超過利益を期待したのれん価値は，期待が（期待どおりであってもなくても）事実に変わり，もはや期待といえなくなった分が分離するのに伴って減少する。価値が減らずに維持されるというのは，追加投資なしに超過利益が無限に続く場合でない限り，減少した価値が新たに形成された自己創設のれんで埋め合わされる事態とみるほかはない[4]。取得したのれんを償却も減損もしないまま当初の認識額で繰り越せば，価値の減った分に替わって取得後に自己創設されたのれんが紛れ込むことになる。償却性資産の減価分を資本支出が埋め合わせていても減価償却をしなくてよいという話には

---

[4] もちろん，そこで期待される超過利益の発生時までは，期待（と割引率）が変わらない限りのれんは減価しない。むしろ成果の期待が時間的に近づく分だけ，割引価値が割り戻されて増価する。しかし，そのようなケースだけでは，一般にのれんが減価しないという根拠にならないのは自明であろう。

ならないが，それ以上にこのケースでは，のれん価値を生み出して減価を埋め合わせた支出と，減価分の償却とを同時に費用化しないと，自己創設のれんを認識する結果になる。

ひところIASBがのれんの償却は費用の「二重計上」になると主張したのは，この事実を指していた。それ自体はむしろ当然のことであって，だからおかしいとか，償却はやめるべきだという話になぜ発展するのか，理解に苦しむ主張であった。もちろん，企業価値をバランスシートに反映させるため自己創設のれんも計上しようという主張なら別問題だが，それには前述のとおり，被取得会社だけでなく取得会社ののれんも認識しなければ意味はない。誰もそれを主張しないことからわかるように，会計情報の開示は，内部情報を持つ経営者が，会社の価値を評価して投資家に教えるためのものではない。企業価値を評価するのは投資家の役目であり，自己創設したのれんの評価はその核心をなしている。それに必要な情報の開示と，情報を利用した価値の評価を混同すべきではない。

仮に企業が自社ののれん価値について開示に責任を負うのだとしたら，いったいそれをどうやって測ればよいのであろうか。連結される子会社のように，被結合会社が結合後の連結集団においてもそのまま現金生成単位として機能し続ける場合なら，取得の際に認識したのれんをその後も評価の対象とする余地はあるのかもしれない。しかし，会社を取得して事業をリシャッフルするようなケースでは[5]，取得したのれんも複数の現金生成単位に配分されており，それを各単位の自己創設分から区別して評価するのは原理的に不可能というほかはないであろう。連結も合併も企業結合という共通の概念で一括した会計基準が設けられているとき，取得した会社の事業が引き続き現金生成単位となる特殊なケースにしか当てはまらないルールでは意味がない。

そうなると，のれんの規則償却を突然中止して減損処理に委ねたこともまた，いかにも未成熟な，思いつきの部分が多い決定といわざるをえない。少な

---

[5] それこそが現実の企業結合だというのが，持分プーリング法の意義を否定してパーチェス法への一元化を主張したときのIASBの理屈でもあった。企業結合で取得したのれんを，その後も独立に評価し続けられるという想定は，その理屈と両立しない可能性がある。

くとも，その適用に伴う問題点を十分に検討したルールとは思えない。もちろん，規則償却をしていても，さらに減損が生じていれば同じ困難に逢着するが，価値の低下を自己創設のれんで埋め合わせてその認識を先送りするやり方に比べれば，減損が生じる可能性がはるかに小さいのは自明である。最近は償却性資産についても減価償却が価値の評価に役立たないといわれるが，もともとそれは評価が困難であることに加え，事業用資産については情報としての有用性に乏しい公正価値（とその変動）に代わる価値測定の便法であった[6]。のれんの規則償却も，不可避だが測定不能な減価を認識する便法であり，例外的な減損には別途に対処してきたのである（本章付記を参照）。

5 ■公正価値会計と自己創設のれん

　ここで元に戻り，そもそも企業結合に伴うのれんとはどのような性質のものであったかを想起しよう。他社の全株式を取得したケースでいうと，買収の対価で測ったその株式を被取得会社の資産と負債，つまり純資産に入れ換えたことに伴う差額というのがひとつの見方であった。株式の一部を取得した連結でも，全部のれんの話題は脇に置いて親会社の持分にかかわるものに限れば，親会社が株主の立場で評価していた子会社株式を，連結にあたって報告企業の観点から子会社純資産の評価に引き直した結果であることに変わりはない。のれんがこのような性質のものだとすると，それは報告単位の変更に伴って生じたノイズであって，資産性があるかないか，減価するかしないかを争う前に，そもそも企業集団の財務報告にとっては早々に消したほうがよいということにもなる。

　その一方でのれんは，他企業の取得に伴って自社の支配に帰した経営資源の一部であり，取得対価の公正価値で測った投資の一部でもある。したがって，それは，その投資が生み出す将来の収益によって回収されることが期待されて

　6　事業に使う資産は，使う企業にとって公正価値を超える価値を有する資産であり，誰が使うかで価値の異なる資産である。投資の成果について市場の平均的な期待を反映した公正価値の情報は，その種の資産については有用性が高くない。

いる。その期待を事後の事実で確かめるには，投資額を将来の期間の費用に割り当てて収益から控除する必要がある。評価の観点の違いがもたらすノイズというだけなら，かつて米国の実務にみられたような取得時に資本剰余金と相殺して消去する方法もあるし[7]，投資のコストを収益と対応させるだけなら，OCI の累積残高から控除する方法で繰り越し，収益認識に伴い対応額を費用へリサイクルさせる方法もあるが，投資の一部とみたときには資産化したうえで価値の評価と費用配分を同時に進めることが必要になる。

　この評価と配分を，のれんについても公正価値ベースで統一しようとしたのが，上記でみてきた最近の米国基準や国際基準である。しかし，すでに指摘したように，企業結合により取得したのれんの価値を，結合後も自己創設分と区別して直接に評価するというのは，限られたケースを除いて一般には不可能というしかない。したがって，その評価によって減価ないし減損を測定し，収益にチャージして投資の成果をとらえるというのも一般性のない方法である。取得したのれんの価値が自己創設分に入れ替わってものれんは減価していないと考え，仮に例外的な価値の低下があっても減損の手法で適切な評価が可能だとする主張の裏側には，最後は自己創設のれんの認識まで行きつかないと体系が閉じない（論旨が完結しない）公正価値会計の危うさが潜んでいるとみることができる。

　前述の全部のれんは，その点がより明確になるケースである。取得した子会社に非支配株主がいるとき，連結上で彼らに帰属するのれんの価値を認識するというのは，子会社の資産・負債を公正価値評価して得られた純資産額を，彼らの持分比率に相当する分だけとはいえ，さらに子会社株式の公正価値で評価し直すものであった。その株式を連結集団の会社が保有していない以上，そこでの評価差額は，対応する投資勘定がないまま子会社の自己創設のれんを一部分だけ取り出して認識する結果となる。公正価値による評価と，それに基づく利益認識は，一定の投資ポジションについては情報の有用性を確保するのに不可欠だが，その範囲を決める理屈を欠いた無原則な適用は，結局のところ自己

---

[7] この方法については，SEC が早い時期に否定的な見解を表明していた（*Accounting Series Releases No.50*, 1945）が，その後も IASC（IASB の前身）時代の国際会計基準公開草案 E22（1981年）に含められている。

創設のれんのつまみ食いに陥るほかはない。

　会計情報の開示にあたって自己創設のれんが排除される理由は，あらためていうまでもないであろう。情報優位な立場にある経営者が，自社の企業価値を自ら評価して投資家を誘導するのはフェアな行為ではないし，それを措いても前述したように（第３章注18），その種の情報は信頼性に乏しいか，もし信頼できるものなら開示されるまでに証券価格に組み込まれてしまうという点で，投資情報として開示する意味そのものが疑わしい。自己創設のれんはバランスシートの資産総額を超える企業価値（ないし純資産額を超える持分価値）であり，その評価は企業価値を自らの責任で判断する投資家の仕事である。つまり，会計情報を利用する側の役割であって，開示する側（企業経営者）の役割ではない。会計の開示制度は企業と資本市場とをつなぐ情報チャネルのひとつにすぎず，その情報だけで企業価値（証券価格）が決まるわけでもない。

6 ■ おわりに：段階取得と取得のれんの公正価値

　最後に，取得会社に帰属するのれん（取得のれん）の評価と，いわゆる段階取得の問題についてふれておこう。第２節でみたとおり，これを支配取得時に公正価値評価するためには，それまで保有していた被取得会社株式をその時点の公正価値に評価替えしたうえで，被取得会社の資産・負債を個別に公正価値評価した純資産のうち，取得会社の持分比率にみあう額と相殺しなければならない。株式投資を自社事業に切り替えるにあたり，両者を公正価値評価した相殺差額を取得のれんの公正価値とみるわけである。消去される株式の評価差額は，いわば投資の清算に伴う損益として支配を取得した期の利益（純利益またはOCI）に反映されることになる。もとより，公正価値で評価されている株式なら，投資の清算を擬制しなくてもその条件は自動的に満たされる。

　しかし，仮に被取得会社がそれまで持分法で評価されていた関連会社とすると，支配を取得しても会社の事業に対する関係が質的に変わるわけではない[8]。会計上も，投資勘定を被投資会社の純資産（に対する持分相当額）に入れ替える持分法に対して，正味ではなくグロスの資産・負債に入れ替える結果になるだけである。少なくとも利益の性質に本質的な変化は生じない。にもか

かわらず，その変化を投資の清算とみて従来の関連会社株式を公正価値に評価替えし，切り上げの場合ならのれんを増やして将来の見込み利益を先取りするという意味はよくわからない[9]。換金する機会を放棄した保有株式の値上がり益では，投資のコストといっても機会費用であり，それを資産とみるのは難しい。

　もっとも，過去の投資にも，測定される利益との関係にも制約されずに，現に支配する経済的便益を認識した資産・負債の情報が，企業価値の評価を含めて経済的な意思決定に寄与するというのが現行基準を支える信念かもしれない。しかし，繰り返し指摘したように，被取得会社ののれんだけを取り出して公正価値評価しても，自己創設のれんの一部が紛れ込む結果になるだけでなく，取得会社ののれん価値を簿外にした総資産や純資産では企業価値や持分価値と同じ方向に動く保証もなく，それらを代理する指標にはなりえない。本章でみた企業結合への適用を含め，公正価値会計については，それがどのような結果（作用と副作用）を伴うのか，もう少し学界の研究成果を分析して，有用な使い道と合理的な適用範囲を模索する必要がある[10]。

【付記】

　資金生成単位に配分された取得のれんの減損について，実際に生じている額と会計上で測定される額の違いを確認しておこう。単純化のため，負債のないケースで考える。

8　関連会社の株式を追加取得して子会社にしたときは，支配の獲得により従来の投資が継続性を断たれていったん清算され，改めて投資をしたものとみなすというのが現行の国際基準である。概して米欧の基準設定主体は，関連会社に適用される持分法を，子会社に適用される連結の便法とは考えずに，公正価値評価の便法と考えることが多い。連結すらも，公正価値評価の一種とみているのかもしれない。しかし，そうだとしたら，関連会社（や子会社）の株式に市場価格がある限り，便法ではなく市場価格によるのが理屈であろう。日本では，とりあえずコンバージェンスの観点から連結にこの段階取得の考え方を取り入れている。

9　しかものれんを減価させなければ，先取りした期待利益が事実に変わっても，それによって消滅した期待の価値は資産にとどまったまま先取りした利益を相殺しない。期待した利益と実現した利益が，二重に計算されて純資産に含められる結果になる。

10　企業結合を直接のテーマにしたものには限らないが，とりあえずWatts [2006], Landsman [2007], Penman [2007], Nissim & Penman [2008], Plantin et al. [2008], Ramanna [2008], Dichev [2008], Laux & Leuz [2009], Biondi [2011] などを参照。

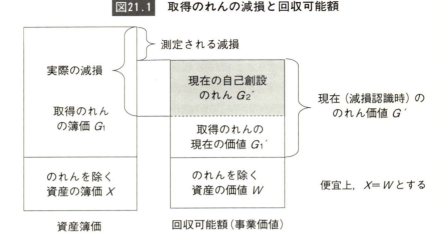

図21.1 取得のれんの減損と回収可能額

＊測定される取得のれんの減損 $G_1 - G'$ は，実際に生じている減損 $G_1 - G_1'$ ではない。

　当該単位に属する資産の，のれんを除く簿価合計を X，取得のれんの簿価を G_1 で表す。$X + G_1$ がこの単位の総資産簿価（当面のケースでは純資産簿価でもある）になる。この簿価が当該単位の予想キャッシュフローを現在に割り引いた回収可能額（事業価値に当たる）を上回るとき，資産簿価に配分されている取得のれんの額を限度にその超過額を切り下げるのがのれんの減損処理である。のれん価値（G'）は回収可能額からのれんを除く資産価値（W）を引いた額であり，現時点における取得のれんの価値（G_1'）と自己創設のれん（G_2'）とを含んでいる（$G' = G_1' + G_2'$）。減損は自己創設のれんを含んだ回収可能額と，それを含まない資産の簿価を比べた結果になるわけである。

　図21.1では作図の便宜上，のれんを除く資産グループの簿価と現在の価値を同じにする（$X = W$）が，この仮定は結論に影響しない。会計基準に従って測られるのれんの減損は，現在ののれん価値 G' が取得のれんの簿価 G_1 を下回る分（$G_1 - G'$）になる。しかし，上述のようにこののれん価値が自己創設分を含むとすれば，取得のれんに生じている減損は，その簿価をオフバランスの自己創設分を含めたのれんの価値と比べるのではなく，あくまでも取得のれんの現在の価値と比べて測定されねばならないはずである（$G_1 - G_1'$）。会計基

準でいうのれんの減損は，実際に生じた減損を，測定時の自己創設のれん（G_2'）で埋め合わせた残りでしかない。それだけ過少に計上するわけである。もし自己創設のれんがマイナスなら，それだけ過大に計上することになる。

　この点は，減損認識時ののれん価値（G'）を，取得分（G_1'）と自己創設分（G_2'）に分ければすぐに解決する。しかし，のれんが差額概念であって，その価値が資金生成単位の事業価値（回収可能額）とのれんを除く資産の価値ないし簿価との差額として決まる以上，それをさらに取得分と自己創設分に分けるルールはそこから出てこない。認識したすべての資産や負債の価値をそれぞれ独立に測定（ないし再測定）するアプローチは，既に詳しく述べたとおり，取得分か自己創設分かにかかわらず，のれんに適用するのは難しい。

第3部

補章

補章1
評価差額をめぐる資本と利益

1■はじめに

　本書の目的は，企業の財務情報をそのステイクホルダー，とりわけ事業資金を供給する資本市場のプレーヤーに開示する企業会計のルール（会計基準）を，投資のポジションとその成果を測る資本と利益の基礎概念に返って検討することであった。そこには基礎概念の再構築から始まって，金融商品や事業用資産の評価と利益認識，資本会計や企業結合をめぐる内外基準の動向など，さまざまなトピックスが含まれていたが，なかでも関心を向けた問題のひとつは，資産や負債の評価替えが資本と利益の関係に与える影響であった。金融投資として継続的に時価評価され，評価差額が実現した損益とみられるものはともかく，未実現の評価差額ないし含み損益のあるものについては，それを実現させる取引が資本と利益の関係に歪みを与えることがあるからである。

　もちろん，一般には時価評価されない事業投資のポジションを例外的に評価替えしても，利益の期間帰属（期間配分）が変わるだけで，その実現に際して資本との間に振り替えが生ずることはまれである。しかし，企業結合のような事業の継続性を中断した資産の引き継ぎとか，自社株で決済される売り建てコール・オプション（新株予約権）の権利行使や失効，あるいは企業再建にあたり負債を出資へ切り換える後述のデット・エクイティ・スワップといった，広い意味の資本取引がかかわる限界的な状況では，そこで「実現」する資産や負債の未実現評価差額が，利益の期間帰属だけでなく，資本と利益の関係に影響を与えることがある[1]。そうした限界状況で表出する問題には，ひとつのシ

---

[1] 後述のように，評価替えをしてもしなくても資本と利益の関係に同じ影響を与える例もあれば，評価替えをするかどうかで異なった影響を与える例もある。

ステムの本質的な性格が反映されていることも少なくないと思われる。

それに関連する話題は本書の各章に散在しているが，ここではそのいくつかを拾い出し，必要に応じて周辺のトピックスを加えながら，あらためて論点をごく大づかみに整理しておきたい。もちろん，それは，本書の主題の一部にかかわるものでしかない。会計基準というルールのシステムがどのような秩序をもつ体系であるのか，最近の動向がその体系のどこにどのようなインパクトを与えているのか，それが体系全体にどう波及する潜在性をもつのかを，できるだけ個別基準に降りて検討しようとした本書の各章は，個々の論点をそれぞれのところで完結させており，あらためてそれらを集約しても，まとまった結論を提示するのは難しい。ここでは，特に上記の問題に限り，個別基準を横断した補足的考察を加えておく[2]。

2 ■企業結合と投資の継続

まず，第1章で言及した資産の評価差額に返ってみよう。保有する事業用資産の簿価を仮に時価まで切り上げて，評価益は「その他の包括利益OCI」に含めたとする。その後は切り上げられた簿価の減価償却に応じてOCIが同じ額だけ取り崩されて純利益にリサイクルされ，簿価の切り上げに伴う償却費用の増分を相殺する。仮にそこから先は時価が変わらず，耐用期間の最後までこの資産が保有されれば，評価益はすべて純利益に振り替えられていくはずである。また，それ以前に資産が売却されたときは，OCIの残高がまとめてリサイクルされ，純利益の計算上，資産の処分差損（資産簿価の未償却分から売却価額を引いた額）と相殺される（処分差益の場合は合算される）ことになる。純利益から除かれた評価益は，いずれにせよ投資が終了するまでに純利益へ振り替えられるのである[3]。

こうした会計上の帰結は，資産を評価替えせずに取得原価（マイナス減価償

---

[2] 理論的な整理の難しい限界的なケースについての細かな議論になるので補章としたが，独立の章をおこしたために記述の一部がこれまでのところと重複するのは避けられない。

却）のまま繰り越しているときでも，変わるところはまったくない。保有する資産を原価で評価しても時価で評価しても，変わるのは利益（包括利益）の期間帰属だけである。資産を切り上げなければ，評価益が計上されない代わりに，その資産を使用するコスト（減価償却費）も切り上げの前と同じ額にとどまり，利益の総額には違いが生じない。純利益については期間帰属も違わない。途中で資産を処分したときでも，その時点で償却されてバランスシートから消える将来の費用負担総額は，簿価を切り上げた場合の未償却分と，まだリサイクルされていない評価益残高との正味の額に等しくなり，そこから売却価額（時価）を差し引いた処分差損益も，評価替えをしたかどうかにかかわりなく同じ額になる。

しかし，仮に投資が続いている間に，この資産を保有する企業が他の企業に買収されたときは，パーチェス法だとこれが現物出資のように時価で評価され，評価差額はすべてが拠出資本の要素になる。過去の評価替えが残した未償却の差額があっても，出資する側の企業は消滅してしまうため，純利益にリサイクルされることはない。子会社として法人格が残っているケースでも，連結上は消滅する会社と変わらない。その結果，当該資産への投資が続いていればいずれ投資企業の純利益となったはずの評価益は，企業結合に伴って資本に振り替えられ，将来にわたってその投資からの成果とされる機会を失うわけである。資産の時価が上昇したことによる評価益に限らず，じつは将来の超過利益を先取りした無形ののれん価値も同じように資本化されるが[4]，その点はこの章のテーマからは除外する。

このように，企業結合にあたって純資産として「実現」する資産の含み損益は，それを実現させた企業結合という取引の性質によって，純利益へリサイクルされずに拠出資本へ振り替えられることになる。要するに，そこでは被結合

---

[3] IASB は OCI 処理した時価評価差額について，純利益へのリサイクリングには概して否定的だったが，事業用の資産については特に言及がない。仮にそれが否定された場合には，実現に伴って取り崩される OCI 残高が利益を源泉とする剰余金（留保利益）に振り替えられる。

[4] 将来の超過リターン（資本コストを超える利益）を先取りした無形ののれん価値を資本に振り替えてしまうと，その後の期間に期待されるのは資本コスト分の正常リターンだけになる。もちろん，事後的にはそれ以外にウィンドフォールが発生する。

会社の投資が清算されて結合会社に取得され，その時点の時価が結合会社からみた資産の取得原価となって，そこから先の投資成果を決めることになる。被結合会社における投資の継続性が断たれる通常のケースでは，それが会計上も当然の帰結であろう。結合する側の会社が，ちょうど新規の投資をするときのように，被結合会社の保有する有形・無形の財を，市場で個々に取得したのと同等とみるのがパーチェス法の想定であり，それが当てはまる場合なら，引き継がれた被結合会社の投資は清算されたものとみるほかはない。

しかし，投資をしてきた会社が企業結合に伴って消滅したといっても，結合前の投資が結合後の会社で実質的に継続するとみられる場合があるとしたらどうなるか。同じ資産を使って同じ事業を続ける結合後の意思決定に，被結合会社（株主）が結合会社（株主）と対等に関与しているケースである。そのときに評価替えをしていると，実質的に継続する同じ投資の成果が，企業結合の前と後とで比較可能性を失うことになろう。キャッシュフローの裏づけをもつ償却前利益の測定は結合前後で変わらないが，それにチャージされる減価償却のベースが，被結合会社の取得原価から，結合した後は結合会社にとっての取得原価（結合時点の時価）に変わっているからである。後者のほうが高いと，それだけ結合後の投資収益が低くなる。この例は，継続企業が事業用資産を切り上げたうえ，評価益をはじめから資本とした場合に相当する。

あきらかに，そこでは利益が資本に振り替えられている。もちろん，被結合会社が企業買収の客体として継続性を失えば，買収の主体である企業の取得価額によって承継資産が評価されるはずであり，それに伴う評価差額が資本となるのに問題はない。しかし，この会社が結合会社とともに企業結合取引の主体になっている場合だと，現物出資する資産を時価に評価替えするのは，継続企業が資産を評価替えして差額を資本とする例と実質的に変わらない。企業結合の前は未実現利益の要素だったものが，それをいわば実現させた企業結合という取引によって拠出資本に変わるのは，その取引が被結合会社の投資を清算させる買収の実質をもたない限り資本と利益の混同を生む。未実現の評価差額をOCIとする新たな工夫も，投資が実質的に継続する被結合会社のケースでは，結局それを解決できないのである[5]。

その解決に誰でもすぐに思いつく方法は，利益の実現に着目するのをやめて

しまうことである。包括利益を利益とみて純利益とOCIを分けなければ，評価益はそれだけで利益であり，企業結合にあたって，累積された包括利益が資本へ組み入れられるにせよ，過去に利益が計上された事実は変わらない。しかし，この方法では，事業用資産の簿価切り上げが評価益をもたらす一方で，その資産を使用するコストを引き上げて将来の利益を減らし，現在の評価益を相殺していくプロセス（簿価切り下げの場合はこれと反対）が，無視されたまま利益情報には表れない。純利益とOCIを分けたうえ，実現に伴うリサイクリングをしない方法も，それを解決できないという点では同じである。従来は，結合される会社の投資が実質的に継続する状況で，簿価を引き継ぐ持分プーリング法を使って資本と利益の混同を避けてきたが，これからはそれもできなくなる。

3■デット・エクイティ・スワップ

　企業結合に伴って承継される資産が結合会社の取得原価に評価替えされ，評価差額が結合前からの未実現増価を含めて資本に振り替えられる前節の例は，投資が実質的に継続しているときも清算とみなし，その後の投資成果を従来とは断絶した投資額に基づいて測定するものであった。資産を単に売却しても投資が清算されるのは変わらないが，その場合には資産が評価替えされていてもいなくても，売却時の時価と簿価の差額に，過去の評価差額の残高をリサイクルさせて加減した結果が，投資の清算に伴う損益としてその成果に含められる。それが資本に振り替えられる余地はなく，保有資産をどの方法で評価してきたかは資本と利益の関係に影響しない。売却でなく同種資産と交換されたケースで，投資が継続するとみて従来の簿価を引き継いでも，影響は利益の期間帰属にとどまることになる。

　また，保有する資産を現物出資して持分証券を取得した場合でも，出資に充

　5　評価替えをしない結合会社の側では，当然ながらこの問題は生じない。パーチェス法のもとでは，実質的に継続する投資であっても，結合会社と被結合会社の間で違った方法で処理される。

てた資産の簿価と受け入れた持分証券の額との差額に，もしあれば過去に資産を評価替えした未実現評価差額の残高をリサイクルさせて加減した結果が，現物出資に充てられるまでの投資の成果に含まれるのは同じであろう。ここでも，それが資本に振り替えられることはない。出資した資産を評価替えしていても，取得原価（マイナス減価償却）のままで繰り越していても，上記の資産売却のケースとその点は変わらない。取得した持分証券を取得時点の時価で評価していても，あるいは出資した資産の簿価を引き継いでいても，それによる利益の違いは持分証券からのその後の利益認識の違いで埋め合わされる。要するに，利益の期間帰属に影響するだけで資本との関係には影響がない。

　そうなると，企業結合によって実現した承継資産の含み損益が資本とされて投資の成果から除かれるのは，資産の承継が単に投資の清算という以上の意味をもつとみられているからであろう。その取引が資本取引の要素を含むということかもしれないし，既に述べたように，被結合会社の消滅という法律的な判断を，投資が実質的に継続するかどうかにかかわりなく一律に適用しているということかもしれない。結合される側にとって，上述した保有資産の現物出資による持分の取得は資本取引に当たらないが，たとえば負債である借入金を出資資本に切り換えるデット・エクイティ・スワップ（DES）は，マイナスの資産とはいえ，債務者が自らの資本取引によって投資を清算するわかりやすいケースであろう。清算される保有ポジションの未実現損益がこの取引で実現するとしたとき，投資の成果や資本との関係という観点からそれがどう処理されるのかをみておこう。

　DESというのは，債権者側からいえば債権を株式等の出資に換える取引だが，一般に債務者が財務的に困難な状況にあって負債の償還や利払いが懸念されるとき，債権者の同意を得た再建計画等の一環として利用されることが多い。そのために負債の価値は，債務者のバランスシートに計上されている額よりもかなり低くなるのが普通である。債務者企業がこれを資本に振り替えるとき，価値の下がった負債の簿価を切り下げて，時価による現物出資として処理すれば，負債というマイナスの投資を清算した償還差益に相当する利益が計上され，その分だけ増加資本は切り下げ前の負債の簿価より小さくなる。従来の負債が資本と利益に分割して配分されるわけである。もっとも，そこでの負債

の清算は，持分に切り替えるという条件で取引価格が決まっている。出資から独立した取引ではなく，その点で，計上されるのは通常の意味の時価や時価評価益とはいえない[6]。

ここで利益が認識されることの当否は，さしあたり主な論点ではない。現金による償還と出資がセットになった取引とみたときでも，出資が裏側にあるのでは債務の一部免除と同じでないという主張もあれば，現金支出を免れたのだから利益であることに違いはないという立場もある。それより前に，そもそも償還と出資のセットという擬制に意味があるかどうかも問題であり，財務的な困難が利益を生み出すことへの疑問もあろう。資産側で同時に減損を認識するか[7]，あるいは簿価のまま資本に振り替え，準更生のようなルールで資本を切り下げて，利益を認識せずにおく方法もあるのかもしれない[8]。債権者側ではこれを債権の消滅と時価による株式の取得とみて，両者の差額に当たる損益を認識することになるが，債務者側については必ずしもそのミラーになるというわけではない。

他方，自社の株式とスワップされる負債を切り下げず，簿価のままで資本へ振り替えたときには，負債価値の低下に伴う未実現の利益が，将来にわたり実現する機会を奪われることになる。企業結合にあたって資産を時価（結合企業にとっての原価）で引き継ぐときと同じことが，DES のケースでは負債を簿価のまま資本に移すときに生じているのである。そこで資本に振り替えられるのは，将来，負債を時価で償還すれば得られると期待される利益である。ただ，トレーディング・ポジションでないこの負債は DES がなければ額面で償

---

[6] この点は，先に債権が現物出資され，債務との混同により両者が消滅したとみても同じである。債権と引き換えに発行される株式の時価と，債務の簿価との差額が利益になるが，いずれにせよ発行される株式数が第三者間取引で決まっているわけではない。

[7] DES などによって債務の支払いが免除されたケースはともかく，一般に負債の評価減による利益で資産の減損損失を相殺するというのは，かなり乱暴な主張である。債務不履行のリスクが高まるときは，投資を回収する見込みも低下しているはずだとしても，事業の失敗を認めれば借金は棒引きにしてもらう契約になっていない以上，債権者の同意を得る前に負債を減らして利益を計上するという理屈はないであろう。特に劣位の請求権である株主の資本に残高があるときは，ますますおかしな結果になる。減損による損失の認識は，負債の評価とは独立の問題である。

[8] 準更生（quasi-reorganization）については AIA［1939］などを参照。

還されるしかなく，債権者から別途に減免を得られなければそこで期待されている利益は生じない。したがって，企業結合が資産の未実現評価益を資本に変えるのと同じ意味で，DES が負債からの未実現利益を資本に振り替えるといえるわけではない。

いずれにせよ DES のケースでは，資本に振り替えられる負債を評価替えするかどうかで，結果が大きく異なることになる。企業結合で消滅する会社の資産であれば，それを時価に評価替えしているかどうかにかかわらず，未実現利益が資本化される点では変わりがなかったが，DES の場合は，評価替えをしたときに利益となる額が，評価替えをしないときには資本として拘束される結果になるのである。そこでは，DES という資本取引がなければ出てこなかった利益を，前者では金融負債の消滅に着目した評価替えで認識し，後者ではポジションが出資に変わるだけとみて，資本に振り替える前には認識していない。減損を認識したときは資産と負債を同時に切り下げることがありうるとしても，そうでなければ利益に影響させないで資本を修正する特別なルールを適用したほうがよいというのが後者の立場であろう。

4■株式決済のコール・オプション

そこで，今度は第17章と第18章で取り上げた自社株の購入オプションについて，その評価と利益認識，および権利行使に伴う拠出資本への振り替えを，あらためて考えてみることにしよう。もちろん，現行の米国基準や国際基準では，いわば条件付きの株主持分であるこのコール・オプション（新株予約権）を，無条件に株主の拠出と同じとみて資本に含めるから，当然の結果として時価が変動しても評価替えされることはなく，それに伴う利益認識も問題になることはない。日本基準も権利行使まではそれを株主資本に含めないが，純資産の要素としている点は基本的に同じである。権利が行使されずに失効したときだけはオプションの簿価を利益に振り替える（結果的にはゼロに評価替えする）が，拠出資本への振り替えがないケースはここでの関心事ではない。

しかし，既に述べたように，現行諸基準が新株予約権を資本とみるのは，資産と負債を先に決め，資本をその正味と定義した結果であった。自社の株式で

決済されるオプションの売り建ては，将来にわたって資産の譲渡や用役の提供を伴うものでないから負債に該当せず，だから資本だとされただけである。それに対して2007年11月のFASB予備的見解は，資本の概念を厳格に定める立場をとり，特に基本的所有アプローチと称する新たな提案では，企業に対する請求権のうち，もっとも優先度の低い残余請求権に資本の範囲を限定する試論が示されていた[9]。その観点からすると，自社株の購入オプションは，現金決済か株式決済かを問わず資本の範囲から除かれて負債の要素となり，デリバティブとして継続的に公正価値評価されるというのである。潜在的でも自社株と同じという主張が，潜在的だから自社株とは違うという立場に一変したことになる。ただし，負債か資本かという単純な二者択一は変わらない。

その立場でオプションを評価替えしたときは，評価差額がそのまま利益に影響するのはいうまでもない。純利益の要素とされればもちろん，OCIに含められても権利行使までには純利益へリサイクルされるから，利益の期間帰属が変わるだけで，通算した利益の額は変わらない。また，自社株購入オプションがトレーディング・ポジションには該当しないとみて継続的な時価評価をせず，権利行使時（失効時）に限った時価評価を選択していても，この点に違いが生ずることはない。潜在的な持分の性質をもつものでも，認識された正味の値上がり分（値下がり分）が損失（利益）として権利の消滅までに実現するわけである。資本に振り替えられる額はその分だけ増える（減る）が，含み損益を既に実現させている以上，権利行使に伴う資本取引が潜在的な利益を消滅させることはない。これと結果が違うのは，評価替えをしないときである。

つまり米欧の現行基準のように，株式購入オプションを資本とみて評価替えをしなければ，権利が行使されてもされなくてもそれは発行価額で拠出資本に計上され続ける。したがって，その額と権利行使に伴う払い込みとを合わせた拠出資本の増分と，発行株式の時価総額との間には，オプションの価格変動による未認識損益だけの違いがある[10]。値上がりした場合なら，株主持分の希薄化による損失を，発行された株式の時価総額から除いた額が拠出資本とされているのである。以下で述べるように，オプションの行使に伴う株式の低価発行

---

9 本書第18章の補論を参照されたい。

が持分を希薄化させる一方で，現物出資されるオプションの価値でそれが補償されると考えれば，前者による損失を認識しない分は後者の影響を除くことで調整するほかはない。オプションを評価替えするかどうかは株主資本の総額を変えないが，評価差額をめぐる資本と利益の区分と，その結果である拠出資本と留保利益への振り分けを変えるのである[11]。

　評価替えの当否はともかく，資本と利益の関係に対する影響という当面の主題を考えるには，新株予約権を時価評価した差額について，その意味をよく確かめておく必要があるように思われる。自社株のコール・オプションを売り建てた対価は，権利行使に伴う新株の時価以下発行によって株主の持分価値が希薄化する分を予測し，あらかじめその損失を補償するものである。この価格が公正に決まっていれば，その後の時価の変動は，株主に利益も損失ももたらさない。行使価格が変わらない以上，株価が上昇すれば持分の希薄化を見込んだオプション価格は上昇し，その分だけ株主の損失になるとみられるが，権利が行使されれば値上がりしたオプションが出資されて，その損失を埋め合わせるはずである。したがって，株主の観点に立てば，株式決済のオプションを評価替えして損益を認識する意味はないということになるであろう。

　しかし，この新株予約権者と既存株主との富の分配を会社の成果に引き直したときでも，会社の観点からすれば，オプション価値の変動と，価値の変動したオプションの出資とでは，会社の利益に与える意味は同じでない。前者はともかく，後者は株主との資本取引である。前者を資本取引とみなければ，現物出資されるオプションをその時点の時価で資本に計上したときは，当初のオプション対価との差額が利益に反映されるほかはない。その評価替えと損益認識が権利行使の時点で必要になれば，それより前からの継続的な評価替えという

10　権利行使がないままオプションが失効した場合も，評価替えをすればゼロまで切り下げられてその分の利益が認識されるが，評価替えをしなければ，利益が生じない代わりに利益と同額の資本が追加計上される。両者を合わせた株主資本への影響額はゼロになるが，それは株式の発行もゼロ，オプションの価値もゼロという事実と，結果においては矛盾していない。

11　もちろん，これを純資産とみなくても（負債とみても），時価による評価替えをせずに発行価額で繰り越す方法はある。前節のDESのケースと同様，株式決済オプションの価格変動は，財やサービスを引き渡す会社の義務に影響するわけではないからである。

方法にも可能性が開かれる。一方をデリバティブの時価評価，他方を株主による資本の払い込みとみることで，会社にとってはオプションの値上がり分だけ利益が減り，権利行使に伴って増加する資本が同じ額だけ増えるという，利益から資本への振り替えが生ずることになるわけである。値下がりしたときは，その反対である。

このように，オプションの価格が変動しても既存株主の富に正味の増減が生じない以上，会社にとってもそれによって資本（拠出資本）と利益（留保利益）を合わせた株主資本の大きさは変わらない。その制約のもとでオプションの行使を行使時点の時価による現物出資とみれば，結果として時価の変動分が損益として認識されることになる。株主資本に対する正味ゼロの影響が，オプションの価格変動に即して資本の増加（減少）と利益の減少（増加）とに振り分けられるのである。しかし，その損益の経験的な意味は，いわれるほど自明ではない。自社の株価に連動する損益というだけでなく，権利が消滅するときには，上記のように必ず拠出資本と相殺されてしまうからである。自社株のコール・オプションがトレーディング・ポジションになる特殊な状況でも想定しない限り，その評価差額には，権利行使による増加資本の時価評価に伴って，帳尻を合わせる消極的な意味が認められるくらいであろう。

株式購入オプションを当初の簿価で繰り越す内外の現行基準は，その時価評価が資本と利益の関係に与えるこうした問題を回避していることになる。評価替えをしていなければ，権利が行使されたときの拠出資本の増加額は，オプションの（時価でなく）当初の対価と行使価格とを合わせて実際に払い込まれた現金の額になる。権利が行使されずに失効した極限のケースでは，オプションの簿価を拠出資本にとどめる米国基準や国際基準に対して，日本基準では出資がなかったとみてその簿価を利益に戻し入れるが，株主資本への影響はどちらでも変わらない。いずれにせよ，そこでは，株式購入オプションの売り建てに伴う純資産の変動を，時価の変動によるのでなく，権利の確定か消滅かはともかく，時価変動のリスクから解放して結果を確定させた取引の性質によって，資本か利益のどちらか一方に分類しているのである。

5 ■ おわりに

　未実現の評価差額を実現させる資本取引が資本と利益の関係を歪める可能性に着目した本章のテーマは，ここで取り上げた範囲の個別問題でもそれぞれ違った姿をとって現れており，そこから共通の論点を引き出すのは容易ではない。投資を実質的に継続させながらその主体である会社を消滅させる企業結合では，資産や負債の評価替えによって未実現の含み損益が資本に振り替えられ，企業結合の前後で同じ投資から生ずる成果が異なる投資額を規準に測定されることになっていた。また，DESにおいては負債の評価替えが資本を実行時の価値に合わせる一方で，合理的な説明の困難な利益を認識する結果になっていた。株式決済のコール・オプションでも，評価替えは資本の増分を決済時点の価値でとらえる一方，潜在的な資本取引から損益を認識することにもなっていた。

　それらの問題は，資本と利益の測定が連動する結果，一方の整合性を追及したしわ寄せが他方に及ぶ例なのかもしれないし，純資産の変動を認識したときの取引の性質によって，それを資本か利益のいずれかに分ける企業会計の仕組みに由来するのかもしれない。その前提を動かすのは重い課題だが，それより前に本章の考察が示唆するのは，会計上の簿価が果たす役割の重要性であろうか。たとえば会社の組織再編で，消滅する側の投資がそのまま継続する極限の例は，すべての事業（すべての資産と負債）を分離して別会社に移す新設分割をしたうえ，取得した株式を株主に分配して会社は解散するというものであろう。被結合会社の投資が実質的に継続するというのは，消滅会社の投資を簿価で引き継ぐこの例と，時価で引き継ぐ買収とのどちらに実態が近いかを問われるケースである[12]。

　またDESにおいても，負債を簿価でいったん資本に振り替えた後，増加資

12　複数の企業の結合である限り，一般に投資が継続するとみられるのは取得する側の会社だが，取得会社を特定できないケースという第20章の問題は依然として残っている。

本を準更生のようなルールで負債の時価まで切り下げれば,疑問の多い利益の認識は避けられるのかもしれない[13]。新株予約権については,継続的な時価評価はともかく,少なくとも権利行使に伴う評価替えには,時価による現物出資との整合性を図る意味があるが,会社法制との不整合を避けるうえでも,これまでは簿価を繰り越すこととされてきた。簿価はしばしば時価の対立概念とされるようだが,現代の会計基準では,適用すべきところに時価(公正価値)を適用するためにも,それを下位の概念として含む簿価の意味を掘り下げることが求められている。時価(公正価値)会計の適切な適用範囲は,投資の実質に即した簿価の選択という本書の中心テーマでもあったが,この補章でみたような,ルール間の整合性と経験的な事実への適合性が必ずしも両立しない限界状況は,依然として今後の研究課題というほかはない。

---

13 資産の減損損失と相殺できる範囲で,負債の簿価を切り下げる方法もあるかもしれない。

補章2

会計基準論のパラダイム変革

1 ■ はじめに

　本書では，会計基準という社会制度の成り立ちや仕組みを理解し，生じつつある変化への兆しから将来の方向を洞察するために，基礎となる諸概念の体系的な関係を検討しながら，現在の動向に潜む問題点を分析しようと試みてきた。とはいえ，そうした理論的な作業でも，現に進められつつある会計基準の国際的なコンバージェンス（収斂）は，常に念頭におかれていた。それは，会計情報の等質性を確保して国際的な企業比較を可能にしようという理念と，バランスシートでの認識と測定を優先させる資産・負債アプローチを徹底させて，稼得プロセスで生ずる収益と費用の対応から利益をとらえる伝統的なパラダイムの，残滓を追放しようとする動きとが結びついたものといわれることも少なくない。

　そのような理解がどこまで現実の事態を正確にとらえたものであるのか，仮に正しいとして，もともとそこではどのような課題の解決が図られていたのか，結果としてそこでなにが解決され，なにが解決されずに残ったのか，予期しない理論上の困難を新たに抱え込んだということはなかったのか，あったとすればその原因はなにか，それらの客観的な検討が本来はアカデミックな会計基準研究に求められているはずであろう。それには，特にその前史となる米国の会計基準「論」を振り返って，現在の支配的な動向の母胎となったさまざまなアイディアを，本書の考察を補完しうる範囲で簡単に概観してみるのが有用ではないかと思われる。この章は，個々の学説に深く立ち入らずに，パラダイム変革（といえるか疑問だが，適当な言葉がないので便宜上パラダイムといっておく）の大きな流れを鳥瞰するメモでしかない[1]。

2 ■ 伝統的なパラダイム

　会計基準のパラダイム変革に先行する理論史ないし思想史を振り返るとき，まず注目しなければならないのは，資産・負債というストックの要素と，収益・費用（もしくは利益）というフローの要素との関係が，そこでどのようにとらえられてきたのかである。両者の連携したシステムが企業会計だとすれば，上述したバランスシート・アプローチは，後者から前者への移行であるというだけでなく，その両者の関係そのものを見直そうとしたものでもあったはずであろう。また，もうひとつの重要な着眼点は，会計の測定操作によって対象に割り当てられる数値（歴史的原価とか時価など）が，さまざまな対象のどのような側面をとらえようとしていたのかである。対象となる事象の測定されるべき共通属性とその測定値（属性値）との関係である。

　ここで「対象の測定されるべき属性」というのは，一般にはむしろ歴史的原価や時価といった属性値の集合を表すのに使われているようである（FASB の概念書第1号，2項における測定属性 measurement attribute）。しかし，企業の保有する資産・負債やそれらの変動をもたらす取引を測定するには，そうした直接に観察される事物や事象（経験対象）のさまざまな側面や属性から，認識の目的に適合する共通のなにか（認識対象）を選んだうえで，選択された共通の属性を数値化するのに適した測定のあり方を決めるはずである。対象の属性とは，ほんらい，この意味の認識対象でなければならなかった。そうした属性を，測定の結果である属性値ないし測定値と混同したところから，属性の一元的認識ではなく属性値の一元化（混合属性の排除）といった議論が生じたともいえる。

　伝統的な会計基準のパラダイムをもっともよく代表したといわれる Paton & Littleton [1940] は，収益と費用の定義が資産の増減に基づくことを確認し

1　言葉の正しい意味でパラダイムの変革が会計基準に生じているかどうかは，それ自体が大きな問題である。単にアプローチとかモデルというほうが，実情を正しく反映しているのかもしれない。なお，過去半世紀にわたる米国会計基準の流れを鳥瞰した井尻 [2003] および Ijiri [2005] もあわせて参照。

つつ，企業活動において取得された用役と供与された用役の対応（努力と成果の対応）を，収益や費用だけでなく資産や負債の認識と測定を含めた会計システムの基礎に据えていた。それは，財や用役の流れに基づく発生費用を収益に対応させて現在の利益をとらえる一方，将来の収益に配分される費用を資産として繰り越す仕組みになっていた。費用と資産とが（つまり財務諸表のフローの要素とストックの要素が），費用の発生と収益への対応というフローの側から，ひとつの概念のもとで統一的にとらえられる体系になっていたのである。収益・費用アプローチの典型といわれるのはそのためであろう。

上記の共著ではまた，企業の交換取引を客観的かつ同質的に表すのはそこに含まれる価格総計だけであり，したがってそれが会計の主題になる（p.7）という記述からもうかがえるように，交換取引における測定対価としての価格総計が，企業会計の直接の関心事とみられていた。それは，一方向の流れである原価（コスト）を二方向へ広げた概念とされているが，基本的には稼得過程に投下ないし再投下された資金としての原価を，測定されるべき共通の属性とみるものであった。その意味で，原価は測定値ないし測定の尺度である前に，財・用役やその流れを測定値に変換する際の認識対象になっていたわけである。原価を認識対象としてそれを期間配分する以上，割り当てられる属性値も一義的に原価（歴史的原価）になっていた。測定にあたり認識される対象の属性と，それに割り当てられる属性値とが，原価という概念でここでも統一的に説明されていたことになる。

彼らにとって，原価は会計の測定操作を待つまでもなく，交換取引によって既に与えられている認識対象である。もちろん，それは市場で生起した事実だからというだけではない。たとえば Littleton ［1933］は，勘定の体系的な関係で特徴づけられる企業会計の形式的な仕組みが，資本主の観点からする「取引の分解」に実質上は結びついてきた歴史に着目する。そこでは，費用の前払いに投下された資金がその後の収益との対応によって回収される過程を，アカウンタビリティーの基礎でもある資本主の請求権が増減する局面と解釈することで，交換取引を通じた資金の流れを原価という情報に集約させている。資産も費用も収益も，すべて資金の投下と回収にかかわる原価の概念で統一したこの理解は，資本主の請求権との関係でそれらの認識と測定を基礎づけようとす

るものでもあった（Chaps. 2-4）。

　このように，伝統的な会計基準のパラダイムでは，ストックとフローの会計情報が収益や費用の側から体系的に関連づけられる一方，認識の対象と測定値との関係も原価の概念によって統一的にとらえられていた。それは原価で測定する前に，まず原価を測定するシステムであった。費用もまた原価の流れで定義され，結果として2つの問題（ストックとフローの関係，および認識対象と測定値の関係）がひとつの観点から統一的に説明される，論理的に閉じた体系が構築されていたのである。概念の体系としては一種の均衡状態であり，だからそれは長期にわたって会計基準に理論的な枠組みを提供することができた。しかし，この golden age のパラダイムも，資産・負債のリアリティーや測定値のレリバンスという面で潜在的には大きな難問を抱えており，やがて新たなパラダイムが模索されていくことになる。

3■パラダイム変革の試み

　資産や負債を収益や費用からとらえる伝統的な基準の枠組みは，投下した資金としての原価（要するにキャッシュフロー）の期間配分によって，バランスシートの要素の認識と測定を決めようというものでもある。それが，資産性を確認できない繰延項目（俗にいう what-you-may-call-its）をバランスシートに含めたり，保有する資産の価値やその変動を無視したりする結果になって，レリバンスの喪失を指摘されてきたのは知られるとおりである。その難点を克服して新たなパラダイムを模索する試みは，1940〜50年代における価格変動会計の研究や実現概念の再検討などを経て，米国の会計学界にも60年代初め頃から急速な広がりをみせることになる。それらのうち，ここでは視点の異なる2つの代表的な試みをとり上げて，その後の議論への影響を展望しておこう。

　そのひとつは，保有利得を含めた利益の要素分解を工夫することで会計情報の有用性を回復させようとした Edwards & Bell［1961］である。彼らの想定する企業過程のモデルは，購入，生産，販売の各時点と，それらを繋ぐ保有のインターバルから成り立っており，投入要素と産出要素の価格を生産か販売のいずれか同じ時点で比べた「営業利益」と，保有期間におけるそれらの要素の

価格変動をとらえた「保有利得」とを組み合わせて、利用目的に合った利益情報を再構築することが試みられていた。そこでは、生産と販売の時点でそれぞれ営業利益をとらえたうえ、保有利得を加えた2つの利益概念（実現可能利益と事業利益）を提示して利用目的への役立ちが検討されていたが[2]、それでも利益と資産や負債との新たな関係が体系的に構築されていたわけではない。利益から企業価値をとらえる点でも、伝統的なパラダイムの枠内にとどまるものとみたほうがよい。

これよりも、資産ないし純資産から企業価値をとらえるその後のパラダイム形成に大きな影響を与えたとみられるのは、米国公認会計士協会（AICPA）による1950年代末からの調査研究活動の成果として刊行されたMoonitz［1961］およびSprouse & Moonitz［1962］であろう。そこでは、資産と負債を将来の経済的便益に基づいて定義するとともに、その認識と測定から直接バランスシートを導くという立場が鮮明に述べられていた。そうした方向は限られた範囲でCanning［1929］やVatter［1947］などにもみられたが、理論的なインスピレーションとは別に、会計基準論の系譜としてはムーニッツらの貢献が現在の動向に連なっているとみてよいであろう[3]。ただ、そこでは資産や負債の変動に利益を依拠させる一方、利益については稼得過程に即した配分も強調されており、パラダイムというには、利益と資産の概念が必ずしも体系的に関係づけられていなかった[4]。

それより前、伝統的なパラダイムの見直しは利益概念の再検討から始まっていた。価格変動への関心の高まりを受け、1950年に米国会計士協会（AIA；上記のAICPAの前身）が組織を挙げた調査研究プロジェクトの成果として刊行した論文集 *Five Monographs on Business Income* から、その後60年代初めの

---

[2] 彼らの検討の結果は、第14章第2節でも述べたとおりである。実現可能利益は当座のコストが回収されたかどうかを確認するものであり、企業評価のための長期的な収益性の観点からは、販売を待ってとらえた営業利益（当期営業利益）に意味があるとされている。Edwards & Bell［1961］,Chap. 3を参照。

[3] もちろん、1950年代における米国会計学会（AAA）の文書など、他にも特記すべきものは少なくない。

[4] その面では、利益を構成要素に分解するEdwards & Bellと似通った主張にとどまっている。

Solomons［1961］などに至る多くの論稿は，もっぱら利益の概念に関心を集中する一方で，資本の価値を将来の利益の関数としたまま，利益と資産とのシステマティックな関係には論及しなかった。それに対して，資産や負債に重点を移した60年代からの論者は，逆にそこから結果的に導かれる利益がどのような意味を付与されるのか，その概念との関係に十分な洞察を加えてこなかった。体系的な考察が欠落したまま，現在でもクリーン・サープラスという制約のもとでの単なる計算上の帰結として，経験的な意味の曖昧な包括利益の概念が提示されているだけである。

そこではまた，資産を現在の市場価格で測定することが一般に主張されながら，それがさまざまな資産のどのような共通属性を測るのかが，必ずしもあきらかにされているわけではない。とりわけ Sprouse & Moonitz［1962］のように，棚卸資産と固定資産で市場価格の適用に違いを認める場合は，なおさらそこで測ろうとする共通の要素を究明しなければ，概念的に首尾一貫した測定の操作を保証することはできないと思われる。ちなみに，市場価格での画一的な測定を徹底させて，現在現金同等額による資産の継続的な評価替えを主張した Chambers［1966］は，市場環境に適応する企業の能力が現金を支配する機会にあるとして，それを認識の対象となる資産の共通属性とみていたが，その主張は一時期の大きな影響力に反して理論的には支持を得られず，既に歴史的な役割を終えている。

そのほか，Vatter［1947］における潜在用役と拘束資金の概念も，資産の測定に先だって認識されるべき属性に明確な展望を与えようとした思索の所産とみられるが，その成果は理論的に高く評価されながら，現在のバランスシート・アプローチには活かされていない。資産・負債の「価値」を「公正価値」で測定するという近年の支配的な論調は，認識対象に当たる価値がまだ曖昧で無内容な概念にとどまっているということもあって，実質的には一種のトートロジーに陥っているように思われる。認識対象の原価が投下資金ないしはキャッシュフローに裏づけられていた伝統的なパラダイムと，その点で大きく違っているのである。認識される属性と，それに割り当てられる属性値との間の，整合的で操作性のある関係は未形成であり，新たなパラダイムはまだ確立されたとはいえそうにない。

4■概念上の基本問題

　これまでに述べた対象の測定されるべき属性と,それに割り当てられる属性値との関係は,会計基準にとっても概念上の基本問題のひとつであり,直感的な理解を助けるためにもう少し別の表現で補完しておきたい[5]。いま,X を事象ないし経済的資源の集合とする。この集合 X の要素に金額を割り当てたうえ,それらの演算から意味のある情報を作り出そうというわけだが,そこで割り当てられる金額を表す数値の集合を,ここでは V で表すことにする。会計測定は,この集合 V(あるいはその部分集合)の要素を集合 X の要素(あるいは部分集合)に対応させる写像 f($f:X \to V$)に当たる。この写像は,集合 X の要素をどのような共通属性についてとらえるのかを決めて,それを量的な属性値に変換する関数(操作)だと考えればよいであろう。

　ここで定義域 X は,さしあたり企業の資産や負債の集まりとしておけばよい(必要ならそれらの変動を含めることもできる)が,問題は値域 V である。これを仮に歴史的原価とか時価とかの部分集合 V_i($i=1, 2, \cdots, k$;任意の i と j について $V_i \cap V_j = \phi$)に分割し,それぞれの V_i を X に対応させる写像 $f_i:X \to V_i$ を別々に定義するという立場をとると,それらは原価評価とか時価評価といわれる別々の測定操作(測定ルール)に相当し,それぞれの写像 f_i は,それぞれの観点から定義域 X の要素を,原価や時価のような値域 V_i の要素といわば同じ属性について認識することになる。原価や時価を測るために原価や時価を割り当てるだけである。そこでは,対象(経験対象)としての X の要素がもつ共通の属性(認識対象)が,V_i の要素である属性値(の内包)と同じものであり,測定操作に当たる f_i はそれぞれの具体的な値を選ぶだけである(**図補2.1-①**)。

　他方,想定される属性値の総体としてとらえた集合 V そのものを集合 X に対応させる写像 f を考えているときは,ここでいう認識対象が V の要素と

　5　ここでは,正確な表現よりもイメージのしやすさを優先する。より正確には斎藤［1975］,第3章をみよ。

図補2.1 属性の選択と属性値の割り当て

① 属性値⇒属性

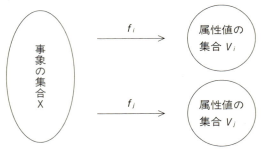

集合 X の要素の測定されるべき共通属性は，いずれかの値域 V_i $(i=1,2,\cdots,k)$ を指定した結果として自動的に決まる。

② 属性⇒属性値

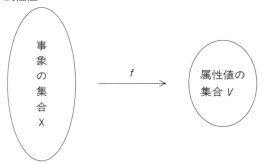

集合 X の要素の測定されるべき共通属性から，まず値域 V のべき集合の要素 V_i $(i=1,2,\cdots,k)$ が選択され，そのうえで選択された V_i の要素が割り当てられる。

共通では意味がない。この場合の写像 f は，X の要素に共通する属性のいずれかに着目する固有の観点（いわば色眼鏡）を内蔵し，その属性を量的に表現する属性値の集合をまず V のすべての部分集合からなる集合（べき集合 2^V）から選んだうえで，その要素を割り当てる合成写像になる。そこでは，対象の測定されるべき属性（認識対象）が写像 f に内臓される「色眼鏡」によって決められるだけでなく，その属性は原価や時価といった属性値とは次元の異なる概念になる。伝統的なパラダイムでは投下資金としての原価であり，新たな

アプローチでも，共通の属性が属性値と未分離のまま，おそらくは公正価値か，あるいはそれによって表現されるなにものかが想定されているのであろう（図補2.1—②）。

一般に使われてきた測定属性とか混合属性という概念は，この前者にみるような考え方に立っているのではないかと思われる。その場合には，X の要素 x_a の写像 f_i による測定値 $f_i(x_a) \in V_i$ と，x_b の写像 f_j による測定値 $f_j(x_b) \in V_j$ とは，i と j とが同じものでない（$i \neq j$）限り加法的になる保証はない。たとえば，時価と原価との間に加法性がないから，両者を並存させる混合属性アプローチに首尾一貫性がないという主張は，こうした文脈から生まれる話である[6]。それに対して後者の考え方に立ったときは，x_a も x_b も f によって同じ集合 V の要素に変換されるから，写像 f の決め方で加法性を成立させることができる。それは，集合 X の要素の共通属性をどうとらえるかという，上述した「色眼鏡」の選択に帰着する問題であり，加法性や属性の統一とは次元の異なる議論が必要とされる話である。

対象の測定されるべき共通属性と，それに割り当てられる測定値（属性値）とが厳格に区別されず，前者がしばしば後者の意味で語られてきたのは，値域に当たる測定値の集合 V を，歴史的原価や時価といった部分集合に分割し，それぞれを定義域の X に対応させるように，別々の写像を想定してきたからである。それらの写像が対象のどの属性を測るかが，値域の側から決められているわけである。だからそこでは，別々に定義された写像のなかから，どれを一律に選択するのかだけが争われてきた。画一的な評価のルールを争う排他的な論争は，そうした想定がもたらした不毛な結末でもあろう。しかし，その選択の根拠は，対象の測定されるべき共通属性という，会計測定の認識対象をめぐる議論に俟つのが本来の姿である。逆転した話の順序をもとに戻すことが，うわべのパラダイム変革に先行しなければならないであろう。

---

[6] 歴史的原価のような属性値については，時間ごとに分けて値域を細分割し，それぞれを事象の集合 X に対応させる写像を定義できる。その場合は，時間の異なる歴史的原価には加法性がないということにもなる。

5 ■おわりに

　新たなパラダイム形成に向けた会計基準改革が，いわば閉じた体系で基本概念の関係が完結する均衡状態を回復できていないとすれば，残るのは，資産や負債のリアリティーと測定値のレリバンスという伝統的なパラダイムの難点を克服しながら，欠落した体系性の回復を図ることであろう。資産・負債の概念を利益の要素に依存させることなく[7]，しかも測定値としての歴史的原価がレリバンスを失った部分を時価ないし公正価値に置き換えるという作業を，対象の認識されるべき属性とそれを測る属性値との関係，およびストックの要素（資産や負債）とフローの要素（利益）の間の関係という基本的な概念の枠組みが，再びかつての閉じた体系を取り戻して会計基準をめぐる議論に寄与できるようなレールに乗せることである。

　そのレールは，もちろんひとつに限られない。たとえば，伝統的なパラダイムにおける測定値のレリバンスが，それによって測られる属性（投下原価）の時間的なレリバンスの欠落によって失われたとみるなら，投下資金の回収と再投下の過程を投資の性質に応じた新たな時間軸でとらえ直し，投下資金の概念を再構築しながら資産や負債と利益の関係を組み立てることで，属性値を従来と異なる規準で使い分ける仕組みを発展させる可能性があるのかもしれない。金融投資を時価による資金の回収と投下が繰り返される過程とみた企業会計基準委員会の概念フレームワーク討議資料は，そうした試みのひとつでもあった。それは，会計基準改革の混乱を，その根底にある古くて新しい問題に返って解決しようとしたものといえる。ただし，その方法では，公正価値測定がいわば自己目的化した一種のイデオロギーを満足させるのは難しい。

　他方，経済的資源の公正価値を認識されるべき属性とみたうえで，実体のつ

---

[7] 伝統的なパラダイムでバランスシートのリアリティーが問われたのは，資産や負債の概念を収益や費用に依存させていたからである。その解決に必要なのは，それらの概念を利益の要素に依存させないこと（資産・負債の変動を利益認識の必要条件とすること）であって，資産・負債の変動だけで利益を決める（十分条件とする）ことではない。

かみにくいこの概念と企業価値との関係をあきらかにしながら，それを測定する代替的な属性値との関係を体系的に理解しようとする方向にも，可能性がまったくないとはいえないであろう。現在までの状況では，認識される共通の属性とみたときの公正価値の概念に，企業価値との関係を含めて具体性が乏しく，しかもそれを量的に表現すべき属性値としての公正価値と混同されているために，そもそも「なにを」「どう」測定するのかが不明確というだけでなく，資産・負債と収益・費用とを有用な会計情報として両立させるに至っていないのかもしれないからである。とはいえ，ものに内在する価値という，経済学ですらはるか昔に断念した実体の鬼火を追い続けるのでは，会計基準にどれだけ寄与しうるかはわからない。概念の一般性は，その操作の体系性を保証するのに必要かつ十分なレベルでなければならないが，それ以上であっても意味はない。

補章3
コンバージェンスの未解決論点

1 ■ はじめに

　会計基準のグローバル・コンバージェンスは，IASBが組織目標に掲げるシングル・セットへの収斂の前に，まず米欧間での相互承認を当座の目標にして進められてきた[1]。2つの基準が同時に同じ市場で並存し，それぞれの基準に基づく会計情報が，重要な調整開示を伴わずに受け入れられる世界である。そうした状況を実現する米欧の規制当局および基準設定主体の協力・協働は，米国の市場でも国際会計基準（国際財務報告基準 IFRS）に基づく財務諸表をそのまま開示できるという，IASBの実質的な目標をほぼ達成したといわれている[2]。またIASBとFASBは現行基準の差異の解消を目指すとともに，将来の基準設定の基礎となる概念フレームワークの共同開発に取り組み，成果の一部については予備的見解や公開草案などの形で公表を進めてきた。

　他方，そこでの基準開発をめぐる学界の議論には，最近になって批判的な論調が顕在化してきたように思われる。従来は基準の国際統合はもとより，会計基準そのものについても，理論ないし実証のメイン・ストリームに属する海外の研究者は，ほとんど発言をしてこなかったといってよい。学術的な決め手もなく意見を表明するだけの会計基準論や国際会計論では，少なくともアカデミックな研究成果と認められないからであろう。数少ない例外が，サンダー等による誘因両立的な市場競争ベースのコンバージェンスという後述の構想で

1　日欧間でも基準の同等性を確保して相互承認を図る方向が追求されてきた。
2　もともとIASBは，直接には統一欧州のために共通会計基準を設定する役割を担っていたが，同時にその基準に従った欧州企業の財務報告をアメリカに受け入れてもらうために欧州を越えた国際基準を目標に日本を（アメリカを）含む国際的な組織を立ち上げていた。次章（補章4）もあわせて参照せよ。

あった[3]。先験的にはシングル・セットと決めつけない点で，これをコンバージェンスへの反対論とする論評も一部にみられたが，その後の米欧間の共同作業は，実質的にこの枠組みのもとで進められてきたといってよい。

しかし，会計基準のコンバージェンスが，グローバル化の進む市場環境のもと，誰の目にも望ましいインフラの共通化を超えて，イデオロギーにも近い資産・負債アプローチによる世界統合への政治的な暴走を許し始めると，確たる根拠の乏しい発言を抑制してきたアカデミズムのリーダーたちも，さすがに沈黙を破って警鐘を鳴らすほかはなかったようである。特に英国勅許会計士協会機関誌の「国際会計政策フォーラム」と題した2006年の特集号には，長年にわたり実証的な会計研究をリードしてきたボールとワッツの論稿がそれぞれ掲載され[4]，2007年には米国会計学会（AAA）の機関誌に，同学会委員会が概念フレームワークに関するFASBとIASBの予備的見解（2006年）を手厳しく論評したコメントも出されていた[5]。以下では，それらを参照しながらコンバージェンスの方向と未解決論点を考えてみたい。

2 ■ 基準の統一と実務の統一

ボールの論稿が伝えるメッセージは，会計基準の統一化を促進する要因も，逆にそれを後退させる要因も，つまるところ市場の自律的な選択から生ずること，したがって両者のバランスも自律的な市場環境のなかで決められるほかはないということである。企業ごと，あるいは国ごとに違った会計ルールが使われると，取引の相手方である情報利用者が比較可能性の欠如から生ずるコスト（負の外部効果）を負うことになり，それを避ける（内部化する）ために他と同じルールを使う誘因が開示する側に働くはずである。しかし，その一方で，会計情報の等質性を実現するために会計ルールの統一がどこまで必要なのかは不明であり，政治・経済の環境が異なるところで生ずる取引の，すべてに当て

---

3 Dye & Sunder［2001］；Sunder［2002］。なお，日本の企業会計基準委員会も，2004年の中期運営方針で同様の立場を表明していた。
4 Ball［2006］およびWatts［2006］。
5 AAA (Financial Accounting Standards Committee)［2007］。

はまる最適ルールがあるという経験的な証拠は存在していない[6]。

統一的な会計基準は投資家にとっての情報コストと情報リスクを低下させるが，それは基準がコンシステントに適用される場合の話である。ボールによれば会計基準の統一と会計実務の統一は別問題であり，情報の比較可能性を高めて資本コストを削減するのに役立つのは，基準ではなく実務の統一である。いくら基準を統一しても，それを適用する実務はローカルな政治や経済の諸要因に影響され，国や地域の間で財務報告の質に重要な違いが残るのは避けられない。統一基準の不均一な適用は，会計情報の重要な差異を基準の差異よりも奥深い不透明なレベルに隠匿することで，国境を越えて投資する人々の情報処理コストをかえって増加させ，基準の統一から期待される潜在的な便益を帳消しにすることにもなりかねないというのである[7]。

一般に各経済主体がもつ財やサービスの品質について情報が不足しているとき，スペンス流のシグナリング・モデルならば，高品質の財をもつ主体はその事実を市場にシグナルして自己の差別化を試みる。ただ，その方法が成功するには，低品質の財をもつ主体にとって，それを真似るコストが負担できないほど高くつかねばならない。しかし，たとえ国際的な統一基準の品質が高いとしたところで，財務報告の水準の高い国が，この統一基準を採用することで投資家に自国の品質をシグナルしようにも，監査を含めて低水準の国は低いコストで名目だけ同じ行動をとることができる。この問題を解決するには世界共通の有効なエンフォースメント・メカニズムが必要になるが，その場合のシグナルは，もはや基準の品質よりも基準のエンフォースメントの品質になる[8]。

ここでいうエンフォースメントの共通化とは，監査基準を統一すればよいといった気楽な話ではない。資本市場の主要なインフラを統合した統一欧州ですら，その点は疑わしいというのがボールの観測である。慣習法と成文法の違いひとつをとっても，それに付随する誘因が損失認識のタイミングに影響することを，彼の紹介する実証研究は確かめている。そのため，国外で開発された会

---

6 Ball [2006], pp. 7-8 の指摘である。
7 Ball [2006], pp. 15-17, 22 を参照。
8 これも Ball [2006], p. 24 の指摘による。

計基準を導入しても，実際の会計情報に重要な変化が生ずる保証はない。彼によれば，グローバル化の進展にかかわらず，情報開示をめぐる市場関係者の誘因は，開示する側の経営者だけでなく，基準をエンフォースする株主や監査人，あるいは規制当局までも含めて地域性を残している。市場も政治もグローバルというよりローカルであり，企業の会計実務や監査人の監査に影響する多くの要因は，予見しうる将来については国際的というよりむしろ国内的だとされている[9]。

もちろん，経済や政治のグローバル化が各国間のルールの差異を縮小していくのは確かだが，どこまで統一化するのがよいかという最適レベルは先験的には決められない。経済システム一般についてはそれが健全な国際競争に委ねられており，財務報告システム間の国際競争が他の局面にくらべて望ましくないという理由はないはずであろう。世界共通の基準を超越的に課すことは，経済活動のどの局面であれ，集権化の危険な道を進むものでしかないのである[10]。会計基準の統合レベルは，この国際競争を通じた実務統合のレベルに応じて決められるべきだというのが，おそらくボールの主張なのであろう。会計基準をめぐる議論の焦点が「ルールにどう書かれているかにあり，それが実務でどう適用されているかにない」という彼の指摘は，日米のような大規模な国際市場で機能しているルールを変えるコストを考えれば特に傾聴に値する。

3 ■受託責任と公正価値測定

ボールやワッツの論稿とAAAのコメントに共通するのは，財務報告の目的をめぐる受託責任（スチュワードシップ）の観点を強調しながら，公正価値測定の限度を超えた拡張を批判している点であろう。ワッツは，もし会計基準や財務報告を変更する提案が，経済上の私的な取り決めと政治プロセスの帰結とを裁定する市場の要因を無視して検証不能な会計数値を生み出し続けると，市

---

9 Ball [2006], pp. 16, 19-22 を参照。
10 Ball [2006], pp. 22, 24-25 を参照。集権化による市場競争の制限は，会計基準のような市場のルールについても，製品やサービスの品質と同じ問題を含んでいる。

場が財務報告を無視して別の方法を見つけるだろうという警告から彼の議論を始めている。「経験的な証拠が示唆しているのは，資本市場への情報供給における会計の比較優位が，広範な情報や企業価値の推定値を提供する以外のなにかだということである。それは，他の源泉の情報に規律を与えるハードな検証しうる数値を生み出すことにほかならない」というのである[11]。

　たとえば，会社の収益性を予測するアナリストからの情報は，会社が開示する会計上の利益によって事後的に確かめられる。市場参加者はどのアナリストの予測が優れた情報源かを知り，株価はそれらの情報に反応することになるはずである。もし検証できない価値の変化が利益に含められると，それだけ利益情報にノイズが混入する結果となり，もっとも信頼できるアナリストや他の情報源を見分ける資本市場の能力は減殺される。会計情報がソフトになれば，他の源泉から生み出される情報もそうなるのである。会計基準がソフトな会計情報を強制すれば，フォーマルな財務報告の有用性が損なわれて私的な代替基準への誘因が生まれる。基準設定主体は，自己の基準や立場を維持するうえで，市場均衡から大きく乖離することはできないとみたほうがよい[12]。

　企業会計では資産の価値変動を簿価切り下げのケースに限って認識しているが，それは純資産の分配をめぐる私的契約との関係で，純資産価値の保守的な評価が求められるからでもある。そのような事情を除けば，経営者の財務報告が，彼らの立証不能な見積もりよりもはるかに多くの情報を企業価値に組み入れる市場と，あえて張り合う合理的な理由はない。価値変動を認識する場合でも，従来からの取引ベースの財務諸表は，少なくとも開示する情報のなかにとどめられる必要があろう。FASBは割引キャッシュフローや利益倍率などを駆使し，いわば市場を模倣して無形価値を含めた企業評価を志向しているが，資本市場の強みはそうした個別の手法ではなく，無数の参加者の広範な情報を組み込む点にある。彼らは市場の評価の形式と実質を取り違えているというしかない[13]。

　11　Watts [2006], pp. 51, 55 などによる。
　12　Watts [2006], p. 55 の指摘による。
　13　Watts [2006], pp. 56, 58-59 を参照。要するに，形式だけ市場を真似ても意味がないということである。

これらの論点は，概念フレームワークに関する FASB と IASB との予備的見解（財務報告の目的と会計情報の質的特性を扱った2006年のもの）を，「基本的に誤ったアプローチであり，現在の形では採択されるべきでない」と切り捨てた AAA 委員会のコメント[14]にも共通する。そこでは，財務報告の目的を企業所有者の受託責任という観点でとらえ，それに必要な情報の要件として特に信頼性を強調し，現実の市場取引に基づかない監査不能な数字の有用性を信頼性の観点から否定するとともに，企業価値の開示という発想に対しては，それが仮に信頼できるものなら開示するときは既に株価に組み込まれていて，情報としての有用性を失っていることを指摘する。個別資産の公正価値も，本来は継続使用の価値（使用価値）でなければならないが，これは信頼できない不確かな見積もりだとされている[15]。

　いうまでもなく資産の使用から得られる成果の現在価値は，会計数値に表れない企業内の要素から生ずる部分も含めた将来のキャッシュフローや，当該企業に対する請求権者のリスク選好を考慮に入れた割引率の見積もりに依存する。それが中立的で検証可能であることは稀であろう[16]。もちろん，個々の資産や負債に信頼しうる市場価格が存在し，しかもそれが歴史的なデータよりも意味をもつケースなら，時価への引き直しがレリバンスを高めることもある。しかし，いずれにしてもそれらは会社所有者の富の変動と関係がない。会社所有者や投資家にとって意味のある情報は持分価値の変動を帰結しうる営業の成果であり，それはむしろ保守性のバイアスを伴った「対応」のコンベンションに依拠するというのが AAA コメントのメッセージである[17]。

　ただ，そこでの受託責任（スチュワードシップ）がどこまで意味のある概念かとなると疑問は残る。いわれるように，会社所有者が他の情報利用者を満足させることができないと，後者は会社との取引にあたって会社に関する知識やリスクのコスト（モラル・ハザードのコスト）を前者に負担させるから，前者

---

[14] 手きびしいコメントだが，AAA [2007], p.230 による。
[15] AAA [2007], pp.231-236 を参照。
[16] 中立性や検証可能性をいう前に，それらの見積もりは情報を開示する側ではなく，利用する側の投資家の役割である。
[17] AAA [2007], pp.233-235, 237 をみよ。また，保守性とは別に企業評価の観点から公正価値の問題点を検討した Penman [2007] も参照。

は後者が満足するよう自ら会社の財務情報を開示する誘因をもつ。しかし，それだけのことなら，この財務報告が会社所有者のためか他の情報利用者のためかは，同じことをどちらの側からいうかの問題でしかない。とりわけ公開会社の非支配株主は，会社の所有者でありながら，株式の保有と売買によって会社と関係をもつだけの投資家でもある。財務報告の目的も，公正価値会計の意義や適用範囲も，そうした投資家の観点から検討される必要があるように思われる。

4■資産・負債アプローチの偏重

受託責任の観点から財務報告の機能をとらえる論者は，会計情報の質的要件のなかでも特に信頼性を強調する傾向が強い。信頼に値しない数字はレリバントでない（AAA, p.234）というわけであろう。しかし，投資家にとっての有用性という観点からは，従来，彼らの意思決定に対する関連性（レリバンス）と信頼性とのトレード・オフに関心が向けられてきた。概念フレームワークに関するFASBとIASBの予備的見解が，信頼性に代えて表現の忠実性を強調したことは，公正価値会計の拡張とあわせて信頼性とのバランスに対する懸念を引き起こし，それが結果として受託責任を強調させることになったのかもしれないが，いずれにせよ信頼性を問う前に情報のレリバンスという面で，資産・負債アプローチや公正価値測定の理屈が考え直されてもよいであろう。

そうした関心に応えようとした注目すべきノートに，ディーシェフの試論がある[18]。注目すべきといったのは，もっぱら実証面での成果を出し続けている第一線の会計研究者であるにもかかわらず，彼らが遠ざけてきた基準設定の論点を基本から整理するだけでなく，実証を待つまでもなく理論的にいえることを，積極的に主張しようとしているからである。それは，投資家への情報開示というFASBなどと共通の観点に立ちながら，バランスシートの偏重を率直に誤りと断定している点でも，資産・負債アプローチの教義が支配するサーク

---

18 Dichev [2008]．もともとは，ペンマンのコーディネーションのもとで執筆されたコロンビア大学のワーキング・ペーパーであった。

ルに対して挑戦的にみえる。しかし，その論旨は明快というだけでなく，ある意味できわめて常識的であり，おそらく決め手のない議論を避けるために会計基準への中途半端な言及を抑制している会計研究者の多くが，現在でも暗黙のうちに共有する通念のように思われる[19]。

　この論文は，企業の価値が静止した資源の束からでなく，それらをリスクにさらしたビジネス・モデルの実行から生まれるものである以上，そうした事業プロセスと切り離して資産の価値をとらえるバランスシート・アプローチよりも，むしろビジネス・モデルの成否を最終的に検証する顧客への販売に基づいて収益を認識する損益計算書モデルのほうが，企業の事実に即した財務情報を生み出すことをあらためて確認する。多くの企業は資産をいわば栽培する「温室」ではなく，それを製品などのアウトプットに変換している「炉」のようなものであり，資産は事業を遂行する際に使われる当座の道具でしかない。企業にとってそうした資源の価値は，（上記のAAAコメントと同じく）その企業に固有の使用価値であっても，交換価値としての出口価格とは関係ないことが指摘されている[20]。

　もちろん，市場性ある有価証券など，価値が営業活動から独立しているような資産については，その価値の変動を追跡して利益（earnings）を測ればよい。要するに，金融活動のための資産や負債にはバランスシート・アプローチが意味をもつのだが，営業に使われていて，独立に存在するわけでも独立の価値をもつわけでもない資産については，価値創造の過程に損益計算書アプローチが適合する。企業の収益性を説明するのは保有資産のリストに載らない無形の価値であり，それは将来に予想される営業成果（販売価格や数量）のプレミアムから派生する資産でしかない。問題の核心をなすのは，営業活動と金融活動を区別して2つのアプローチを使い分けることであり，バランスシートへの志向は特殊な状況でのオプションにすぎないというのである[21]。

19　ディーシェフの論稿とほぼ同時期に，同じコロンビア大学のワーキング・ペーパーとして書かれた Nissim [2007] も，銀行業についてすら公正価値会計の拡張が財務諸表の情報を大きく改善するとは思えず，場合によっては会計の質を下げる歪みを持ち込む可能性があると指摘していた。
20　Dichev [2008], pp. 458-460 を参照。
21　Dichev [2008], pp. 463-464 を参照。

資産・負債アプローチは，利益が価値の変動分である以上，それに先だって価値が定義されなければならないという理屈に立っている。しかし，そこで定義される資産は，将来にもたらされる正味の便益という，利益にきわめて近い概念に依存する。もともと資産と利益は不可分の概念であり，バランスシート・アプローチの優位性は，一種の循環論を含んだ曖昧な議論である。投資家はむしろ利益，それも持続的・反復的な利益を尺度に投資を評価しており，しばしば現在の利益をその代理として利用する。予測できない市場価格の変動に基づく完全な時価会計を追い求めれば，予測に役立たないノイズとしての利益を生み出すだけである。概念フレームワークは，(1)営業活動と金融活動を明確に区別するとともに，(2)対応概念に基づく財務報告のモデルを再構築しなければならず，それこそがビジネスの忠実な表現になるというのがこの著者の主張である[22]。

5 ■ 基準統合のレベルとプロセス

　これまで，資産・負債アプローチや公正価値測定といったキーワードに即してコンバージェンスの動向を批判的にみてきたが，ここでコンバージェンスそのもののあり方に戻り，究極の目標だった「シングル・セット」の会計基準という理念が独り歩きをしている一種の政治ゲームよりも，基準統合への誘因を市場メカニズムに組み込みながら，市場プロセスを通じて最適な統合レベルを模索すべきだとする，本章冒頭でふれたサンダー等の議論を概観しておくことにしよう[23]。複数（比較的少数）の基準のセットを選択可能なメニューとして与えれば，基準間の市場競争がその選別と標準化の driving force になるというこの考え方は，規制の観点からはわかりにくいかもしれないが，国際競争を通じた実務の統合レベルに応じて会計基準の統合レベルを決めるという，前述したボールの主張とも共通する立場である。
　サンダーの論稿は，米国をはじめ多くの国で認められている財務報告基準の

22　Dichev [2008], pp. 464-65, 467ff. を参照。
23　ここでは Sunder [2002] をとり上げる。

「地域独占」に対して，2つないしそれ以上の基準間で選択を認める競争的なモデルが，「基準設定問題を誘因両立的（incentive compatible）なやり方で解決する助けになる」ことを示そうとする。財務報告にあたって依拠すべき基準の間で選択が認められ，個々の企業がいずれか1セットの基準を自由に選んで使えるようになると，基準設定主体は自己の基準を一方ではそれが生み出す情報の比較可能性に，他方では報告企業の環境特性にそれぞれ基づいて評価し，情報の作成者と利用者をできるだけ多く惹きつけようとする。そこでは，基準の選択をめぐる経営者と投資家のそれぞれの意思決定について，両立のむずかしいこの2つの観点のトレード・オフを図りながら，新たな報告基準の開発が進められることになるのである[24]。

すなわち，財務報告の基準に複数のセット・メニューが認められれば，経営者は自分の会社にさしあたり適したものを選択し，それに基づいて報告書を作成・開示する。投資家は，より満足できる財務報告書を開示した企業の発行する証券をより高く評価する。その評価は，報告基準を所与とした当該企業の指標とともに，その指標を生み出した報告基準それ自体の品質についても同様に行われる。投資家がより高い価格をつけるほど，企業の資本コストは安くなり，それがその企業に参加している人々の利益になる。経営者はこの投資家の選好を注視しながら，彼らに好まれる基準を選んで採用し，資本コストを引き下げようとするであろう。経営者の行動は投資家のニーズをよりよく充たす基準設定主体の収益や評価を高め，それが設定主体の基準選択に影響するという仕組みである[25]。

その場合，より厳格な，あるいはより詳細な会計基準が，企業規模や産業分野など，経済環境の違いを超えて常によい基準だとは限らない。どのような「シングル・セット」の基準も，すべての企業にもっとも適しているということはなかったし，経済全体や一国全体にとってベストな単一セットの基準を，確信をもって先験的に特定することは不可能である。こうした状況では，市場競争を通じて効率性が確かめられる程度の基準に到達できる可能性をもった仕

---

24 Sunder［2002］, pp. 226-227 を参照。
25 Sunder［2002］, p. 227 を参照。

組みを作り出すのが合理的である。そこでの基準が，単一セットになるのか複数セットになるのかは，少なくとも事前には誰にもわからないというのが，サンダーのメッセージである[26]。現に進行しつつあるコンバージェンスのあり方に付和雷同しないという意味で，政治的にはやや刺激的な論調かもしれないが，理屈のうえではごく常識的な主張でもある[27]。

　実際，ひとつの国の会計基準は基本的にはひとつでなければならないが，世界中に会計基準がひとつしかないのでは，制度が市場のイノベーションについていけず，いずれ役に立たなくなるのは目に見えている。国の間に限らず，一般に違ったルールを標準化ないし統合化するには2つのやり方がある。ひとつは強権的に統一基準を決めて，その全面採用を強制する方法である。もうひとつは，米国各州の商事法や会社法に対する模範法のように，標準的なモデルを提示してよいところを採用させるものである。各州ではそれを参考にたえず制度設計を工夫し，制度間の競争を通じて企業や投資家を自分の州に惹きつける。それが再び標準モデルにフィードバックされてその改善を促進し，各州で開発された新たな工夫も含めて州ごとの制度がさらに高度化・標準化されていくという仕組みである。この後者の方法が，米国の市場制度の先進性を支えてきた面は評価されてよい。

6 ■ おわりに

　本章では，IASBとFASBの共同作業を中心に進められてきた会計基準の国際的なコンバージェンスの流れに対して，米国会計学界のリーダーたちが相次いで提起し出した根本的な批判を取り上げ，つとめて私見を加えない要約・整理を試みた。特に資産・負債アプローチや公正価値測定など，コンバージェ

26　Sunder［2002］, p. 228を参照。
27　会計基準に幅をもたせて基準間の市場競争を許容するフレキシビリティーが，標準化のプロセスだけでなく，会計基準そのもののイノベーションにも欠かせないことは，ここで参照しているワッツの論稿（p. 59）にもAAAのコメント（p. 238）にも述べられている。また，IASBのトウィーディー議長やFASBのハーズ議長らが編集した論文集でも，皮肉なことに巻頭のBallwieser［2008］が，単一基準への収斂に対する疑問を表明している。

ンスの核心をなしている論点については，著者の見解や企業会計基準委員会（ASBJ）の「概念フレームワーク討議資料」と共通するところも多く，なかにはその一面をより強く主張したものもあった。国際的な基準の統一にも最適水準があるとすれば，それを検討しようとしない全面統一の動きに対して，海外の学界権威者が発信を始めた警告を客観的に伝えるのが本章の目的であった。

　残念ながら日本では，その種の議論を提起することですら，国際動向に反するとか公正価値を否定するといった論評に直面して当惑させられることも少なくないが，どうみてもそれは国際性と無縁なノイズであろう。それでも日本からは，全面公正価値にこだわるIASBに対して，その合理的な適用範囲の検討こそが急務だとする意見発信を繰り返してきた。IFRSと国内諸制度との両立性に関する各国の懸念をはじめさまざまな条件が重なったにせよ，特段の見通しもないままとりあえずIASBがそれを概念フレームワーク・プロジェクトの検討項目に含めたのは（第6章を参照），そうしたアカデミズムからの学術的な根拠をもった意見発信にも影響されているのであろう。

補章 4
コンバージェンスと日本の対応

---

1 ■ は じ め に

　戦後における日本の会計制度改革は，政府部門が主導した米欧へのキャッチ・アップの歴史であったが，その過程の総仕上げに当たるのが，前世紀末から今世紀初頭にかけての集中的な基準改革（いわゆる会計ビッグ・バン）であった。具体的には，連結の強化と範囲の拡大（1999年），キャッシュフロー計算書（1999年），税効果会計（1999年），退職給付会計（2000年），金融商品の時価会計（2000年および2001年），固定資産の減損会計（2005年），企業結合会計（2006年），ストック・オプション会計（2006年）などである。これらの改革により，日本の会計基準は米欧とほぼ同等のレベルに達したとみられている。日米欧三極の会計制度はそれぞれフロンティアに到達し，他の後追いでなくそれぞれが抱える問題に対応せざるをえなくなっているのである。

　ひるがえって日本の資本市場をみると，規模においては国別で米国に次ぐ位置にあり，海外投資家の比率も東証一部では委託売買高のほぼ6割にも達する国際市場になっているようである[1]。その一方，日本の企業は大半が国内で資金を調達しており，海外の市場に株式ないし株式関連の証券を上場しているのは，せいぜい数十社程度にとどまっている。米国上場企業は，米国基準に基づく財務情報をそのまま日本でも開示しているが，他はほとんどが日本基準に従って財務諸表を作成している。情報開示の面では，高度にグローバル化した東京の市場で，海外の投資家も含めて日本の会計基準が広く受け入れられ，投資家の間にも定着しているといってよい。

　1　2006年度（2006年4月〜2007年3月）には，おおむねこの水準に達していたと伝えられる。日本経済新聞，2007年3月31日朝刊。

その間，欧州の市場統合に伴う会計基準の統合を契機として2001年に国際会計基準審議会（IASB）が発足し，欧州を越えて日米を含むグローバルな基準統合（コンバージェンス[2]）を目標に活動を開始した。欧州企業にとっては，域内の基準に基づく財務報告を米国でも受け入れてもらうことが最大の関心事であり，米国との交渉力を確保するうえで，域外の諸国を糾合した国際基準が必要であった[3]。他方，米国や日本にとって，それは海外市場で資金調達をする企業のための共通基準であり，国内基準とは別個のものというのが当初の位置づけであった。しかし，後述する米欧および日欧のコンバージェンスが進むとともに，それぞれの国内基準とこの国際基準との関係がどうなるかは，政治的な要因も加わって予測し難い問題になりつつある。ここでは，その背景となる論点を簡単にみておこう[4]。

2 ■グローバル・コンバージェンス

IASBが前身のIASC（国際会計基準委員会）の再編によって設立された同じ年，日本でも民間の機関として企業会計基準委員会（ASBJ）が設立され，国内基準の開発と国際対応の双方に責任をもつ体制へと移行した。米欧へのキャッチ・アップを終えた日本の会計制度を，市場関係者が自ら担う新たな局面に対応するためである。このASBJによる会計基準の開発は，市場取引を規制する公的なルールを行政府に代わって民間が実質的に決めるという，この国では画期的な社会実験の舞台であるとともに，日本の市場における主体的なルールの形成が，国際的にも普遍性をもってコンバージェンスへ寄与すること

---

   2   コンバージェンスというのは，自国基準を維持する国の会計基準と国際基準との差異を縮小していく過程である（Ball [2006], p. 9）。それは自国基準を放棄した国際基準の「採用」を緩和した形態だが，最近では自国基準とは別に国際基準の選択も認めるという，コンバージェンスをむしろ緩和した形態を「採用」と称している例も散見される。意図的な誤用もあるのかもしれないが，メディアを含めた言葉の乱れは，コンバージェンスがそれだけデリケートな局面にさしかかっていることの反映とみるべきであろう。
   3   それはまた，自国の資本市場や市場インフラが未発達で，自ら会計基準を開発するより国際基準にフリーライドしたほうが安上がりな国のニーズにも応えるものであった。
   4   この章の論点については，Saito [2008] もあわせて参照されたい。

を期待した点で，二重に注目すべき性格を備えていた。その意識がどの程度まで関係者に共有されていたかはともかく，それは歴史的にも大きな意味をもっていた。

その期待を担って新設されたASBJは，IASBとの共同プロジェクトや米国FASBとの定期協議を中心に国際的な基準形成の議論に参画しながら，異例の速さで日本基準の調整を進めてきた。2007年8月には，従来からのコンバージェンスの方針に加えて，目標の期日についてもIASBとの間で新たな合意を表明した（東京合意[5]）。しかし，米国や日本のような先進的な資本市場とインフラを備えた国では，そこに定着している制度のひとつを切り離して，国外で作られた制度に入れ替えるのは容易でない。欧州の統一市場に加わるうえで，同じインフラを共有することになる諸国とは違った事情を抱えているわけである。そのため，まず基準の差異をできるだけ減らしたうえで互いにそれを受け入れる相互承認の方式が，さしあたって米欧間および日欧間で模索されてきた。

国際会計基準（国際財務報告基準IFRS）に対する日本国内の受けとめ方は，日本市場の国際的な地位という総論では異常に関心が高く，他方で自己のニーズにてらした各論では大半の企業が無関心という状態であった。欧州当局による日本基準の同等性評価[6]については国際的孤立の懸念が繰り返し表明される一方，欧州で株式や株式関連の証券を上場している日本の企業は，2002年1月の83社から，2006年9月には26社まで減少していた[7]。日本の上場会社総数の

---

5 この東京合意をもって（日本での）コンバージェンスの出発点とする解説を聞くこともあるが，それは正しくない。コンバージェンスの作業はそれよりかなり前から進められており，東京合意までにも1株当たり利益の開示，役員賞与（利益処分から費用へ），株主資本等変動計算書，事業分離，ストック・オプション，棚卸資産（低価法の強制やLIFOの廃止），金融商品（時価情報の開示拡大など），関連当事者の開示，四半期財務諸表，工事契約（工事進行基準への統一），資産除去債務，リース（ファイナンス・リース取引における例外処理の廃止）などの会計基準に結実している。しいて出発点を特定するなら，IASBとASBJの共同プロジェクトが実際に動き出した2005年3月であろう。東京合意は，従来からのコンバージェンスを，目標期限を決めて加速することを合意したものである。

6 欧州の統一市場に上場（潜在持分を含まない債券は除く）する域外企業に対して，IFRSまたはそれと同等の会計基準による連結開示が求められるため，自国基準をIFRSに入れ替える予定のない日米などの基準について，欧州当局がIFRSとの同等性を評価し，その使用を認めるかどうかを判断することになっている。

7 金融庁の資料 "Japanese Issuers in EU Markets"（2006.11.）による。

1％程度である。IFRS（もしくはそれと同等と認められる基準）に基づく財務諸表の開示が要求される見通しとなって以来，急速に撤退が進んだようである。そうした傾向は，多くの企業が追加的な開示コストを負ってまで欧州市場に上場し続ける実益はないとみていることの表れでもあろう。

しかし，そうした事実は，日本にとってコンバージェンスの意味が小さくなったことを意味するわけではない。東京市場が既に世界有数のグローバルな資本市場になっている以上，当然ながらそこで使われる会計基準も，世界の標準からかけ離れたローカルなものであってはならない。もしIFRSを欧州に上場する1％程度の企業の関心事にとどめてしまうと，国際基準を使う企業と日本基準を使う企業とが二極分化したまま固定化し，日本基準を国際動向と調和させるインセンティブが働かずにローカル化が進むことは避けられない。国益というのが主張する人の立場によって異なりうる曖昧な概念であるとしても，それは日本の資本市場の国際的な地位も市場参加者の利便も，いずれも損なう結果になることは間違いない。われわれがもっとも恐れなければならないのはその点である。

大切なことは，日本基準をたえず国際的な基準と競合させ，それと調和せざるを得ない状況におくことである。企業が財務報告に用いる会計基準の品質を投資家の評価にさらすことで，日本基準も国際基準も共通の目標に向かって改善され続けるはずであろう。そのためには，国内基準の設定でも国際的な基準とのコンバージェンスを目標に掲げ，企業数からいえば1％の勢力と歩調をあわせるよう，99％の企業を離脱させずにリードすることが必要である。IASBの基準が本当に高品質になって，それへの統合が実際にも進むよう力を尽くす一方で，コンバージェンスのコストと便益を正しく評価し，IFRSに入れ替えるコストが便益を上回るときは，自国基準を主体的に開発しながら，どのようにIFRSと調整すれば最適な結果が得られるかをたえず検討しなければならないであろう（下記の補注を参照）。

　　［補注］　ひところマスコミを賑わした「日本の企業が国際的な資金市場から締め出される」という懸念を払拭するだけなら，海外で上場（プライマリーに限らずセカンダリーの上場も含めて）する日本企業に，IFRSベースの財務報告を日本国内でも認めれば問題は解決する。実務上はそれで

誰も困らないはずだが，むしろ意識されているのは，日本基準の国際的な地位であろう。コンバージェンスがどのレベルまで進むのか，確たる見通しがない状況において，日本だけが独自の基準を維持し，世界がIFRSに統一されたらどうなるかという，最悪のシナリオに対する懸念である。どのような予言も事前には実証も反証もできないが，実質的な問題は日本基準の孤立やメンツよりも，日本基準が国際動向と常に最適な調和を保つ自律的な仕組みが働くかどうかであろう。

　もちろん，コストと便益を比較評価したコンバージェンスの最適レベルは，あらためて指摘するまでもなく当然の検討課題である。国際動向は日本にとって所与であり，それと違うのは国際的孤立を意味するから，IFRSの品質や周辺制度を含めた市場環境との適合性などは問わずに，自国基準を全面放棄してそれを受け入れようという人たちを無視してよければ，その課題は大半の市場関係者に共有されているはずであろう。問題は，そこでいう最適レベルが，市場プロセスでしか決められないという点である。究極の目標がIASBのいう「シングル・セット」への統合だとしても，生きている市場の機能を損なわずにその目標へ向かうのに，どのレベルの基準統合が望ましいかを先験的に決めることはできそうにない。それは市場の外で誰かが専断的に決められる問題ではないのである。

3　マーケット・アプローチ

　周知のように戦後の日本では，証券取引法とそれに裏付けられた会計基準など，米国の制度を取り入れながらこの国の法制と調和させ，市場インフラの近代化を推し進めてきた。それは，この国の産業革命（明治維新）以来，主に商法で企業の情報開示を規制してきたフランコ・ジャーマン型の旧制度に，アングロ・アメリカ型の規制を接木するという，その意味では一種のコンバージェンスの成果でもあった。それをとりあえず仕上げて米国型への実質的な転換を図るには，実に半世紀にも及ぶ市場での試行錯誤が必要だったのである。会計基準を含めて，社会のシステムが進化する過程は，過去におけるその発展の経路にも大きく依存する。先進的な諸制度が歯車のように噛み合う成熟した社会

では，その歯車のひとつだけを規格の違うものに入れ替えるような制度設計には現実性がない。

もちろん，いくら先進的な市場制度でも，機能不全に陥っていれば外から一気に変えるほかはない。しかし，ニューヨークや東京の国際的な資本市場で米国や日本の会計基準が現実に機能している現状では，究極の共通目標と同時に，それを達成するプロセスもまた重要な関心事である。最終目標のために，すべてを犠牲にはできないからである。目標が共通するからといって，その達成の過程をそれぞれの社会の実情から切り離して画一化したのでは，単なる"leap of faith"[8]といわれても仕方がない。大切なのは，それぞれの資本市場で現実に機能している会計基準から出発して，それらを市場に定着させたrationaleを追究しながら，各国でどこまで共通化を図るのが市場関係者の合意なのか，それを彼らの市場行動で確かめる合理的な仕組みを考えることである。

ASBJが2004年に公表した中期運営方針[9]では，国際的なコンバージェンスを実現する二段構えの基本戦略が構想されていた。まず第一段は，日本基準を含めた複数の会計基準が内外の資本市場で並存できるよう，基準設定主体の責任で可能な限り差異を縮小させることである。米国市場に上場する日本企業は既に米国基準を使っているため，さしあたり日本基準とIFRSが日本と欧州で相互に受け入れられ，開示する側がいずれか一方を自由に選択できる程度まで調整を進めることになる。その結果として日欧の市場で基準間競争が成り立てば，投資家による評価と選択という市場過程を通じて基準が淘汰され，いっそうのコンバージェンスが図られよう。それが第二段となる。この局面での基準設定主体の役割は，市場の評価を観察し先取りして基準に反映させることである[10]。

---

8 Ball [2006], p.24をみよ。そこではまた，グローバル化の進展が「ある程度」差異を縮小させるにしても，基準統合の最適レベルは自明というには程遠く，統一IFRSの「採用」が国ごとの実務の差異を解消することはないと述べられていた (pp.17, 18, 25)。

9 ASBJ,「企業会計基準委員会の中期的な運営方針について」，2004年7月15日。その後2007年6月の新しいバージョンでは表現が弱められたが，基本的な精神は変わっていないとみてよいであろう。

この方針は，会計基準の設定も国際統合も，最終的には資本市場における誘因両立的なマナーで解決するほかはないという，補章3でみたSunder [2002]やDye & Sunder [2001] などと共通する考えに立っている。各国基準をどこまで，どのようにコンバージさせるかは，基準設定主体が先験的な価値前提に基づいて裁量的に決めるのでなく，異なる基準に基づく会計情報を投資家が評価し，それを証券価格に反映させた結果によっておのずから決められるという趣旨である。仮に複数の基準のどちらでも選択できるとき，もし一方の基準の品質が低いと判断されれば，それを使って情報を開示する企業のリスクは保守的に評価され，資金の調達コストは上昇することになる。結果としてその基準を使う企業が減り，良質な基準への統合が進むというマーケット・アプローチである[11]。

　しかし，複数の基準が選択可能なメニューとして市場で並存するには，会計情報の利用者である投資家の判断に支障を生じさせない程度まで基準間の差異が縮小している必要がある。それは，基準間の市場競争が成り立つための前提条件である。その条件を整えるというのが，上述した二段構えの戦略の前段に相当する。そうした考え方に立って，ASBJは日本基準の調整を精力的に進めながら，根拠となる理屈を海外の基準設定主体や規制当局に発信し続けてきた。2008年12月には欧州委員会が日本基準を国際基準と同等と認めたため，相互承認による市場競争の展望が開かれる結果になった[12]。他方，米欧間においても，米国証券取引委員会（SEC）がIFRSベースの財務報告を調整開示なしで受け入れる方針を決めたことで，米国基準との市場競争が現実化する運びに

10　この過程は現存する基準を統合すれば終わるというものではない。各国の市場がたえず新しい問題に直面し，それがたえず新しい基準を生み出している以上，コンバージェンスは永続的なプロセスと考えたほうがよい。

11　このようにして日本の基準が淘汰され，IFRSへの統合が進むのであれば，それは公正な市場競争の結果として，好むと好まざるとにかかわらず，日本の市場関係者にも認めてもらうほかはない。しかし，そこで日本基準の一部あるいは全部が，そのままでも修正のうえでも生き残れば，それもまた投資家の選択として認めざるを得ないであろう。そうした市場競争を迂回して基準を統一するのは，単一基準の利便と引き換えに，イノベーションの契機を失って市場のニーズに追いつけない硬直的な制度を作り出す可能性もある。

12　欧州の同等性評価は，行政当局である金融庁を中心にASBJも含めた官民一体の対応がもたらした当座の結果である。それが基準間競争にどこまで道を開くかは，金融庁による相互承認の体制作りにもかかっている。

なっている（下記の補注を参照）。

　　［補注］　会計基準の国際統合を標榜する IASB も，欧州（あるいは米国を除く世界）の国際統一基準を作って米国に相互承認を求め，さしあたってそれぞれの市場で米国基準と並存させるという戦略をとってきた。それは，2007年11月に米国証券取引委員会（SEC）がこの国際基準（国際財務報告基準 IFRS）に基づく外国企業の財務諸表について米国基準への調整開示を撤廃する決定をしたことで，当座の目標を達成することができた。欧州も域外からの上場企業に国際基準もしくはそれと同等の基準に従った連結開示を要求しているが，当然ながら米国基準を同等の基準と認め，結果として米欧間での相互承認が成立することになる。

　　　他方，日欧間でも，日本基準と IFRS の同等性を評価してきた欧州当局が，上記のように同等と認めて日本基準に従った財務諸表を補正開示なしで受け入れる方針を決定し，欧州議会の承認をもって基準の相互承認が成立した。日米間では，当面，相互承認は難しいが（企業会計審議会の企画調整部会が2006年7月に公表した「会計基準のコンバージェンスに向けて」という文書では，それを目指すことが明示的に謳われている），日本側では米国で上場する（SEC にファイルしている）日本の企業に，米国基準に基づく財務諸表の開示を日本国内でも事実上そのまま容認している。いずれにせよ，この相互承認がうまく機能すれば，市場の評価と選択に基づいて，いっそうのコンバージェンスが期待されるであろう[13]。

　こうした基準間の市場競争は，投資家のニーズに合った基準を選ぶ誘因を企業経営者に与え，それを通じて最適なコンバージェンスをもっとも効率的に進めるものといってよい。もともと会計基準は，第7章でもみたように，情報と資金が取引される資本市場で，投資家と経営者との間で繰り返される無数の

13　もちろん，そうした市場の評価と選択を待たずに，規制当局が超越的に IFRS とのコンバージェンスを進める可能性はある。前述したとおり，米国や日本にとって，もともと国際会計基準は国際市場で資金調達をする企業のための共通基準とみられていたが，それが国内市場の混乱を契機に政治的な理由で国内基準と結びついていったからであろう。なお，2008年3月の日本銀行ワークショップ「会計制度改革の成果と課題：この10年を振り返って」（『金融研究』，27巻3号，2008年）における神田秀樹氏の発言を参照。

(一般には暗黙の)交渉が生み出した取引慣行や契約が,次第に標準化されたものといわれている。市場競争の不完全性や契約の不完備性が公的な機関の規制を必要とするにしても,市場経済において,それは市場取引の役割を補完するものでしかない。市場の自律的な選択を待たずに,誰かが先験的に決めるのは無謀というべきである。市場取引をアレンジするルールは,影響を受ける人が,少なくとも他の主体がそれに従う限り自分も従う誘因をもたなければ有効に機能しない[14]。

　もっとも,広く使われることで価値が高まる統一規格のようなもの(会計基準もそれに当たる)については,市場の選択が当面の利用者が多い規格に傾斜し,最適なルールへの統一や,既にある望ましくないルールからの離脱が遅れるという可能性も指摘されている。ネットワーク外部性といわれる問題である[15]。たとえば米国基準とIFRSの競争では,品質によほどの差がない限り米国市場では米国基準が,反対に欧州市場ではIFRSがそれぞれ選択される可能性が高く,どちらかの基準がすぐにも双方の市場を席巻するという話にはなりくい。日本基準とIFRSとの市場競争でも,少なくとも当座は同じような結果になるかもしれない。それは短期的には避けようのない事態だが,会計基準のグローバル・コンバージェンスというのは,おそらくもっと長い期間にわたって漸進的に実現していくものであろう(下記の補注を参照)。

　　[補注]　それでも,市場競争を通じた誘因両立的なプロセスは,世界統一基準の理念とローカルな市場環境との相克を抱えたまま,各国の政治的な駆け引きに任せておくよりも,最適レベルのコンバージェンスを早く実現するものと期待される。そうしたマーケット・アプローチは,基準設定主体がなにもしないで状況を静観するように誤解する向きもみられるが,もちろんそういうことではない。複数の基準が市場で共存できるように基準間の差異を縮小させるだけでなく,実際の基準間競争を観察し,必要があれば合理的な取引を仮想してそれを補いながら,その結果を基準

14　その点が刑事法的なルールとの大きな違いである。なお,田中・竹内[1987]をあわせて参照されたい。
15　この概念については Katz & Shapiro [1985]を参照。

に反映させていく積極的な役割が期待されている。ただし，その意味の最適化がIASBのいう単一基準を導くかどうか，実務の統一を伴った情報の等質性を保証するかどうかは，前章で述べたとおり事前にはわからない。

　基準統合の目的である会計情報の比較可能性は，いうまでもなく実務が統一されなければ実現しない。したがって，実務の統一を伴わない基準の統一は，基準統合だけを目的に行動する機関や個人の利益になるとしても，肝心の投資家のためにならないのはもちろん，結果として資金を調達する企業のためにもならない無駄な規制であろう。実務を統一するには，基準の統一（それもプリンシプル・ベースなどでなくルール・ベースの統一）に加えて，会計士監査も監督行政もすべて国際的に一元化する必要がある。原則的にはそれらを統合したはずの統一欧州ですら，実務がどこまで統一されているかは疑問だが，そこまでを目指したものでもないというなら，そもそも誰のためのコンバージェンスであったのかを，あらためて考えてみなければならないであろう[16]。

4 ■ おわりに

　日本の市場参加者にとって，会計基準のグローバル・コンバージェンスが重要な課題であることは繰り返すまでもない。そのターゲットがIFRSであることも自明である。その点は，ASBJが資源の大半をIASBとの共同プロジェクトに振り向けてきた事実からもすぐに知られよう。ただ，コンバージェンスというのは，日本も含めて世界の主要市場の関係者に受け入れられる基準の開発・調整である。投資家のニーズに合った情報を生み出さない基準が，市場の選択を超越して決められることがあれば，必要な情報が「プロ・フォーマ」の形で出回ることになる[17]。一種の闇市場が形成されるわけである。法律的な観

16　一般に無駄な規制は，投資家のためにならないだけでなく，彼らの利益を損なうことに注意したい。開示のコストを負担するのは企業だが，それは最終的に投資家の負担になる。情報開示のコストも便益も，すべて投資家に帰属するのである。もちろん，コストと便益とのトレード・オフは，個々の投資家によって異なっている。開示規制をめぐる利害の対立は，企業と投資家の間ではなく，基本的には投資家相互の間の問題である。

点はともかく,経済的には闇市場も市場に変わりはない。基準の規制を受けずに規格外の闇情報が流通する混乱を避けるには,市場関係者の合意形成が本質的に重要である。

会計基準の「世界統一」が市場のテストを経ない基準設定主体間の交渉だけで実現するという乱暴な話から,主要な資本市場間での相互承認を足がかりにして模索される筋書きになってきたのは当然なのかもしれない。もちろん,国内の企業に国外基準の利用を認めるのは,基準のエンフォースメントにかかわる問題(とりわけ監督行政上の責任問題等)もあって,必ずしも容易ではないと考えられている。それでも米国 SEC は一時期その方向を提案したことがあり[18],相互承認を超えて米国基準と国際基準の市場競争が米欧の市場で本格的に動き出す可能性もあった。そこには,自国の制度に合わせて国際基準もリードできるとみた米国の立場が見え隠れするが,仮にそうなっていたら,日本は日本基準を第三の極としてそこに加えることができるかどうかを問われていたであろう[19]。

その難しさを避けるためにもしばしば主張されるのは,税制など周辺制度と結びついた単体ベースの会計基準と,投資家への情報開示に限られる連結基準とを分離して,後者を IFRS に入れ替えようという議論である。しかし,企業結合の会計基準が整備された現在では,連結と合併の整合性が既に確保されている。たとえば完全子会社を合併して連結から単体に変えても,バランスシートはそのまま継続する[20]。持分の全部をもつ子会社を合併しても,実質はなに

---

[17] 2006年から IFRS を適用しているオーストラリア企業の財務報告を調査した Ernst & Young, "Reporting earnings: Trends, analysis and predictions", May 2007 では,適用の初年度が終わった2007年1月31日現在で,上場会社の上位20社中,18社が IFRS ベースのものとは異なるさまざまなプロ・フォーマの利益(earnings)を公表していたという。IFRS ではヘッジと認められずに時価評価したものをもとに戻したり,あるいは EBITDA のような特定の要素を除いたものだったりといった,共通の基準によらない多様な利益の指標が開示されたようである。

[18] 国内企業に IFRS の選択適用を許容する SEC の提案と,それに対する米国会計学界の反応について AAA[2008]を参照。この提案は,SEC 自身が2012年のスタッフ最終レポートで否定することになる。

[19] 一時期,米国 SEC は米国基準を IFRS にコンバージするさまざまな選択肢を示していたが,事実上アドプションは否定したまま具体的な意思決定を先送りし,次章でみるとおり最終的に米国基準を維持する選択をした。

[20] 事業を分離して単体から連結に変えても,会計数値は基本的にそのまま継続する。

も変わらないからである。そうした方法で自由に単体と連結を入れ替えられる基準では，両者の分離といっても市場の信頼を得られない。連結の改革を先行させるのは可能でも，単体がすぐ追いついて整合性を回復できる見通しのないダブル・スタンダードは，日本のように会社法にも連結が組み込まれ，配当規制でも単体と連結の利益が比較される（子会社・関連会社株式の正味投資損失が控除される）制度環境では，困難なだけでなく危険でもある[21]。

【付記】

日本では2010年3月期より，上場企業の連結財務諸表にIFRSを任意適用することとされた。2013年には企業会計審議会が公表した「国際会計基準（IFRS）への対応のあり方に関する当面の方針」で（強制適用でなく）任意適用の積み上げという方針が選択され，政府の成長戦略による誘導もあって任意適用企業は2018年10月現在で200社近く（適用決定を含む）に達している。数のうえではごく一部だが，株式時価総額でみれば東証上場企業の約3分の1を占めている。

前述した企業会計基準委員会の2004年「中期運営方針」のとおり，日欧基準間のコンバージェンスが一定のレベルに達し，開示企業による適用基準の任意選択が可能となって，限られた範囲とはいえ基準間の市場競争が実現しているということであろう。それを通じたいっそうのコンバージェンスが期待される状況になったといえる。規制サイドの誘導が誘因両立的なマナーによる合理的な選択を妨げている可能性はあるが，マーケット・アプローチはかろうじて維持されている。

その反面，大半の上場企業が日本基準を選択し，基本的にはそれが今後も続くとみられる以上，IFRS任意適用企業が増えても日本基準がローカル化するリスクの解消には役立たない。IASBでの発言力を維持するのにIFRSの使用実績が必要という話はともかく，肝心の日本基準を国際動向から大きく離れな

---

[21] もちろん，すべての連結子会社を合併するような事態が生ずるのはきわめて稀であるが，理屈の瑕疵が容易に指摘される基準の信頼性はそれとは別の問題である。実務に配慮したフレキシブルな運用は重要だとしても，制度の体系が損なわれて市場の信頼を失ったときの損害は，個別企業にとってもはるかに甚大であろう。

いようにする誘因をどこまで共有できるかが，より重要な問題であることに変わりはない。それには日本基準とその適用の実態を，IFRS だけでなく国内諸制度との関係を含めた広い視野から体系的に検討する姿勢が不可欠である。

　会計基準の国際的な統一は，会計情報の比較可能性を高めるのに望ましい条件のひとつに違いないが，それによって比較可能性や等質性が高まる保証はない。既に述べたように（補章 3 第 2 節など），仮に基準が同じでも，それと補完的な周辺の諸制度から与えられる多様な誘因や（会計基準からみた）歪みが，基準を適用する実務に影響して情報の等質性を損なうのである。会計基準と周辺諸制度との関係が，国ごとに異なる社会統治のシステムに組み込まれている以上，それら総体の改革を展望できずに会計基準の変革を図っても，制度間のコンフリクトが個別企業だけでなく社会全体の長期にわたるコスト要因になるのは避けられない。

補章 5
コンバージェンスと金融危機

1 ■ は じ め に

　米国発の金融危機が世界の会計基準を揺るがせた2008年の後半は，この間に会計界を覆ってきた幻想が，少なくとも部分的に破綻を示した時期でもあった。時価ないし公正価値が無条件に公正かつ透明であり，それが有用な会計情報を生み出す唯一の測定値だという幻想が，時価会計を緩和する緊急措置によって冷水を浴びせられ，その幻想と分かちがたく結びついてきたもうひとつの幻想，つまり公正価値会計を最優先にする国際基準へ各国の基準を一元化することが無条件に望ましい結果を生むという信仰にも，疑問が広がりだしたからである。IFRS からのカーブ・アウトという政治圧力に屈した IASB は，米国とのコンバージェンスを口実に原則と矛盾する修正に走ったが，それは米欧の基準が同じでないからこそ可能な措置でもあった。もし基準がひとつに統合されていたら，動きがとれずに IASB がいっそう苦境に立った可能性が高い。

　もとより，グローバル化する市場環境で，企業情報の等質化に向けた改革は従来以上に加速されねばならないが，各国の市場インフラから会計基準だけを分離して統一するというのも大胆にすぎる試みである[1]。一国でも難しい実務の統一のために米国が発展させた細則主義に対し，基準統一のために原則主義を掲げる IASB の方針は，仮に基準の文言を統一できても，会計情報の比較可能性を高めてどこまで資本コストを軽減できるのか，それが規制のコストを償うのか，前章までにみたように，識者からは深刻な疑問が出されてきたとこ

---

[1] Ball［2006］では"leap of faith"と表現されていた（p.24）。字義どおりに訳せば「信仰の飛躍」だが，善悪や成否に確信がもてないまま行動することをいうのであろう。

ろである[2]。そうした疑問は今後の実証課題だが,少なくとも危機にあたって適用を変えるのでは,原則主義的な公正価値会計と,その主張に終始したコンバージェンスのあり方に問題があったのは否めない。画一的な基準を優先して世界統一を急いだのが原因であろう。しかし,それでも米欧間の基準統合はまた新しい話題を生み出していた。以下では手短にそれを補足しておくことにしよう[3]。

2 ■ 米国証券取引委員会の提案

　会計基準グローバル化の最大のテーマである IFRS と米国基準との統合について,米国証券取引委員会（SEC）は2008年11月にロードマップ案を公表し,2014年からの段階的適用を念頭に,米国企業に IFRS の使用を義務づけるかどうかを2011年に決定することを提案した。現時点ではなにも決めずに,今後 IFRS そのものの改善や IASB の母体である IASCF のガバナンスや資金調達の状況などを評価することになる。その間,一部の米国企業には,2009年以降に IFRS を使用する選択肢を付与することも提案されていた。IASB を実質的に支配しようとする米国にとっては,米国基準に国際基準のラベルを貼って各国に使わせるか,米国基準を維持したまま IFRS の選択適用を米国内で容認するかの問題であり,その観点から自国の影響力がどこまで及ぶのかを見究めるのであろうが,国際基準との距離も近く,これ以上の影響力も期待できない日本には,その結果を待つしか方法のない問題であろう。

　もちろん,帰趨を待つというのは,単に傍観するということではない。その間にあらゆる可能性を合理的に予測して,さまざまな選択肢のコストと便益を冷静に評価し,海外の動向に備えながらこの国の主体的な政策判断を形成することが急務である。とりわけ現在のような状況では,蓋然性を考えずに最悪の

---

[2] 補章3および補章4や,そこに掲げられた文献を参照。
[3] この章は,本書（初版）の初校段階で,その当時の時事問題をカバーするために書き加えられたものである。本書の目的からすれば含めなくてよかった話題かもしれないが,補章3および補章4の情報をとりあえず補完しなければと考えた。他の章とは性格が異なっていることをお断りする。

シナリオだけを想定して，もっぱらそれを避けることのみに終始する情緒的な行動選択に陥りやすい。最悪の事態で生ずる損失の期待値でなく，考えられる最大損失そのものを最小にしようという意思決定ルールにこだわると，リスクの合理的な評価ができずにしばしば望ましい選択を誤ることが知られている。周辺制度の違いは措いたまま，会計基準だけを完全統合すれば問題が解決するという幻想に，これほど多くの人々がとりつかれたのはせいぜいこの10年だが，米国の一極支配が崩れ，金融制度に緩やかな多様性が求められだしたといわれる現在，画一的な基準の適用が最大の利益をもたらす保証もない。

　今後の行動選択が米国の動きに大きく依存するのは，必ずしも日本だけではない。程度の差はあれ，欧州もある意味で難しい立場に置かれている。もともと欧州が欧州の枠を超えて国際基準の運動を進めたのは，自らの基準に基づく財務諸表を，調整開示なしで米国に受け入れてもらうのが狙いであった。その目的を果たしたようにみえても，実際に米国が認めたのは欧州版のIFRSではなく，IASB版の純粋IFRSであった。両者の違いは現在のところわずかでも，IASBが欧州（EU）の機関でない以上，欧州にはその基準からカーブ・アウトするフリー・ハンドが不可欠である。しかし，米国が純粋IFRSしか認めなければ，欧州はそれをそのまま受け入れるほかはない。そのうえ仮に米国が自国基準をIFRSに置き換えるとしたら，IASBはますます米国の支配下に組み込まれて，欧州は主体性を失う可能性もある。米国基準を使わずに会計基準の世界統合を目指した運動も，欧州にとって失敗に終わるかもしれないのである。

　上記のSEC提案よりも前，IFRSに基づく国外企業の財務諸表に調整開示を要求しないという提案をSECがしたときの米国会計学会（AAA）委員会のコメント（2008年）は，今回の提案への対処にも共通する考え方を包括的に提示したものとして注目に値する。そこでは，IFRS採用企業の財務諸表が，投資家にとっての情報価値という点で米国基準を使っている企業と同等の水準にあることを認める一方，コンバージェンスの利益についてはAAAメンバーの意見は分かれており，アカデミックな研究がもたらした証拠の多くは，基準の統合が高品質なGAAPの必要条件だという見解を支持していないと述べていた。そうした総括を踏まえて，同委員会は米国基準とのコンバージェンスをこ

れ以上求めることなくIFRSベースの会計基準を容認し，内外の企業に自由選択を認めて基準間の市場競争を促進すべきだと主張していた[4]。

　この考え方は，最適な基準統合のレベルを先験的には誰も知ることができず，シングル・セットの基準を世界が共有するのが望ましいという経験的な証拠を見出すことができない以上，市場の選択を通じて結果的に最適水準のコンバージェンスを達成するほかはないという指摘[5]や，基準の統合がローカルな実務の統合をもたらす保証はなく，比較可能性を高めて資本コストを軽減することができないまま，無駄な規制コストを投資家に負わせるのでは意味がないという主張[6]など，米国学界のリーダーたちの意見を背景にしているといってよい。基準間競争の市場環境を整え，企業が選択した基準と，その基準を適用した財務諸表とを開示することで投資家の評価に俟つというのが，おそらくもっともフェアで，しかも効率的なコンバージェンスを保証すると思われる。投資家の利益をいうのであれば，国際的なルールづくりでも独占の弊害を避けて競争を促進するのが，他のすべての経済問題と共通の鉄則であろう（以下の補注を参照）。

　　　［補注］　上述した米国SECのロードマップ案については，その後2012年7月のスタッフ最終レポートによって一応の区切りがつけられた。そこでは3年半に及んだ検討を経て，米国では歳入法による所得課税や会社法の配当制限だけでなく，政府のさまざまな規制や企業の私的契約にも米国の会計基準が広く組み込まれていること，規制のなかには非公開企業を対象に含むものもあり，公開企業との間で適用される会計基準が異なると支障をきたす可能性があること，私的契約については参照基準の変更に伴う再交渉のコストが過重になる場合も予想されることなどを，国内関係者からのコメントの詳細な分析に基づいて指摘し，IASBの基準を米国の発行体が国内の報告目的で使う公式のものに指定するには，国内関係者の支持が相対的に少ないとして，米国でのアドプションを明確に否定

4　AAA［2008］, pp.241, 244-245をみよ。
5　Dye & Sunder［2001］; Sunder［2002］; Benston, et. al.［2006］など。
6　Ball［2006］などをみよ。

したのである。そのうえで，IFRS の取り扱いについてはなにも決めずに結論を先送りした[7]。

　要するにそれは，連結ベースの会計基準であっても，課税や配当にかかわる法制だけでなく，自国の公的規制や私的契約との関係を無視するわけにはいかないということである。連結開示の本来の狙いが投資情報としての有用性であり，その基準には（単体開示に比べて）国や法域を越えた共通性がありうるとしても，それが地域ごとに異なる規制や契約に使われて取引コストの引き下げに寄与している以上，そこには広い意味における制度間の相互補完性が存在する。その面への影響も含めて総合的なコスト・ベネフィットを考えずに会計基準だけを統合しても，制度間のコンフリクトに伴うコストを限界的なベネフィットが上回る保証はない[8]。いまさらとはいえ，そうした当たり前の問題をていねいに検証した SEC の姿勢は評価されてよい。正味の便益を最大化する基準統合のレベルを模索するのがコンバージェンスの課題であることを，あらためて確認すべきであろう。

3 ■時価会計の部分停止措置

　周知のように米国議会は，未曾有ともいわれる金融危機に対応した2008年の緊急経済安定化法（第132条）において，「米国証券取引委員会は，公益の観点から必要または適切と認めた場合，発行体や取引形態にかかわらず，米国会計基準（SFAS）第157号『公正価値の測定』の適用を中止することができる」と定めた。いわゆる時価会計を停止する権限を SEC に付与したわけである。金融商品の全面公正価値会計をスローガンに時価評価を拡大し続けてきた結果，

---

[7]　USSEC［2012］，p.4 および p.82 以下を参照。

[8]　周辺の制度，規制，契約をすべて会計基準に合わせられるならともかく，コストに制約されて期待どおりに変えられなければ，それが基準の解釈にバイアスを与えて情報の比較可能性を制約することにもなる。会計基準と相互補完的な周辺制度が国ごとに異なれば，それが実務に与える誘因や歪みも国ごとに異なるとみるしかない。ネットワーク外部性（ネットワーク効果に起因する正の外部性）についても，それと同じことがいえる。共通の会計基準を使う国が増えるほど，それを使う国の投資家や開示企業の便益が高まるという単純な話ではない。

財務情報に投資家の関心が集中する肝心の金融危機にあたり，評価損の計上を回避して金融機関等の財務的破綻を防ぐため，証券化商品などを中心に，時価会計そのものの部分的な撤回に追い込まれたということであろう。危機的な状況における例外的な措置とはいえ，それが会計基準に対する市場の信頼を損なうのは間違いない。これまでの歴史をみても，会計制度の意味が問い直されるのはいつも資本市場が崩壊したときであった。

この議会の決定に対して，SECとFASBの緊急リリース（2008年9月30日）およびFASBのスタッフ・ポジション（FSP，FAS157-3；10月10日）は，活発な市場のない金融商品の公正価値測定にあたって，将来のキャッシュフローやリスク・プレミアムに関する現在の市場参加者の期待を組み込んだ「経営者の見積もり」を使うことが認められる旨を確認した。不確定な市場環境下では，類似商品の市場パラメーターなど，観察可能なインプットを使ったレベル2の公正価値よりも，観察されないインプットによるレベル3の公正価値のほうが適切なこともあるという，公正価値会計にとっては自己否定にもなりかねない趣旨である。しかし，それは公正価値ありきの前提で考えられたその階層構造の修正にとどまらず，そもそもなんのために公正価値会計が必要だったかという原点に返って，目的に合った適用範囲を再検討する契機とならなければ意味はない。そこでの混乱は，問題の検討を棚上げにしてきたことの当然の帰結であろう。それはまた，資産の評価を，結果として得られる利益情報の役立ちという面から見直す話でもある[9]。

他方，こうした米国の動きに対して，欧州でもIASBが米国のリリースした上記の見解にIFRSは整合している旨を確認した（10月2日）のに加え，IAS第39号ならびにIFRS第7号を修正し，米国基準では許容されると解釈できる「まれな状況」におけるトレーディング・カテゴリーからの証券の分類

---

9 IASBの理事でもあったバースは，彼女らのフレームワークが資産や負債に焦点を合わせるのは，むしろ利益が重要だからであること，しかし収益や費用を測るにはポジションの要素を定義することが唯一の方法であること，そのために金融商品の全面公正価値測定を長期の目標にしているのであり，それ以外の資産・負債を公正価値測定しようとしているというのは誤解だと釈明している（Barth [2007], p.10）。しかし，利益が資産と負債の測定だけで決まるという一方で，公正価値測定は金融商品だけだと主張するためには，利益の概念にてらしてポジションの測定を考えるのが順序であって，その逆ではないであろう。

替えや，予測しうる将来にわたって保有する意図と能力をもつローン，および満期まで保有する意図と能力をもつ負債証券の，償却原価評価されるカテゴリーへの分類替えを認めることとした（10月13日）。しかもデュー・プロセスを省略して米国に倣い，7月1日に遡って適用する荒業である。金融商品の全面公正価値会計という教義にも似た目標はしばらく伏せて，意図ベースの処理という否定し続けてきたルールへ逆行したものだが，米国基準がIFRSと違っていたから救われたという皮肉な結果に鑑みれば，単一基準が世界の市場を独占したときの危機管理を現実の問題として考え直すよい機会であろう。

　問題はそればかりではない。「まれな状況」というのがどのような危機なのか特定されているわけではなく，危機にある現在がまれな状況であり，危機が去ればまれでなくなってもとに戻るといった乱暴なとらえ方にも重大な懸念がある。経済が危機的なときほど会計情報に投資家の関心が集まることを考えるまでもなく，いくらまれでも，都合の悪いときに変えなければならないルールなら，はじめから設けられるべきではない。変えるのなら従来の誤りを正し，危機においても継続して適用できるルールを新たに模索する必要がある。全面公正価値会計が役割を果たせなかったことも，世界が単一基準でなかったからこそ危機対応ができたことも，すべて例外的な危機的状況によるものだというのでは，いずれ同じことを繰り返す結果になるだけであろう。基準統合の適正水準とともに，公正価値会計の適正な適用範囲を冷静に再検討しなければ会計制度への信頼回復は望めない[10]。

　他方，日本でも会計基準の見直しで米欧と歩調を揃えているが，それと同時に，銀行の自己資本比率規制という，直接には会計基準にかかわらないところでも，平成20年（2008年）3月期決算までの特例措置としてルールの弾力化が図られることになった。国際統一基準が適用されている金融機関でいうと，有

---

[10] 日本でも金融危機に陥った2003年に，時価評価を定めた金融商品会計基準の適用緩和と，適用開始直前だった減損会計基準の適用延期を求められたことがある。与党の要請を受けた企業会計基準委員会（ASBJ）は，資本市場の秩序維持の観点からこれを拒否したが，もし圧力に屈してルールを変えていたら，このときに重大な危機に直面していなかった米欧からは，日本の資本市場の不透明性を指摘された可能性が高い。米欧がルールを変えた現在，世界の流れだからこれに追従すべきだと主張している日本の一部メディアも，おそらく日本の会計制度の後進性を書きたてていたであろう。

価証券の評価益について45%を補完項目（Tier 2）に含め，評価損は税効果を調整した約60%を中核資本（Tier 1）から控除するというルールを，信用リスクのない国債等の債券に限り，評価益も評価損も自己資本に反映させないようにするという方針が金融庁から提示されていた。国内基準が適用される金融機関については，株式や社債にも同じ方法が認められたはずである。これらの動きは，グローバルな会計基準やそれに関連したルールでも，ひとたび経済危機に直面すれば，各国（地域）のローカルな要因によってその適用をめぐる差異が拡大する可能性を如実に物語っている[11]。

4 ■ おわりに

　この章で概観した事実やそれに対する著者のコメントは，公正価値（時価）会計を否定するものでもなければ，コンバージェンスを軽視するものでもない。公正価値会計は有用な道具だが，使い方を誤れば有害であることはいうまでもない。金融危機だから適用を停止するという事態は，絵に描いたような実例であろう。それは基準設定の誤りとみるべきであり，会計基準への市場の信頼を回復するには，危機が去ったらまたもとに戻るのでなく，前述したようにその経験を踏まえて常に一貫して適用できる基準を考え直す必要がある。公正価値会計を自己目的化するのではなく，道具としてその有用性が生かされる最適な適用範囲を考えることである。それを怠った失敗を繰り返すのでは，公正価値会計が求心力を失うことは避けられないであろう[12]。

　コンバージェンスについても，資本市場のグローバル化がますます進行する

---

[11] この措置は，バーゼル合意の枠組みの範囲内とされている。当初は含み損を中核資本から控除するルールが，補完項目の額に上限を画する中核資本の損傷を招くという懸念から，株式も含めたルールの見直しが求められたと伝えられていたが（日本経済新聞，2008年10月21日付朝刊），それは国内基準が適用される金融機関に限定されたようである。

[12] 幸いにしてIASBは，アジェンダ・コンサルテーションに関する2012年の暫定決定でも，公正価値測定の範囲を概念フレームワークの検討項目に含めている模様である。ただ，メンバーが入れ替わったとはいえ，前身であるIASC時代のJWG（第2章の注15を参照）から前委員会に引き継がれてきた全面公正価値会計にこだわる姿勢がどこまで修正されるか，現時点ではまだわからない。

現在，それぞれの市場で流通する会計情報を，投資家にとって互いに比較可能なレベルに近づける必要性は自明である。その作業は着実に進められているといってよい。しかし，前の2章で述べたように，実務を統一できる体制（関連制度の調和，監査や監督の統合など）を伴わないときに，単なる基準の統一が独り歩きすると，少なくともコストにみあった利益が投資家にもたらされない。統一のための統一は，各国市場で制度間の不調和を増幅させ，市場のインフラを退化させることになるであろう。そうした利用者不在のコンバージェンスを避けるには，どうすれば基準統合の最適水準が決められるのか，その仕組みをまず考えて合意することが先決である。

資本市場に対する信頼は，市場のインフラがいわば総体として有効に機能しているかどうかに依存するとみたほうがよい。投資家は，会計基準だけを切り離して市場を評価するわけではないということである。市場を統合して周辺の制度も同時に統一を図る欧州と，周辺制度の違いを残したまま会計基準だけを近づけようとする日本や米国とでは，同じく市場制度のグローバル化といっても，意味するところは必ずしも同じではない。コンバージェンスという究極の目標を見失ってはならないが，現在の市場環境でのコンバージェンスは，制度間の相互関係を含めたローカルな諸条件と，それを前提にした企業や投資家の行動に制約され，最適性を先験的に決めるのは難しい。市場のプロセスに俟つほかはないというのが，おそらく最後に行き着く結論であろう。

終 章
会計基準のシステムとその変化

1■はじめに

　序章で述べたように,本書では第1部「総論」の考え方を第2部「各論」で個別に検討しており,それぞれを論点ごとに総括する必要は特にない。ここでは,会計基準の進化と退化にふれて,その動的な発展の経路への展望をごく簡単に提示した序章の第3節に立ち返り,本書の考察がもたらした結果の一端を整理しておくにとどめよう。それは本書で取り上げた個別問題の大半を捨象した,いわば総論にごく近い一面的な要約にすぎないが,一般にいわれる会計基準のパラダイム・シフトについて,多くの論者に共有されている観点と本書の考え方を対比させ,多少ではあれ読者の理解に役立てようとするものである。直感的な理解を容易にするうえで,場合によって厳密さをあえて犠牲にしたり,同じ趣旨を繰り返したりすることをお許し願いたい。

2■会計基準の樹形構造：整合性と発展経路

　本書では（フル・セットの）会計基準を,ひとつのシステムとみなしてきた。システムというものがさまざまな要素とそれら要素間の関係から成る集合だとすれば,会計基準は,企業の財務的な事実を情報化して資本市場に伝える会計ルールと,それらのルールを結ぶ規則的な関係とから成り立つシステムとみることができる。序章では,そこにおける会計ルール間の相互関係を,**図終1**で表わされるような樹形構造によってとらえていた。それは,下位のルールがすぐ上位のルールに制約される関係を,階層的に上から下まで連ねたものであった。要するに,最上位のルールの下にその制約を充たすいくつかのサブ・ルールがあり,その下にまた,それぞれの制約を充たすサブ・ルールがいくつ

図終1　会計ルールのシステムとその変化

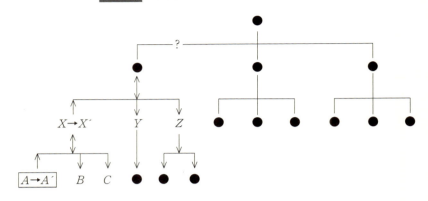

かあるという樹形構造が想定されていたのである[1]。

　この樹形構造は固定したものではない。空間的（地域的）な違いはもとより，時間的（歴史的）にもたえず変化する。時間的な変化は，外的な要因によってあるルールが別のルールに置き換えられ，それと上位または下位のルールとが整合しなくなるところから始まる。その結果として体系の整合性が失われると，システムは不安定になって，再び整合した状態に戻ろうとする力が働くわけである。市場慣行からルールが生み出される（つまり，会計基準が本来の意味でGAAPの性質をもつ）先進的な資本市場では，変化は一般に樹形構造の下位に位置するローカルなルールから出現する。図ではもっとも下位に位置する個別ルール A が A' という新しいルールに置き換えられるケースが想定されており，それがこのシステムの均衡を崩すかもしれない最初の変化となる。

　もちろん，A' が上位のルール X に従っていれば（下位のルールは考えない），システムの整合性は維持されたままそれ以上の変化は生じない。しかし，X と矛盾していても A' が繰り返し使われて実質的に A に置き換わるような場合には，そこでシステムの均衡が崩れてローカルな不整合がシステムの退化を

---

[1] 本章に掲げる図は，後掲の二つを含めて直感的な理解を容易にするためのものであり，会計基準の体系を厳密に記述しようとするものではない。念のため。

惹き起こすのである。安定性を失ったシステムには，崩れた均衡を回復させるため，むしろ上位の X を新しいルール X' に置き換えて X の制約を充たさない A' を包摂し，再び整合性を確保しようとする力が働くことになる。階層構造の下位にある要素が上位を動かすというわけだが，会計基準のような市場取引をアレンジするルールは，上位の概念から演繹するノーマティブ・アプローチと実際には逆の順序で決まるものも少なくない[2]。

ここで X が X' に変わると，それまで A と同列に X の下にあった B や C というルールも，今度は X' の制約を充たせなくなって変えられる可能性がある。他方，X に置き換わった X' も，上位のルールの制約を充たすことができずに新たな不整合を引き起こすかもしれない。その場合は，再び上位のルールが別のものに置き換えられ，それに伴って今度は X と同列にあった Y や Z も変わる可能性がある。その変化は，下位のルールはもとより，もっと上位のルールにも波及しかねない。そうしたプロセスがどこまで及ぶかは，樹形構造のどこにどのような変化が生じたかによって，文字どおりケース・バイ・ケースであろう。どこかで止まるとしても，それがシステムの最上位にあるルールや概念にまで波及するケースもないとはいえないのである。

このように，ローカルなルールの変化から生じた不整合がルール間の関係をたどったシステム全体の変化によって回復し，再びすべてのルールが整合する新たな均衡を成立させていくのが会計システムの進化と考えてよい。要するに，それは新しい市場慣行の形成によって損なわれたシステムの整合性を回復する局面にほかならない。そこでは，整合性の喪失に伴うシステムの退化が，その後の進化の経路に大きく影響することになる。会計基準に限らず，社会制度の歴史的なダイナミズム（動態）は，こうした過去の発展経路に依存するという性質を免れないのである。会計基準の体系とその変化を解明し展望する課題を担う理論も，社会制度の経路依存性を無視しては成り立たない。歴史は将来の目標や方向はともかく，それに向かう経路を間違いなく制約する。

---

2 つまり演繹的なアプローチでは，自生的なルールを所与として，それらを可能な限り包摂するように，前提となる基本概念を定め，そこから導かれるルールのシステムを構築する。したがって，個別の会計ルールには，システムの構造を左右するものもあれば，逆にその結果として決まるシステムの構造から導かれるものもある。

3■パラダイム・シフトと会計基準の混乱

　そこで，会計基準が現在どのように動いているのかである。それについての見方はさまざまだが，しばしばいわれるのは，原価や時価のような測定属性（ないし測定尺度）レベルの変化を受けて，樹形構造をもつ会計システムの頂点に位置した「利益の測定と開示」という基本目的が，別のものに置き換えられるパラダイム・シフトの議論であろう。周知のように伝統的な会計基準では，この目的観のもとで利益の実現とか収益と費用の対応といった概念が開発されてきた。コアとされた実現の概念は，要するに企業の取引による稼得と基本的に同義であり，単なる保有資産の評価替えではなく，モノやカネを動かす実際の取引を通じて稼いだという意味であった。少なくともある時期までをみる限り，利益の実現がそのようにとらえられていたのは間違いない。

　その概念のもとで包括的に利益の測定操作を決めていたのが，原価配分とか原価評価のルールだったというのも従来からの通念に近い。バランスシートに計上される資産の額は価値を評価した結果ではなく，支出したコストが毎期の費用に配分された結果だとみて，将来に繰り越された過去の原価で資産の額を測る歴史的原価評価が，金融資産であれ非金融資産であれ，保有目的がなんであれ，一律に適用されるのが伝統的な会計システムだというのである。収益に対応させる費用の配分から資産の評価を決める点で，それは資産とか負債より収益や費用を重視するアプローチだといわれるのも知られているとおりである。実現概念や原価評価の適用も時代とともに変化しているが，ともかくもこれが伝統的な会計システムの本来の姿であったとされている。

　そのシステムの変化は，売買目的の金融商品が原価に代えて時価で評価され，売却を待たずに時価の変動で利益がとらえられるところから始まった。売買が目的でないが売ることのできる金融商品も，利益はともかくバランスシートでは時価で評価されるようになった。純利益より広い包括利益も利益に違いないとみるなら，これも時価の変動で利益が測られるようになったケースであろう。金融商品に適用されたこの時価評価のルールは，上位の原価評価のルールとはあいいれず，それまでのシステムの整合性を損なったという話になるの

終章／会計基準のシステムとその変化 ◆ 433

である。結果として原価評価をすべて時価評価に変えなければならないが，時価のないものもあるため新たに公正価値という上位概念を設けて，時価もそれに含めた公正価値評価のシステムに作り変えようとすることになる。

しかし，原価評価を時価ないし公正価値による評価と利益認識に入れ替えて再び下位のルールに戻ると，金融商品であっても支配目的の子会社株式などは，どうしてもこの制約を充たさない。子会社株式に適用される連結決算はいうに及ばず，関連会社株式に適用される持分法も，いずれも市場の取引価格でなく投資先企業のバランスシートに基づく評価だからである。持分法を連結でなく時価評価の代わりだと強弁する主張は[3]，金融商品に限っても，公正価値による一元的な評価と利益認識の難しさを告白したようなものかもしれない。まして資本設備や在庫品のような非金融資産の場合には，たとえば減価償却をやめて毎期末の価値をなんらかのやり方で測るという，会計基準の歴史をもとに戻すような展望のない難問に取り組まざるを得ないのである[4]。

その一方，原価評価を全面的に時価評価ないし公正価値評価に入れ替えれば，これと両立しない利益実現や原価配分，および収益との対応などの上位概念も放棄され，その影響は利益の測定と開示という最上位の基本目的にも波及する。それを資産や負債の評価に置き換え，現在の価値である時価ないし公正価値を一律に適用する会計システムが出現するわけである。利益はそこから機械的に導かれる結果であり，だからバランスシートの差分である包括利益が，その期の企業成果を表すのだという理屈になる。その構想や理屈が樹形構造の下位にあるルールまで一貫せずに混乱を深めているのが，上述したパラダイム・シフトの議論と思われる。あえてまとめれば**図終2**のようになりそうだが，それが会計システムの構造を正しくとらえているかは疑問である。

---

[3] 持分法が連結ではなく時価評価の代理（便法）だというなら，上場されている関連会社株式は持分法でなく時価で評価されることになる。投資先のバランスシートに基づく評価でも公正価値測定の一種だというなら，連結もまた公正価値測定の一種ということになる。しかし，連結開始時に子会社の資産・負債を時価で評価し直すとしても，それは取得原価を確定させるものでしかなく，それ以降は公正価値による評価替えは行われていない。

[4] 減価償却は価値の減耗を表現しないから意味がないという議論は，いまに始まったものではない。しかし，それは，価値を実体化して評価する不毛な議論を避けることで，近代会計の仕組みを作り出したことは否定できないであろう。

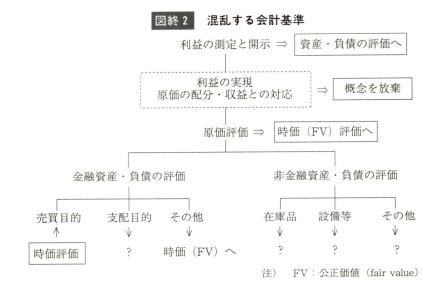

図終2 混乱する会計基準

注) FV：公正価値 (fair value)

4 ■ 会計基準の変革と会計システムの再構築

　前節でみたパラダイム・シフトの主張に対して，本書は，企業評価における利益情報の本質的な重要性に着目し，利益の測定と開示という会計システムの基本目的には変化がないと考えている。リスクの評価におけるバランスシートの役割に従来以上の期待が寄せられているとしても，それが投資情報としての利益に優越したり，取って代わったりするものではないとみているわけである。その一方，そうした基本目的に沿って工夫されたはずの実現や稼得のルールは，操作性（あるいは客観性）を確保する過程で次第に実質的な解釈を制限されて形式化し，資産を保有する投資の性質にかかわらず，画一的に市場取引を規準とする結果になっていた可能性がある。そうした実現概念の見直しと再構築が，本書の個別論点を横断するテーマにもなっていた。

　本書の第2章では，投資の成果をめぐる事前の期待と事後の事実との比較という観点から，期待した成果の不確定性がそれに対応する事実の確定によって解消する局面を，投資のリスクからの解放と呼んで利益実現の基本的な要件とみなしていた。企業会計基準委員会（ASBJ）の概念フレームワーク討議資料

も，基本的に同じ概念を共有していた。事前に期待された投資の成果が時価の変動によるキャピタル・ゲインであれば，実績の測定にあたっても時価評価が必要になる一方，期待するのが事業からのキャッシュフローなら，その事実に基づいて成果をとらえることになるため，それまでは資産や負債の評価替えを必要としないというのが，この概念の基本的なインプリケーションでもあった。利益の実現は，期待の実現を測る概念と考えられたのである[5]。

したがって，そうしたコアとなる概念をシステムの下位に位置するルールに下ろしていくときは，保有する資産や負債がどのような成果を期待した投資のポジションなのかという，いわば投資の実質に基づく分類が必要になる。それは，すべての資産や負債を画一的にとらえるものでもなければ，資産を外形で金融資産と非金融資産に分けるものでもない。本書では，キャピタル・ゲインを狙った投資（金融投資）と，事業からのキャッシュフローを目的とした投資（事業投資）とに大別したうえ，外形は金融資産でも事業目的に制約されて売却できない株式などを後者に含めたのである。これらについては，仮に時価評価される場合であっても，原価配分や稼得という従来からの概念で，実現したキャッシュフローと正味の成果がとらえられていた。

他方，金融投資では，価格変動を期待したキャッシュフローとみて，それに即して測った利益を成果の実績と考えることができる。したがって，いつでも換金できる市場があるとともに，換金が事業目的に制約されないという意味で金融投資の実質をもつものは，金融資産でも非金融資産でも，すべて継続的に時価で評価され，評価差額でその期の利益が測定されることになるわけである。金融商品の全面時価会計ではなく，金融投資の全面時価会計といってもよいであろう。ここでの時価は公正価値よりも狭い概念であり，俗にいうレベル１の公正価値に相当する。レベル２以下の公正価値は，資産の簿価切り下げに限って適用し，公正価値評価よりも減損の問題として再構成したほうがよい[6]。単なる見込みの利益は，投資のリスクから解放された成果ではない。

上記のような理解に立って会計システムの樹形構造を整理し直すと，一般に

5　投資の成果に関する期待の実現値（実績値）を，そこから先の将来についての期待形成にフィードバックするのが，企業会計における情報開示の役割であることは繰り返さない。

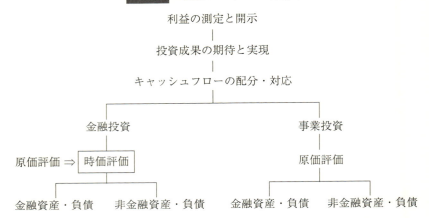

図終3　会計システムの再構築

いうパラダイム・シフトとはかなり違った結果になる。**図終3**のとおり、そこでは利益実現の概念が、すべての投資ポジションについて実際の売買（による金融資産の取得）を要求するものから、金融投資については価格変動を成果としてのキャッシュフローとみるように再構成されているだけである。従来との違いは金融投資の部分に限定され、時価による測定も投資成果の期待と実現という上位の概念に従っている。それはまた、原価の配分とはいえないが、キャッシュフローをアンカーとした、事業投資と共通する期間配分のメカニズムに包摂されるものでもある。システムはそこで整合性を回復しており、基本目的までが変わるようなパラダイム・シフトは生じていないことになる[7]。

---

[6] 市場の取引価格（時価）がない資産の簿価を見込みだけで切り上げるのは、金融投資の性質をもつ資産の時価評価はもとより、減損に伴う切り下げとも性質の異なる処理である。時価のあるケースでも、減損は回収不能な原価を繰り越さないというだけで、上下対称な時価評価とは異質な考え方に立っている。

[7] もとより、それはパラダイムの「変革」を否定するものではない。直接には本書の第3部、補章2で論じたとおりである。

5■おわりに

　このように，会計基準の変化をどうとらえるかは，会計ルールの樹形構造で表される静態的な秩序をどう組み立てるかによっても違ってくる。会計基準が人間行動の集積から生み出される社会制度である限り，その秩序の組み立ては，新たな会計ルールの形成と，それを契機とした会計システムのダイナミズムに影響するとみるしかない。時として基準設定主体の暴走が指摘されるとしたら，その原因の一端は，基準改革の方向をめぐる根拠の乏しい予断とともに，変化の経路を左右するシステムの秩序についての，結論を先取りした安直な理解にもあると思われる。そして，その安直さを助長しているのが，資産・負債か収益・費用か，包括利益か純利益か，時価か原価かなど，問題の一面だけを誇張した二項対立と，それに基づく性急なパラダイム・シフトの論調であろう。

　他方，ここでみた会計システムの通時的（歴史的）な変化とともに，特定の時点における共時的（静態的）な秩序の地域的な偏差も，会計基準の研究では重要な問題になる。会計制度が国ごとに異なる市場インフラの一環である以上，資本市場がグローバル化しても，そこから会計基準だけを取り出して実質的に共通化できるのは，本書の第3部でもみたとおり，かなり限られた範囲でしかないであろう。コンバージェンスという基準づくりの観点からも，各国の会計システムを共通言語で記述するメタ・システムを構築しながら，それを準拠枠に各国基準への枝分かれを解明し，その合理性をそれぞれの制度環境にてらして再検討することが求められる。共通言語を創設して各国に使わせるのとは違い，各国言語を共通の言語システムで分析する試みに近い[8]。

　8　いうまでもなく，この共通の言語システムは，自然言語のシステムではなく，それらを統一的に説明する理論上のメタ言語のシステムである。会計基準でいえば，現実に使われることを予定した国際的な統一基準ではなく，それも含めた各国基準を特殊なシステムとして記述するような，普遍的なメタ・ルールのシステムを想定している。イメージとしては，生成文法の理論における普遍文法のようなものに対応するのかもしれないが，本書の観点から重要なのは文法規則よりも意味解釈のルールである。

基準づくりとは別の理論研究でも，国際基準を含む各国の基準を，それらによって情報化される事実の理論的な解釈にてらして検討するには，それぞれの基準を普遍的なシステムから分岐した特殊なシステムとして種差をあきらかにしつつ，そこにみられる経済的事実のとらえ方で，企業会計に特有な事実認識を一般化するという作業が必要である。そうした普遍性を理解したうえで各国基準（繰り返すが国際基準を含む）の特殊性を解明しない限り，会計制度のもつ虚構を剝がした経済的事実の理論的な認識と，現実に制度化された会計基準における事実認識との関係を分析しようとしても，それが会計システムの普遍的な問題なのか，枝分かれする過程で生じた特殊な問題なのかを識別するのは難しい。後者であれば，過去になかった（あるいは気づかれなかった）枝分かれによって，問題が解決される可能性もあるというわけである。

付　録
会計研究の再構築
―実証なき理論と理論なき実証を超えて―

【収録にあたって】

　この付録は，2018年9月に横浜で開催された日本会計研究学会第77回大会における著者の講演記録を，掲載誌の『會計』第194巻6号（2018年12月；英文は *Accounting, Economics and Law : A Convivium*, forthcoming）から転載したものである。

　講演は，この年からアメリカ会計学会，カナダ学術会計学会，オーストラリア・ニュージーランド会計ファイナンス学会，ヨーロッパ会計学会，ならびに日本会計研究学会の協定に基づいて実施される「井尻雄士記念会計学基礎研究国際講演」の第1回を兼ねていた。本書旧版の改訂にあたりpostscriptとして収録する次第である（索引は設けない）。

　講演の表題は上記大会のテーマとの関係で「会計研究の再構築」となっているが，重点は会計基準研究におかれている。また，この付録末尾の「補論」は本書の終章を要約したものであり，両者の内容は重複しているが，講演記録の意味が損なわれないよう，あえてどちらも削除せずにそのまま収録することとした。

1■はじめに

　本章は，日本会計研究学会第77回大会における記念講演であるとともに，アメリカ会計学会（AAA）はじめ各国の会計学会が参加して発足する故・井尻雄士教授記念事業の一環をなす第1回の記念講演でもある。タイトルは大会の統一テーマにある「会計理論の再構築」を広げて「会計研究の再構築」としている。会計研究における理論と実証のあり方を再考し，今後の可能性の一端を展望するのが目的だが，その前にまず1960年代まで返って，最近の研究の源流やその背景を確かめることから始めよう。

2 ■ 回想の1960年代とその後

アメリカの会計研究が転換期を迎えた1960年代は,同時に会計基準のあり方が根本から問い直された時期でもあった。アメリカ公認会計士協会(AICPA) が会計基準の設定を担ってきた会計手続委員会に替えて会計原則審議会 (APB) を創設し,会計調査研究部を設けて実務慣行の体系化という従来の方針を含めた会計基準の再検討に着手したのは1959年であった。そのプロジェクトの成果とされる Moonitz (1961) は,限られた前提(公準)から演繹的に会計の規範を導く新たな試みを提示することで,会計基準はもとより会計研究のあり方にも大きなインパクトを与えることになった。

それより10年余りも前の1947年,AICPA の前身であるアメリカ会計士協会 (AIA) は企業所得研究グループを組織し,その成果として企業所得の概念と測定を再考した5つのモノグラフ AIA (1950) を刊行していた。価格変動下で原価配分による利益測定の意味が問われていた時期,主にエコノミストのメンバーが執筆して会計上の利益を検討したものであった。その思索の一端は後に Edwards & Bell (1961) にも受け継がれてより操作的な概念の体系に再構成され,同じ年に刊行された上記ムーニッツの著作とともに,会計研究の新しい試みで多様な成果を生んだ1960年代の幕開けを告げたのである。

ただ,この時期は,会計の重心 center of gravity といわれてきた利益 (Littleton 1953, Chap. 2) を情報のひとつに格下げし,広く意思決定に役立つ情報のシステムとして会計をとらえ直す気運が高まった時代でもある。そのような状況にあって,会計が情報システムの共有すべき属性に加えてどのような特質を有するのか,どのように企業の事象を測定して有用な情報に変換するのか,その仕組みの解明に論者の関心が向かったのも自然な流れであった。公理に基づく演繹的な推論という数学的な形式性に倣い,会計測定システムの体系化を図った Mattessich (1964) や Ijiri (1967) はその先駆的な業績であった。

こうした会計測定システムへの関心は,その仕組みの解明とともに,アウトプットである情報の有用性を評価して,意思決定目的に適った測定ルールを選び出すための判断基準を必要とする。それに応えたのが,Feltham (1968) や

Demski（1974）など，マルシャックやラドナーらの情報経済学に啓発された情報評価の試みであった。それは，不確実性下の選択という統計的決定理論に基づき，会計情報を将来についての確率判断を修正する事前の情報として分析することで，情報価値の概念と代替的な情報システムからの選択基準とを提示したのである。

　この方向での研究は，単一行動主体の意思決定に則した情報システムの評価と選択から，リスクに対する態度も将来の確率判断も異なる複数主体間での社会的選択の問題に向かい，さらに資本市場に関するミクロの経済分析の成果を借りて，不特定多数の投資家からなる株式市場での情報の有用性に関する検証へ発展する。開示される会計情報が投資家の市場行動に与える影響を株価形成のレベルでとらえ，追加情報が均衡株価に違いをもたらすか，その意味で情報価値を有するかを確かめようとしたのである。Ball & Brown（1968）やBeaver（1968）などが，その後の膨大な実証研究の先駆けとなった。

　こうした会計情報と，それを利用した投資家の市場取引による株価形成との関係は，情報システムと市場均衡をめぐる経済分析の重要な関心事でもある。1970年代から現在に至る会計研究の主流は基本的にこの方向の実証作業で占められてきたが，その正当性の根拠は，経済学からの理論的な関心に，公的な会計制度の数量的なデータをもって応えることにもあった。それは実証なき理論を脱却する試みでもあったが，反対に理論なき実証に終わればデータを提供するだけの「下請け」に甘んじる危険と隣り合わせであった。会計の研究者には，実証と同時に実証すべき理論仮説が問われてきたのである。

3 ■会計規範と会計研究：研究の対象と課題

　一般に経験科学の理論は，観察される事象や事象間の関係を，それらの背後に想定した普遍的な因果関係によって体系的に記述し説明する。会計の理論では，その因果の一方または双方に，会計の規範ないしはそれに対応した行為（に伴う事象）が含まれる。暗黙の規範として共有されるルールも含めた広い意味の制度を対象に，その形成や変化，あるいは作用や副作用を説明する理論が構築されるのである。そうした会計規範のなかでも，研究の対象として観察

が容易なのは,公的な権威を伴って成文化された会計基準であるのはいうまでもない。会計研究の多くはこの「書かれた」会計基準を対象にしており,最近ではその根拠を説明した概念フレームワークが理論研究の中心的な話題になることも少なくない。

しかし会計基準は,公的な権威以前に,本来は社会の成員が互いの行動に関して共有する非公式な期待という意味での社会規範であり[1],その点で慣習法や自然言語のルールなどと本質的な違いはない。かつては会計の実務に使われて望ましい結果を得たことが関係者の間で合意され,企業社会で共有されている行動ルール(ベスト・プラクティス)を,一般に認められた企業会計の原則GAAPとして追認し体系化するプラグマティズムが,そうした社会規範の正統性を裏づけてきた。ただし,そこでは何をもって望ましい結果とするのかを決める規準は欠落していたし,試してみてうまくいったやり方を行動規範とするだけでは,普遍性という面で帰納的な推論に通有の制約を免れなかった。

その後,会計は資本市場における情報開示の担い手として次第に公的規制に組み込まれ,それとともにGAAPは,非公式の社会規範から「書かれた」会計基準に姿を変えていった。基準づくりでも,ベスト・プラクティスの集約という帰納的な手法に代えて演繹的にそれを導き出す新たなアプローチが提唱され,前提を成文化する概念フレームワークへと重点が移っていく。それは生じうるケースを事前に網羅できない不完備な基準の整合的な適用に寄与する反面,社会制度をすべて意図的な構築物とみる設計主義がGAAPとしての基準の性格をしばしば損なう結果にもなった。また,そこでは演繹的に導いた基準の目的合理性を確かめる手続きが欠けており,それを補う実証研究が学界に求められたのである。

ひるがえって社会規範というのは,人々の間の相互作用が生み出す自生的(spontaneous)な秩序であり,社会を構成する個人の主観的な意図を超えた,むしろ互いの行為の意図しない結果として生み出される創発特性が重要な役割を果たす。人々の行為の相互作用と,さらにそれが生み出す秩序との相互作用

---

1 こうした社会規範の概念は,法と経済学の開拓者であるポズナーなどによる(Posner 1997, p. 365)。

を通じて,個人の能力を超えた進化の過程が形成されているのである。とりわけ市場は自生的な経済秩序の典型であり,市場で創設されてその秩序の一端を担う会計のルールも基本的には同じである。その自生的な秩序形成のプロセスを超越して,ア・プリオリな前提から会計規範を演繹しようという姿勢は,会計基準の形成はもとより基準研究のあり方としても疑問である(Hayek 1973;Sunder 2016)。

とはいえ,意図せざる結果として創設された会計規範でも,なぜそれが人々に共有されて市場に定着し続けるかという機能面での経済的な合理性と,それによってその後の変化がどう制約されるかという歴史的な経路依存性は,規範の体系的な整合性[2]とともに会計研究が取り組むべき重要な検討課題になる。そのような課題認識からすると,プラグマティックなGAAP論に欠けているのは,意図を超えて生み出された会計規範の目的合理性や整合性を検討しつつその普遍性と変化への契機を問う視点であり,他方で演繹的な会計基準論に欠けているのは,会計基準がもつ自生的な社会規範という性格に鑑み,その自己創設過程のなかに推論の前提となる普遍的な目的や規範,あるいは概念を求める姿勢であろう。

したがって,暗黙のGAAPであれ,文書化された会計基準であれ,それらを対象とする研究には,そのような自己創設過程から生まれた結果が市場に定着する合理性を事後的に解明しつつ,それに基づき会計規範の形成をめぐる因果関係を説明し,その変化を展望することが求められる。そして同時に会計ルールの間のシステマティックな関係をあきらかにし,新たに創設されたルールが,既存のルールやシステムの,その後の変化の方向や経路に与える影響を解明することが期待される。会計基準だけでなく,その開発指針とされている概念フレームワークも,基本的にはいずれも会計研究の対象であり,それらの開発・設計を会計基準研究が担っているわけではないことに注意したい。

---

2 上述のように,会計基準が事前にあらゆるケースを網羅できないという意味で不備である以上,基準の体系に不整合があれば,そこから都合のよいルールが容易に導かれる。その意味でも整合性の検討は不可欠だが,それは自生的な秩序を事後に体系化して合理性を検討するということであり,その秩序の形成に先立って先験的に規範を演繹するという話ではない。

4 ■ 実証科学と会計研究：Positive と Empirical

　最近の動向で奇異に思うのは，会計基準研究に限らず，より広い意味での会計研究一般を実証研究と規範研究に分け，後者を法の解釈と整合性分析のような規範学としての理論とみる論調である。そもそも会計が規範の集まりである以上，会計研究は規範の研究といってよい。そこに実証的な規範研究があっても不思議はない。規範研究が実証研究と対比される規範学だというなら，法と経済学（法の経済分析）のような実証科学を志向する規範研究をどうみるのだろうか。実証科学とされる厚生経済学・社会的選択理論も規範研究の一種ではないのか。実証（positive）科学は，数量データに基づく実証（empirical）研究に限られるのか。モデルやデータの整合性はそこでは問われないのか[3]。

　前述したように，実証科学（経験科学）にとってその主題は観察事象間の因果関係である。したがって，それは基本的には経験的な観察によって真偽が判断される記述命題の構築という理論研究と，実際のデータによるその検証ないしは反証という実証研究とのセットである。会計ルールは規範命題であり，そもそも研究対象である以上，それをいくら集めても理論にならないのは当然である。しかし，それらのルールと，目的とされる事象や状況とを因果関係で結べば，実証可能な形式の記述命題が得られることになるであろう。その体系の構築と実証は，目標仮説を所与とした規範理論（規範学ではない！）の構築ならびに実証と同型の問題になる。それは間違いなく実証科学の一部である。

　とはいえ，経験的な観察と実証科学の理論との関係はそれほど単純ではない。実証主義といっても，両者の関係をどう考えるかはさまざまである。素朴な実証主義の観点からすれば，**図付1** に示したように，観察から帰納された理論が，再び観察にてらして検証されるという関係なのであろう。ポパーが帰納

---

[3] 整合的でない理論はそれと両立する命題と矛盾する命題とを区別できないという意味で反証可能性がない（Popper 1959）。とすれば，反証可能な理論は整合的という対偶命題も成り立つから，整合性は反証可能性（実証性）の必要条件になる。整合性を実証性と対比させる意味もなければ，それを規範研究に固有のものとみる理由もない。

図付 1：素朴な実証主義
―観察の帰納と観察による実証―

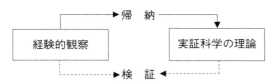

という手続きの普遍性を否定し，検証を反証に変えたのはよく知られているとおりであるが，そもそも事象間の関係に規則性を見出して一般化するだけでは，経験的に因果関係の存在を推定できても，なぜそうなるのかという，因果を結ぶメカニズムは依然としてブラック・ボックスのままである。経験則は得られても，そこから普遍的な理論法則は得られない。

　理論仮説との関係を実証主義の立場から洗練された形で提示したもののひとつが，論理経験主義を代表した哲学者・カルナップの考え方だろうか（Carnap 1966）。**図付 2** のように，彼は異なる時空間の（制度や慣行を含めた）操作規則で定義される観察言語としての概念と，それらによって多様な解釈を付与されうる理論言語としての概念を区別し，事実を一般化した経験法則は観察言語だけで，また，それを説明する理論法則は理論言語だけで成り立つとする。そして，理論言語と観察言語を結ぶ対応規則で理論言語の部分的解釈が与えられると考える。理論法則を経験則と別次元において，理論言語における概念の操作性を観察言語との間の対応規則で保証し，言語のルールで実証性を確保しようというわけである。

図付 2：洗練された実証主義
―経験法則と理論法則の区別―

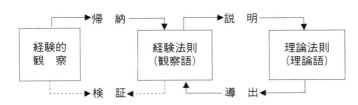

こうした理解は実証主義の到達点ともいえる反面，その限界を示す結果にもなった。観察言語と理論言語を分けても両者の区別は相対的であり，それらが独立でない以上，経験的な観察によって理論法則がただちに検証されるわけではない。カルナップの批判でもあったデュエム・クワインのテーゼは，言語の形式や概念の枠組みによる区別を退けただけでなく，個々の命題が観察と矛盾しても命題のネットワークである科学の理論は反証されないことを明示した (Quine 1951)。さらに真偽がパラダイム（暗黙の知識体系）と独立には決まらないとしたクーンのように，実証主義を否定して真理を理論の枠内に限定すれば，そもそも理論は観察によって反証されるものではないことになる (Kuhn 1962)。クーンの論敵だったポパーも，晩年になってそうした彼の主張を部分的に受け入れている [4]。

　デュエム・クワインのテーゼやクーンのパラダイム論にみるような相対主義はともかく，会計研究がこの経緯から学べるのは，まずは実証科学における理論と観察の関係であろう。事象の観察から規則性を抽出した経験法則と，その背後の普遍的な原理（因果関係）を体系化する理論仮説との，いわば次元の異なる非連続な関係とともに，事象の観察が理論研究に果たす役割とその限界である。事象の関係に規則性を発見して統計的有意性を検証するだけでは理論を構築できず，そこで確認された規則性を対象にして Why の解明へと飛躍する別次元の作業が必要なこと，そして理論仮説から導かれる命題を観察事象と突き合わせる実証が，仮説の再構築に寄与しても理論の採否までは決められないことであろう（**図付3**）。

---

[4] ポパーの考えでも純粋な観察や観察言語は存在しない。現象語は理論を含み，観察は理論に貫かれるというのである（Popper 1959；大内義一・森博訳『科学的発見の論理』上，恒星社厚生閣，1971，140頁に邦訳・収録されたドイツ語版への1968年追記）。なお，ポパーを承継した Lakatos 1978 は，反証不能なハードコアを共有しつつ修正可能な防御帯を備えた理論の系列（リサーチプログラム）が同時に並存するとみることで，この問題の解決を図っていた。

図付 3：実証科学における理論と実証

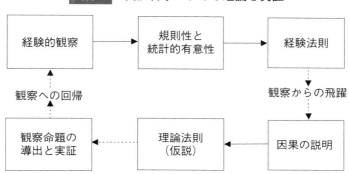

5 ■ 理論研究の可能性：会計の経済分析と言語分析

(i) 会計システムのアウトプット

そこで問題は会計研究における理論の可能性である。この間，研究の対象とされた事象は，なによりも会計システムのアウトプット，つまり会計情報が担う役割であった。開示される会計情報と，それを使う投資家行動の結果として決まる証券価格との関係（価値関連性）が，その研究の中心になっていた。両者の相関が，会計情報の有用性を測る決め手とされていたのである。また，ルールの適用に一定の幅を認める会計基準のもとで，経営者による選択や調整と周辺の規制や契約が与える誘因との関係も研究対象のひとつであった。会計情報に基づく投資戦略とそのパフォーマンスを検討する試みもあった。いずれも従来は実証的な研究が中心だったが，本来それらは因果関係を解明する理論研究の主題でもある。

その文脈でいう会計情報の有用性ないし情報価値は，情報が投資家の行動選択を変えて期待ペイオフを高める分（粗価値）から，引き換えに失われる機会の価値（情報コスト）を引いた正味である。実証研究では概して粗価値が問われてきたようだが，粗価値の存在すら疑われるケースでもない限り，本来はコストと比較した正味の価値が問われねばならない。両者を比較できなければ，情報価値の有無は実証されないのである。コストといっても単に情報システム

を維持する費用だけではない。システムの変更を伴う情報生産が会計基準の変更を前提とする場合は,それと補完関係にあるさまざまな周辺制度とのコンフリクトが個別主体にも社会全体にも長期にわたるコスト要因となる可能性がある[5]。

さらに,会計情報の価値を証券価格との相関で確かめる実証研究については,根拠なしに語られてきた神話(実証なき信念)の反証という功績の反面,その方法のもつ本質的な問題点も繰り返し指摘されてきた。そもそも統計的有意性の検証という手法一般が,科学的重要性の判断を機械的なアルゴリズムに委ねることへのマクロスキーの批判(McCloskey 1996)や,回帰係数が因果を語らないだけでなく,証券価格の反応にはノイズが混在しており,情報の影響を正しく反映しないというブラックの指摘(Black 1986)は,既に提起されてから久しい。また,価値関連性研究の手法をより内在的に検討した福井(2016)は,帰無仮説の棄却と受容の間の非対称性や,データ数の増加に伴う棄却の必然性を指摘している。実証に先立って,その手法の正確な理解と,実証すべき理論の構築とが課題ということでもある。

(ii) **会計ルールのシステム**

会計の理論研究は,会計情報の働きだけでなく,それを生み出す会計ルールのシステムを対象に,その成り立ちや仕組みを解明するという役割も担う。言語システムをはじめ一般にルールのシステムは,異なる時空間で成立する静態的な秩序(共時態)と,時間軸に沿ったその変化(通時態)との両面から分析される。共時態というのは,ルールおよびルール間の関係から成る集合であり,その体系化と,それが市場で共有され存続し続ける経済合理性の分析が研究課題になる。他方で通時態は,共時態の一部に生じたルールの変化が他のルールに波及し,システムの要素や秩序が変わって新たな共時態へ移行する過

---

[5] 制度環境を所与とした実証研究はともかく,情報生産が基準の変更を伴うケースで,それと相互補完的な周辺諸制度とのコンフリクトという,大きな影響を及ぼす可能性のあるコストを無視したままその情報の価値を論ずるのは疑問である。制度間の補完性は,社会の統治という観点から,その便益とコストの比較評価に基づいて,現状では国ごとに工夫されている。

程であり，ルール間に変化が波及するその経路の解明が研究の主題になる。

　会計システムの共時態に関する研究では，時空間で異なるそれらの特質と目的合理性が，市場の環境条件と人々の期待を収束させる自己調整機能に則して検討される。資本市場における投資家行動が企業資本の価値評価に依存し，資本の価値が恒常所得（ヒックスのいう所得 No. 2）の期待に依存する以上，そこで求められる会計情報に共通するのはそれを測定する利益の指標であろう[6]。資産・負債と収益・費用のいずれからスタートするかの違いはあっても，利益を測定し開示するルールの体系という点が，少なくとも資本市場の形成以降，会計システムの共通の性質になっている。その利益情報が企業価値評価やインセンティブ設計などに利用され，それらの利用目的がシステムの秩序に影響しているのである。

　したがって問題は，そこで共有される利益の普遍的な概念とともに，それと測定操作との関係を解明することである。コンヴェンショナルな測定操作で利益を測っているだけでは，概念の一般性を保証することはできない。操作的な定義では，異なる操作に対応した異なる概念を認めるほかはなく，それらに共通する基本概念は得られないのである。利益概念の操作性を追求するのは，普遍的な基本概念に対応した操作的な概念を構築するということであって，たとえば複式簿記の操作規則に従って計算される利益を普遍的な概念と思い込むたぐいの話ではない。量的概念の一般性・普遍性を追求しながら，その概念にてらして測定の操作を検討しない限り，会計はともかく会計学は成り立たない。

　利益は，期待される正味のキャッシュフローを恒常的な無限流列に標準化した経済的な意味の所得に対して，それを近似的に測定する操作的な概念である。経済的所得が無期限の標準流列であるのに対し，資産の利用期間が有限で価値が減耗する企業の利益には，測定の可能性だけでなく，いくつか重要な性質が求められる。なによりゴーイング・コンサーンである企業は，同じ所得を永続的に維持するよう，資本の価値減耗を再投資によって補塡するのに減価償

　6　ヒックスのいう所得は，しばしば誤解されるような資本の価値に依存した概念ではなく，むしろ資本の価値を決める概念である（Hicks 1946, Chap. 14 ; Saito & Fukui 2016）。

却を必要とする。また、期待の変化による資本価値変動は恒常所得から除くしかないが、要素費用を回収する企業の会計測定では回収を待って利益に含められる。そうした企業利益の測定に対応した概念の構築が、会計の理論研究に求められるわけである[7]。

他方、この静態的な秩序が新たな秩序へ移行する現象は、言語システムの通時態とも重なる問題である。それを分析するうえでは、生成文法の理論でいう個別の言語へ分岐する前の初期形態 Universal Grammar に倣って、時空間で異なる共時態へ分岐する前の、それらをメタの次元で記述する会計システムの普遍的なモデルが模索されてきた（Ijiri 1967；斎藤 1975）。このメタ・システムの経験的な意味解釈で個々の共時態を記述しながら、その一部のルールに生じた変化で損なわれたシステムの秩序が他のルールの変化を通じて回復され新たな共時態へ移行する経路を、ルール間の関係をたどって解明することが試みられたのである（本書、終章などを参照[8]）。それは共時態の秩序とその退化が、そこから先の進化を決めるメカニズムに着目するものであった。

6 ■結びに代えて

会計研究を再構築する作業は半世紀を超える試行錯誤を繰り返しているが、目標とする成果はいまだ前途遼遠というべきかもしれない。それでも会計研究は実証なき理論と理論なき実証を超えて、理論と実証とが互いにフィードバックを繰り返す実証科学を追求していくしかない。会計の規範やその機能とそれを対象にする研究とを区別し、対象にみられる規則性を一般化する理論仮説の構築と、実証の結果を受けたその修正ないし再構築を図る作業である。重要なのは、自生的な社会規範である会計ルールの、たえざる自己創設過程を虚心にみて合理的に理解することであり、そのためには、まず分析の用具として、そうした会計の規範や事象に対応する整合的な概念の体系を作り上げるのが急務である。

7　この問題については、斎藤・福井（2018）で若干の考察を試みている。
8　通時態の具体的なイメージについては、本章末尾の補論を参照されたい。

ただ，ひと口に理論と実証のフィードバックといっても，実際にはよく考えるべき問題が少なくない。ここでは詳細に立ち入らないが，とりあえず4でみたような素朴な実証主義の観点が会計の実証研究に結びつきやすい現状に鑑み，フィッシャー・ブラックによる以下のコメントを掲げて結びとする。全米ファイナンス学会における会長講演の一節である。

> 「結局のところ，理論が受け入れられるのは，それが型どおりの実証テストで確認されることによるのではなく，その理論が正しくかつ実際に意味があると研究者同士が説得し合うことによるのだ。」（Black 1986, p. 537；なお McCloskey 1983を注記）

 もちろん，それは理論が経験的な実証から独立の存在だということではない。ブラックの遺著（Black 1995）のタイトル"Exploring General Equilibrium"も，一般均衡という普遍的な基本モデルをもとに特殊な例やモデルを構築し，限られた範囲の事象にてらして含意を問う（explore する）意義を伝えるものであった[9]。いずれにせよわれわれは，多様な研究が芽生えた1960年代に戻り，それぞれの可能性と補完関係を再検討することから会計研究の再生を図る必要がありそうである。

補論■会計システムの通時態：最近の会計基準から

 ここでは，5の末尾にいう通時態のイメージを，資産・負債の公正価値測定とそれに伴う利益認識をめぐって揺れ動いた最近の会計基準で例示しておく。
 まず会計のシステムをルールの階層的な樹形構造とみて，その共時的な整合性を下位のルールが上位のルールの制約を充たすという意味に理解する。その一部に新たなルールが加わっても，それが上位のルールの制約に従っていれば，システムは整合性を維持したままそれ以上に変わる必然性はない。しか

 9　理論と観察事象の関係は，実証的な個別科学でもしばしば問題になる。景気変動をめぐって経済時系列の測定を理論（リアルビジネスサイクルの理論）との関係で実証的に検討し，事実を理論から独立にはとらえられないことを示した Prescott 1986 などがよい例であろう。

し，上位のルールの制約を充たさないと，システムは整合性を失って退化し，このルールを排除できなければ上位のルールを変えることで整合性を回復しようとする。それは階層構造の下位にあるルールへ波及する一方で，より上位のルールへ波及していくかもしれない。それがどこまで及ぶのかは，新たに加わったルールの性質にも依存する（斎藤 1975，自序）。

　周知のように，資産・負債アプローチや公正価値測定が強調され出す前の会計システムは，投資の成果にあたる利益の測定を主な目的にキャッシュフローを発生ベースで期間配分し，収益と費用を対応させて実現した利益を測定する仕組みになっていた。結果として，そこでは保有する資産・負債の評価も，取得対価のキャッシュフロー，つまり歴史的原価が規準になっていた。そのシステムに一部金融商品の時価（公正価値）測定と測定差額の利益認識が加わることで，測定属性として歴史的原価と公正価値とが並存し，一見して利益にも実現分と未実現分とが混在する結果になったわけである。混合属性アプローチなどという概念も現れたが，少なくともそれは従来の概念では整合性を失ったシステムであった。

　その不整合を避けるのに模索されたのは，一部の金融商品から始まった公正価値による測定と利益認識を，すべての金融商品からさらにすべての資産・負債へと一般化することであった。歴史的原価による測定と利益認識に代えて全面公正価値会計を標榜し，その上位にあるキャッシュフローの期間配分や収益・費用の対応といった概念やルールを排除ないし制限し，さらに上位の概念にあたる実現利益を排して公正価値差額を含めた包括利益への一元化を提案しつつ，最上位に位置したシステムの主要目的を利益の測定から資産・負債の価値測定に入れ替えることが試みられたのである。当然それは下位のルールに波及し，金融商品以外の資産・負債をどこまで公正価値で測れるかが問われることにもなった。

　事態がその構想どおりに進んでいれば，それが現実の通時態となったのであろう。しかし，すでにあきらかなようにこの構想は頓挫した。歴史的原価と公正価値が混在して使い分けの規準も整備されず，実現利益に近いとみられる純損益が定義もされないまま包括利益と共存しているのが現状である。概念の検討よりも大道具の作り替えが先行していたからといえるのかもしれない。しか

し，資産や負債を外形で金融商品とそれ以外に分けるのでなく，ましてそれらを一括りにするのでもなく，それらへの投資がどのようなキャッシュフローを期待したものかという，いわば投資の実質に従ってポジションを評価し成果を測定する観点があれば，結果はもう少し違っていた可能性がある。

　そもそも投資は，現在の（確実な）キャッシュを，将来の不確実なキャッシュと交換する取引である。その成果は，期待される不確実なキャッシュフローが確定しなければ生じない。期待が事実に次元を移し，投資のリスクが消滅することで，はじめて成果が決まるのである。ASBJ の概念フレームワーク討議資料（ASBJ 2006）にいうリスクからの解放[10]や，Barker & Penman (2017) にいう不確実性の解消は，その点に着目した利益認識のメルクマールである。投資の対象が金融資産でも実物資産でも，期待した成果と比較できる確定した成果を測定してそこから先の期待形成にフィードバックするというのが，会計情報に求められるもっとも重要な役割であろう。

　この観点からすれば，もっぱら値上がり益を期待し，事業から制約されずに換金が可能な金融投資と，事業からのキャッシュフローを期待する事業投資とを分けて，公正価値測定と歴史的原価測定を使い分けることが上記の役割に適合する。前者では保有資産の時価変動がキャッシュフローとみられ，実現した利益に矛盾なく包摂される[11]。したがって，資産や負債を投資の実質に従って分類し，測定属性をそれに合わせて選択すれば，上位のルールや概念を書き換えて全面公正価値会計や包括利益への一元化に突き進まなくても，整合性は回復されてシステムはそこで安定するはずであろう。基準設定主体の介入が通時態のこのシナリオを妨げている可能性も含めて，会計ルールの自己創設過程を観察する必要がある。

　10　この概念については，なお斎藤（2007）などを参照。
　11　同じ金融商品でも換金に事業上の制約があれば値上がり益はキャッシュフローとみられず，したがって投資の成果とはみられない。

■参考文献

Aboody, D., M. E. Barth and R. Kaznik, "Revaluation of Fixed Assets and Future Firm Performance: Evidence from the UK", *Journal of Accounting and Economics*, Vol. 26, Nos. 1-3, 1999.

Alexander, S. S., "Income Measurement in a Dynamic Economy", in *Five Monographs on Business Income*, American Institute of Accountants (AIA), 1950.

American Accounting Association (AAA), "Accounting and Reporting Standards for Corporate Financial Statements: 1957 Revision", *Accounting Review*, Vol. 32, No. 4, 1957.

――――, *A Statement of Basic Accounting Theory*, AAA, 1966 (飯野利夫訳『基礎的会計理論』, 国元書房).

――――, Committee on Concepts and Standards for External Financial Reporting, *Statement on Accounting Theory and Theory Acceptance*, AAA, 1977.

――――, Financial Accounting Standards Committee, "The FASB's Conceptual Framework for Financial Reporting: A Critical Analysis", *Accounting Horizons*, Vol. 21, No. 2, 2007.

――――, ――――, "A Perspective on the SEC's Proposal to Accept Financial Statements Reported in Accordance with International Financial Reporting Standards (IFRS) without Reconciliation to U.S. GAAP", *Accounting Horizons*, Vol. 22, No. 2, 2008.

American Institute of Accountants (AIA), *Quasi-Reorganization or Corporate Readjustment: Amplification of Institute Rule No. 2 of 1934,* Accounting Research Bulletins No. 3, 1939.

――――, *Five Monographs on Business Income*, AIA, 1950, (Reprinted in R. R. Sterling ed., Accounting Classis Series, Scholars Book Co., 1973).

――――, *Changing Concepts of Business Income,* Report of Study Group on Business Income, Macmillan, 1952 (渡辺進・上村久雄訳『企業所得の研究：変貌する企業所得概念』, 中央経済社)).

American Institute of Certified Public Accountants (AICPA), *Improving Business Reporting―A Customer Focus,* Comprehensive Report of the Special Committee on Financial Reporting, AICPA, 1994 (八田進二・橋本尚訳『事業報告革命』, 白桃書房).

Anderson, J. A., *A Comparative Analysis of Selected Income Measurement Theories in Financial Accounting,* Studies in Accounting Research #12, American Accounting Association, 1976.

Aoki, M., *Toward a Comparative Institutional Analysis*, MIT Press, 2001 (瀧澤弘和・谷口

和弘訳『比較制度分析に向けて』, NTT 出版).

Ball, R., "International Financial Reporting Standards (IFRS): Pros and Cons for Investors", *Accounting and Business Research*, Vol.36, Special Issue: International Accounting Policy Forum, 2006.

_____, and P. Brown, "An Empirical Evaluation of Accounting Income Numbers", *Journal of Accounting Research*, Vol. 6, No. 2, 1968.

_____, and _____, "Portfolio Theory and Accounting", in Baxter & Davidson [1977].

_____, S. Kothari, and A. Robin, "The Effect of International Institutional Factors on Properties of Accounting Earnings", *Journal of Accounting and Economics*, Vol. 29, No. 1, 2000.

Ballwieser, W., "Reasons, Forms, and Limitations of Global Information-Oriented Financial Reporting Rules", in Bruns, Herz, Neuburger & Tweedie [2008].

Barker, R. and S. H. Penman, "Moving the Conceptual Framework Forward: Accounting for Uncertainty", Columbia Business School, 2017.

Barth, M. E., "Fair Value Accounting: Evidence from Investment Securities and the Market Valuation of Banks", *Accounting Review*, Vol. 69, No. 1, 1994.

_____, "Standard-Setting Measurement Issues and the Relevance of Research", *Accounting and Business Research*, Special Issue: International Accounting Policy Forum, 2007.

_____, W. H. Beaver, and W. R. Landsman, "Value-Relevance of Banks' Fair Value Disclosures under SFAS No. 107", *Accounting Review*, Vol. 71, No. 4, 1996.

_____, _____, and _____, "The Relevance of the Value Relevance Literature for Financial Accounting Standard Setting: Another View", *Journal of Accounting and Economics*, Vol. 31, No. 1-3, 2001.

Baxter, W. T., and S. Davidson ed., *Studies in Accounting*, 3rd. ed., The Institute of Chartered Accountants in England and Wales, 1977.

Beaver, W. H., "Information Content of Annual Earnings Announcements", *Journal of Accounting Research*, Supplement to Vol. 6, 1968.

_____, "The Behavior of Security Prices and Its Imprecation for Accounting Research", *Accounting Review*, Supplement to Vol. 47, 1972.

_____, *Financial Reporting : An Accounting Revolution*, Prentice-Hall, 1st ed. 1981, 3rd ed. 1998 (伊藤邦雄訳『財務報告革命』, 白桃書房).

_____, and J. S. Demski, "The Nature of Financial Accounting Objectives: A Summary and Synthesis", *Journal of Accounting Research*, Supplement to Vol. 12, 1974.

_____, and _____, "The Nature of Income Measurement", *Accounting Review*, Vol. 54, No. 1, 1979.

_____, R. Lambert, and D. Morse, "The Information Content of Security Prices", *Journal of Accounting Research*, Vol. 2, No. 1, 1980.

Beidleman, C. R., *Valuation of Used Capital Assets*, Studies in Accounting Research #7, American Accounting Association, 1973.

Benston, G. J., "The Value of the SEC's Accounting Disclosure Requirements", *Accounting Review*, Vol. 44, No. 3, 1969.

―――, "Required Disclosure and the Stock Market: An Evaluation of the Securities Exchange Act of 1934", *American Economic Review*, Vol. 63, No. 1, 1973.

―――, M. Bromwich, R. E. Litan, and A. Wagenhofer, *World Wide Financial Reporting : The Development and Future of Accounting Standards*, Oxford University Press, 2006.

Bernard, V. L., "Capital Markets Research in Accounting during the 1980s: A Critical Review", in T. Frecka ed., *In the State of Accounting Research*, University of Illinois, 1989.

―――, R. C. Merton, and K. G. Palepu, "Mark-to-Market Accounting for Banks and Thrifts: Lessons from the Danish Experience", *Journal of Accounting Research*, Vol. 33, No. 1, 1995.

Bierman, H., Jr., "A Further Study of Depreciation", *Accounting Review*, Vol. 41, No. 2, 1961.

―――, and S. Davidson, "The Income Concepts: Value Increment or Earnings Predictor", *Accounting Review*, Vol. 44, No. 2, 1969.

―――, L. T. Jonson, and D. S. Peterson, *Hedge Accounting : An Exploratory Study of the Underlying Issues*, FASB, 1991（白鳥庄之助・大塚宗春・富山正次・石垣重男・篠原光伸・山田辰巳・小宮山賢訳『ヘッジ会計：基本問題の探究』，増補版，中央経済社）．

Biondi, Y,. "The Pure Logic of Accounting: A Critique of the Fair Value Revolution", *Accounting, Economics, and Law*, Vol, 1, No. 1, 2011.

Black, F., "Noise", *Journal of Finance*, Vol. 41, No. 3, 1986.

―――, *Exploring General Equilibrium*, MIT Press, 1995.

Bodie, Z., R. S. Kaplan, and R. C. Merton, "For the Last Time: Stock Options are an Expense", *Harvard Business Review*, Vol. 81, No. 3, 2003.

Bonbright, J. C., *The Valuation of Property : A Treatise on the Appraisal of Property for Different Legal Purposes*, McGraw-Hill, 1937.

Brennan, M. J., "A Perspective on Accounting and Stock Prices", *Accounting Review*, Vol. 66, No. 1, 1991.

Bromwich, M., *Financial Reporting, Information and Capital Markets*, Pitman Publishing, 1992.

Brown, P., *Capital Markets-Based Research in Accounting : An Introduction*, Coopers and Lybrand, 1994（山地秀俊・音川和久訳『資本市場理論に基づく会計学入門』，勁草書房）．

Bruns, H-G, R. H. Herz, H-J. Neuburger, and D. Tweedie, ed., Global *Financial Report-*

ing : Development, Application and Enforcement of IFRS, Schaffer-Poeschel, 2008.

Burton, J. C., "Accounting and the Regulation of Financial Institutions", *Economic Notes by Monte dei Paschi di Siena,* Vol. 22, 1993.

Buttimer, H., "Dividends and the Law", *Accounting Review,* Vol. 36, No. 3, 1961.

Canning, J.B., *Economics of Accountancy : A Critical Analysis of Accounting Theory,* Ronald Press, 1929.

Carnap, R., *Philosophical Foundations of Physics,* Basic Books, 1966（沢田允茂・中山浩二郎・持丸悦朗訳『物理学の哲学的基礎：科学の哲学への序説』，岩波書店）．

Chambers, R. J., *Accounting, Evaluation and Economic Behavior,* Prentice-Hall, 1966（塩原一郎訳『現代会計学原理：思考と行動における会計の役割』，創成社）．

Christensen, J. A., and J. S. Demski, *Accounting Theory : An Information Content Perspective,* McGraw-Hill, 2003（佐藤紘光監訳『会計情報の理論』，中央経済社）．

Coase, R., "The Problem of Social Cost", *Journal of Law and Economics,* Vol. 3, No. 3, 1960.

＿＿＿, *The Firm, the Market, and the Law,* University of Chicago Press, 1988（宮沢健一・後藤晃・藤垣芳文訳『企業・市場・法』，東洋経済新報社）。

Cochrane, J. H., *Asset Pricing,* revised edition, Princeton University Press, 2005.

＿＿＿, "Presidential Address : Discount Rate", *Journal of Finance,* Vol. 66, No. 4, 2011.

Collins, D. W., E. K. Maydew and I. S. Weiss, "Changes in the Value-Relevance of Earnings and Book Values over the Past Forty Years", *Journal of Accounting and Economics,* Vol. 24, No. 1, 1997.

Cox, J. C., and M. Rubinstein, *Options Markets,* Prentice-Hall, 1985（仁科一彦監訳『オプション・マーケット：新しい金融取引の理論と実際』，HBJ出版局）．

Cunningham, R.L., *Risks and Reporting of Off-Balance-Sheet（OBS）Activities in Commercial Banking,* Garland Publishing, 1994.

DeAngelo, H., *et al,*. "Dividend Policy, Agency Costs, and Earned Equity" SSRN-id558747. June, 2004.

Demsetz, H., "The Cost of Transacting", *Quarterly Journal of Economics,* Vol. 82, No. 1, 1968.

＿＿＿, "The Structure of Ownership and the Theory of the Firm", *Journal of Law and Economics,* Vol. 26, No. 2, 1983.

Demski, J., *Information Analysis,* Addison-Wesley, 1972.

＿＿＿, "Choice among Financial Reporting Alternatives", *Accounting Review,* Vol. 49, No. 2, 1974.

＿＿＿, and G. Feltham, *Cost Determination : A Conceptual Approach,* Iowa State University Press, 1976.

＿＿＿, and D. E. M. Sappington, "Fully Revealing Income Measurement", *Accounting Review,* Vol. 65, No. 2, 1990.

Dhaliwal, D. S., K. R. Subramanyam, and R. Trezevant, "Is Comprehensive Income Superior to Net Income as a Measure of Firm Performance?", *Journal of Accounting and Economics,* Vol. 26, Nos. 1-3, 1999.

Dichev, I. D.,"On the Balance Sheet-Based Model of Financial Reporting", *Accounting Horizons,* Vol. 22, No. 4, 2008.

Dopuch, N., and L. Revsine, *Accounting Research 1960-1970 : A Critical Review,* University of Illinois, 1973.

──, and S. Sunder, "FASB's Statements on Objectives and Elements of Financial Accounting : A Review", *Accounting Review,* Vol. 55, No. 1, 1980.

Dye, R. A., "Mandatory Versus Voluntary Disclosures : The Cases of Financial and Real Externalities", *Accounting Review,* Vol. 65, No. 1, 1990.

──, and S. Sunder, "Why Not Allow FASB and IASB Standards to Compete in the U.S.? ", *Accounting Horizons,* Vol. 15, No. 3, 2001.

Easterbrook, F. H. and D. R. Fischel, *The Economic Structure of Corporate Law,* Harvard University Press, 1991.

Edwards, E. O., and P. W. Bell, *The Theory and Measurement of Business Income,* University of California Press, 1961（伏見多美雄・藤森三雄訳『意思決定と利潤計算』，日本生産性本部）.

Edwards, J., J. Kay, and C. Mayer, *The Economic Analysis of Accounting Profitability,* Clarendon, 1987.

Edwards, R., "The Nature and Measurement of Income", in Baxter & Davidson [1977].

Fablicant, S., *Capital Consumption and Adjustment,* National Bureau of Economic Research, 1938.

Fama, E. F., and M. C. Jensen, "Agency Problems and Residual Claims", *Journal of Law and Economics,* Vol. 26, No. 2, 1983.

──, and K. R. French, "Multifactor Explanations of Asset Pricing Anomalies", *Journal of Finance,* Vol. 51, No. 1, 1996.

Feltham, G. A., "The Value of Information", *Accounting Review,* Vol. 43, No. 4, 1968.

──, *Information Evaluation,* American Accounting Association, 1972.

──, and J. S. Demski, "The Use of Models in Information Evaluation", *Accounting Review,* Vol. 45, No. 4, 1970.

──, and J. A. Ohlson, "Valuation and Clean Surplus Accounting for Operating and Financial Activities", *Contemporary Accounting Research,* Vol. 11, No. 2, 1995.

Financial Accounting Standards Board (FASB), *An Analysis of Issues Related to Conceptual Framework for Financial Accounting and Reporting : Elements of Financial Statements and Their Measurement,* Discussion Memorandum, 1976（津守常弘監訳『FASB財務会計の概念フレームワーク』，中央経済社）.

──, *Statements of Financial Accounting Concepts 1-7,* 1978-2000（平松一夫・広瀬義州

訳)『FASB 財務会計の諸概念』増補版,中央経済社).
―――, *An Analysis of Issues Related to New Basis Accounting,* Discussion Memorandum, 1991.
―――, *FASB Continuing Professional Education Course : A Review of Statement 133, Accounting for Derivative Instruments and Hedging Activities,* 1998(古賀智敏・河﨑照行訳『デリバティブ会計とヘッジ戦略』,東洋経済新報社).
―――, *Preliminary Views, Conceptual Framework for Financial Reporting : Objective of Financial Reporting and Qualitative Characteristics of Decision-Useful Financial Reporting Information,* 2006.
―――, *Preliminary Views, Financial Instruments with Characteristics of Equity,* 2007.
Fisher, I., *The Nature of Capital and Income,* Macmillan, 1906.
―――, "Income and Capital", Chap.1 of *The Theory of Interest : As Determined by Impatience to Spend Income and Opportunity to Invest It,* Macmillan, 1930(気賀勘重・気賀健三訳『利子論』,岩波書店).
Foster, G., *Financial Statement Analysis,* Prentice-Hall, 1978(日本証券アナリスト協会訳『資本市場と財務分析』,同文舘).
French, E. A., "The Evolution of the Dividend Law of England", in Baxter & Davidson [1977].
Gaa, J. C., *Methodological Foundations of Standardsetting for Corporate Financial Reporting,* American Accounting Association, 1988(深津比佐夫訳『財務報告基準設定論』,中央経済社).
Gonedes, N. J., "Efficient Capital Markets and External Accounting", *Accounting Review,* Vol. 47, No. 1, 1972.
Grady, P., *Inventory of Generally Accepted Accounting Principles for Business Enterprises,* Accounting Research Study No. 7, American Institute of Certified Public Accountants, 1965.
Greif, A,. *Institutions and the Path to the Modern History*, Oxford University Press, 2005(岡崎哲二・神取道宏訳『比較歴史制度分析』,NTT 出版).
Grossman, S. J., and O. D. Hart, "The Cost and Benefits of Ownership : A Theory of Lateral and Vertical Integration", *Journal of Political Economy,* Vol. 94, No. 4, 1986.
Gynther, R. S., "Some 'Conceptualizing' on Goodwill", *Accounting Review,* Vol. 44, No. 2, 1969.
Hakansson, N. H., "Where We are in Accounting : A Review of 'Statement on Accounting Theory and Theory Acceptance' ", *Accounting Review,* Vol. 53, No. 3, 1978.
―――, "On the Politics of Accounting Disclosure and Measurement : An Analysis of Economic Incentives", *Journal of Accounting Research,* Supplement to Vol. 19, 1981.
―――, "On the Interaction of Accounting, Economics, and Finance and the Economic Consequences of Accounting", Plenary address given at the Annual Meeting of the

American Accounting Association, 1979, in Mattessich [1984].
Hansen, P., *Accounting Concept of Profit,* North Holland Publishing, 1962.
Harcourt, G.C., "The Accountant in a Golden Age", *Oxford Economic Papers,* Vol. 17, 1965 (reprinted in Parker & Harcourt [1969]).
Hayek, F. A., "The Maintenance of Capital", *Economica,* Vol. 2, No. 7, 1935.
―――, *Law, Legislation and Liberty Vol.1*: *Rules and Order,* Routledge and Kegan Paul, 1973（矢島鈞次・水吉俊彦訳『法と立法と自由Ⅰ：ルールと秩序』，春秋社）．
Hicks, J. R., "Income", Chap.14, *Value and Capital : An Inquiry into Some Fundamental Principles of Economic Theory,* Clarendon Press, 2nd ed., 1946（安井琢磨・熊谷尚夫訳『価値と資本』，岩波書店）．
Hill, T. P., *Profits and Rates of Return,* OECD, 1979（仁科一彦訳『企業利潤と収益率』，有斐閣）．
Holthausen, R. W., and R. W. Leftwich, "The Economic Consequences of Accounting Choice : Implications of Costly Contracting and Monitoring", *Journal of Accounting and Economics,* Vol. 5, No. 2, 1983.
―――, and R. L. Watts, "The Relevance of Value-Relevance Literature for Financial Accounting Standard Setting", *Journal of Accounting and Economics,* Vol. 31, Nos. 1-3, 2001.
Hotelling, H., "A General and Mathematical Theory of Depreciation", *Journal of the American Statistical Association,* Vol. 20, 1925 (reprinted in Parker & Harcourt [1969]).
Hull, J., *Introduction to Futures and Options Markets,* Prentice-Hall, 1991（三菱銀行商品開発部訳『デリバティブ入門』，金融財政事情研究会）．
―――, and A. White, "Accounting for Employee Stock Options", *Journal of Derivatives Accounting,* Vol. 1, No. 1, 2004.
Ijiri, Y., *The Foundations of Accounting Measurement : A Mathematical, Economic and Behavioral Inquiry,* Prentice-Hall, 1967（井尻雄士『会計測定の基礎：数学的・経済学的・行動学的探求』，東洋経済新報社）．
―――, *Theory of Accounting Measurement,* Studies in Accounting Research #10, American Accounting Association, 1975（井尻雄士『会計測定の理論』，東洋経済新報社）．
―――, *Historical Cost Accounting and Its Rationality,* The Canadian Certified General Accountants' Foundation, 1981.
―――, "US Accounting Standards and Their Environment : A Dualistic Study of Their 75-Years of Transition", *Journal of Accounting and Public Policy,* Vol. 24, 2005.
Jaedicke, R. K., Y. Ijiri, and O. Nielsen, *Research in Accounting Measurement,* American Accounting Association, 1966.
Jensen, M. C., "Organization Theory and Methodology", *Accounting Review,* Vol. 58, No. 2, 1983.

, and W. H. Meckling, "Theory of the Firm : Managerial Behavior, Agency Costs and Ownership Structure", *Journal of Financial Economics,* Vol. 3, No. 4, 1976.
Joint Working Group of Standard-Setters (JWG), *Draft Standards and Basis for Conclusions : Financial Instruments and Similar Items,* 2000.
Kaldor, N., "The Concept of Income in Economic Theory", Appendix to Chap.1, *An Expenditure Tax,* George Allen and Unwin, 1955.
Kaplan, R. S., and K. G. Palepu, "Expensing Stock Options : A Fair-Value Approach", *Harvard Business Review,* Vol. 81, No. 12, 2003.
Katz, M., and C. Shapiro, "Network Externalities, Competition, and Compatibility", *American Economic Review,* Vol. 75, No. 3, 1985.
Kim, M., and G. Moore, "Economic vs. Accounting Depreciation", *Journal of Accounting and Economics,* Vol. 10, No. 2, 1988.
Kuhn, T. S., *The Structure of Scientific Revolutions*, University of Chicago Press, 1962（中山茂訳『科学革命の構造』，みすず書房）.
Lakatos, I., *The Methodology of Scientific Research Programmes : Philosophical Papers*, Vol. 1, Cambridge University Press, 1978.
Landsman, W. R., "Is Fair Value Accounting Information Relevant and Reliable? Evidence from Capital Market Research", *Accounting and Business Research,* Vol. 37, Special Issue : International Accounting Policy Forum, 2007.
Laux, C,. and C. Leuz, "The Crisis of Fair-Value Accounting : Making Sense of the Recent Debates", *Accounting, Organizations and Society,* Vol. 34, Nos.6-7, 2009.
Lee, T. A., *Income and Value Measurement : Theory and Practice,* 2nd. ed., University Park Press, 1980（三木正幸訳『利潤と価値の測定：理論と計算』，白桃書房）.
Leftwich, R., "Evidence of the Impact of Mandatory Changes in Accounting Principles on Corporate Loan Agreements", *Journal of Accounting and Economics,* Vol. 3, No. 1, 1981.
          , "Accounting in Private Markets : Evidence form Private Lending Agreements", *Accounting Review,* Vol. 58, No. 1, 1983.
Lev. B., "Toward a Theory of Equitable and Efficient Accounting Policy", *Accounting Review,* Vol. 63, No. 1, 1988.
          , "One the Usefulness of Earnings and Earnings Research : Lessons and Directions from Two Decades of Empirical Research", *Journal of Accounting Research,* Supplement to Vol. 27, 1989.
Lewis, W. A., "Depreciation and Obsolescence as Factors in Costing", in Baxter & Davidson[1977].
Lindahl, E., "Concept of Income", in *Economic Essays in Honor of Gustav Cassel,* George Allen and Unwin, 1933.
          , *Studies in the Theory of Money and Capital,* George Allen and Unwin, 1939.

Littleton, A. C., *Accounting Evolution to 1900*, American Institute Publishing, 1933（片野一郎訳『会計発達史』，同文舘）．

―――, *The Structure of Accounting Theory*, American Accounting Association, 1953（大塚俊郎訳『会計理論の構造』，東洋経済新報社）．

―――, and V. K. Zimmerman, *Accounting Theory : Continuity and Change*, Prentice-Hall, 1962（上田雅通訳『会計理論：連続と変化』，税務経理協会）．

Lutz, F., and V. Lutz, *The Theory of Investment of the Firm*, Princeton University Press, 1951（後藤幸男訳『投資決定の理論』，日本経営出版会）．

Mattessich, R., *Accounting and Analytical Methods : Measurement and Projection of Income and Wealth in the Micro- and Macro-Economy*, Richard R. Irwin, 1964（越村信三郎監訳『会計と分析的方法』，同文舘）．

―――, ed., *Modern Accounting Research : History, Survey, and Guide*, Research Monograph No. 7, The Canadian Certified General Accountants' Research Foundation, 1984.

May, G. O., "Influence of Accounting on the Development of an Economy" (1-3), *Journal of Accountancy*, Vol. 2, Nos. 1-3, 1936.

―――, (ed. by B. C. Hunt), *Twenty-Five Years of Accounting Responsibility : 1911-36*, Price, Waterhouse & Co., 1936.

―――, *Financial Accounting : A Distillation of Experience*, Macmillan, 1943（木村重義訳『財務会計：経験の蒸留』，ダイヤモンド社）．

―――, "Authoritative Financial Accounting", *Journal of Accountancy*, Vol. 82, No. 2, 1946.

McCloskey, D. N., "The Rhetoric of Economics", *Journal of Economic Literature*, Vol. 21, No. 2, 1983.

―――, *The Vices of Economists―The Virtues of the Bourgeoisie*, Amsterdam University Press, 1996.

Meij, J. L. ed., *Depreciation and Replacement Policy*, North-Holland, 1961.

Milburn, J. A., *Incorporating the Time Value of Money within Financial Accounting*, The Canadian Institute of Chartered Accountants, 1988.

Miller, M. H., and F. Modigliani, "Some Estimates of the Cost of Capital to the Electric Utility Industry, 1954-57", *American Economic Review*, Vol. 56, No. 3, 1966.

Mock, T. J., *Measurement and Accounting Information Criteria*, Studies in Accounting Research # 13, American Accounting Association, 1976.

Modigliani, F., and M. H. Miller, "The Cost of Capital, Corporation Finance and the Theory of Investment", *American Economic Review*, Vol. 48, No. 3, 1958.

Moonitz, M., *The Basic Postulates of Accounting*, Accounting Research Study No. 1, American Institute of Certified Public Accountants, 1961（佐藤孝一・新井清光訳『会計公準と会計原則』，中央経済社）．

, "Three Contributions to the Development of Accounting Principles prior to 1930", *Journal of Accounting Research,* Vol. 8, No. 1, 1970.

　　　　, *Changing Prices and Financial Reporting,* Arthur Andersen & Co. Lecture Series (The University of Lancaster), Stipes Publishing Co., 1973.

　　　　, *Obtaining Agreement on Standards in the Accounting Profession,* Studies in Accounting Research #8, American Accounting Association, 1974.

　　　　, "Accounting Principles: How They Are Developed", in Sterling[1974].

　　　　, and A. C. Littleton, ed., *Significant Accounting Essays,* Prentice-Hall, 1965.

Myers, J. H., "The Critical Event and Recognition of Net Profit", *Accounting Review,* Vol. 34, No. 4, 1959.

Nelson, K., "Fair Value Accounting for Commercial Banks: An Empirical Analysis of SFAS No. 107", *Accounting Review,* Vol. 71, No. 2, 1996.

Nissim, D., "Fair Value Accounting in the Banking Industry", Occasional Paper, Columbia Business School, 2007.

　　　　, and S. H. Penman, "Principles for the Application of Fair Value Accounting", White Paper No. 2, Center for Excellence in Accounting and Security Analysis, Columbia Business School, 2008.

Ohlson, J. A., "On the Nature of Income Measurement: The Basic Result", *Contemporary Accounting Research,* Vol. 4, No. 1, 1987.

　　　　, "Earnings, Book Values and Dividends in Equity Valuation", *Contemporary Accounting Research,* Vol. 11, No. 2, 1995.

　　　　, and S. H. Penman, "Debt vs. Equity: Accounting for Claims Contingent on Firm's Common Stock Performance with Particular Attention to Employee Compensation Options", White Paper No. 1, Center for Excellence in Accounting and Security Analysis, Columbia Business School, 2005.

Palepu, K. G., V. L. Bernard, and P. M. Healy, *Business Analysis and Valuation: Using Financial Statements,* South-Western College Publishing, 1st ed., 1996, 2nd ed., 2000 （斎藤静樹監訳『企業分析入門』，東京大学出版会）.

Parker, R. H., and G. C. Harcourt, ed., *Readings in the Concept and Measurement of Income,* Cambridge University Press, 1st ed. 1969, 2nd ed. 1986.

Paton, W. A., *Accounting Theory: With Special Reference to the Corporate Enterprise,* A. S.P. Accounting Studies Press, 1962（Originally published in 1922）.

　　　　, and A. C. Littleton, *An Introduction to Corporate Accounting Standards,* American Accounting Association, 1940（中島省吾訳『会社会計基準序説』，森山書店）.

Peasnell, K. V., "A Note on the Discounted Present Value Concept", *Accounting Review,* Vol. 52, No. 1, 1977a.

　　　　, "The Present Value Concept in Financial Reporting", *Journal of Business Finance and Accounting,* Vol. 4, No. 2, 1977b.

Penman, S. H., "What Net Asset Value? —An Extension of a Familiar Debate", *Accounting Review*, Vol. 45, No. 2, 1970.

―――, *Financial Statement Analysis and Security Valuation*, McGraw-Hill, 2001（杉本徳栄・井上達男・梶浦昭友訳『財務諸表分析と証券評価』，白桃書房）.

―――, "Financial Reporting Quality: Is Fair Value a Plus or a Minus?", *Accounting and Business Research*, Special Issue: International Accounting Policy Forum, 2007.

Plantin, G,. H. Sapra, and H. S. Shin, "Marking-to-Market: Panacea or Pandora's box?", *Journal of Accounting Research*, Vol. 46, No. 2, 2008.

Popper, K. R,. *The Logic of Scientific Discovery*, Hutchinson, 1959. Harper and Row, 1968 (大内義一・森博訳『科学的発見の論理』，上巻，恒星社厚生閣).

Posner, R. A., "Theories of Economic Regulation", *Bell Journal of Economics and Management Science*, Vol. 5, No. 2, 1974.

―――, "Social Norms and the Law: An Economic Approach", *The American Economic Review*, Vol. 87, No. 2, 1997.

―――, *Economic Analysis of Law*, 5th ed., Aspen Law and Business, 1998.

Prakash, P., and S. Sunder, "The Case Against Separation of Current Operating Profit and Holding Gains", *Accounting Review*, Vol. 54, No. 1, 1979.

Preinreich, G. A. D., "Annual Survey of Economic Theory: The Theory of Depreciation", *Econometrica*, Vol. 6, No. 3, 1938.

Prescott, E. C., "Theory Ahead of Business Cycle Measurement", *Federal Reserve Bank of Minneapolis Quarterly Review*, Vol. 10, No. 4, 1986.

Prest, A.R., "Replacement Cost Depreciation", *Accounting Research*, Vol. 1, 1948-50 (reprinted in Parker & Harcourt [1969]).

Quine, W. V., "Two Dogmas of Empiricism", *Philosophical Review*, Vol. 60, No. 1, 1951.

Ramanna, K,. "The Implications of Unverifiable Fair-Value Accounting: Evidence from the Political Economy of Goodwill Accounting", *Journal of Accounting and Economics*, Vol.45, Nos.2-3, 2008.

Revsine, L., "On the Correspondence between Replacement Cost Income and Economic Income", *Accounting Review*, Vol. 45, No. 3, 1970.

―――, *Replacement Cost Accounting*, Prentice-Hall, 1973.

―――, "The Theory and Measurement of Business Income: A Review Article", *Accounting Review*, Vol. 56, No. 2, 1981.

Ross, S. A., "The Economic Theory of Agency", *American Economic Review*, Vol. 63, No. 2, 1973.

―――, "Disclosure Regulation in Financial Markets: Implications of Modern Finance Theory and Signaling Theory", in F. Edwards ed., *Essays in Financial Regulation*, McGraw-Hill, 1979.

―――, "Accounting and Economics", *Accounting Review*, Vol. 58, No. 2, 1983.

Saito, S., "Significance of Convergence and the Role of IFRS in Japan : To Encourage IFRS to be Accepted by Converging Countries", in Bruns, Herz, Neuburger & Tweedie [2008].

――, "Accounting Standards and Global Convergence Revisited : Social Norms and Economic Concepts", *The Japanese Accounting Review*, Vol. 1, 2011.

―― and Y. Fukui., "Whither the Concept of Income?", *Accounting, Economics, and Law : A Convivium*, Online, 2016.

Sanders, T. H., H. R. Hatfield, and U. Moore, *A Statement of Accounting Principles*, American Accounting Association, 1938（山本繁・勝山進・小関勇訳『SHM会計原則』,同文舘）.

Scapens, R. W., "A Neoclassical Measure of Profit", *Accounting Review*, Vol. 53, No. 2, 1978.

Schindler, J. S., *Quasi-Reorganization*, Michigan Business Studies, Vol. 13, No. 5, University of Michigan, 1958.

Schneider, E., *Wirtschaftlichkeits-Rechnung : Theorie der Investition*, J.C.B.Mohr, 1961（島野卓爾訳『経済計算論』,ダイヤモンド社）.

Scott, W. R., *Financial Accounting Theory*, 4th ed., Pearson Education Canada, 2006（太田康広・椎葉淳・西谷順平訳『財務会計の理論と実証』,中央経済社）.

Sloan, R. G., "Do Stock Prices Fully Reflect Information in Accruals and Cash Flows About Future Earnings?", *Accounting Review*, Vol. 71, No. 3, 1996.

――, "Evaluating the Reliability of Current Value Estimates", *Journal of Accounting and Economics*, Vol. 26, Nos. 1-3, 1999.

Smith C. W., Jr., and J. B. Warner, "On Financial Contracting : An Analysis of Bond Covenants", *Journal of Financial Economics*, Vol. 7, No. 2, 1979.

Solomons, D., "Economic and Accounting Concepts of Income", *Accounting Review*, Vol. 36, No. 3, 1961.

――, "Economic and Accounting Concepts of Cost and Value", in M. Backer, ed., *Modern Accounting Theory*, Prentice-Hall, 1966.

Sorter, G., "An 'Events' Approach to Business Accounting Theory", *Accounting Review*, Vol. 44, No. 1, 1969.

Spence, A. M., *Market Signaling : Informational Transfer in Hiring and Related Screening Processes*, Harvard University Press, 1974.

Sprouse, R. T. "Accounting for What-You-May-Call-Its", *Journal of Accountancy*, October, 1966.

――, and M. Moonitz, *A Tentative Set of Broad Accounting Principles for Business Enterprises*, Accounting Research Study No. 3, American Institute of Certified Public Accountants, 1962（佐藤孝一・新井清光訳『会計公準と会計原則』,中央経済社）.

Sterling, R. R., *Theory of the Measurement of Enterprise Income*, The University Press of Kansas, 1970(上野清貴訳『会計利益測定論』,同文舘).

―――― ed., *Asset Valuation and Income Determination,* Scholars Book Co., 1971.

―――― ed., *Institutional Issues in Public Accounting,* Scholars Book Co., 1974.

Stigler, G. J., "Public Regulation of the Securities Markets", *Journal of Business,* Vol. 37, No. 2, 1964.

Storey, R. K., "Revenue Realization, Going Concern and Measurement of Income", *Accounting Review,* Vol. 34, No. 2, 1959.

――――, "Cash Movements and Periodic Income Determination", *Accounting Review,* Vol. 35, No. 3, 1960.

――――, and S. Storey, *The Framework of Financial Accounting Concepts and Standards,* Special Report, FASB, 1998(企業財務制度研究会訳『財務会計の概念および基準のフレームワーク』,中央経済社).

Sunder, S., *Theory of Accounting and Control,* South-Western Publishing Co., 1997(山地秀俊・鈴木一水・松本祥尚・梶原晃訳『会計とコントロールの理論』,勁草書房).

――――, "Regulatory Competition among Accounting Standards within and across International Boundaries", *Journal of Accounting and Public Policy,* Vol. 21, No. 3, 2002.

――――, "Social Norms versus Standards of Accounting", in M. Dobija and S. Martin ed,. *General Accounting Theory : Towards Balanced Development,* Cracow University of Economics (Poland), 2005a.

――――, "Minding our Manners : Accounting as Social Norms", *The British Accounting Review,* Vol.37. No.4. 2005b.

――――, "Rethinking Financial Reporting: Standards, Norms and Institutions", *Foundations and Trends in Accounting,* Vol. 11, No. 1～2, 2016.

Taylor, P., and S. Turley, *The Regulation of Accounting,* Basil Blackwell, 1986.

Thomas, A. L., *The Allocation Problem in Financial Accounting Theory,* Studies in Accounting Research #3, American Accounting Association, 1976.

――――, The *Allocation Problem : Part Two,* Studies in Accounting Research #9, American Accounting Association, 1974.

USSEC, Office of the Chief Accountant, "Work Plan for the Consideration of Incorporating International Financial Reporting Standards into the Financial Reporting System for U.S. Issuers", Final Staff Report, 2012.

Vatter, W. J., *The Fund Theory of Accounting and Its Implications for Financial Reports,* The University of Chicago Press, 1947(飯岡透・中原正吉訳『資金会計論』,同文舘).

Watts, R. L, "Corporate Financial Statements : A Product of the Market and Political Processes", *Australian Journal of Management,* Vol. 2, No. 1, 1977.

――――, "What has the Invisible Hand Achieved ?", *Accounting and Business Research,* Vol.36, Special Issue : International Accounting Policy Forum, 2006.

_____, and J. L. Zimmerman, *Positive Accounting Theory,* Prentice-Hall, 1986（須田一幸訳『実証理論としての会計学』，白桃書房）．

Weiner, J. L., and J. C. Bonbright, "Theory of Anglo-American Dividend Law : Surplus and Profits", *Columbia Law Review,* Vol.30, No. 2, 1930.

Williamson, O. E., "Organization Form, Residual Claimants, and Corporate Control", *Journal of Law and Economics,* Vol. 26, No. 2, 1983.

Wilson, R., "Auditing : Perspectives from Multi-Person Decision Theory", *Accounting Review,* Vol. 58, No. 2, 1983.

Windal, F. W., "The Accounting Concept of Realization", *Accounting Review,* Vol. 36, No. 2, 1961.

Wright, F. K., "Towards a General Theory of Depreciation", *Journal of Accounting Research,* Vol. 2, No. 1, 1964.

_____, "Asset Values and Enterprise Income", in Baxter & Davidson [1977].

Wyatt, A. R., *A Critical Study of Accounting for Business Combinations,* Accounting Research Study No. 5, American Institute of Certified Public Accountants, 1963.

Zeff, S. A., ed., *Asset Revaluation, Business Income and Price Level Accounting : 1918-1935,* Arno Press, 1976.

_____, "The SEC Rules Historical Cost Accounting : 1934 to 1970s", *Accounting and Business Research,* Special Issue : International Accounting Policy Forum, 2007.

_____ and T. F. Keller, ed., *Financial Accounting Theory 1 : Issues and Controversies,* 2nd ed., McGraw-Hill, 1973.

_____ and B. G. Dharan, ed., *Readings and Notes on Financial Accounting,* 4th ed., McGraw-Hill, 1994.

Zimmerman, J., "The Costs and Benefits of Cost Allocations", *Accounting Review,* Vol. 54, No. 3, 1979.

青木昌彦，『経済システムの進化と多元性：比較制度分析序説』，東洋経済新報社，1995年。

_____・奥野正寛編，『経済システムの比較制度分析』，東京大学出版会，1996年。

有賀　健，「企業の所有と支配」，伊丹敬之・加護野忠男・伊藤元重編『日本の企業システム』第1巻，有斐閣，1993年。

安藤英義編，『会計フレームワークと会計基準』，中央経済社，1996年。

石川純治，『時価会計の基本問題：金融・証券経済の会計』，中央経済社，2000年。

石塚博司編，『実証会計学』，中央経済社，2006年。

井尻雄士，「米国会計基準とその環境：変遷75年の二元論的考察」，会計基準，第3号，2003年。

_____編，『会計測定の理論』，体系近代会計学第3巻，中央経済社，1979年。

伊藤邦雄，『会計制度のダイナミズム』，岩波書店，1996年。

_____編,『無形資産の会計』,中央経済社,2006年。
岩井克人,『二十一世紀の資本主義論』筑摩書房,2000年。
_____,『会社はだれのものか』,平凡社,2005年。
薄井彰,「会計利益と株主資本の株価関連性:実証的証拠」,経済志林,70巻4号,2003年。
_____,「会計情報の価値関連性と信頼性について」,会計,167巻5号,2005年。
江頭憲治郎,「ストック・オプションのコスト」,竹内昭夫先生追悼論文集『商事法の展望—新しい企業法を求めて』,商事法務研究会,1998年。
太田康広,「会計基準間の競争とコンバージェンス」,企業会計,59巻3号,2007年。
大日方隆,『企業会計の資本と利益:名目資本維持と実現概念の研究』,森山書店,1994年。
_____,「利益の概念と情報価値(2):純利益と包括利益」,斎藤[2002]所収。
_____,「キャッシュフローの配分と評価」,斎藤[2002]所収。
_____,「利益,損失および純資産簿価情報のRelevance」,経済学論集(東京大学),69巻1号,2003年。
_____,「純利益と包括利益:利益属性と有用性の再検討」,経済学論集(東京大学),74巻4号,2009年。
_____,「発生・実現・対応」,斎藤・徳賀[2011]所収。
勝尾裕子,「事業資産の評価における見積もりの改訂:費用配分と減損処理」,学習院大学経済論集,37巻2号,2000年。
川村義則,「非金融負債をめぐる会計問題」,金融研究,26巻3号,2007年。
川本淳,『連結会計基準論』,森山書店,2002年。
神田秀樹,「会計基準と会社法:現状と展望」,企業会計,59巻3号,2007年。
企業会計基準委員会(ASBJ),『討議資料:財務会計の概念フレームワーク』,2006年。
銀行経理問題研究会編,『銀行経理の実務』,第6版,金融財政事情研究会,2007年。
黒澤清他解説,『企業会計原則』,中央経済社,1954/63年。
小宮山賢,『金融商品・年金会計入門』,改訂版,税務経理協会,2000年。
斎藤静樹,『会計測定の理論』,森山書店,1975年。
_____,「会計測定の言語的側面」,井尻[1979]所収。
_____,『資産再評価の研究』,東京大学出版会,1984年。
_____,『企業会計:利益の測定と開示』,東京大学出版会,1988年。
_____,「利益の基礎概念と測定基準」,会計,135巻2号,1989年。
_____,「子会社合併の会計問題(1)—合併のれんの振り替え:三菱金属の事例から」,経済学論集,56巻1号,1990年a。
_____,「子会社合併の会計問題(2)—合併会社欠損の填補:住友軽金属の事例から」,経済学論集,56巻2号,1990年b。
_____,「実現基準と原価評価の再検討」,会計,140巻2号,1991年a。
_____,「企業の組織変更と資産再評価:コスモ石油における子会社の分離と再併合」,JICPAジャーナル,3巻9号,1991年b。

，「会社組織の変更による含み益の実現」，斎藤静樹・奥山章雄編『現代会計ケース・スタディ』，中央経済社，1992年 a。
　　　　，「合併新株の自己割当とその処分：ミネベアの事例の会計問題」，経済学論集，58巻1号，1992年 b。
　　　　，「銀行経理基準と金融規制」，堀内昭義編『金融』第9章，NTT 出版，1994年。
　　　　，「コメント」，三輪・神田・柳川［1998］所収。
　　　　，『企業会計とディスクロージャー』，東京大学出版会，初版1999年／第2版2003年／第3版2006年。
　　　　，「会計上の評価と事業用資産の減損」，会計，159巻4号，2001年。
　　　　編，『会計基準の基礎概念』，中央経済社，2002年。
　　　　編，『逐条解説企業結合会計基準』，中央経済社，2004年。
　　　　編，『詳解「討議資料・財務会計の概念フレームワーク」』，中央経済社，2005年。
　　　　，「投資の成果とリスクからの解放」，企業会計，59巻1号，2007年。
　　　　・徳賀芳弘編，『企業会計の基礎概念』，体系現代会計学第1巻，中央経済社，2011年。
　　　　・福井義高，「操作性のある会計利益概念構築を目指して」，青山学院大学大学院国際マネジメント研究科ワーキングペーパー，2018年。
桜井久勝，『会計利益情報の有用性』，千倉書房，1991年。
首藤昭信，「債務契約における留保利益比率の意義」，須田［2008］所収。
白鳥庄之助・村本孜・花枝英樹・明石茂生，『金融デリバティブの研究：スワップを中心に』，同文舘，1996年。
須田一幸，『財務会計の機能：理論と実証』，白桃書房，2000年。
　　　　編，『会計制度の設計』，白桃書房，2008年。
田中英夫・竹内昭夫，『法の実現における私人の役割』，東京大学出版会，1987年。
辻山栄子，「財務諸表の構成要素と認識・測定をめぐる諸問題」，斎藤編［2005］所収。
　　　　，『所得概念と会計測定』，森山書店，1991年。
　　　　，「固定資産の評価」，企業会計，53巻1号，2001年。
徳賀芳弘，「会計における利益観：収益費用中心観と資産負債中心観」，斎藤［2002］所収。
　　　　，「負債と経済的義務」，斎藤・徳賀［2011］所収。
野口晃弘，『条件付新株発行の会計』，白桃書房，2004年。
福井義高，「概念フレームワークの忘れもの：変動する資本コストと会計情報」，企業会計，59巻9号，2007年。
　　　　，『会計測定の再評価』，中央経済社，2008年。
　　　　，「公正価値会計の経済的帰結」，金融研究，30巻3号，2011年。
　　　　，「過渡期にある会計研究」，会計，189巻4号，2016年。
藤井秀樹，『制度変化の会計学』，中央経済社，2007年。
松井彰彦，『慣習と規範の経済学：ゲーム理論からのメッセージ』，東洋経済新報社，2002年。

松村敏弘,「ディスクロージャー問題」, 三輪・神田・柳川［1998］所収。
万代勝信,「取得と持分の結合の識別」, 斎藤［2004］所収。
_____,「測定属性」, 斎藤・徳賀［2011］所収。
三輪芳朗・神田秀樹・柳川範之編,『会社法の経済学』, 東京大学出版会, 1998年。
森田哲弥,『価格変動会計論』, 国元書房, 1979年。
八重倉孝,「会計数値による企業評価：Ohlson モデルの実務への適用」, JICPA ジャーナル, 10巻4号, 1998年。
柳川範之,『法と企業行動の経済分析』, 日本経済新聞社, 2006年。
_____・藤田友敬,「会社法の経済分析：基本的な視点と道具立て」, 三輪・神田・柳川［1998］所収。
與三野禎倫,『ストック・オプション会計と公正価値測定』, 千倉書房, 2002年。
米山正樹,『減損会計：配分と評価』, 森山書店, 2001年。
若林公美,『包括利益の実証研究』, 中央経済社, 2009年。

索　引

あ

相手勘定（offsetting entries）……285
アウト・オブ・ザ・マネー…………297
アカウンタビリティー………………383
アキュムレーション …………………167
アット・ザ・マネー……………………221
アップ・フロントの現金収支………227
アップ・フロントの時価評価損益…202
アングロ・アメリカ型………………409
暗黙の契約………………………………1
暗黙の交渉……………………………132

い

イールド・カーブ……………………221
維持すべき資本……………………15, 79
一行連結………………………………173
因果関係…………………………………2
イン・ザ・マネー……………………293
インセンティブ報酬…………………285
インフレ…………………………………24
イン・プロセスの研究開発費………231

う

ウィンドフォール………35, 88, 260, 304
請負契約………………………………241
運転資本…………………………………36

え

営業（上の）キャッシュフロー
　　………………………………166, 257
営業債権…………………………41, 167
営業債務………………………………202

営業利益………………72, 107, 237, 384
エイジェンシー問題…………………315
エクスポージャー……………………196
エンフォースメント…………131, 150, 395

お

オプション数の修正…………………308
オプション取引………………………285
オプション費用………………………302
オフバランス……………………………21
親会社単体………………………………27
オンバランス……………………………18

か

外貨建て（の営業）債権・債務
　　………………………………169, 216
外貨建取引等会計処理基準…………218
会計基準…………………………………1
会計基準の統一………………………395
会計基準の統合レベル………………396
会計基準の発展経路……………………6
会計基準論………………………………2
会計実務の統一………………………395
会計上の利益……………………………17
会計情報の質的特性（質的要件）…399
会計情報の等質性………………381, 394
会計測定………………………………387
会計ビッグ・バン………………329, 405
会計不正………………………………136
開示規制………………………………141
会社間取引……………………………334
会社計算規則…………………………312
会社財産の払い戻し…………………141

会社による投資の継続・清算 ………336
会社法（制）………139, 152, 298, 311
回収可能額 ……………………273
回収（の）リスク………………39, 139
蓋然性要件………………………229
概念フレームワーク……………82, 103
買い戻し条件付売却 ……………227
価格水準……………………………22
価格総計………………………78, 384
価格変動…………………………108
価格変動会計論……………………29
画一化……………………………136
確定約定…………………………219
貸し倒れ（リスク）…………211, 217
加速償却…………………………259
稼得（過程）………………109, 235, 384
稼得利益……………………………50
仮想契約…………………………132
価値かコストか……………………82
価値関連性…………………………4
価値減耗……………………253, 254
価値尺度…………………………157
価値（の）評価………………77, 83
合併対価…………………………338
過年度減価償却の修正…………280
株価（総額）……………………4, 45
株価純資産倍率；PBR ………………45
株価目標…………………………294
株価利益倍率（PER）………………71
株式決済（型）………292, 293, 295
株式交換比率（合併比率）……338
株式増価受益権（SAR）………299
株式による企業買収………………19
株式発行で取得したのれん………20
株式分割……………………………21
株式報酬取引……………………285
株式申込予約金…………………294
株式リターン………………………4

株主価値…………………………112
株主間取引………………………334
株主資本…………………………293
株主取引……………………………50
株主の所得……………………21, 34
株主持分の価値……………………55
株主持分の希薄化…………288, 306
株主持分の継続・清算………26, 336
貨幣価値……………………………22
貨幣財………………………………97
加法性…………………………37, 389
借入資金……………………………24
借り換え……………………202, 226
仮勘定……………………………300
カレント・コスト………………238
為替スワップ取引………………187
為替予約…………………………169
為替リスク………………………216
為替レート………………………169
換算替え…………………………219
換算差額……………………169, 219
監視機能…………………………137
慣習法……………………………395
間接金融…………………………110
完全かつ完備な市場 ………56, 86
完全子会社…………………………26

——— き ———

機会原価（費用）……………66, 237
機会損失………………192, 227, 288
機会利得………………………192, 227
期間帰属……………………………23
期間配分……………………………18
企業会計基準委員会（ASBJ）…82, 406
企業会計制度………………………1
企業（の）価値………15, 45, 55, 56
企業価値の分配…………………326
企業価値（の）評価……………42, 115

索　引　◆473

企業結合	26, 329
企業固有の価値	57
企業資産	85
企業資本の価値	55
企業所有者	17
企業所有者（株主）の所得	85
企業成果	32, 56, 85
企業統治	136
企業の組織再編	329
企業買収	18
企業分割	331
企業（の）利益	14, 34, 55, 56, 85
技術提携	41, 176
基準間（の市場）競争	133, 401, 410
基準の画一性	104
基準の品質	411
擬制的な資産や負債	110
規則償却	343
期待外の利得	88
期待価値	16
期待形成	115
期待されるキャッシュフロー	158
期待値	230
期待と事実の差異	39
期待の改定	38
期待（価値）の実現	21, 35, 166
期待の変化	35
期待利益	33
期待利益の現在価値	33
希薄化	139, 288, 376
規範（理）論	2, 4
基本的所有アプローチ	314, 375
基本的所有商品	314
逆買収	336
キャッシュフロー	158
キャッシュフローの現在価値	59
キャッシュフロー（の）ヘッジ	170, 195, 196, 208
キャッシュフロー・リスク	169
キャピタル・ゲイン	34, 166
救済合併	333, 339
強行法規	137
強制開示	130
共通支配下の取引	26
共同新設分割	338
業務提携	41
虚偽情報	129
拠出資本	18, 293, 317, 370
均衡株価	45, 105
金融項目	191
金融資産	36, 40, 159
金融商品	157
金融商品取引法	115
金融商品に関する会計基準	163, 215
金融投資	31, 40, 57, 159
金融負債	159, 226
金利収支のミスマッチ	215
金利水準	167
金利スワップ	170
金利スワップの時価	199
金利（の）リスク	167, 178

======== く ========

偶発債務	229
クーポン収入	178
クリーン・サープラス	47, 50, 386
クリティカル・イベント	309
クリティカル・ポイント	296
繰延項目	235, 384
繰延ヘッジ	203, 209
グローバル化（グローバリゼーション）	6, 191
グローバル・コンバージェンス	393

======== け ========

経営者市場	128

経営者の意図 …………………………166
経営成績…………………………………60
経過的な計算項目 ……………………110
経過利息 ………………………………217
経済（的）資源……………………58,116
経済的所得 …………………………39,85
経済的耐用年数 ………………………260
経済的便益……………………51,116,385
形式優先 ……………………………9,200
継続企業（事業）…………………18,240
継続事業価値 …………………………269
継続性……………………………………77
継続的な（時価）評価・評価替え
………………………79,186,375,386
契約コスト ……………………………130
契約資産 ………………………………244
契約上の権利と義務 …………………244
契約の不完備性 …………………131,413
契約負債 ………………………………244
原価 ……………………………………383
原価主義 ………………………………68
減価償却………………………………15,251
減価償却累計額 ……………………17,278
原価節約 ………………………………238
原価の期間配分 ………………………384
原価評価 ……………………28,31,35,67,387
現金決済（型）……………………292,293
現金生成単位 …………………………357
現金で買い入れたのれん……………20
現金同等物（キャッシュ）………36,57
現金報酬 ………………………………287
現在価値……………………………14,167,270
現在現金同等額 ………………………386
原資産 …………………………………208
検証可能性 ……………………………105
減損 ……………………………………273
減損会計 ………………………………273
減損処理 ………………………………272

現物出資……………………………21,333,371
現物有価証券 …………………………173
権利確定条件 …………………………290
権利確定日 …………………………290,302
権利行使 ………………………………285
権利行使価格 …………………………285
権利行使期限 …………………………285
権利付与日 ……………………………290

━━━ こ ━━━

交換取引 ………………………………384
恒久利益…………………………………47,107
公共財 …………………………………128
工事完成基準 …………………………241
工事収益 ………………………………242
工事進行基準 …………………………241
公正価値……………………41,91,269,386
公正価値エクスポージャー …………212
公正価値オプション ………31,59,227
公正価値会計 ………62,74,112,191,270
公正価値純資産 ………………………354
公正価値（の）ヘッジ …………170,195
公正価値モデル ………………………244
公正性 …………………………………134
合成ポジション ………………………195
拘束資金 ………………………………386
公的規制 ………………………………125
公認会計士監査 ……………………1,129
購買力損失 ……………………………24
効率性 …………………………………134
効率的な金融市場 ……………………175
ゴーイング・コンサーン ………240,339
コーポレート・ガバナンス …………136
コール・オプション ……………291,374
子会社……………………………………26
子会社・関連会社の株式 ……………161
子会社の合併 …………………………26
顧客対価（モデル）…………………246

国際会計基準（国際財務報告基準
　　IFRS）………………………393, 407
国際会計基準審議会（IASB）
　　………………43, 103, 125, 406, 419
コスト（の）配分 ………………77, 83
コスト・ベネフィット ………………187
固定金利 ………………………………170
固定資産 ………………………………268
個別価格………………………………24
混合属性 ………………………………382
混合属性アプローチ …………………389
コンバージェンス
　　………………117, 310, 329, 381, 406
コンバージェンスのコストと便益 …408
コンバージェンスの最適レベル ……409

――― さ ―――

財一般に対する支配力…………………22
債権価値 ………………………………139
債権価値の希薄化 ……………………326
債券先物 ………………………………208
債権者保護 ……………………145, 318
債権者保護手続 ………………………142
債券投資の成果 ………………………177
再構築コスト …………………………199
在庫品 …………………………………268
財政状態…………………………………60
再測定 ……………28, 52, 167, 290, 305
最大損失 ………………………………205
再調達コスト …………………………240
再評価 ………………………………23, 52
再評価剰余金……………………………24
最頻値 …………………………………230
再分類 …………………………………100
債務者利得………………………………24
財務諸表の構成要素……………44, 121
債務超過 ………………………………333
財務報告の目的 ………………104, 398

先物（取引）…………………………169
先物為替予約 …………………………216
先物レート ……………………………216
先渡し …………………………………169
先渡し契約 ……………………………212
サブプライム・ローン…………………75
残存価額（ターミナル・バリュー）…282
残余請求権（者）……120, 314, 315, 375
残余リスク ……………………………315

――― し ―――

時価 ………………………………41, 57
時価以下発行 …………………………295
時価会計……………………31, 168, 191, 270
時価（公正価値）会計の適切な適用
　　範囲 ………………………………379
時価か原価か……………………………82
時価主義…………………………………68
時価償却 ………………………………261
時価のヘッジ …………………170, 194
時価の変動リスク………………………41
時価発行増資 …………………………304
時価評価 …………………………35, 67, 387
時価評価益 ……………………………31, 270
時価評価差額……………………………75
時価評価損 ……………………………270
時価ベースの減価償却 ………………262
時価ヘッジ ……………………203, 208
時間選好率 ……………………………177
直先差額 ………………………………217
識別可能な資産と負債…………………19
識別可能な無形資産……………………22
識別不能な無形価値……………………19
直物 ……………………………………169
直物レート ……………………………216
事業価値 ………………………………107
事業からの正味キャッシュフロー……61
事業提携 ………………………………176

事業投資 …………………… 31, 39, 57, 158
事業投資の継続性 …………………… 26
事業（投資）の成果 …………… 39, 57
事業のリスク …………………………… 39
事業目的 …………………………… 40, 165
事業用（固定）資産 ……………… 31, 36
事業用資産の現在価値評価 ………… 60
事業利益 …………………………………… 238
資金関連スワップ取引 …………… 187
資金コスト ………………………………… 1
シグナリング ……………………………… 395
自己株式 …………………………… 151, 323
自己資金 …………………………………… 24
自己申告 ……………………… 104, 129, 167
自己責任 ………………………………… 132
自己創設のれん
　　　………… 18, 85, 113, 228, 344, 348, 355
事後の事実 ……………………………… 17
事後の所得（income ex post） … 34, 89
資産 …………………………………… 115
資産価値 ……………………………… 18, 56
資産価値の増分 ………………………… 77
資産再評価 ……………………………… 345
資産除去債務 ………………………… 231
資産性 ……………………………………… 113
資産増分の価値 ………………………… 77
資産代替 ………………………………… 144
資産の外形 ……………………………… 40
資産の承継 ……………………………… 372
資産の定義 ……………………………… 118
資産・負債アプローチ
　　　……………… 42, 49, 109, 236, 273, 315, 381
資産・負債のリアリティー ………… 384
資産や負債の評価替え ……………… 367
事実の事後測定 ………………………… 35
事実の情報 ……………………………… 60
自社の信用リスク …………………… 228
自主開示 ………………………………… 129

自主規制 ………………………………… 136
市場価格 ……………… 17, 22, 53, 56, 91, 112, 386
市場慣行 …………………………………… 1, 125
市場期待 ……………………………… 43, 60
市場競争 ………………………………… 132
市場競争の不完全性 ………………… 413
市場規律 …………………………… 137, 162
市場の完備性 …………………………… 85, 246
市場利子率 ……………………………… 177
市場リスク ……………………………… 167
システムの均衡 …………………………… 7
システムの進化 …………………………… 6
システムの退化 …………………………… 6
事前の期待 ……………………………… 17
事前の所得（income ex ante） … 34, 89
実現 ……………………………… 16, 109, 369
実現可能営業利益 …………………… 237
実現可能基準 ………………………… 238
実現可能資本利得 …………………… 237
実現可能利益 ………………………… 238
実現基準 …………………………… 31, 36, 238
実現したキャッシュフロー ……… 158
実現利益 ……………………………… 34, 38
失効 ………………………………………… 293
失効日 …………………………………… 291
実効利率 ………………………… 167, 182
実質的な支配関係 …………………… 337
実質優先 …………………………… 9, 62, 200
実績情報 ………………………………… 107
質的特性 ………………………………… 104
実物資産 ……………………………… 40, 54, 166
実物市場 ………………………………… 55
私的契約 ………………………………… 127
私的情報の自己申告 ………………… 104
シナジー ………………………………… 20, 346
支配目的 ………………………………… 165
自発的な開示 ………………………… 128
支払い不能のリスク ………………… 167

資本 ……………………………16, 91	使用価値 ………………………398, 400
資本会計 …………………………302	償還差益 ………………………202, 372
資本価値……………………15, 70, 87, 258	償却原価法 ……………………165, 182
資本からの分離………………………69	償却性資産 ………………………274
資本金 ………………………………19, 309	償却前利益 ………………24, 32, 253
資本減耗 ……………………………15	証券化 ………………………………198
資本（の）コスト ……14, 15, 127, 395	条件付き債務 ………………………229
資本財価額………………………………32	条件付（きの株主）持分 …………294
資本財の価値減耗………………………15	証券取引委員会（SEC）……………73
資本支出（額）……………………14, 258	証券取引法 ……………………115, 405
資本市場 ……………………………1, 128	上場停止 ……………………………333
資本充実 ……………………………287	少数株主との取引 …………………347
資本修正………………………………25	少数株主持分 …………………117, 352
資本準備金 …………………………325	少数株主利益 ………………………347
資本剰余金……………………19, 309, 317	譲渡益…………………………………26
資本設備………………………………14	消費……………………………………87
資本と利益の関係 …………………367	商法 ……………………………139, 151, 311
資本と利益の区分………26, 286, 313, 323	情報開示の誘因 ……………………129
資本と利益の混同 …………………371	情報（の）価値 …………37, 44, 105, 109
資本取引 ………………42, 50, 322, 367	情報コスト…………………………58, 395
資本利得 ………………16, 19, 69, 93	情報ニーズ……………………………43, 106
弱者保護 ……………………………126	情報の非対称性 ……………1, 104, 128
社債 …………………………………202	情報の有用性 ………………………104
収益性の低下 ………………………272	情報優位………………………………60
収益認識 ……………………………235	情報リスク …………………………395
収益・費用アプローチ………49, 111, 383	正味キャッシュフロー………………14
収益・費用の対応……………………49	正味売却価格 ………………………273
受託責任（スチュワードシップ）…396	剰余金 ………………………………139
取得 …………………………………332	剰余金（の）区分………………89, 317, 345
取得企業（会社）……………………19, 336	所得 …………………………………17, 68
取得原価………………………………17, 253	所有−決済アプローチ………………314
取得原価ベースの減価償却 …………262	新株予約権 ……………………285, 374
取得のれん …………………………353	新株予約権付社債（ワラント債）…292
準更生 ……………………………307, 373	新旧株主間の富の移転 ……………288
純資産……………………………45, 293	シングル・セットの会計基準 ………401
純資産の増分…………………………50	真実利益（true income）……………86
準備金 ………………………………139	進捗度 ………………………………242
純利益………………17, 41, 44, 50, 93, 103	信用リスク …………………141, 165, 202

信頼性 …………………………104, 105, 399

=== す ===

ステイクホルダー ………………316, 367
ストック ……………………………………28
ストック・オプション ………………285
ストック経済 ……………………………148
スプリット・オフ ……………………331
スプレッド ………………………169, 187
スポット・レート ……………………221
スワップ契約 ……………………………170
スワップ差額 ……………………………215

=== せ ===

請求権 ……………………………………303
政策投資株式 …………41, 42, 162, 174
清算価値 …………………………………295
正常利潤 ……………………………………15
成文法 ……………………………………395
セール・アンド・リースバック ……227
責任準備金 ………………………………201
潜在的な株主持分 ……………………286
潜在用役 …………………………………386
全部のれん ……………………117, 348, 353
全面公正価値評価 ………………………64
全面時価（公正価値）会計 ……167, 269
戦略投資 …………………………………186

=== そ ===

増価所得 ………………………………55, 56
相互承認 …………………………393, 407
操作的定義 ………………………………172
相対価格 ……………………………………22
属性値 ……………………………269, 382
測定された対価 …………………………78
測定されるべき共通属性 ……………382
測定操作 …………………………382, 387
測定属性 …………………………37, 83, 382

測定対価 …………………………………383
測定値 ……………………………………382
測定値のレリバンス …………………384
測定モデル ………………………………244
測定ルール ………………………………387
組織再編 …………………………………299
その他資本剰余金 ……………………318
その他の包括利益（OCI）
　…………………42, 51, 93, 163, 303, 368
その他有価証券 …………………41, 163
ソフトな会計情報 ……………………397
損益計算書アプローチ ………………400
損益取引 …………………………………322
損益認識 …………………………31, 174

=== た ===

貸借対照表能力 ………………………113
退職給付債務 …………………………231
対等合併（mergers of equals）
　……………………………………330, 336
棚卸資産 …………………………………268
ダブル・スタンダード ………………416
段階取得 …………………………………360

=== ち ===

中立性 ……………………………………105
超過利益 …………………………16, 18, 33
超過利益の現在価値 ……………………33
超過リターン ……………17, 115, 282
超過リターンの期待 …………………342
長期工事 …………………………………241
長期性資産 ………………………………272
直接金融 …………………………………110
貯蓄（留保）………………………………93

=== つ ===

通貨スワップ ……………………………187

── て ──

低価基準 ……………………………268
定額償却 ……………………………256
低価評価……………………………59,272
逓減残高償却 ………………………259
停止条件 ……………………………292
ディスカウント ……………………165,178
ディスクロージャー制度 ……………104
定率償却 ……………………………256
出口価格 ……………………112,160,400
デット・アサンプション ……………206
デット・エクイティ・スワップ
　（DES）……………………………372
デファクト・ルール …………………127
デフォルト（債務不履行） …………177
デフォルト・リスク ………………177,228
デリバティブ …………………………168
テンポラル法 ………………………218

── と ──

投下資金 ……………………………388,390
投下資金の回収………………………31
投下資金利子 ………………………33
投機 …………………………………170,198
当期営業利益 ………………………238
東京合意 ……………………………407
倒産リスク …………………………228
投資家の選好 ………………………402
投資家の立場 ………………………296
投資機会………………………………32
投資情報………………………………43
投資の規模 …………………………341
投資の継続性 ………………………334
投資の実質……………………………40
投資の実質に即した簿価の選択 ……379
投資の成果 …………………17,39,116
投資の清算 …………………………372

投資のポジション …………………58,116
投資のリスク…………………………39
投資不動産 ………………31,59,152
投資プロジェクト……………………14
投資リターン ………………………105
同等性評価 ……………………330,407
独占禁止措置 ………………………128
独占的市場 …………………………128
特別目的会社（SPE，SPC）………217
富の移転 ……………………………141
取引コスト …………………………127
取引の実質 …………………………174
取引の分解 …………………………383
努力と成果の対応 …………………383
トレーディング………………………41,193
トレーディング・ポートフォリオ …112

── な ──

内的整合性 …………………………6,106
内部収益率 ……………………66,72,181
内部情報 ……………………………126

── に ──

ニュー・ベイシス会計 ……………340
認識規準 ……………………………116
認識された収益および費用 ………108
認識対象………………………………79

── ね ──

ネットワーク外部性 ………………409
年金法 ………………………………256
年次所得………………………………70

── の ──

ノイズ ………………………………397
ノーマティブ・アプローチ …………2
のれん………………………………15,18,54
のれん価値 ……………………258,277

のれん価値の実現……………………35
のれんの規則償却…………………358
のれんの減損………………344,357
のれんの償却………………329,342

===== は =====

パーチェス法………………20,329,331
パーチェス法の乱用………………339
パーマネント・インカム……………283
バイアス………………………104,129
売却可能金融資産…………………163
売却可能有価証券…………………163
買収……………………………………332
配当規制（制限）…………139,141,325
配当財源………………………………139
売買可能証券…………………………42
売買目的……………………………165
売買目的（の有価）証券……41,140,162
配分……………………………………185
配分モデル…………………………246
派生金融商品………………………168
発生費用………………………………66
発生ベース…………………………290
払込額主義…………………………294
払込資本……………………………302
バランスシート………………………45
バランスシート・アプローチ………382
バランスシートの評価………………49
バリュー・アット・リスク…………206
半成工事……………………………243
反対取引……………………………217

===== ひ =====

比較可能性……………136,286,394
非貨幣財………………………………97
引当金………………………………229
非金融項目…………………………191
非金融資産……………………40,235

非金融負債…………………………229
非支配株主持分……………347,352
被取得企業（会社）……………19,336
評価…………………………………184
評価益…………………………22,72
評価替え……………………………302
評価基準………………………………79
評価差額………………27,171,367
評価と配分……………………………82
表現の忠実性………105,118,399
費用認識……………………………302
費用配分………………………32,257
費用便益分析………………………133
表面利率……………………………182

===== ふ =====

ファンダメンタル・バリュー
　………………………60,115,320
フィードバック………………………38
プーリング法の乱用………………332
フェア・リターン……………15,282
不確定性………………………………39
不確定請求権…………………………16
不完全な市場競争…………………128
含み益………………………………143
含み益の配当………………………146
含み経営……………………………148
含み損………………………………148
含み損益……………………………367
複利法………………………………256
負債比率……………………………144
不正経理……………………………121
普通株式……………………………314
普通株主……………………………316
負の金融投資………………………214
負ののれん…………………………277
部分のれん…………………………353
フランコ・ジャーマン型……………409

索　引　◆481

振当処理 …………………………169, 218
フリー・キャッシュフロー …………257
フリーライド ………………………131
プリンシプル・ベース ………………410
フレッシュ・スタート（法）……26, 340
プレミアム…………………20, 165, 178
フロー………………………………28
プロ・フォーマ（情報）………135, 414
分配契約 ……………………………159
分離処理 ……………………………292

――― へ ―――

ペイオフ ………………………291, 303
平均回帰………………………………73
米国会計学会（AAA）………5, 394, 421
米国会計学会（AAA）の1936年会計
　原則試案……………………………78
米国会計士協会（AIA）…………95, 385
米国会計士協会特別委員会の報告書
　簡……………………………………77
米国公認会計士協会（AICPA）…95, 385
米国財務会計基準審議会（FASB）
　…………………………103, 314, 343, 424
米国証券取引委員会（SEC）…………411
ベーシス ……………………………217
ベスト・プラクティス …………………2
ヘッジ（ヘッジング）………165, 170, 192
ヘッジ会計 ……………………169, 195
ヘッジ手段 ……………………194, 209
ヘッジ対象 ……………………194, 209
変形パーチェス法 …………………329
変動金利 ……………………………170

――― ほ ―――

包括利益………17, 42, 44, 50, 93, 103, 386
報酬費用 ……………………………287
法定準備金 …………………………151
簿価……………………………22, 378

ポジション……………………………40
保守主義……………………………77, 272
補正開示 ……………………………412
保有資産のキャピタル・ゲイン………61
保有損失 ……………………………236
保有目的 ……………………………165
保有利得 ………………………236, 384
ボラティリティー……………………290
本質価値 ……………………………290
ボンディング ………………………129
ボンディング契約 ……………145, 159

――― ま ―――

マーケット・アプローチ ……………411
マージャー・ブーム…………………77
埋没原価 ……………………………283
満期保有債券 ………………………181
満期保有目的 ………………………165

――― み ―――

未回収の投下資本価値………………48
未実現………………………………25
未実現資本利得………………………75
未実現増価……………………………55
未実現の評価益………………………26
未実現評価差額 ……………………372
未実現保有利得………………………17
未実現利益 ……………………29, 80, 370
見積もり ……………………………60
未認識のれん ………………………346

――― む ―――

無形価値………………………15, 277

――― め ―――

名目貨幣資本…………………………79
名目元本 ……………………………221
名目利益………………………………24

メザニン …………………………………300

=== も ===

目標仮説 ………………………………………3
持合株式 ……………………………………162
持分 …………………………………………120
持分価値 …………………………………34,45
持分証券 ……………………………………34
持分の希薄化 ………………………………376
持分の継続性 ………………………………334
持分の結合 …………………………………332
持分比率 ……………………………………337
持分プーリング法 ……………………329,331
持分法 ………………………………………161
モニター ……………………………………160
モラル・ハザード …………………………398

=== ゆ ===

誘因両立（的）……………………132,402,411
有償取得 ……………………………………19
有償取得のれん ……………………………19
優先株主 ……………………………………316
裕福（well off）……………………………87
有利発行 ……………………………………287

=== よ ===

要素費用 ……………………………………32
余資運用 ……………………………………36
余剰資金 ……………………………………186
予想形成 …………………………………60,159
予定取引 ………………………………196,207

=== り ===

利益 …………………………………………16
利益観 ………………………………………112
利益償却 ……………………………………260
利益情報 ……………………………………44
利益剰余金 …………………………………317

利益操作 ………………………………129,175
利益認識 ……………………………………157
利益認識のタイミング……………………36
利益の期間帰属（期間配分）…175,367
利益の要素分解 ……………………………384
利益倍率 ……………………………………397
履行義務 ……………………………………244
リサイクル（リサイクリング）
 ……………………………23,93,100,163,368
利子としての所得…………………………89
リスク……………………………………18,170,192
リスク・エクスポージャー………………73
リスクから解放された成果 ………40,47
リスクからの解放 ………………16,39,112
リスク選好 …………………………………398
リスク投資のポジション…………………40
リスクの開示 ………………………………205
リスク評価 ……………………………1,104,127
リスク・プロファイル ……………………341
リスク・ヘッジ ……………………………193
利息収益 ……………………………………178
利息法 ………………………………………181
リターン ……………………………………170
利得（gain）…………………………………91
流動化（証券化）…………………………41
留保利益 ……………………………………317
臨時償却 ……………………………………272

=== る ===

ルール・ベース ……………………………410

=== れ ===

歴史的原価 …………………………………383
劣後的な部分 ………………………………316
レリバンス ………………………42,104,399
連繋 …………………………………………51
連結（決算）……………………………161,347
連結基準 ……………………………………415

連結主体観 …………………347
連結のれん …………………348
連結利益 ……………………348
レント（超過利潤の価値）…………346
連邦準備理事会（FRB）……………74

────── ろ ──────

労働報酬 ……………………285

────── わ ──────

ワラント ……………………292
割引キャッシュフロー ………397
割引現在価値…………………15
割引率 ……………………16, 89

────── 欧語 ──────

AAA……………………5, 394, 421
AIA 五原則 ………………77, 345
ASAF …………………………121
ASBJ ……………………82, 406
earnings ……………42, 50, 103, 108
EBO モデル …………………55
FASB ……………103, 314, 343, 421
hindsight value ………90, 263, 277
IASB ……………103, 125, 406, 419
IFRS……………………407, 419
M&A……………………………19
permanent income ……………107
ROA ……………………………47
ROE ……………………………47
SEC ……………………411, 420
Uniform Accounting ……………78
variable income …………………95

■著者紹介

斎藤　静樹（さいとう　しずき）

1942年　東京生まれ
東京大学大学院経済学研究科博士課程修了（経済学博士）
東京大学助教授，教授，明治学院大学教授を経て
現在：東京大学名誉教授，明治学院大学名誉教授
主要著書：
『会計測定の理論』森山書店，1975年
『資産再評価の研究』東京大学出版会，1984年
『企業会計：利益の測定と開示』東京大学出版会，1988年
『企業会計とディスクロージャー』東京大学出版会，1999年
『企業会計入門：考えて学ぶ』有斐閣，2014年
主要編書：
『現代会計ケース・スタディ』共編，中央経済社，1992年
『財務会計：財務諸表分析の基礎』有斐閣，1993年
『企業会計における資産評価基準』第一法規出版，1994年
『会計基準の基礎概念』中央経済社，2002年
『逐条解説　企業結合会計基準』中央経済社，2004年
『討議資料 財務会計の概念フレームワーク』中央経済社，2005年
『企業会計の基礎概念』共編，中央経済社，2011年
主要訳書：
『キャッシュ・マネジメント』オーグラー著，日本生産性本部，1973年
『企業分析入門』パレプ他著，監訳，東京大学出版会，1999年

会計基準の研究〈新訂版〉

2009年2月10日	第1版第1刷発行
2009年4月1日	第1版第2刷発行
2010年4月10日	増補版第1刷発行
2010年7月25日	増補版第2刷発行
2013年7月10日	増補改訂版第1刷発行
2016年2月25日	増補改訂版第3刷発行
2019年4月10日	新訂版第1刷発行
2023年3月30日	新訂版第2刷発行

著　者　斎　藤　静　樹
発行者　山　本　　継
発行所　㈱中央経済社
発売元　㈱中央経済グループ
　　　　　パブリッシング

〒101-0051　東京都千代田区神田神保町1-31-2
電話 03（3293）3371（編集代表）
　　 03（3293）3381（営業代表）
https://www.chuokeizai.co.jp
印刷／文唱堂印刷㈱
製本／誠　製　本㈱

© 2019
Printed in Japan

＊頁の「欠落」や「順序違い」などがありましたらお取り替えいたしますので発売元までご送付ください。（送料小社負担）

ISBN978-4-502-30511-5　C3034

JCOPY〈出版者著作権管理機構委託出版物〉本書を無断で複写複製（コピー）することは，著作権法上の例外を除き，禁じられています。本書をコピーされる場合は事前に出版者著作権管理機構（JCOPY）の許諾を受けてください。
JCOPY〈https://www.jcopy.or.jp　eメール：info@jcopy.or.jp〉

会計と会計学の到達点を理論的に総括し、
現時点での成果を将来に引き継ぐ

体系現代会計学　全12巻

■総編集者■

斎藤静樹(主幹)・安藤英義・伊藤邦雄・大塚宗春
北村敬子・谷　武幸・平松一夫

■各巻書名および責任編集者■

巻	書名	責任編集者
第1巻	企業会計の基礎概念	斎藤静樹・德賀芳弘
第2巻	企業会計の計算構造	北村敬子・新田忠誓・柴　健次
第3巻	会計情報の有用性	伊藤邦雄・桜井久勝
第4巻	会計基準のコンバージェンス	平松一夫・辻山栄子
第5巻	企業会計と法制度	安藤英義・古賀智敏・田中建二
第6巻	財務報告のフロンティア	広瀬義州・藤井秀樹
第7巻	会計監査と企業統治	千代田邦夫・鳥羽至英
第8巻	会計と会計学の歴史	千葉準一・中野常男
第9巻	政府と非営利組織の会計	大塚宗春・黒川行治
第10巻	業績管理会計	谷　武幸・小林啓孝・小倉　昇
第11巻	戦略管理会計	淺田孝幸・伊藤嘉博
第12巻	日本企業の管理会計システム	廣本敏郎・加登　豊・岡野　浩

中央経済社